GANGKOU JIXIE DIANQI
KONGZHI JISHU

港口机械电气控制技术

主　编　孙洪昌
副主编　周灌中　高　娟
参　编　李升起　许金海
编　审　仇桂玲

中国电力出版社
CHINA ELECTRIC POWER PRESS

内 容 提 要

本书按照理论够用、突出实践、重视应用、培养技能的原则编写。在阐述基本理论和基本概念的基础上，强调应用和实践，简化理论分析，便于读者理解和接受。本书共分四篇，主要内容包括电力拖动基础、直流电动机电力拖动、交流异步电动机电力拖动、常用低压电器、电气控制电路，以及港口电气设备与控制等内容，同时，在第四篇中还编写了7个实训项目，以加强实际工作能力的培养。

本书可作为高职高专教材，也可供从事现场工作的工程技术人员参考。

图书在版编目（CIP）数据

港口机械电气控制技术/孙洪昌主编. —北京：中国电力出版社，2011.8（2020.9重印）

ISBN 978-7-5123-1836-6/01

Ⅰ.①港… Ⅱ.①孙… Ⅲ.①港口机械-电气控制 Ⅳ.①U691

中国版本图书馆CIP数据核字(2011)第125803号

中国电力出版社出版、发行
（北京市东城区北京站西街19号 100005 http://www.cepp.sgcc.com.cn）
三河市百盛印装有限公司印刷
各地新华书店经售

*

2011年8月第一版 2020年9月北京第四次印刷
787毫米×1092毫米 16开本 15印张 348千字
定价 **48.00** 元

前　言

港口机械电气控制技术是港口机械专业的一门专业课，它的前期课程是电工电子技术。

本课程的任务是培养学生掌握港口机械电气设备控制电路的分析方法，在掌握工作原理的基础上，能进行日常的维护保养、正确使用设备和尽快排除故障，并能胜任港口机械电气设备的管理工作。

要达到上述目的，不但要掌握电气控制的基本电路，还要具备可编程序控制器和变频器的基本知识，这是现代电气控制必不可少的组成部分。它们作为本课程的技术基础课另行设置。

本书共分四篇，按照理论够用、突出实践、重视应用、培养技能的原则编写。第一篇介绍电力拖动基础。其中，第一章是电力拖动基础知识，它是学习第二章直流电动机电力拖动和第三章交流异步电动机电力拖动的基础，内容虽少，但相当重要。而掌握第二章和第三章交、直流电动机电力拖动的基础理论又是学习第二篇基本电气控制的前提，常用低压电器更是控制电路的直接基础。熟悉了第二篇中电气控制电路的分析方法，在第三篇中分析港口机械电气控制的工作原理也就轻车熟路了。

第三篇根据港口生产实际，编写了具有现代电气控制技术的门座式起重机、堆取料机、带式输送机、集装箱轨道吊、集装箱装卸桥等具有代表性的港口起重输送机械的电气控制技术，同时在第四篇中编写 7 个项目的实训内容，通过这些技能的训练，可以加强实际工作能力的培养。

本书突出港口特色，密切结合港口装卸生产实际，在阐述基本理论和基本概念的基础上，强调应用和实践，简化理论分析，基本不进行计算，便于理解和接受，书中着重分析思路和分析方法的训练，以提高专业技术水平和独立工作的能力。

本书由青岛港湾职业技术学院，孙洪昌任主编，周灌中、高娟任副主编，李升起、许金海参编，仇桂玲担任主审，同时在编写过程中，得到了青岛港（集团）有限公司港口机械厂徐东琦的大力协助并参考了相关文献，在此一并表示感谢。

由于编者水平有限，疏漏和错误之处在所难免，欢迎各位读者指正。

作　者
2011 年 4 月

目 录

第二篇 基本电气控制

第三篇　港口机械电气设备与控制

第四篇 实 训

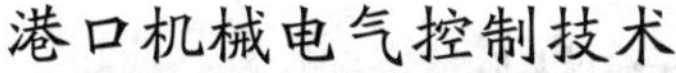

第一篇　电力拖动基础

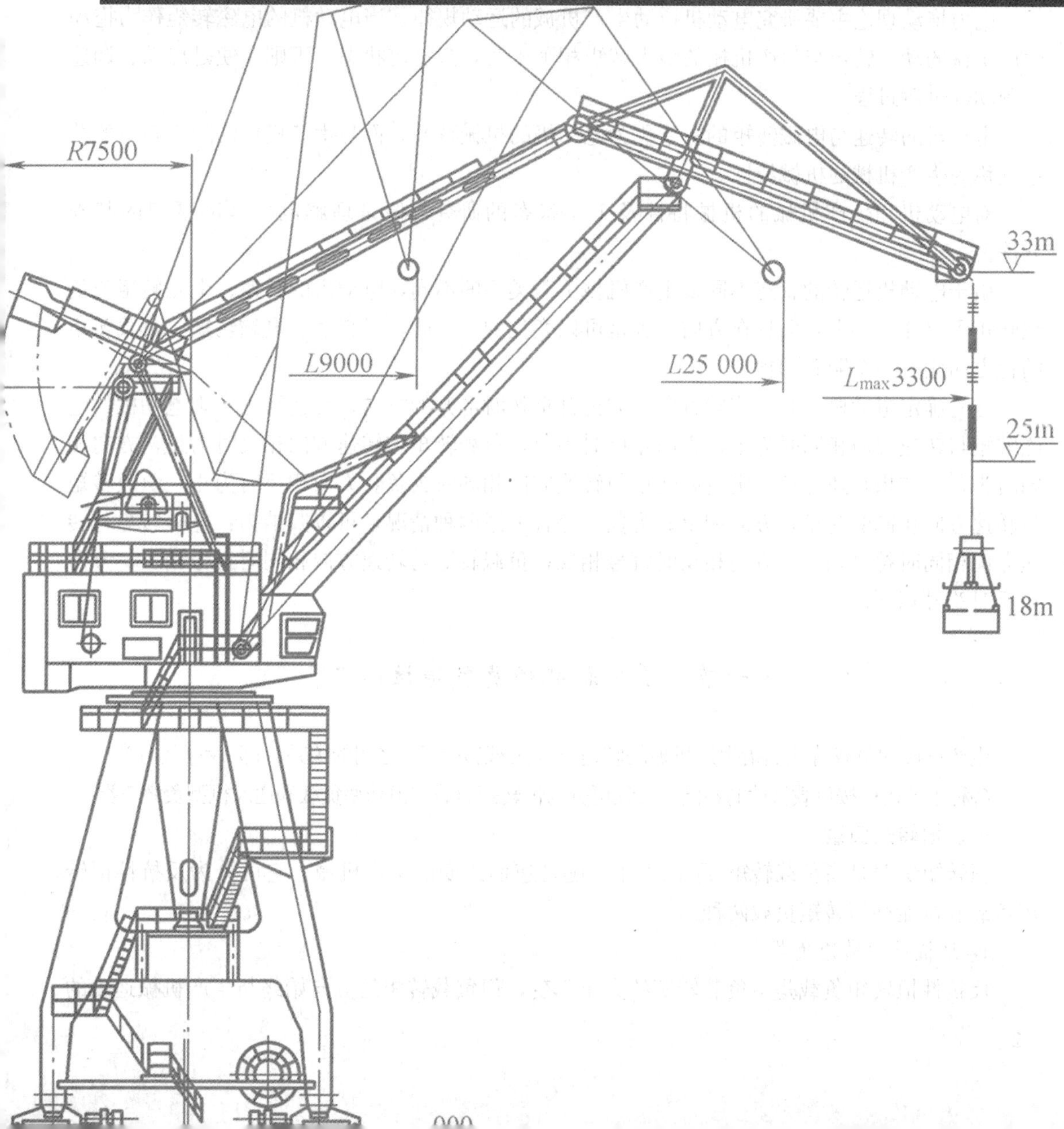

第一章

电力拖动基础知识

用电动机拖动生产机械以完成特定的生产任务称为“电力拖动”。

电力拖动系统是把电能转化成机械能的装置，由电动机、控制电动机的设备和生产机械组成，称为电力拖动系统的三要素。

电力拖动理论主要研究电动机拖动生产机械的运动规律。当电动机的电磁转矩作为拖动生产机械的动力转矩与生产机械的阻力转矩相平衡时，为稳定状态；否则，便是启动、调速和制动等过渡过程。

电动机的转速与电磁转矩的关系称为电动机的机械特性，而与生产机械的阻力转矩的关系则称为生产机械的机械特性。

对电动机和生产机械的机械特性及工作状态的研究，便是理解电力拖动规律的基本方法。

由于电动机运转的状态不同及生产机械负载类型的不同，电动机的转速、电磁转矩与负载转矩不仅在大小上，而且在方向上也是可以变化的。因此，对转速、电磁转矩、负载转矩的正方向应有一个明确的规定。

首先确定电动机的某一旋转方向（如提升重物时上升的方向）转速为正，则电动机的电磁转矩与转速方向相同时为正，方向相反时为负；负载转矩与转速方向相反时为正，方向相同时为负。如果转速为负，则电磁转矩与转速方向相同时为负，方向相反时为正；负载转矩与转速方向相同时为正，方向相反时为负。综合上述两种情况，可以归纳为：电磁转矩与转速方向相同时符号相同，方向相反时符号相反；负载转矩与转速方向相同时符号相反，方向相反时符号相同。

第一节 生产机械的负载特性

生产机械的负载特性是指生产机械的转速 n 与负载转矩 T_L 之间的关系，即 $n=f(T_L)$。

各种生产机械按负载特性的不同，大致可分为恒转矩负载、恒功率负载和通风机型负载三类。

一、恒转矩负载

恒转矩负载是指负载转矩 T_L 的大小不随转速而改变的生产机械。它可分为反抗性恒转矩负载和位能性恒转矩负载两种。

1. 反抗性恒转矩负载

反抗性恒转矩负载是指负载转矩的大小不变，但负载转矩的方向始终与生产机械运动的方向相反，例如，生产机械的摩擦转矩。当转动方向改变时，摩擦转矩也随之反向，如图 1-1 所示。

2. 位能性恒转矩负载

位能性恒转矩负载是指不论生产机械运动的方向变动与否，负载转矩的大小和方向始终不变，例如，起重装置的吊钩及重物所产生的转矩，如图 1-2 所示。

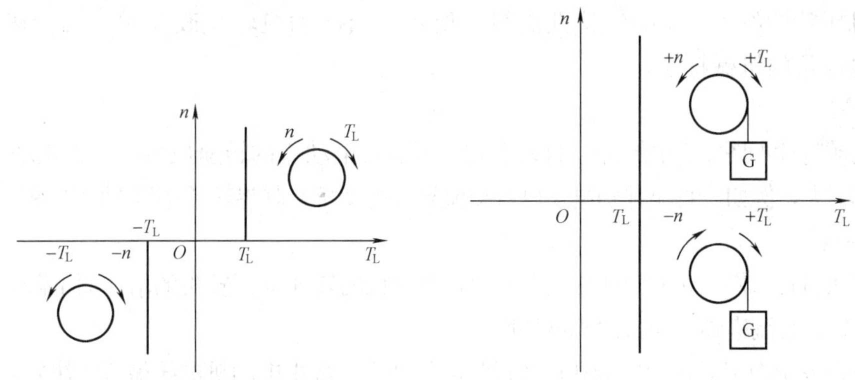

图 1-1　反抗性恒转矩负载特性　　图 1-2　位能性恒转矩负载特性

二、恒功率负载

恒功率负载是指负载所需的功率为恒定值。因为 $P_L=T_L\left(\frac{2\pi n}{60}\right)=\left(\frac{2\pi}{60}\right)T_L n$，所以负载转矩与转速成反比，如图 1-3 所示。例如，车床的切削加工，粗加工时，切削量大，用低速；精加工时，切削量小，用高速。

三、通风机型负载

通风机型负载是指负载转矩 T_L 的大小与转速 n 的平方成正比的生产机械，即 $T_L=kn^2$，例如，鼓风机、水泵、油泵等的叶片所受的阻转矩，负载特性如图 1-4 所示。

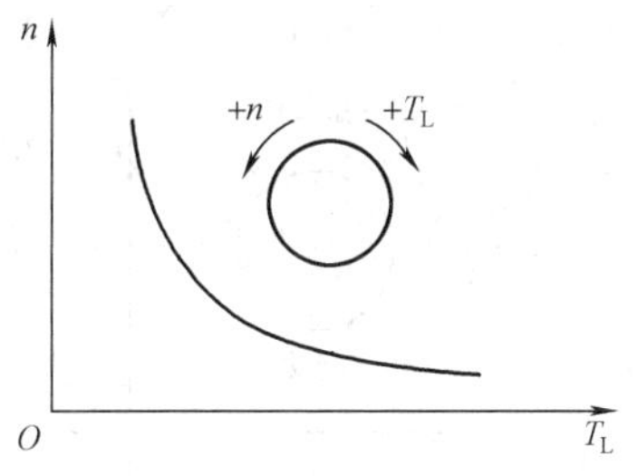

图 1-3　恒功率负载特性图

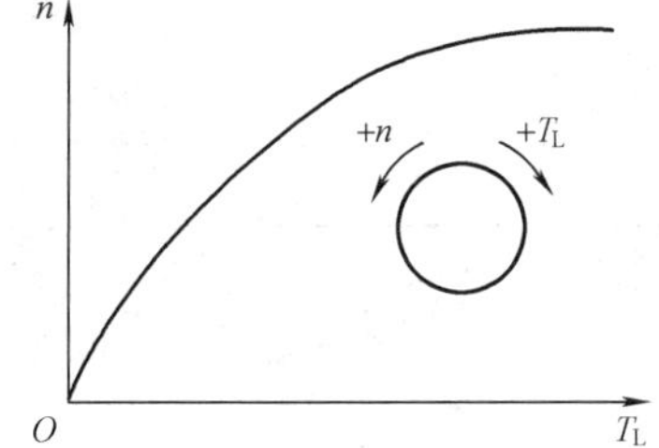

图 1-4　通风机型负载特性

第二节　电动机的机械特性及工作状态

一、电动机的机械特性

电动机的机械特性是指电动机转速 n 随电磁转矩 T_{em} 变化的规律。

电动机在额定条件下，即 $U=U_N$，$\Phi=\Phi_N$，定子和转子电路中不串电阻或其他启动变速装置时的机械特性，称为固有特性，或自然特性，为了适应生产需要，人为地改变电压、频率、磁通，或者在定子、转子中串接部分电阻，改变了的机械特性称为人为机械特性。

不同的电动机有不同的自然特性，电动机的自然机械特性主要分为以下三类。

1. 绝对硬的机械特性

这种机械特性如图 1-5 中的特性曲线 1 所示。当电动机转矩改变时，其转速不变，例如，同步电动机的机械特性。

2. 硬特性

这种机械特性如图 1-5 中的特性曲线 2 和 4 所示，电动机的转速虽然随着力矩增大而下降，但下降陡度不大，例如，直流并励电动机及交流异步电动机在临界转差率以上的机械特性。

3. 软特性

这种机械特性如图 1-5 中特性曲线 3 所示，电动机的转速随其转矩的增加而下降，下降的陡度很大，例如，直流串励电动机的机械特性。

电力拖动系统稳定运转的性能和过渡过程的特征，全部由电动机的机械特性决定，因而在配用电动机时必须首先注意电动机的机械特性，以满足生产机械的需要。

二、电动机的工作状态

在电力拖动系统中，电动机具有两种工作状态——电动状态和制动状态。当电动机电磁转矩方向与其旋转方向相同时，电动机处于电动状态；当电磁转矩方向与其旋转方向相反时，电动机处于制动状态。当电动机处于电动状态运动时，电磁转矩为驱动生产机械的原动力，即驱动负载运行。反之，电动机的电磁转矩阻碍生产机械的运动，即阻止负载的运行，称制动状态。例如，当起重机下放负荷时，为了防止重力加速度作用而产生越来越快的下降速度，必须采用各种制动方法，获得匀速下降速度，保证起重机下放负荷时的装卸质量及安全生产。

图 1-6 所示为电动机各种不同工作状态的坐标图。

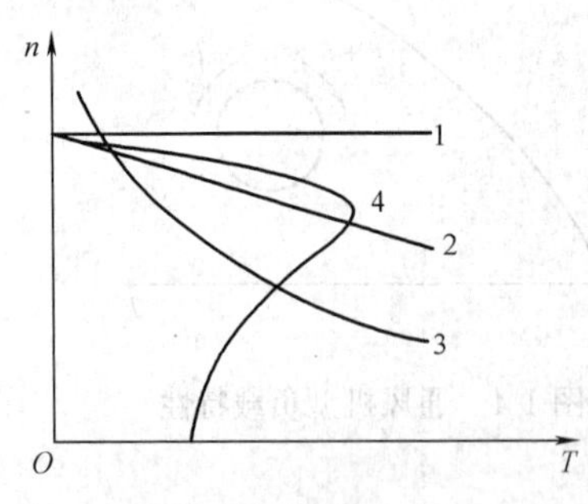

图 1-5　电动机的机械特性

1—同步电动机特性；2—他（并）激电动机特性；3—串激电动机特性；4—交流异步电动机特性

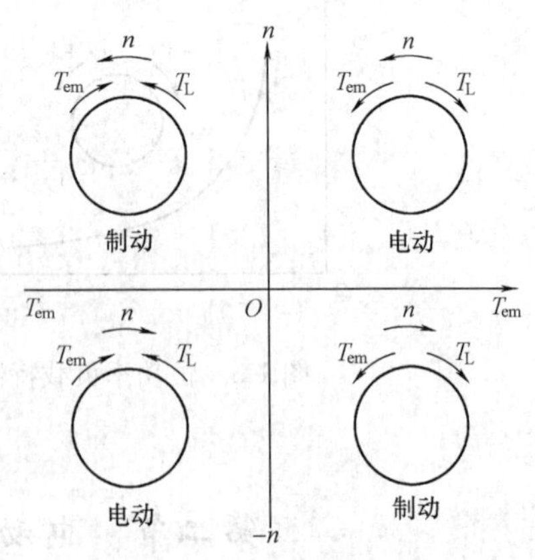

图 1-6　电动机工作状态坐标图

在第一象限中，电磁转矩 T_{em} 与转速 n 均为正，电动机正转，处于电动状态。如起重机行走机构向前运行时，电磁转矩 T_{em} 克服负载转矩 T_L，使起重机向前移动。

在第二象限中，电磁转矩 T_{em}为负，转速 n 为正，电动机正转，但处于制动状态。如港口流动吊车下坡运行时，为了防止运行机构因重力加速度以过大的速度冲下坡，这时电磁转矩成为制动力矩。

在第三象限中，电磁转矩 T_{em}和转速 n 均为负，电动机反转，处于电动状态。如起重机运行机构向后运行时，电磁转矩 T_{em}及转速 n 均反向。

在第四象限中，电磁转矩 T_{em}为正，转速 n 为负，电动机反转，处于制动状态。如起重机起升机构下放重载时，为了防止负载转矩 T_L 在重力加速度的作用下，产生过大的加速度而使重载急速下降，必须使电磁转矩 T_{em}反抗负载转矩 T_L 并获得适当的匀速下降速度，这时电磁转矩与转速方向相反，起制动作用。

无论电动机处于电动状态或处于制动状态，在电力拖动系统中都起着应有的作用，在后述章节中，将结合港口机械的具体机构，分析电动机的不同工作状态和电力拖动系统的运行原理。

思　考　题

1. 什么是生产机械的负载特性，大致可分几种？
2. 转速、电磁转矩，阻力转矩的正方向是怎样规定的？
3. 什么是电动机的机械特性？
4. 电动机有哪几种工作状态？试分析四象限运行坐标图。

第二章

直流电动机电力拖动

第一节　直流电动机的结构和基本工作原理

一、直流电动机的工作原理

图 2-1 所示是一台简单的直流电动机的原理图。图中 N 和 S 是一对固定的磁极，用来建立恒定磁场。两磁极之间有一个可以转动的圆柱形铁芯，铁芯上固定着线圈 abcd。线圈的 ad 端接在随电枢一起旋转的两片半圆形铜片上，这两个铜片合称为换向器，换向器固定在转轴上且与转轴绝缘。铁芯、线圈和换向器组合在一起形成电枢。电刷 A、B 分别与换向片接触而通向外电路。

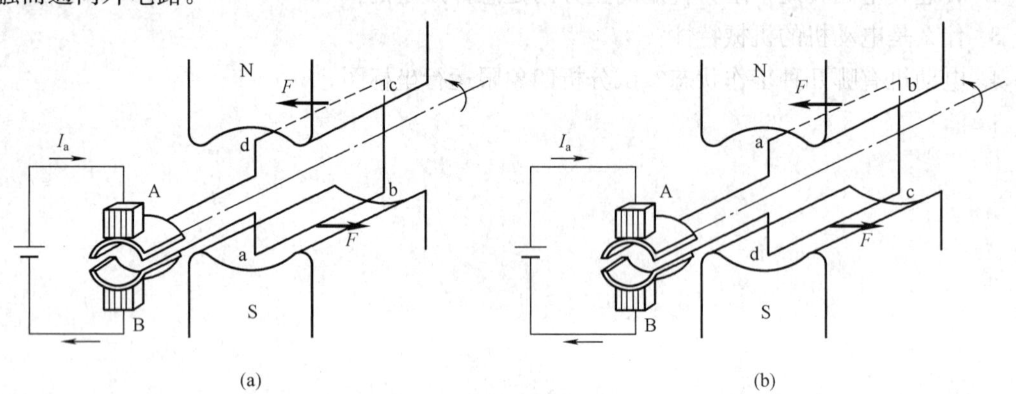

图 2-1　直流电动机原理图

（a）电枢通电时；（b）电枢转过 180°时

通电线圈在磁场中要受到磁场力的作用。假设电刷 A 与电源的正极相连，电刷 B 与电源的负极相连，电流经 A—d—c—b—a—B 形成回路。根据左手定则，线圈 ab 的受力方向向右，线圈 cd 的受力方向向左。这样就形成一个转矩，使电枢逆时针方向旋转，如图 2-1（a）所示。

当电枢转过 90°时，此时通电线圈虽受到电磁力的作用，但转矩为零。由于电枢机械惯性的作用，电枢也能转过一定的角度，这时线圈中电流的方向也发生了改变。

当电枢转过 180°时，这时电流经 A—a—b—c—d—B 形成回路，线圈内部电流的方向发生了改变，根据左手定则，线圈 ab 受力方向向左，线圈 cd 受力方向向右，仍然形成一个逆时针转动的转矩，电枢按同一方向继续旋转，这样电动机就可以连续旋转，如图 2-1（b）

所示。

使电动机转动的转矩由于是电磁感应产生的，所以称为电磁转矩，用 T_{em} 表示。其大小与磁场强度和流过电枢的电流强度成正比，即 $T_{em}=C_T\Phi I_a$。电枢在磁场中旋转，电枢绕组就会因切割磁通而产生感应电动势 E_a，根据右手定则，电动势 E_a 的方向与电枢电流 I_a 的方向相反，称为反电动势。反电动势的大小与磁场强度和电动机的转速成正比，即 $E_a=C_e\Phi n$。

综上所述，直流电机转动的基本工作原理是：

（1）励磁绕组接通直流电产生恒定磁场。

（2）通电的电枢线圈在磁场中受力产生电磁转矩，使电动机转动。

（3）转动的电枢线圈切割磁场产生反电动势。

二、直流电动机的结构

直流电动机由两个主要部分组成：静止部分和转动部分。静止部分称为定子，由主磁极、换向磁极、机座和电刷等装置组成，主要用来建立磁场。转动部分称为转子或电枢，由电枢铁芯、电枢绕组、换向器、风扇、转轴等组成，是机械能变为电能或电能变为机械能的枢纽。在静止部分和转动部分之间，有一定的间隙，称为气隙。图 2-2 所示为直流电动机结构图，图 2-3 所示为直流电动机组成部件。

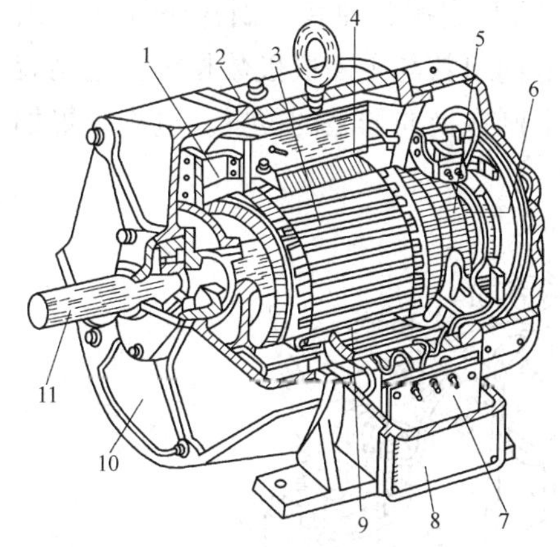

图 2-2　直流电动机结构图

1—风扇；2—机座；3—电枢；4—主磁极；5—电刷架；6—换向器；7—接线板；8—出线盒；9—换向磁极；10—端盖；11—转轴

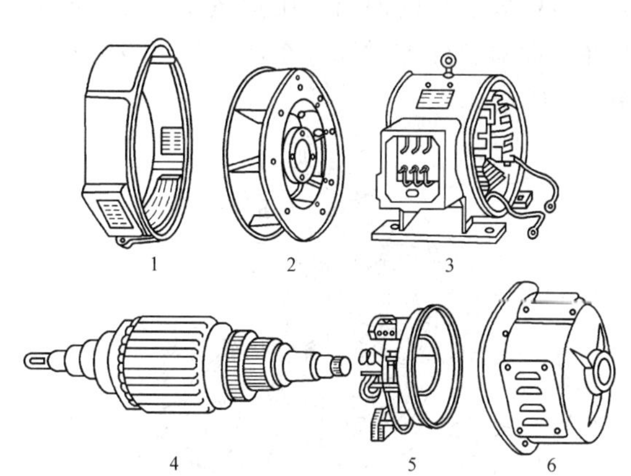

图 2-3　直流电动机组成部件

1—前端盖；2—风扇；3—机座；4—电枢；5—电刷架；6—后端盖

1. 静止部分

（1）主磁极。主磁极的作用是产生一个恒定的主磁场，它由铁芯和励磁绕组组成。在励磁绕组中通入直流电流后，铁芯中即产生励磁磁通，并在气隙中建立磁场。励磁绕组是用绝缘铜线绕制的线圈，套在铁芯外面。铁芯一般用硅钢片叠压而成。主磁极总是 N、S 两极成对出现的。主磁极的励磁绕组相互串联连接，连接时要能保证相邻磁极的极性按 N、S 交替排列。主磁极的结构如图 2-4 所示。

（2）换向磁极。换向磁极也是由铁芯和换向磁极绕组构成的，如图 2-5 所示。其作用是减小电刷与换向器之间的火花。换向磁极安装在相邻两个主磁极的中间线上，当换向磁极绕组通入直流电流时，它所形成的磁场对电枢磁场产生影响。换向磁极绕组一般总与电枢绕组串联。

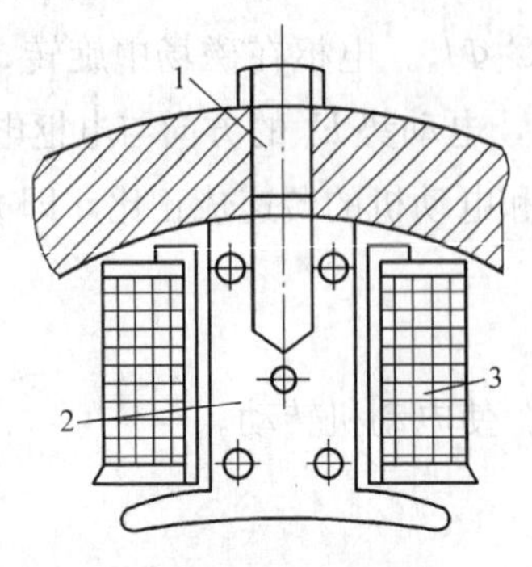

图 2-4　主磁极的结构

1—机座；2—主磁极铁芯；3—励磁绕组

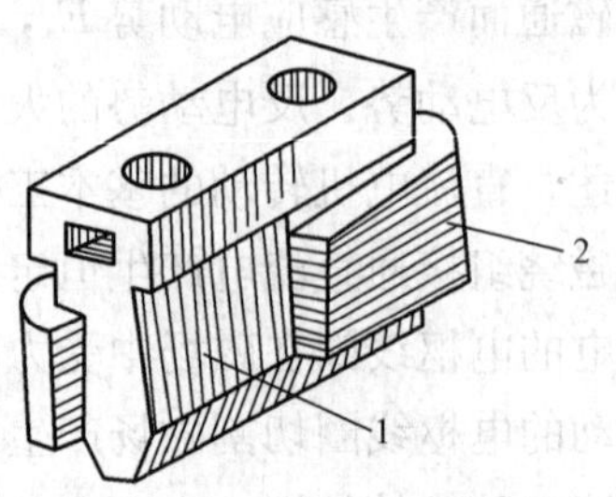

图 2-5　换向磁极

1—换向磁极铁芯；2—换向磁极绕组

(3) 机座。机座由铸铁或铸钢制成，是磁路的一部分。它用来固定主磁极、换向磁极和端盖，其结构如图 2-6 所示。

(4) 电刷装置。电刷将旋转的电枢绕组电路与静止的外部电路相连接，把直流电流引入或将直流感应电动势引出。直流电动机中电刷装置由电刷及刷握、弹簧、刷杆座等部分组成。电刷放置在刷握内，用弹簧压紧在换向器上。一般电刷组数与主磁极极数相等。电刷装置在换向器表面应对称分布，并且可以移动，用以调整电刷在换向器上的位置。电刷装置如图 2-7 所示。

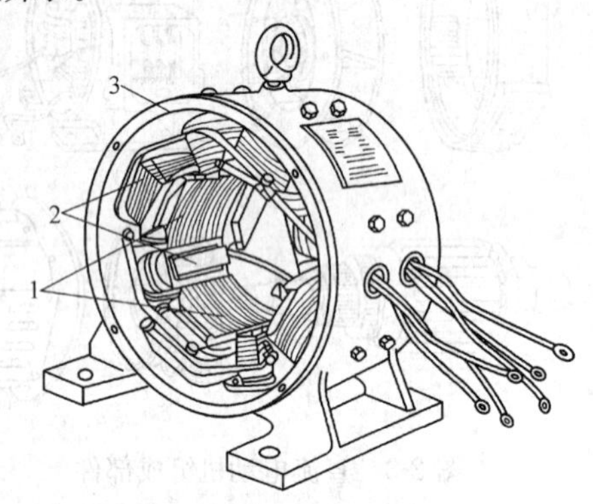

图 2-6　机座

1—主磁极；2—换向磁极；3—机座

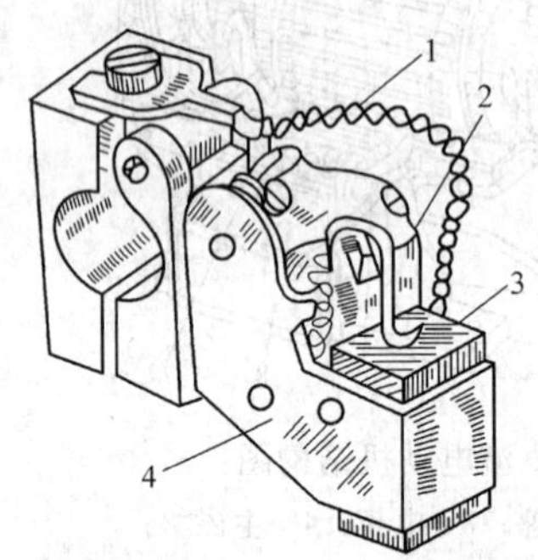

图 2-7　电刷装置

1—铜丝辫；2—压指；3—电刷；4—刷握

2. 转动部分

(1) 电枢铁芯。电枢铁芯是磁路的一部分，同时对放置在其上的电枢绕组起支撑作用。电动机运行时，交变的磁通会在铁芯中产生涡流和磁滞损耗。为了减少涡流损耗，电枢铁芯通常采用 0.5mm 厚且表面涂绝缘漆的硅钢片叠压而成。每片周围均匀分布许多齿和槽，槽内可安放电枢绕组，其结构如图 2-8 所示。

(2) 电枢绕组。电枢绕组是直流电动机电路的主要组成部分，它是产生感应电动势和流过电流而产生电磁转矩，从而实现机、电能量的转换。电枢绕组通常用绝缘的铜线在模具上绕成线圈

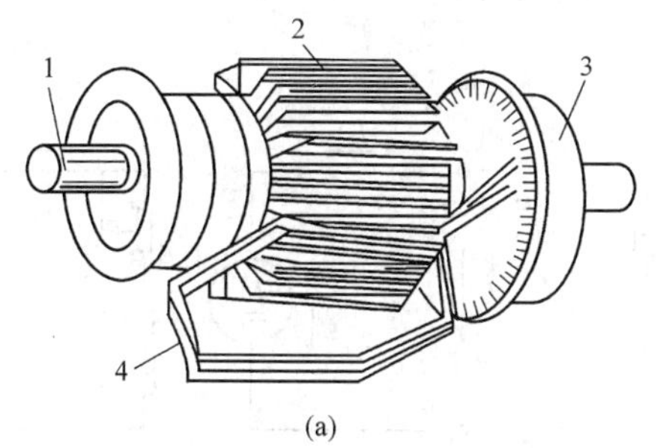

(a)

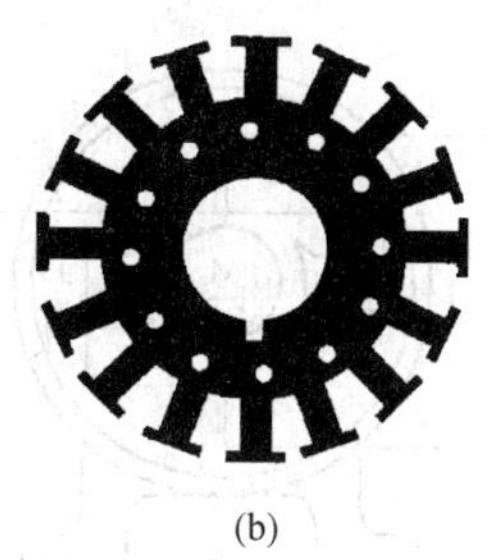

(b)

图 2-8　电枢铁芯及电枢绕组

(a) 电枢；(b) 铁芯冲片

1—转轴；2—电枢铁芯；3—换向器；4—电枢绕组

后再放置在电枢铁芯槽中，槽口用槽楔压紧，防止旋转时将绕组甩出，其结构如图 2-8 所示。

(3) 换向器。换向器是由许多铜质换向片组成一个圆柱体，换向片之间用云母片绝缘。换向器装在电枢的一端，电枢绕组的两端分别焊接到两片换向片上。它是直流电动机的重要部件。其作用是在直流电动机中，将外加的直流电流变为电枢绕组中的交流电流；在直流发电机中，将电枢绕组中的交变电动势变为电刷端点的直流电动势。换向器的结构如图 2-9 所示。

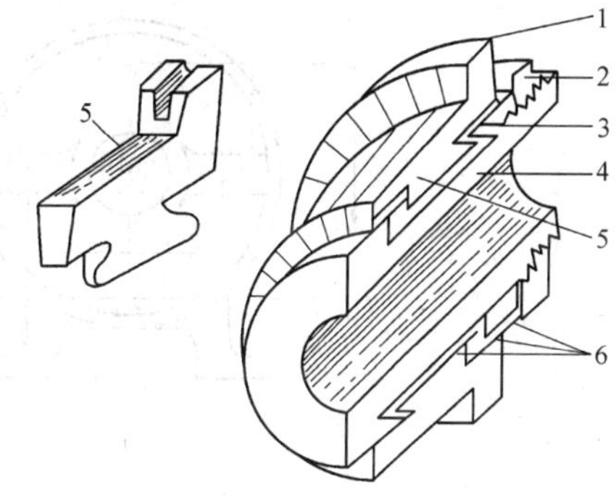

图 2-9　换向器的结构

1—片间云母片；2—锁紧螺母；3—V 形环；4—套筒；5—换相片；6—云母绝缘

3. 气隙

气隙是电动机磁路的重要组成部分。一般小型电动机的气隙为 0.5～5mm，大型电动机为 5～10mm，但由于气隙磁阻远大于铁芯磁阻，对电动机性能有很大的影响，因而在组装时应特别注意。

三、直流电动机的分类和铭牌

1. 直流电动机的分类

直流电动机一般是根据励磁方式进行分类的，因为它的性能与励磁方式有密切关系，励磁方式不同，电动机的运行特性就有很大差异。根据励磁绕组与电枢绕组连接的不同，可以分为他励电动机、并励电动机、串励电动机和复励电动机。

(1) 他励电动机：励磁绕组和电枢绕组分别由不同的直流电源供电，即励磁电路与电路没有电的连接，其接线图和原理图分别如图 2-10 (a)、(b) 所示。

(2) 并励电动机：励磁绕组和电枢绕组并联，由同一直流电源供电。对于并励电动机，励磁电压等于电枢电压，励磁绕组匝数多，电阻较大。总电流等于电枢电流和励磁绕组电流之和，即 $I=I_a+I_f$。并励电动机的接线图和原理图分别如图 2-11 (a)、(b) 所示。

(3) 串励电动机：励磁绕组和电枢绕组串联后接于直流电源，励磁电流和电枢电流相等，即 $I=I_a=I_f$，其接线图和原理图分别如图 2-12 (a)、(b) 所示。

(4) 复励电动机：有两个励磁绕组，一个与电枢并联，另一个与电枢串联。并励绕组匝

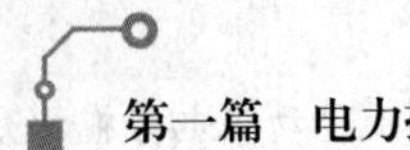

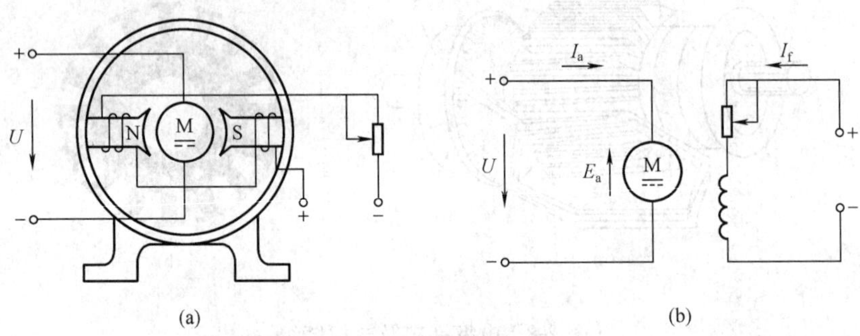

图 2-10　他励电动机

（a）接线图；（b）原理图

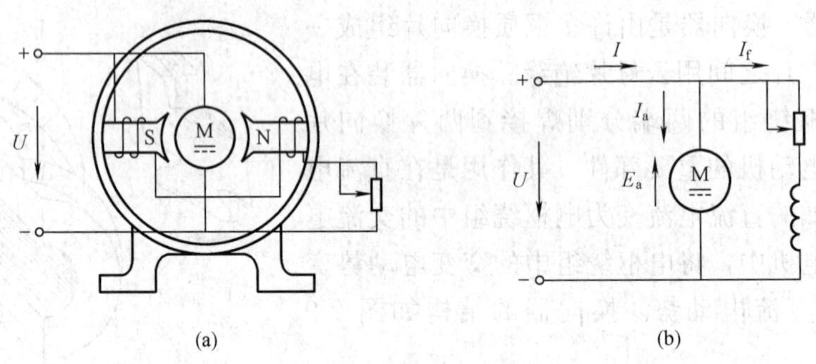

图 2-11　并励电动机

（a）接线图；（b）原理图

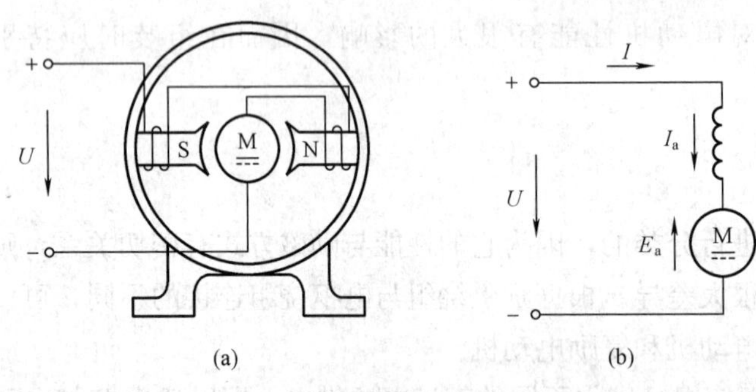

图 2-12　串励电动机

（a）接线图；（b）原理图

数多而线径细，串励绕组匝数少而线径粗，其接线图和原理图分别如图 2-13（a）、（b）所示。

在一些小型直流电动机中，也有用永久磁铁产生磁场的，这种电动机称为永磁式电动机。由于其体积小、结构简单、效率高、损耗低、可靠性高等特点，应用也越来越广泛，例如，兆欧表中的手摇发电机和测速发电机、汽车用永磁电动机等。

2. 直流电动机的铭牌

每一台电动机的机座上都有一块铭牌，标明这台电动机额定运行时的各种数据。这些数据是正确、合理使用电动机的依据，也称为铭牌数据。表 2-1 所示是一台直流电动机的铭牌，其额定值的意义介绍如下。

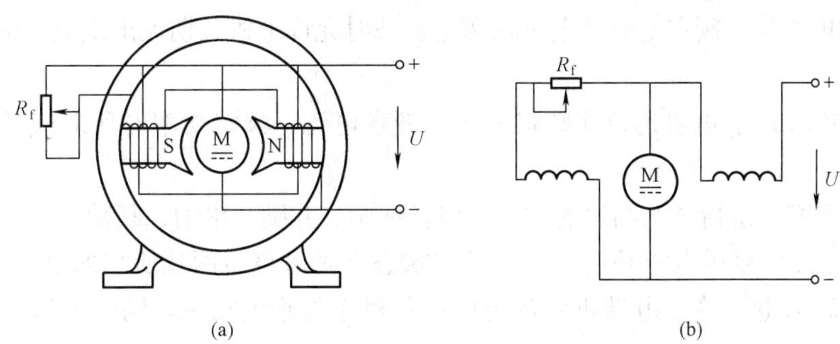

图 2-13　复励电动机

(a) 接线图；(b) 原理图

表 2-1　　　　**直流电动机的铭牌**

型　号	Z2-72	励磁方式	并　励
额定功率	22kW	励磁电压	220V
额定电压	220V	励磁电流	2.06A
额定电流	110A	定额	连续
额定转速	1500r/min	温升	80℃
出厂编号	××××××	出厂日期	××××年××
××××电机厂			

(1) 型号。国产电动机的型号一般采用大写的汉语拼音字母和数字表示电动机的结构和使用特点。例如 Z2—92，其说明如下：

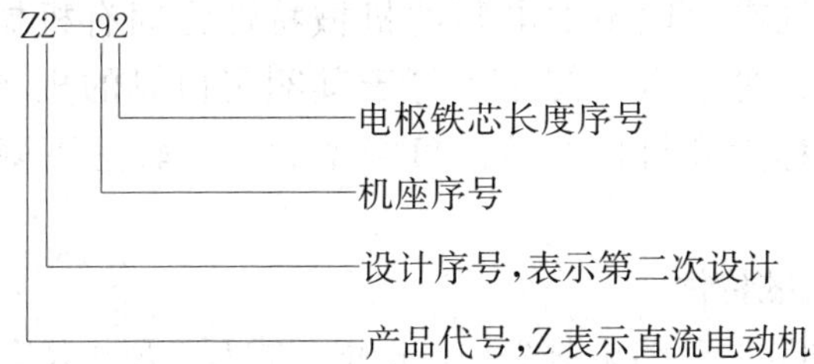

产品代号的含义如下：

Z 系列，一般用途直流电动机，如 Z2、Z3、Z4 等系列；

ZJ 系列，精密机床用直流电动机；

ZT 系列，广调速直流电动机；

ZQ 系列，牵引直流电动机；

ZH 系列，船用直流电动机；

ZA 系列，防爆安全型直流电动机；

ZKJ 系列，挖掘机用直流电动机；

ZZJ 系列，冶金起重机用直流电动机。

(2) 额定功率 P_N。额定功率是电机在额定情况下允许输出的功率，对于发电机，是指向负载输出的电功率；对于电动机，是指轴上输出的机械功率，单位是 W 或 kW。

(3) 额定电压 U_N。额定电压是指在额定情况下的电压，对于电动机，是指直流电源的电压；对于发电机，是指额定功率时的输出电压，单位是 V。

(4) 额定电流 I_N。额定电流是电机在额定负载时允许电机长期流出或流入的电流，单位是 A。

(5) 额定转速 n_N。电机运行在额定电压、额定电流、额定功率时所对应的转速，单位是 r/min。

(6) 励磁方式。是指电机励磁的方式，包含他励、并励、串励、复励等。

(7) 励磁电压。励磁电压是指电机在额定状态下励磁绕组两端所加的电压。对于自励、并励电动机，励磁电压等于电动机的额定电压；对于他励电动机，励磁电压要根据情况来定。其单位是 V。

(8) 励磁电流。励磁电流是指电机产生主磁通所需要的电流，单位是 A。

(9) 定额。定额是指电机在额定状态下可以持续运行的时间和顺序，分为连续定额、短时定额、断续定额三种。例如，标有"连续"，则表示电机可以不受时间限制连续运行；标有"25%"，则表示电机在一个周期内工作 25%的时间，休息 75%的时间。

(10) 温升。温升表示电机允许发热的一个限度。温升限度取决于电机所使用的绝缘材料。

第二节 直流电动机的机械特性

电动机的机械特性是指电动机转速 n 与电磁转矩 T_{em} 的关系，即 $n=f(T_{em})$。机械特性可分为固有（自然）机械特性和人为机械特性。当电动机的外加电压和励磁电流为额定值时，电枢回路没有串联附加电阻的机械特性为固有机械特性。人为机械特性是指改变电动机一种或几种参数，使之不等于其额定值时的机械特性。从空载到额定负载，转速下降不多，称为硬机械特性。负载增大时，转速下降较快，这时的机械特性为软机械特性。

一、他励电动机的机械特性

他励电动机的接线图和原理图见图 2-10，根据公式 $U=E_a+R_aI_a$，$E_a=C_en\Phi$ 可以得出

$$U=C_en\Phi+R_aI_a$$

则

$$n=\frac{U}{C_e\Phi}-\frac{R_a}{C_e\Phi}I_a$$

又因为转矩 $T=C_T\Phi I_a$，则

$$n=\frac{U}{C_e\Phi}-\frac{R_a}{C_e\Phi^2C_T}T=n_0-\beta T=n_0-\Delta n \tag{2-1}$$

式 (2-1) 反映了转速和转矩的关系，称为电动机的机械特性。$n_0=U/C_e\Phi$ 叫做电动机的理想空载转速。$\beta=R_a/C_e\Phi^2C_T$ 叫做机械特性斜率。$\Delta n=R_a/C_e\Phi^2C_TT$ 叫做转速降，它表示负载增加时，转速下降的多少。一般 $\Delta n/n_N=(n_0-n_N)/n_N\times100\%\approx3\%\sim8\%$。从他励电动机的机械特性方程式(2-1)可知，$n=f(T)$是一条倾斜度很小的直线，如图 2-14 所示。当电源电压、磁通为额定值，电枢回路未串联电阻时的机械特性称为固有机械特性，为硬特性。

并励电动机与他励电动机的区别仅仅在于励磁绕组和电枢绕组由同一直流电源供电还是

由不同的直流电源供电。所以它们的机械特性是相同的。

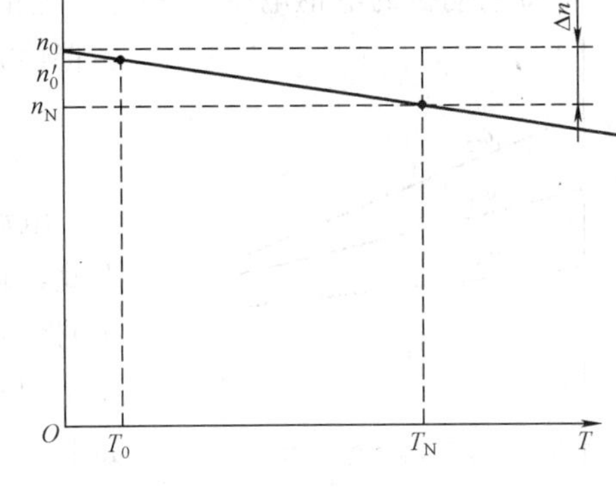

图 2-14 他励电动机机械特性曲线

人为地改变电动机气隙磁通 Φ、电源电压 U 和电枢回路串联电阻 R_{pa} 等参数，所获得的机械特性为人为机械特性。

1. 电枢回路串接电阻 R_{pa} 时的人为机械特性

电枢回路串接电阻 R_{pa} 时的人为机械特性方程为

$$n=\frac{U_N}{C_e\Phi_N}-\frac{R_a+R_{pa}}{C_eC_T\Phi_N^2}T \tag{2-2}$$

与固有机械特性相比，电枢回路串电阻 R_{pa} 的人为机械特性的特点如下：

(1) 理想空载转速 n_0 保持不变。

(2) 机械特性的斜率 β 随 R_{pa} 的增大而增大，特性曲线变软。图 2-15 所示为不同 R_{pa} 时的一组人为特性曲线。所以，改变电阻 R_{pa} 大小，可以使电动机的转速发生变化。因此电枢回路串电阻可用于调速。

2. 改变电源电压时的人为机械特性

当 $\Phi=\Phi_N$，电枢回路不串联电阻，即 $R_{pa}=0$ 时，改变电源电压的人为机械特性方程为

$$n=\frac{U}{C_e\Phi_N}-\frac{R_a}{C_eC_T\Phi_N^2}T \tag{2-3}$$

由于受到绝缘强度的限制，电源电压只能从电动机额定电压 U_N 向下调节。与固有机械特性相比，改变电源电压的人为机械特性的特点如下：

(1) 理想空载转速 n_0 正比于电压 U，U 下降时，n_0 成正比地减小。

(2) 特性曲线斜率 β 不变，图 2-16 所示为调节电源电压的一组人为机械特性曲线，它是一组平行直线。因此，降低电源电压也可用于调速，U 越低，转速越低。

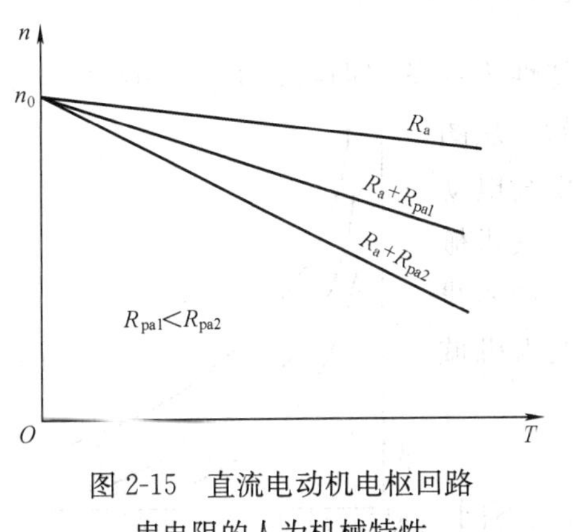

图 2-15 直流电动机电枢回路串电阻的人为机械特性

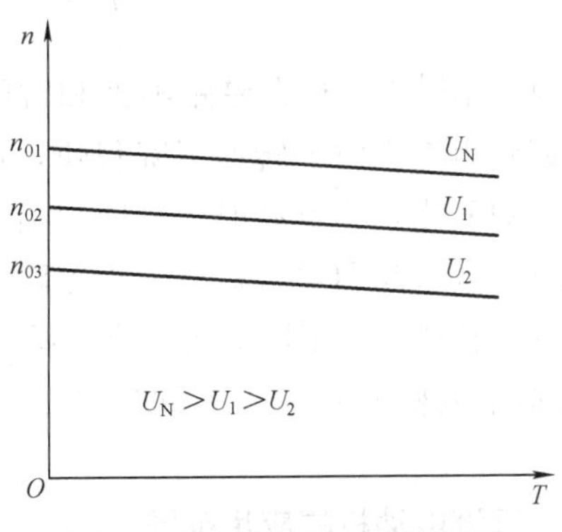

图 2-16 直流他励电动机调节电源电压的人为机械特性

3. 改变磁通时的人为机械特性

保持电动机的电枢电压 $U=U_N$，电枢回路不串电阻，即 $R_{pa}=0$ 时，改变磁通的人为机械特性方程式为

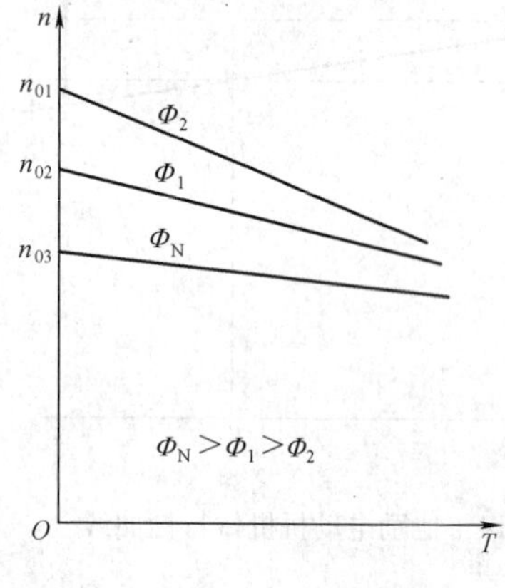

图 2-17　他励直流电动机弱磁的人为机械特性

$$n=\frac{U_N}{C_e\Phi}-\frac{R_a}{C_eC_T\Phi^2}T \tag{2-4}$$

电动机设计时，Φ_N 一般处于磁化曲线接近饱和段。因此，磁通只可从 Φ_N 往下调节，也就是调节励磁回路串接的可变电阻 R_{pf} 使其增大，从而减小励磁电流 I_f，减小磁通 Φ_0 与固有机械特性相比，弱磁的人为机械特性的特点如下：

(1) 理想空载转速与磁通成反比，Φ 减弱，n_0 升高。

(2) 斜率 β 与磁通的二次方成反比，弱磁使斜率增大。

图 2-17 所示是弱磁人为机械特性曲线，它是一组随 Φ 减弱，n_0 升高，曲线斜率变大的直线。若用于调速，则 Φ 越小，转速越高。

二、串励电动机的机械特性

串励电动机的接线图和原理图见图 2-12。其励磁绕组与电枢绕组串联，即 $I_f=I_a$，磁通随电枢电流而变化。当磁路未饱和时，磁通与 I_a 成正比，即 $\Phi=C_\Phi I_a$。

根据 $U=E_a+R_aI_a+R_fI_f$，$E_a=C_en\Phi$，$T=C_T\Phi I_a=C_TC_\Phi I_a^2$ 可以得出

$$n=\frac{E_a}{C_e\Phi}=\frac{E_a}{C_eC_\Phi I_a}=\frac{U-(R_a+R_f)I_a}{C_eC_\Phi I_a}$$

$$=\frac{U-(R_a+R_f)\sqrt{\dfrac{T}{C_TC_\Phi}}}{C_eC_\Phi\sqrt{\dfrac{T}{C_TC_\Phi}}}=\frac{U}{C_eC_\Phi\sqrt{\dfrac{T}{C_TC_\Phi}}}-\frac{R_a+R_f}{C_eC_\Phi}$$

令

$$C_1=\frac{\sqrt{C_TC_\Phi}}{C_eC_\Phi},C_2=\frac{1}{C_eC_\Phi}$$

则

$$n=C_1\frac{U}{\sqrt{T}}-C_2(R_a+R_f) \tag{2-5}$$

可见，串励电动机在磁路不饱和时的机械特性为一条双曲线，如图 2-18 曲线 1 所示，说明负载转矩增大时，转速下降很快，特性很软。从图 2-18 中可以看出，当空载时，转速很高，因此串励电动机不允许空载启动和空载运行。当磁路饱和时，其机械特性变硬，转速随转矩增加而下降变缓。图 2-18 中曲线 2、3 所示是电枢回路串入不同启动电阻后的人为机械特性。

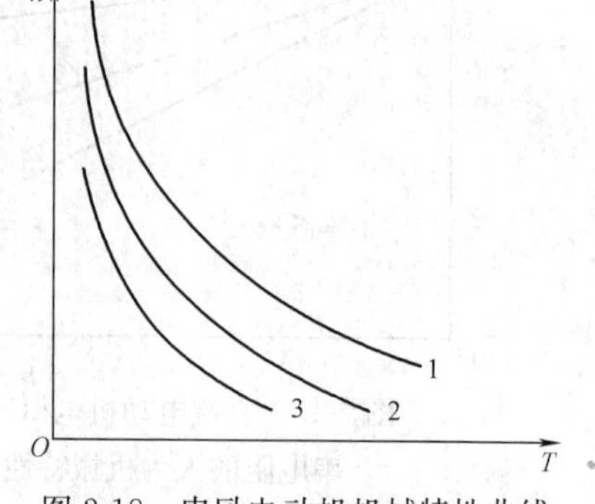

图 2-18　串励电动机机械特性曲线

三、直流电动机的应用范围

直流电动机的励磁方式不同，其应用范围也不同。并励电动机基本上是一种恒定转速的电动机，因此一般

用于拖动转速变化较小的负载，如用于切割机、轧钢机、造纸机等设备中。而串励电动机启动转矩和过载能力较大，同时转速随负载变化较大，负载转矩增大时，转速会明显下降，但输出功率变化不大，主要用于电力机车、起重机、电梯等牵引设备中。

第三节 直流电动机的启动和反转

一、直流电动机的启动

直流电动机接通电源后，转子由静止状态加速到稳定运行状态的整个过程称为启动过程。电动机启动瞬间的电磁转矩称为启动转矩，启动瞬间的电枢电流称为启动电流。启动过程是一个瞬变过程，但对电动机的运行性能、使用寿命等有很大影响。对直流电动机的启动，一般做如下要求：

(1) 要有足够大的启动转矩，以缩短启动时间并能带负载启动。

(2) 启动电流要限制在一定范围内，以免对电网和电动机产生有害影响。

(3) 启动设备要简单、可靠。

直流电动机的启动方法有三种，即直接启动、电枢回路串电阻启动和降压启动，以满足不同机械设备的要求。

1. 直接启动

直接启动就是把直流电动机直接接到额定电压的电源上启动，如图 2-19 所示。以并励启动时，将 R_{pf} 调至零，使磁通 Φ 最大，先合上开关 QS1，将并励绕组接入电源，再合上开关 QS2 接通电枢回路。此瞬间，由于惯性的作用，$n=0$，$E_a=0$，这时的启动电流 I_{st} 为

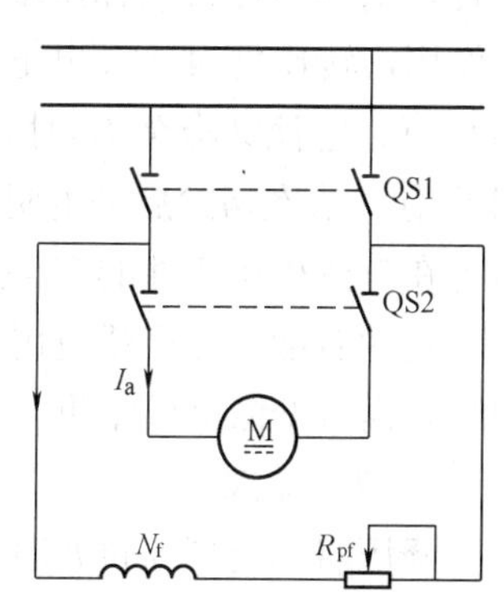

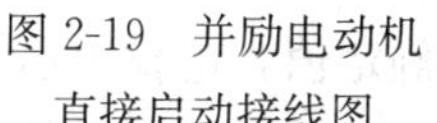
图 2-19 并励电动机直接启动接线图

$$I_{st}=\frac{U-E_a}{R_a}=\frac{U}{R_a} \tag{2-6}$$

此时的启动转矩为

$$T_{st}=C_T\Phi I_{st} \tag{2-7}$$

由于 R_a 的数值很小，因此 I_{st} 很大，可达额定电流的 10～20 倍。这时启动转矩也很大，转速迅速上升，随着 E_a 的增加，I_a 下降，T_{st} 也下降。当电磁转矩与负载转矩平衡时，启动过程结束，电动机以一定的转速稳定运行。

可以看出，直接启动的优点是操作简单、设备简单、启动时间短，但缺点是启动电流大、启动转矩大。由于启动电流大，造成电网电压波动，影响接在同一电网中的其他用电设备正常工作，同时使电动机换向器与电刷之间产生强烈火花，造成表面受损伤，甚至烧毁电枢绕组。由于启动转矩过大，可使生产机械和传动机构受到强烈冲击而损坏。所以，直接启动方式仅适用于小容量直流电动机。一般规定启动电流 I_{st} 不得超过额定电流 I_N 的 1.5～2.5 倍。

2. 电枢回路串电阻启动

为了降低启动电流，启动时在电枢回路中串联一个可变电阻器 R_{st}，随着转速的上升，再将启动电阻逐步切除。图 2-20 (a) 所示为他励电动机的启动接线图，图中 KM1、KM2、

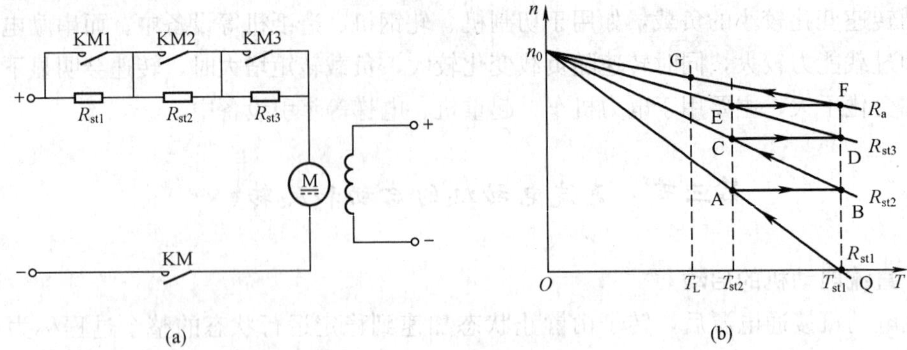

图 2-20　电动机电枢回路串电阻启动

(a) 原理图；(b) 特性图

KM3 分别为短接启动电阻 R_{st1}、R_{st2}、R_{st3} 的接触器。启动时，先接通励磁电源，KM 合上，KM1、KM2、KM3 全部分断，启动电阻全部接入。此时的人为机械特性如图 2-20（b）所示，当启动转矩大于负载转矩时，电动机开始启动。随着电动机不断加速，电枢电动势随之增大，电枢电流和电磁转矩则随之减小，当转速上升至 n_1，即图中的 A 点时，接触器 KM1 闭合，R_{st1} 被短接。电枢回路中的电阻减少，对应的人为机械特性由 A 点转向 B 点。由于惯性作用，转速仍为 n_1，电枢电阻减小又将使电枢电流和电磁转矩增大，转速沿直线 BC 上升到 C 点；电流又降至 I_{st2} 时，接触器 KM2 闭合，R_{st2} 短接，人为机械特性工作点由 C 点移动到 D 点。依次切除启动电阻，电动机的工作点就会沿着图中箭头所指方向上升，最后稳定运行在自然机械特性的 G 点。此时电磁转矩与负载转矩相等，电动机的启动过程结束。

这种启动方法广泛应用于中小型直流电动机。其缺点是在启动过程中启动电阻上有能量损耗，而且变阻器较笨重。

3. 降压启动

降压启动是指通过暂时降低供电电压的方式启动，启动电流会随着启动电压的降低而降低。启动后再逐渐升高供电电压到额定值，保证一定的电磁转矩和转速。启动时，励磁电压保持额定值，电枢电压从零逐渐升高到额定值。降压启动只能在电动机有专用电源时才采用，目前多采用晶闸管可控直流电源作为降压启动的供电电源。

降压启动的优点是启动电流小、启动过程中能耗小，缺点是需要有专用电源、设备投资大。

二、直流电动机的反转

在工程实践中，常常要求直流电动机既能正转，又能反转。要使电动机反转，需改变电磁转矩的方向，而电磁转矩的方向是由主磁通方向和电枢电流的方向决定的，只要改变磁通和电枢电流中任意一个的方向，就可以改变电磁转矩的方向。可见，使直流电动机反转的方法有两种。

1. 改变励磁电流方向

保持电枢两端电压极性不变，把励磁绕组反接，励磁电流方向改变，电动机反转。

2. 改变电枢电流方向

保持励磁绕组电流方向不变，将电枢绕组反接，使电枢电流改变方向，电动机反转。

若两电流方向同时改变，则电动机旋转方向不变。

实际应用中大多采用改变电枢电流的方向来实现电动机反转。因为励磁绕组匝数较多，电感较大，在励磁电流反向时将产生很大的感应电动势，可能造成励磁绕组的绝缘击穿。

第四节　直流电动机的调速

调速是指根据生产需要，在一定的负载下，人为地改变电动机的转速。调速可以采用机械方法、电气方法或机电结合的方法。由于机械调速机构复杂，因而现代电力拖动中多采用电气调速方法。电气调速是通过改变拖动生产机械的电动机的参数来改变其转速的，电气调速可以简化机械结构，提高传动效率，便于实现自动控制，而且操作简便，调速性能好。电动机的人为调速和电动机由于负载变化而引起的转速变化是两个不同的概念，两者是有区别的。

根据直流电动机的转速公式

$$n=\frac{U-(R_a+R)I_a}{C_e\Phi} \tag{2-8}$$

可知，只要改变电枢电压 U、电枢回路的附加电阻 R、励磁磁通 Φ 中的任一项，都会引起转速变化。因此，他励直流电动机有三种调速方法，分别是电枢回路串电阻调速、降低电源电压调速和改变励磁磁通调速。

一、电枢回路串电阻调速

对于他励电动机，可在电源电压和励磁磁通不变的情况下，改变电枢回路中的电阻，达到调速的目的。其接线图如图 2-21（a）所示，调速机械特性如图 2-21（b）所示。假设电动机拖动恒转矩负载 T_N 在固有特性曲线 1 上的 a 点运行，其转速为 n_a。电枢中串入电阻 R_T 后，电动机的机械特性变为曲线 2，由于电阻串入瞬间转速不可能突变，因此工作点从 a 点沿箭头方向过渡到人为特性曲线 2 上的 b 点。此时，b 点对应的电流 I_a 和转矩 T_b 减小，由于 $T_b<T_N$，因此电动机开始沿人为特性曲线 2 箭头方向减速。随着转速的下降，E_a 下降，而电枢电流 I_a 和电磁转矩 T_b 却不断增大，直至到达 c 点后达到新的平衡，电动机以较低转

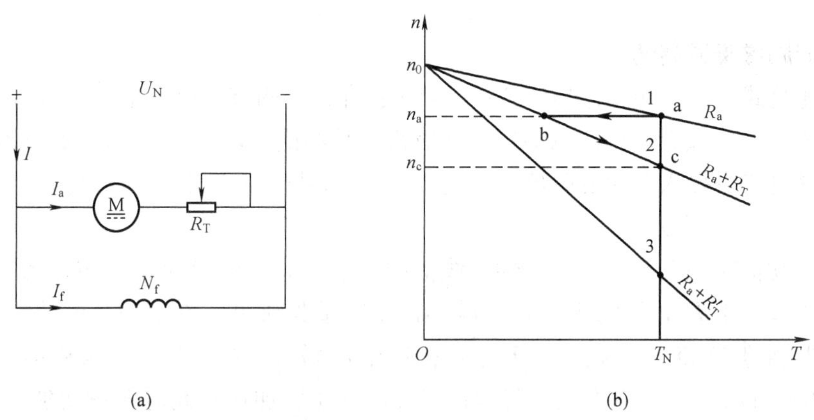

图 2-21　电枢回路串电阻调速

（a）接线图；（b）机械特性

速稳定运行。在负载不变的情况下，调速前、后（稳定时）电动机的电磁转矩不变，电枢电流也保持不变。

电枢回路串电阻调速的优点是设备简单，操作方便。其缺点是：

(1) 由于电阻只能分段调节，因此调速的平滑性差。

(2) 低速时，调速电阻上有较大电流，损耗大，电动机效率低。

(3) 轻载时调速范围小，且只能从额定转速向下调，调速范围一般小于或等于 2。

(4) 串入电阻值越大，机械特性越软，稳定性越差。

因此，电枢串电阻调速多用于对调速性能要求不高的生产机械，如起重机、电车等。

二、降低电源电压调速

根据直流电动机转速公式（2-8）可以知道，改变电枢的端电压，也可以实现调节直流电动机转速的目的。由于电动机的工作电压不允许超过额定电压，因此电枢电压只能在额定电压以下进行调节。降低电源电压调速的机械特性曲线如图 2-22 所示。

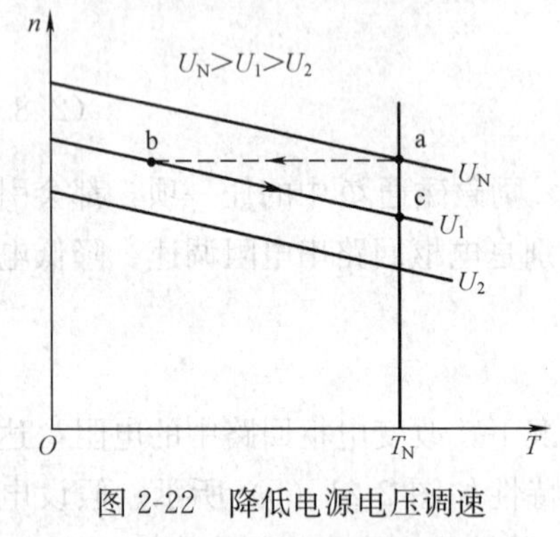

图 2-22　降低电源电压调速的机械特性曲线

当电动机在额定电压下稳定运行于固有机械特性的 a 点时，转速为 n_a，电磁转矩 $T_a = T_N$。将电枢电压降至 U_1，因机械惯性，转速 n_a 不能突变，则 E_a 不能突变，电动机运行状态由 a 点移动到人为机械特性的 b 点。此时 $T_b < T_N$，电动机开始减速，随着转速的减小，E_a 减小，I_a 和 T_b 增大，工作点沿曲线由 b 点移动到 c 点，达到新的平衡，电动机以较低的转速稳定运行。

降低电源电压调速的优点是：

(1) 电源电压便于平滑调节，调速平滑性好，可实现无级调速。

(2) 调速前、后机械特性斜率不变，机械特性硬度高，速度稳定性好，调速范围广。

(3) 降压调速是通过减小输入功率来降低转速的，故调速时损耗减小，调速经济性好。

降低电源电压调速的缺点是：要有电压可调的直流电源，设备多，较复杂，现在一般采用晶闸管整流装置。降低电源电压调速多用在对调速性能要求较高的生产机械上，如机床、造纸机等。

三、改变励磁磁通调速

根据转速公式（2-8）可以知道，当 U 为恒定值时，调节励磁磁通 Φ，也可以实现调节电动机转速的目的。额定运行的电动机，其磁路已基本饱和，因此改变磁通只能从额定值往下调，在励磁电路中接入调速变阻器 R_c，通过改变励磁电流 I_f 来改变磁通 Φ 进行调速。其电路图如图 2-23（a）所示。

电动机拖动恒转矩负载运行在特性曲线上的 a 点，此时转速为 n_a，磁通为 Φ_N，电动机稳定运行。调节电阻 R_c，使励磁电流 I_f 减小，磁通减弱到 Φ_1。在磁通减弱的瞬间，转速不能突变，但电动势 E_a 随 Φ 而减小，于是电枢电流 I_a 增大。电动机由 a 点移动到 b 点运行，如图 2-23（b）所示。在 b 点电磁转矩 $T_b > T_N$，电动机加速，此时转速增加，E_a 也增加，从而使电枢电流和电磁转矩减小，工作点由 b 点移动到 c 点。当 $T_c = T_N$ 时，电动机以较高的转速稳定运行。

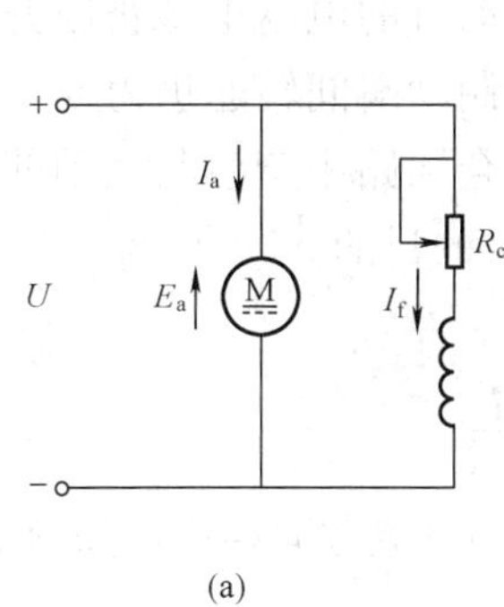

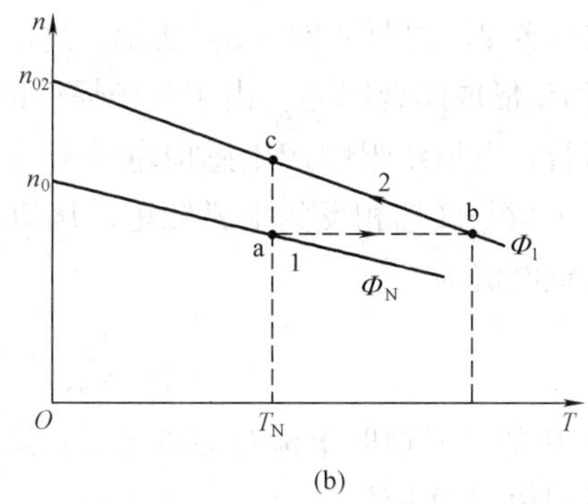

图 2-23　改变励磁磁通调速

（a）电路图；（b）特性曲线

改变励磁磁通调速的优点是：

（1）调速平滑，可实现无级调速。

（2）励磁电流小，能量损耗少，调速前后电动机的效率基本不变，经济性比较好。

（3）机械特性较硬，转速稳定。

改变励磁磁通调速的缺点是转速只能调高，同时又受到换向能力和机械强度的限制，因此调速范围不大。

为了得到较大的调速范围，常常把降低电源电压调速和改变励磁磁通调速两种方法结合起来，在额定转速以下采用降低电源电压调速，在额定转速以上采用改变励磁磁通调速。

第五节　直流电动机的制动

直流电动机大多数情况下工作于电动状态，它将电能转换成机械能。在带动负载运行的过程中，有时需要快速停车，有时需要降低速度，这就需要制动。电动机的制动是通过加上一个与电动机转向相反的转矩来实现的，所加转矩可以是机械转矩，也可以是电磁转矩。前者称为机械制动，后者称为电磁制动。电磁制动的优点是制动转矩大、比较容易控制。通常也会将电磁制动和机械制动配合使用。电动机的制动要求制动转矩大、制动时间短，制动电流不应大于额定电流的 2～2.5 倍。

电磁制动按产生制动转矩方法的不同，可分为三种：能耗制动、反接制动和回馈制动。

一、能耗制动

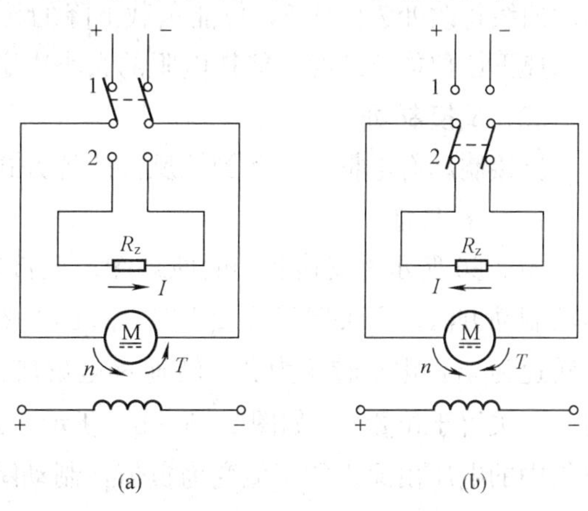

图 2-24　能耗制动原理图

（a）电动状态；（b）制动状态

图 2-24 所示是他励电动机能耗制动的原理图。电动机运行时，开关置于位置 1 上，如图 2-24（a）所示，此时转速为 n_1，电磁转矩为 T，转速和电磁转矩方向相同，电动机稳定运行。制动时，励磁回路不断电，开关

由位置1转向位置2，如图2-24（b）所示。这时直流电动机的电枢电源被断开，电枢绕组通过制动电阻 R_z 形成闭合回路。由于转子惯性的作用，制动瞬间转速仍为 n_1，电动机此时作为发电机运行，电枢绕组中产生感应电动势 E_a，在闭合回路中产生与制动前方向相反的感应电流 I_a，形成与转速相反的电磁转矩，从而达到制动的目的。

制动时电枢电流为

$$I_a=\frac{-E_a}{R_a+R_z}=-\frac{C_e n\Phi}{R_a+R_z} \tag{2-9}$$

式（2-9）中的负号说明电流与原来电动机运行状态的电流方向相反，如图2-24（b）所示，这个电流叫做制动电流。

制动时电磁转矩为

$$T=C_T\Phi I_a=-\frac{C_e C_T\Phi^2}{R_a+R_z}n \tag{2-10}$$

由此可见，当 n 为正时，I_a 和 T 为负，能耗制动的机械特性位于第二象限，是一条过原点的直线，如图2-25曲线2所示。制动前，电动机的转速为 n_1，制动时，转速不能突变，工作点将沿水平方向移动到能耗制动曲线2上。由于转矩和转速方向相反，因此电动机减速，工作点沿特性曲线下降。随着转速下降，电磁转矩也逐渐减小，当 $T=0$ 时，$n=0$，如果是反抗性负载，电动机停转。

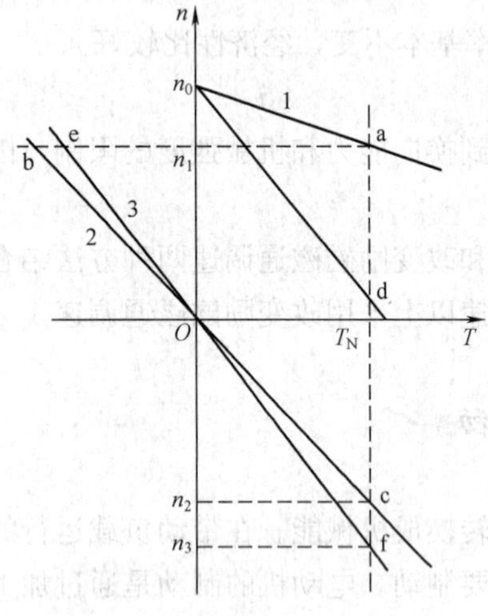

图2-25　能耗制动机械特性

实际上，能耗制动的实质是将系统的动能转变为电能消耗在制动电阻 R_z 上。能耗制动操作简便，减速平稳，没有大的冲击。若要使电动机更快停转，则应在转速降到较低时加上机械制动。

如果是位能性负载，电动机还要在第四象限内反向加速，直到制动转矩与位能负载转矩相平衡，在c点稳定运行，位能负载匀速下降。增大能耗制动电阻，能耗制动曲线将改变为曲线3，位能负载下降的转速就增加到由f点决定的数值。可见，能耗制动匀速下放位能负载时，能耗电阻的大小决定下降速度。

二、反接制动

反接制动有电枢反接和倒拉反接两种方式。

1. 电枢反接

图2-26所示为反接制动的原理图。反接制动就是制动时将电枢绕组反接，产生制动转矩的制动方法。开关置于位置1时，如图2-26（a）所示，电动机电枢绕组与电源相接，此时转速为 n_1，电磁转矩为 T，转速和电磁转矩方向相同，电动机处于稳定运行状态。制动时，开关置于位置2，如图2-26（b）所示，此时电动机电枢绕组中串入制动电阻 R_z，电枢绕组中的电压由原来的正值变为负值，制动瞬间由于惯性的作用，转速仍为 n。但在电枢回路中，电源电压 U 与感应电动势 E_a 方向相同，产生很大的反向电流，反向电流产生很大的反向电磁转矩 T，T 和 n 的方向相反，从而达到制动的目的。

反接制动时，电枢电流由电源电压 U 与感应电动势 E_a 之和决定，所以电枢电流很大。为了限制过大的电流，必须在电枢回路中串接制动电阻 R_z，一般使 $I_a \leqslant 2.5 I_N$，大约为启动电阻的两倍。

反接制动工作点的变化情况如图 2-27 所示，电动机原来工作在固有特性曲线 1 上的 a 点。反接制动时，由于转速不能突变，工作点水平移动到反接制动特性曲线 2 上的 b 点，在制动转矩的作用下，转速开始沿曲线 2 下降，当移动到 c 点时，转速 $n=0$，制动过程结束。虽然此时转速为 0 但电磁转矩不为 0。如果电磁转矩大于负载转矩，电动机将反向启动，并运行到 d 点，电动机进入反向稳定运行状态。因此，采用反接制动，若要电动机停止工作，在转速接近零时，就应切断电源，防止电动机反转。

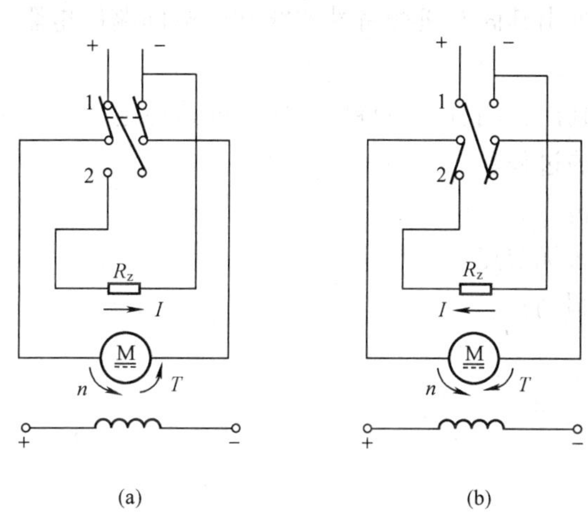

图 2-26　反接制动原理图

(a) 电动状态；(b) 制动状态

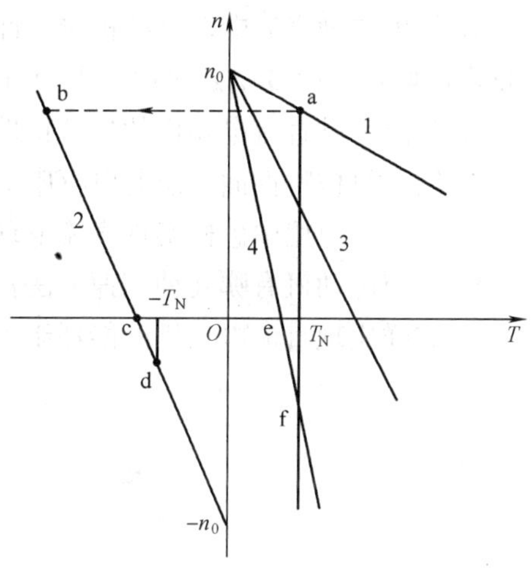

图 2-27　反接制动机械特性

2. 倒拉反接

除了靠反接电枢实现反接制动，用于快速停车，还可以靠位能负载的作用使转速反向实现反接制动，用于匀速下放位能负载。

图 2-27 中，当 T_N 是位能负载时，a 点表示匀速提升位能负载的情况。如果增大电枢串联电阻，使启动转矩小于位能负载转矩，机械特性由直线 1 变为直线 4，电动机在电动状态减速运行，位能负载一直是上升的，只是上升的速度越来越低。在 e 点，电动机的转速为零，但此时的电磁转矩小于位能转矩，所以电动机在位能负载的作用下反向加速，进入第四象限制动运行，直到制动转矩与位能负载转矩相平衡，位能负载匀速下降，工作于 f 点。

因为这种反接制动是靠位能负载拉着电动机倒转而实现的，所以称为倒拉反接制动。

三、回馈制动

电动机在运行时，由于某种客观原因（如电车下坡等），使实际转速超过原来的空载转速，电动机在发电状态下运行，从而产生与转速相反的电磁转矩，达到制动的目的。

由式 $I_a=(U-E_a)/R_a$ 可以看出，当电动机稳定运行时，电源电压 U 大于感应电动势 E_a，则电枢电流 I_a 与 U 同方向。由于运输机械下坡、起重机下放重物等客观原因，电动机实际转速超过原来的空载转速，这时 $E_a>U$，电枢电流 I_a 与 U 同方向相反，电机运行在发

电状态下，同时向电网输出电能，电动机的电磁转矩 T_{em} 也由于电枢电流 I_a 的变化而改变方向，电磁转矩变为制动转矩，从而达到制动的目的。回馈制动的实质是将直流电机从电动机状态转变为发电机状态运行，以限制转速过高。

思　考　题

1. 直流电动机由哪些主要部件组成？各起什么作用？

2. 直流电动机的电磁转矩是怎样产生的？

3. 直流电动机按励磁方式可分为哪几类？

4. 写出并励直流电动机的机械特性方程并画出其固有机械特性曲线和电枢回路串电阻、降低电源电压、改变励磁磁通的人为机械特性。

5. 写出串励直流电动机的机械特性方程并画出其固有机械特性，并分析其特点。

6. 结合机械特性曲线说明电枢串电阻启动的过程。

7. 在实际应用中怎样实现直流电动机的反转？

8. 直流电动机有哪几种调速方法？各有什么优缺点？

9. 怎样实现直流电动机的能耗制动和反接制动？

第三章 交流异步电动机电力拖动

第一节 三相异步电动机的结构和工作原理

一、三相异步电动机的结构

三相异步电动机的结构主要由两大部分组成，一是固定不动的部分（简称定子），二是可以自由旋转的部分（简称转子）。定子与转子之间有一个很小的气隙。此外，还有机座、端盖、轴承、接线盒、风扇等其他部分。

异步电动机根据转子绕组的结构不同，可分为笼型和绕线型两种。笼型异步电动机的转子绕组本身自成闭合回路，整个转子形成一个坚实的整体，其结构简单牢固、运行可靠、价格便宜，应用最为广泛，小型异步电动机绝大部分属于这类。绕线型异步电动机的结构比笼型复杂，但启动性能较好，需要时还可以调节电动机的转速。图 3-1 所示是三相笼型异步电动机的结构。

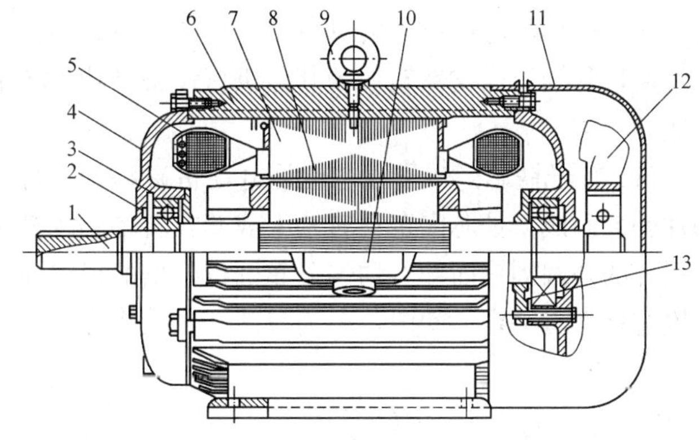

图 3-1　三相笼型异步电动机的结构

1—轴；2—弹簧片；3—轴承；4—端盖；5—定子绕组；6—机座；7—定子铁芯；8—转子铁芯；9—吊环；10—出线盒；11—风罩；12—风扇；13—轴承内盖

1. 定子

定子是用来产生旋转磁场的，主要由定子铁芯、定子绕组和机座等部分组成。笼型和绕线型异步电动机的定子结构是完全一样的。

(1) 定子铁芯。定子铁芯是三相异步电动机磁路的一部分，其槽中嵌放定子绕组。由于旋转磁场相对于定子铁芯以同步转速旋转，因此铁芯中的磁通是交变的。为减小由旋转磁场在定子铁芯中引起的涡流和磁滞损耗，定子铁芯通常采用导磁性能较好、厚度为 0.35～0.5mm、表面涂有绝缘漆的硅钢片叠装而成。为了嵌放定子绕组，硅钢片的内圆表面冲有均匀分布的槽。若铁芯直径小于 1m，则采用整圆硅钢片叠装；若铁芯直径大于 1m，则采用扇形硅钢片叠装。定子铁芯冲片和定子铁芯如图 3-2 所示。

定子铁芯槽形通常有三种，即半闭口槽、半开口槽和开口槽，如图 3-3 所示。

(2) 定子绕组。定子绕组是异步电动机定子的电路部分，其作用是通入三相交流电后产

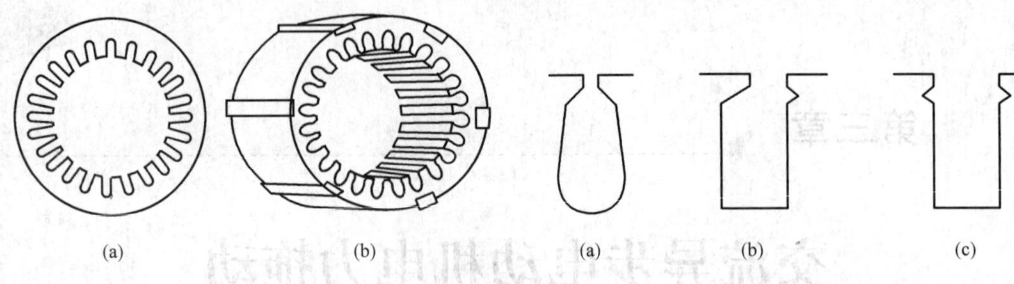

图 3-2　定子铁芯

(a) 定子铁芯冲片；(b) 定子铁芯

图 3-3　定子铁芯槽形

(a) 半闭口槽；(b) 半开口槽；(c) 开口槽

生旋转磁场。它是用高强度漆包线绕制成固定形式的线圈，嵌入定子槽内，再按照一定的接线规律相互连接而成的。

三相异步电动机的定子绕组通常有 6 根出线头，根据电动机的容量和需要可接成星形（Y）或三角形（△）。对于大、中型异步电动机，通常采用△接法；对于中、小容量异步电动机，则可按不同的要求接成 Y 接法或△接法。

2. 转子

转子是异步电动机的转动部分，它在定子绕组旋转磁场的作用下获得一定的转矩而旋转，通过联轴器或皮带轮带动其他机械设备做功。转子由转子铁芯、转子绕组和转轴等部分组成。

(1) 转子铁芯。转子铁芯也是电动机磁路的一部分，通常由厚度为 0.35～0.5mm 的硅钢片叠装而成，铁芯固定在转轴上或套在转轴的支架上，整个转子铁芯的外表面呈圆柱形。硅钢片的外圆周表面冲有均匀分布的槽，槽的形状如图 3-4 所示。为了旋转，转子铁芯与定子铁芯之间有一定的间隙，称为气隙，其大小通常在 0.25～1.5mm 之间。

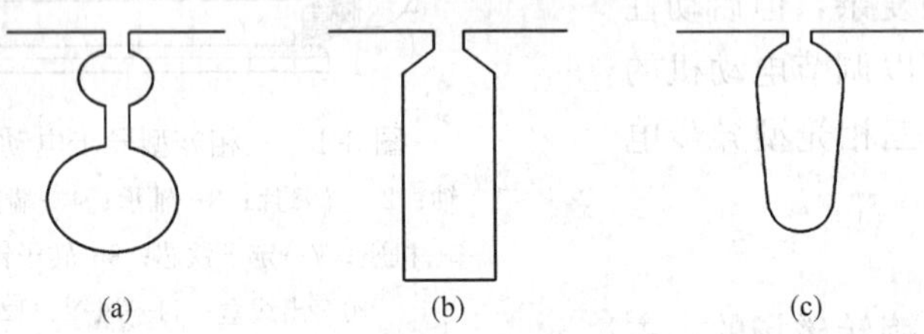

图 3-4　转子槽形

(a) 双鼠笼槽形；(b) 绕线转子槽形；(c) 单鼠笼槽形

(2) 转子绕组。转子绕组是闭合的，在气隙磁场的作用下，产生感应电动势和电流，产生电磁转矩。按照转子绕组结构形式的不同，可分为笼型和绕线型两种。

1) 笼型转子。笼型转子绕组是自行闭合的短路绕组。对于大、中型异步电动机，一般在转子铁芯的每个槽中插入一根铜条，在伸出铁芯两端的槽口处，铜条两端分别焊在两个铜环（端环或短路环）上，构成转子绕组。为了节约用铜，小型及微型异步电动机一般都采用铸铝转子，这时导条、端环，以及端环上的风扇叶片铸在一起，整个转子形成一个坚实的整体，如果去掉铁芯，绕组的外形就像一个“鼠笼”，如图 3-5 所示，所以称为笼型转子，其构成的电动机称为笼型异步电动机。

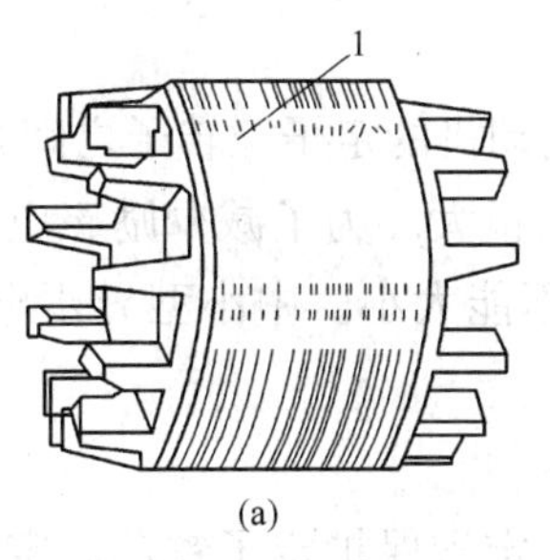

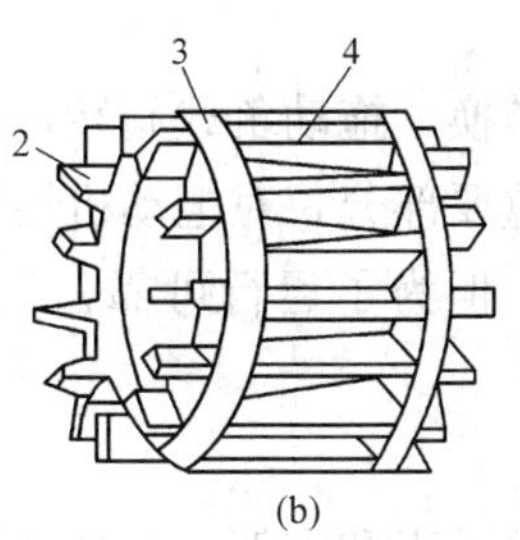

图 3-5　笼型铸铝转子

(a) 无轴笼型铸铝转子；(b) 笼型转子绕组

1—转子；2—风扇叶片；3—端环；4—导条

2）绕线型转子。绕线型转子绕组与定子绕组相似，是用绝缘导线绕制而成的，嵌于转子槽内，其与定子绕组形成的极对数相同，连接成 Y 接法，绕组的三个出线端分别接到轴的三个滑环上，再通过电刷引出，如图 3-6 所示。绕线型转子的特点是可以通过滑环和电刷在转子绕组回路中串入附加电阻，以改善电动机的启动性能或调节电动机的转速。有的绕线型电动机还装有短路提刷装置，在电动机启动完毕后，移动手柄，电刷即被提起，同时三只滑环彼此短接，以减少电刷与滑环的摩擦损耗，从而提高运行的可靠性。

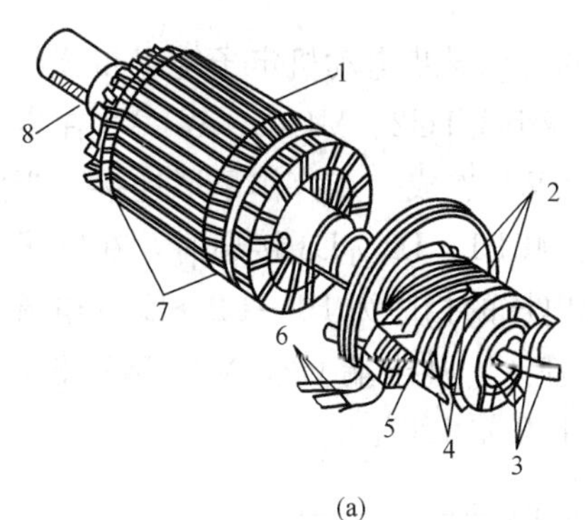

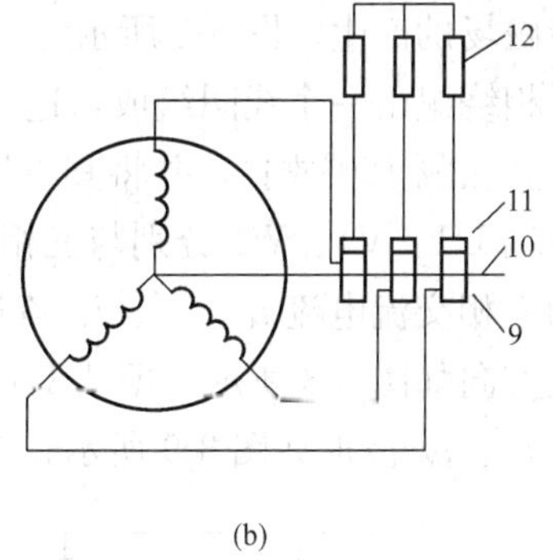

图 3-6　绕线型转子电动机示意图

(a) 绕线型转子；(b) 绕线型转子回路接线示意图

1—转子铁芯；2—滑环；3—转子绕组出线头；4—电风扇；5—刷架；6—电刷引线；

7—转子绕组；8、10—转轴；9—滑环；11—电刷；12—附加电阻

(3) 转轴。转轴一般用中碳钢制作。转子铁芯套在转轴上，它支撑着转子，使转子能在定子内腔均匀地旋转。转轴的轴伸端上有键槽，通过键槽、联轴器与生产机械相连，传导三相电动机的输出转矩，其外形如图 3-7 所示。

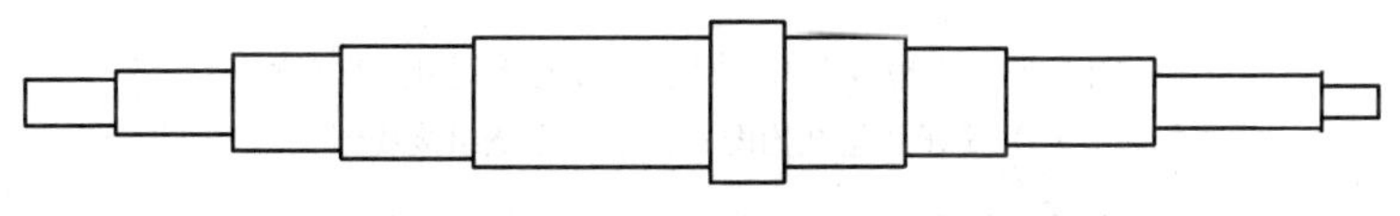

图 3-7　三相电动机的转轴

3. 气隙

为了实现能量转换，拖动负载旋转，异步电动机的定子、转子之间必须有气隙。气隙是电动机磁路的一个重要部分，对电动机性能影响很大。为了减少励磁电流，提高功率因数，气隙应当越小越好。但为了运行可靠，气隙又不能太小。中小型异步电动机的气隙通常为0.2～1.5mm。

4. 机座

机座是电动机的外壳和支架，它的作用是固定和保护定子铁芯、定子绕组并支撑端盖，所以要求机座具有足够的机械强度和刚度，能承受运输和运行过程中的各种作用力。

中、小型异步电动机通常采用铸铁机座，定子铁芯紧贴在机座的内壁，电动机运行时铁芯和绕组产生的热量主要通过机座表面散发到空气中去，因此，为了增加散热面积，在机座外表面装有散热片。

对大型异步电动机，一般采用钢板焊接机座，此时为了满足通风散热的要求，机座内表面与定子铁芯隔开适当距离，以形成空腔，作为冷却空气的通道。

二、三相异步电动机的工作原理

1. 基本工作原理

三相异步电动机是利用定子绕组中三相交流电所产生的旋转磁场与转子绕组内的感应电流相互作用而旋转的。

旋转磁场的产生。图 3-8 所示为一个最简单的三相异步电动机定子绕组布置图与结构示意图。每相绕组由一个线圈组成，这 3 个相同的绕组 U1U2、V1V2、W1W2 在定子铁芯的槽内按空间相隔 120°放置，并将其末端 U2、V2、W2 连成一点，作星形连接。当定子绕组的三个首端 U1、V1、W1 分别与三相对称交流电源 L1、L2、L3 接通时，在定子绕组中便有对称的三相交流电流 i_U、i_V、i_W 流过。若电源电压的相序为 L1→L2→L3，电流参考方向或规定正方向如图 3-8 所示，即从 U1、V1、W1 流入，从末端 U2、V2、W2 流出，则三相电流 i_U、i_V、i_W 波形如图 3-9 所示，它们在相位上互差 120°。

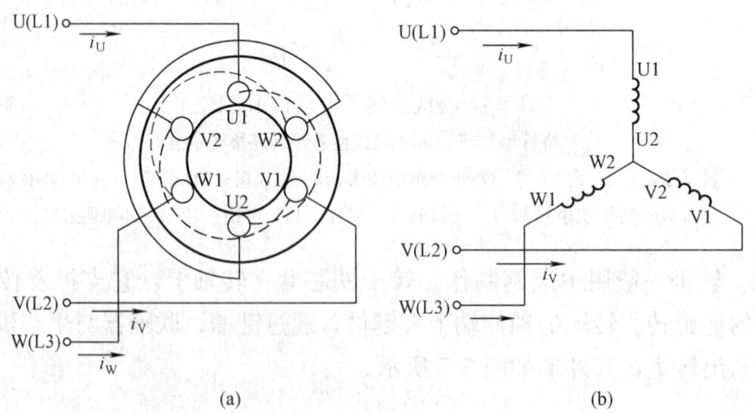

图 3-8　三相异步电动机三相定子绕组的布置

(a) 定子绕组结构图；(b) 定子绕组接线图

下面分析三相交流电流在铁芯内部空间产生的合成磁场。在 $\omega t=0$ 时刻，i_U 为零，

U1U2 绕组此时无电流；i_V 为负，电流的真实方向与参考方向相反，即从末端 V2 流入，从首端 V1 流出；i_W 为正，电流真实方向与参考方向一致，即从首端 W1 流入，从末端 W2 流出，如图 3-9 (a)所示。将每相电流产生的磁场相叠加，便得出三相电流共同产生的合成磁场，这个合成磁场此刻在转子铁芯内部空间的方向是自上而下，相当于一个 N 极在上、S 极在下的两极磁场。

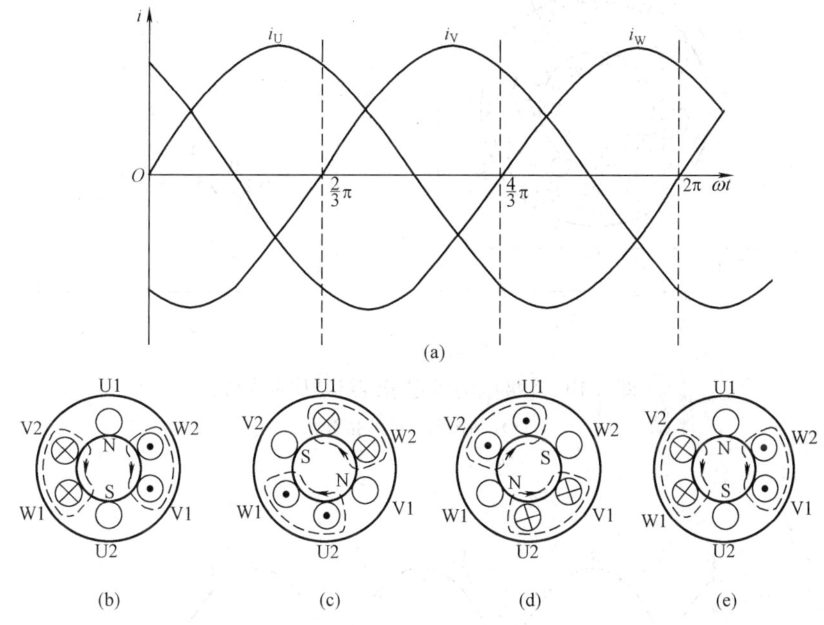

图 3-9　三相旋转磁场的产生

(a) 波形图；(b) $\omega t = 0$；(c) $\omega t = 2\pi/3$；(d) $\omega t = 4\pi/3$；(e) $\omega t = 2\pi$

用同样的方法可画出 $\frac{2}{3}\pi$、$\frac{4}{3}\pi$、2π 时各相电流的流向及合成磁场的磁力线方向，分别如图 3-9(b)～(d)所示，而 $\omega t = 2\pi$ 时的电流流向与 $\omega t = 0$ 时的完全一样。进一步分析可以发现，各瞬间合成磁场的磁通大小和分布情况均相同，仅方向不同，且向一个方向旋转。当正弦交流电变化一周时，合成磁场在空间正好旋转了一周。

由上面分析可知，在定子铁芯中空间互差 120°的 3 个线圈分别通入相位互差 120°的三相交流电时，三相电流所产生的合成磁场是一个旋转磁场。而旋转磁场的极对数，由定子绕组在定子铁芯中的布置决定。

上述电动机三相定子绕组共有 3 个线圈，分别置于定子铁芯的 6 个槽中。当通入三相对称电流时，产生的磁场相当于一对 N、S 磁极的旋转磁场。若每相绕组由两个线圈串联组成，这样定子铁芯槽数应为 12 个，每个线圈在空戒相隔 60°，如图 3-10 所示。U 相由 U1U2 与 U1′U2′串联，V 相由 V1V2 与 V1′V2′串联，W 相由 W1W2 与 W1′W2′串联组成，且同一相中两个线圈的始端，如 U1 与 U1′端在空间上相隔 180°，而相邻两相绕组的始端，如 U1 与 V1、V1 与 W1 在空间只相隔 60°，当通入三相对称交流电流时，可产生具有两对磁极的旋转磁场，如图 3-11 所示。

当 $\omega t = 0$ 时，i_U 为零，U 相绕组无电流，i_V 为负值，i_W 为正值，V 相与 W 相电流流

向及合成磁场如图 3-11 (a)所示。依次分析 $\omega t=\frac{2}{3}\pi$、$\frac{4}{3}\pi$ 及 2π 时，i_U、i_V、i_W 的流向及合成磁场情况，分别如图 3-11(b)～(d)所示。由此可见，当正弦交流电变化一周时，合成磁场在空间只旋转了 180°，由此可见，旋转磁场的极对数越多，其转速越低。

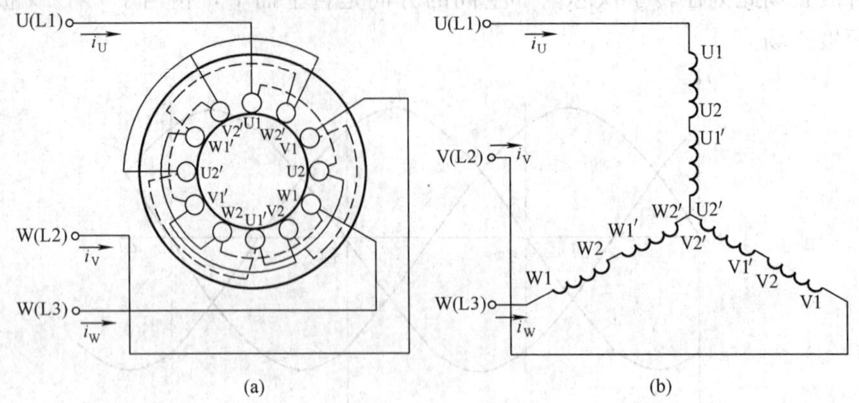

图 3-10　4 极电动机定子绕组结构和接线图

(a) 结构图；(b) 接线图

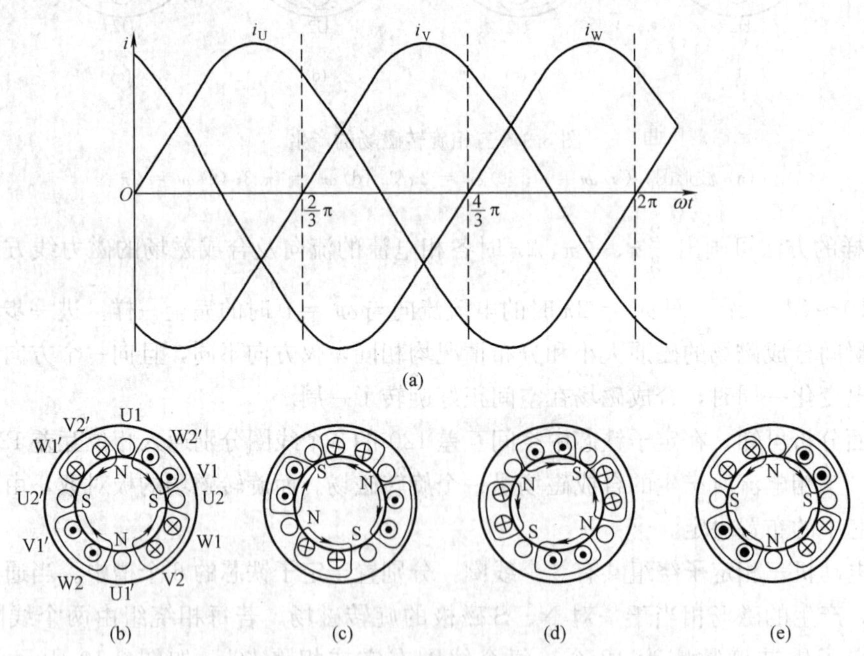

图 3-11　4 极电动机旋转磁场

(a) 波形图；(b) $\omega t=0$；(c) $\omega t=2\pi/3$；(d) $\omega t=4\pi/3$；(e) $\omega t=2\pi$

同理，如果要产生三对磁极，即 $P=3$ 的旋转磁场，则每相绕组必须有均匀安排在空间的串联的 3 个绕组，各绕组在空间依次相差 40°。电流变化一周，旋转磁场旋转 1/3 圈，转速为二极旋转磁场的 1/3。

由此推知，当旋转磁场有 P 对磁极时，磁场的转速 $n_0=\dfrac{60f_1}{P}$（r/min）。

对称三相交流电流通入对称三相绕组所形成的磁场是一个旋转磁场。旋转的方向从 U→V→W，正好和电流出现正的最大值的顺序相同，即由电流超前相转向电流滞后相。

如果三相绕组通入负序电流，则电流出现正的最大值的顺序是 U→W→V。通过图解法分析可知，旋转磁场的旋转方向也为 U→W→V。

由此可见，旋转磁场在空间的旋转方向是由三相电流的相序决定的。改变相序就可以改变旋转磁场的方向。

当三相定子绕组接于三相对称电源，并流过三相电流时，三相合成磁动势在气隙中产生旋转磁场，在图上用旋转的 N、S 磁极表示。设定子旋转磁场逆时针旋转并切割转子导体，根据电磁感应定律，转子导体中将有感应电动势产生，感应电动势的方向按右手定则确定，N 极下的导体电动势指向图面，用⊕表示；S 极下导体电动势由图面向外指，用⊙表示。在感应电动势作用下，闭合的转子绕组中便有电流流通。设电流与电动势同方向，如图 3-12 所示。根据电磁力定律，电流与合成磁场作用产生电磁力，转子导体的受力方向用左手定则确定，所有转子导体受到的电磁力形成电磁转矩 T_{em}，使转子按旋转磁场的方向旋转，如图 3-12 所示。电动机对轴上的机械负载作功，将电能转换成机械能。

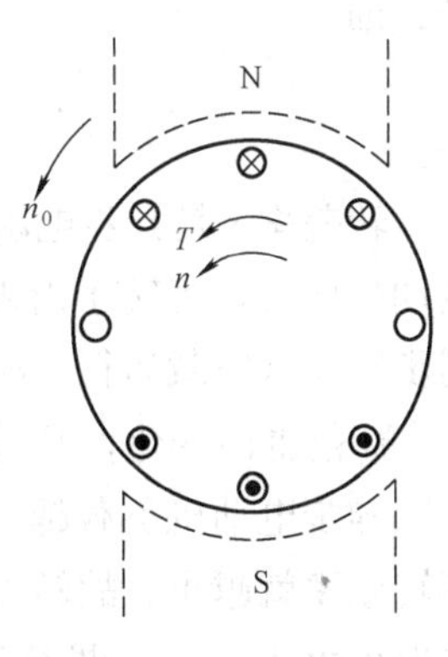

图 3-12　异步电动机

综上分析可知，三相异步电动机转动的基本工作原理是：

(1) 三相对称绕组中通入三相对称电流产生圆形旋转磁场，其转速为同步转速（n_0）且有

$$n_0=\frac{60f_1}{p} \tag{3-1}$$

式中　f_1——电源频率，Hz；

p——电动机极对数。

(2) 转子导体切割旋转磁场产生感应电动势和电流。

(3) 转子载流导体在磁场中受到电磁力的作用，从而形成电磁转矩，驱使电动机转子转动，其转速（n）小于同步转速（n_0）。异步电动机的转速不可能达到定子旋转磁场的转速，即同步转速，因为如果达到同步转速，则转子导体与旋转磁场之间没有相对运动，随之在转子导体中不能感应出电动势和电流，也就不能产生推动转子旋转的电磁力。因此，异步电动机的转速总是低于同步转速，即两种转速之间总是存在差异，异步电动机因此而得名。又因为异步电动机转子电流是通过电磁感应作用产生的，所以又称为感应电动机。

(4) 异步电动机的旋转方向始终与旋转磁场的旋转方向一致，而旋转磁场的方向又取决于异步电动机的三相电流相序，因此，三相异步电动机的转向与电流的相序一致。要改变转向，只要改变电流的相序即可，即任意对调电动机的两根电源线，便可使电动机反转。

2. 电磁转矩的物理表达式

电磁转矩的物理表达式为

$$T_{em}=C_T\Phi_0 I'_2\cos\varphi_2 \tag{3-2}$$

式中，C_T 为转矩常数，对于已制成的电动机，C_T 为一常数。

式（3-2）表明，异步电动机电磁转矩是由主磁通 Φ_0 与转子电流的有功分量 $I'_2\cos\varphi_2$ 相互作用产生的。电磁转矩的大小与主磁通成正比，与转子电流（准确地说是与转子电流的有功分量 $I'_2\cos\varphi_2$）成正比。

3. 转差率

同步转速 n_0 与转子转速 n 之差（n_0-n）和同步转速 n_0 的比值称为转差率，用字母 s 表示，即

$$s=\frac{n_0-n}{n_0} \tag{3-3}$$

转差率 s 是异步电动机的一个基本物理量，它反映异步电动机的各种运行情况。对异步电动机而言，当转子尚未转动（如启动瞬间）时，$n=0$，此时转差率 $s=1$；当转子转速接近同步转速（空载运行）时，$n_0\approx n$，此时转差率 $s\approx 0$。由此可见，作为异步电动机，转速在 $0\sim n_0$ 范围内变化，其转差率 s 在 $1\sim 0$ 范围内变化。

异步电动机负载越大，转速就越慢，其转差率就越大；反之，负载越小，转速就越快，其转差率就越小。故转差率直接反映了转子转速的快慢或电动机负载的大小。异步电动机的转速可由式（3-3）推算得

$$n=(1-s)n_0=(1-s)\frac{60f_1}{p} \tag{3-4}$$

在正常运行范围内，转差率的数值很小，一般在 0.01～0.06 之间，即异步电动机的转速很接近同步转速。

4. 异步电动机的三种运行状态

根据转差率的大小和正负，异步电机有以下三种运行状态：

（1）电动运行状态。当定子绕组接至电源时，转子就会在电磁转矩的驱动下旋转，电磁转矩即为驱动转矩，其转向与旋转磁场方向相同，如图 3-13（a）所示，此时电动机从电网取得的电功率转变成机械功率，由转轴传输给负载。电动机的转速范围为 $0\leqslant n<n_0$，其转差率范围为 $0<s\leqslant 1$。

（2）发电运行状态。异步电动机定子绕组仍接至电源，该电机的转轴不再接机械负载，而用一台原动机拖动异步电机的转子以大于同步转速（$n>n_0$）并顺旋转磁场方向旋转，如图 3-13（b）所示。显然，此时电磁转矩方向与转子转向相反，起着制动作用，为制动转矩。

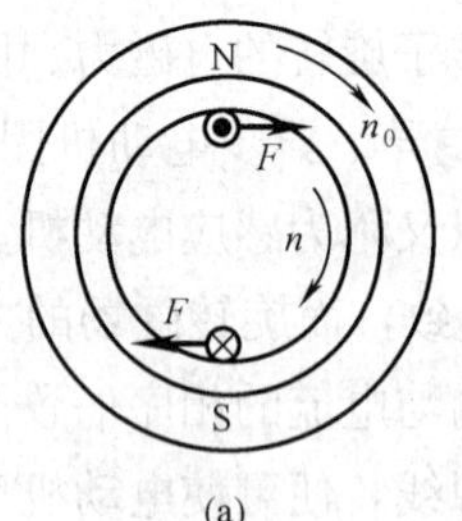

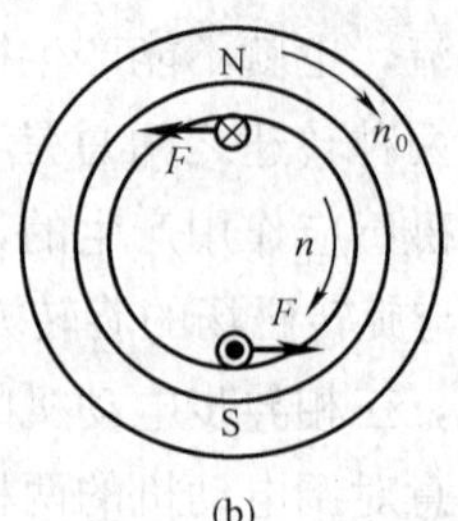

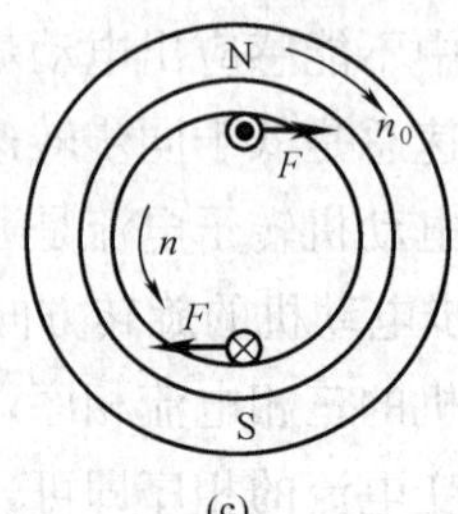

图 3-13　异步电动机的 3 种运行状态

（a）电动状态（$0<s\leqslant 1$）；（b）发电状态（$-\infty<s<0$）；（c）制动状态（$1<s<+\infty$）

为克服电磁转矩的制动作用而使转子继续旋转，并保持 $n > n_0$，电机必须不断从原动机吸收机械功率，把机械功率转变为输出的电功率，因此称为发电运行状态。此时，$n > n_0$，则转差率 $s < 0$。

(3) 制动运行状态。异步电动机定子绕组仍接至电源，如果用外力拖着电动机逆着旋转磁场的旋转方向转动，如图 3-13 (c)所示，则此时电磁转矩与电动机旋转方向相反，起制动作用。电动机定子仍从电网吸收电功率，同时转子从外力吸收机械功率，这两部分功率都在电动机内部以损耗的方式转化成热能消耗掉。这种运行状态称为制动运行状态。此种情况下，n 为负值，即 $n < 0$，则转差率 $s > 1$。

由此可知，区分这三种运行状态的依据是转差率 s 的大小：当 $0 < s \leqslant 1$ 时为电动运行状态；当 $s < 0$ 时为发电运行状态；当 $s > 1$ 时为制动运行状态。

综上所述，异步电机可以作电动运行，也可以作发电运行，还可以作制动运行，但一般作电动运行。电磁制动是异步电机在完成某一生产过程中出现的短时运行状态，例如，起重机下放重物时，为了安全、平稳，需限制下放速度时，就使异步电动机短时处于电磁制动状态。有关异步电动机的电磁制动状态，将在第五节中详细讲述。

5. 转子绕组的电流

(1) 转子绕组的电流和功率因数。转子绕组中存在着感应电动势、电阻和漏感抗。

每相电流的有效值为

$$I_2 = \frac{SE_2}{\sqrt{R_2^2 + (sX_2)^2}}$$

式中 E_2 ——转子不转时的感应电动势；

X_2 ——转子不转时的漏感抗；

R_2 ——转子绕组的电阻。

转子绕组的功率因数为

$$\cos\varphi_2 = \frac{R_2}{\sqrt{R_2^2 + (sX_2)^2}}$$

可见，转子绕组的电流 I_2 和转子回路功率因数与转差率有关。当 $s=0$ 时，$I_2 = 0$，$\cos\varphi_2 = 1$；当转速降低时，转差率 s 增大，转子电流随之增大，而 $\cos\varphi_2$ 则减小。

(2) 转子绕组电流的频率。转子感应电流的频率正比于导体与磁场的相对切割速度，其频率为

$$f_2 = \frac{p(n_0 - n)}{60} = \frac{n_0 - n}{n_0} \times \frac{pn_0}{60} = sf_1 \tag{3-5}$$

式中 s——电动机转差率；

f_1——电源频率，为一定值。

因此，转子绕组感应电流的频率与转差率 s 成正比。

三、三相异步电动机的分类和铭牌

1. 三相异步电动机的分类

三相异步电动机种类繁多，应用广泛，通常按照电动机结构尺寸、防护形式、冷却方

式、运行工作制、转速类别、机械特性、转子结构形式，以及使用环境不同进行分类。

(1) 按结构尺寸分类。

1) 大型电动机。电动机机座中心高度大于630mm，或者16号机座及以上，或者定子铁芯外径大于90mm者，称为大型电动机。

2) 中型电动机。电动机机座中心高度在355～630mm之间，或者11～15号机座，或者定子铁芯外径在560～990mm之间者，称为中型电动机。

3) 小型电动机。电动机机座中心高度在80～315mm之间，或者10号及以下机座，或者定子铁芯外径在125～560mm之间者，称为小型电动机。

(2) 按转速分类。

1) 恒转速电动机：有普通笼型、特殊笼型（深槽式、双鼠笼、高启动转矩式）和绕线型转子电动机。

2) 调速电动机：有交流换向器调速电动机等，一般采用三相并励式的绕线转子电动机（转子控制电阻、转子控制励磁）。

3) 变速电动机：有变极电动机、单绕组多速电动机、特殊笼型电动机和滑差电动机等。

(3) 按机械特性分类

1) 普通笼型异步电动机：适用于小容量、转差率变化小的恒速运行的情况，如鼓风机、离心泵、车床等低启动转矩和恒负载的场合。

2) 深槽笼型电动机：适用于中等容量、启动转矩比普通笼型异步电动机稍大的场合。

3) 双笼型异步电动机：启动转矩较大，但最大转矩稍小，适用于传送带、压缩机、粉碎机、搅拌机、往复泵等需要启动转矩较大的恒速负载。

4) 特殊双笼型异步电动机：采用高阻抗导体材料制成，特点是启动转矩大，最大转矩小，转差率较大，可实现转速调节，适用于冲床、切断机等设备。

5) 绕线型转子异步电动机：适用于启动转矩大、启动电流小的设备，如传送带、压缩机、压延机等。

(4) 按运行工作制分类。工作制是对电动机各种负载（包括空载、停机、断能等）的持续时间和先后次序的说明。

1) 连续工作制（S_1）：电动机在铭牌规定的额定值条件下，能保证长期连续运行。

2) 短期工作制（S_2）：电动机在铭牌规定的条件下，只能在限定的时间内短时运行。该时间不足以达到热稳定，随之即停机并断电足够时间，使电动机再度冷却到与冷却介质温度之差在2℃以内。

短时运行的持续时间标准有4种：10、30、60min和90min。

3) 断续周期性工作制（S_3）：电动机在铭牌规定的额定值下，按一系列相同的工作周期运行，每一周期包括一段恒定负载运行时间和一段停机并断电时间，这种工作制中每一周期的启动电流对电动机温升无显著的影响。

额定负载时间与整个周期之比，称为负载持续率，用百分数表示。标准的负载持续率有15％、25％、40％，一个周期规定为10min。

(5) 按防护形式分类。

1) 开启式：电动机除必要的支撑结构外，对于转动及带电部分没有专门的保护。

2）防护式：电动机内转动和带电部分有必要的机械保护，但不明显地妨碍通风。按其通风口防护结构不同，分为 3 种类型：网罩式、防滴式和防溅式。防滴式与防溅式不同，防滴式能防止垂直下落的固体或液体进入电动机内部，而防溅式能防止与垂线成 60°角范围内任何方向的液体或固体进入电动机内部。

3）封闭式：电动机机壳结构能够阻止壳内外空气自由交换，但并不要求完全密封。

4）防水式：电动机机壳结构能够阻止具有一定压力的水进入电动机内部。

5）水密式：当电动机浸没在水中时，电动机机壳的结构能够防止水进入电动机内部。

6）潜水式：电动机在规定的水压下，能长期在水中运行。

7）隔爆式：电动机机壳的结构能阻止电动机内部的气体爆炸传递到电动机外部，避免引起电动机外部的燃烧性气体爆炸。

（6）按使用环境分类。电动机按使用环境可分为普通型、湿热型、干热型、船用型、化工型、高原型和户外型。

2. 三相异步电动机的型号

电动机产品型号是为了便于使用、制造、设计等部门进行业务联系和简化技术文件中产品名称、规格、型式等叙述而引用的一种代号。

三相异步电动机的产品型号是由汉语拼音大写字母和阿拉伯数字组成的。

电动机产品型号主要包括产品代号、设计序号、规格代号和特殊环境代号等。产品代号表示电动机的类型，用大写汉语拼音字母表示，如 Y 表示异步电动机，T 表示同步电动机。设计序号表示电动机的设计顺序，用阿拉伯数字表示。规格代号用中心高、机座长度、铁芯长度、功率、电压或转数表示。特殊环境代号详见有关电机手册。举例说明如下：

（1）小型异步电动机。其型号意义如下：

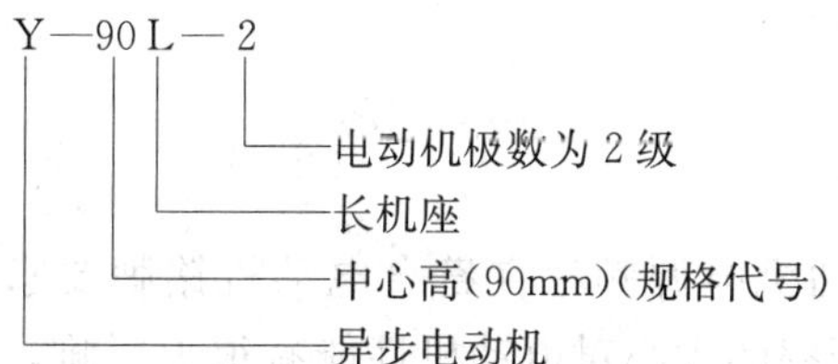

（2）大型异步电动机。其型号意义如下：

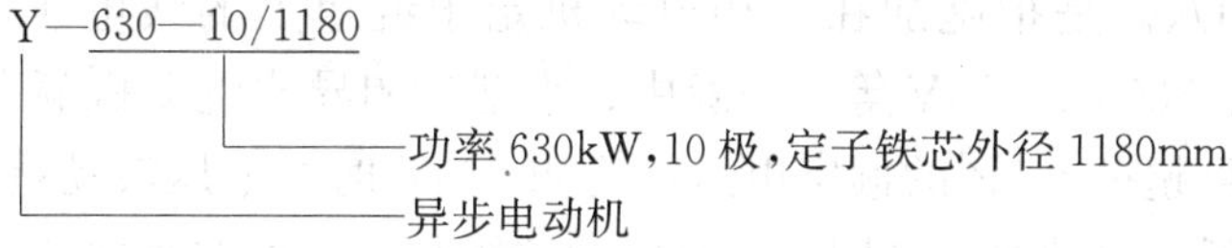

3. 三相异步电动机的铭牌

铭牌是电动机使用和维修的依据，必须按铭牌上所写额定值和要求去使用和维修。

通常电动机铭牌上要标出电动机型号、额定功率、额定电压、额定电流、额定频率、额定效率、额定转速、额定功率因数、转子电压、转子电流、绝缘等级、温升、防护等级、噪声等级等，除此之外，还要标出标准编号、工作制或定额、出厂编号、出厂单位、出厂日期等。图 3-14 所示是某厂的三相异步电动机铭牌。

现将铭牌额定数据解释如下：

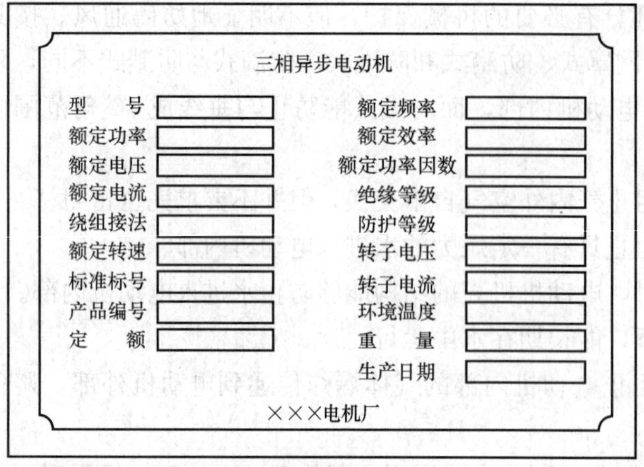
三相异步电动机

型　号		额定频率	
额定功率		额定效率	
额定电压		额定功率因数	
额定电流		绝缘等级	
绕组接法		防护等级	
额定转速		转子电压	
标准标号		转子电流	
产品编号		环境温度	
定　额		重　量	
		生产日期	

×××电机厂

图 3-14　三相异步电动机铭牌

(1) 额定功率 P_N。表示电动机在额定电压、额定频率和额定负载时，转轴上输出的机械功率，单位用 kW 表示。通常使负载处于 P_N 的 75%～100%时电动机效率和功率因数较高。如果电动机实际输出功率 P 远远小于额定功率 P_N，电动机的效率和功率因数均较低，这时电动机处于“大马拉小车”状态，是不合理的运行方式。相反，电动机实际输出功率 P 远远大于额定功率 P_N 时，电动机处于过载运行，相当于“小马拉大车”状态，因转速降低，转子铜耗增大，电动机绕组严重过热，电动机会因温升过高而被烧毁。对于三相异步电动机，其额定功率为

$$P_N = \sqrt{3}U_N I_N \eta_N \cos\varphi_N \times 10^{-3} \tag{3-6}$$

式中　η_N——电动机的额定效率；

$\cos\varphi_N$——电动机的额定功率因数；

U_N——额定电压，V；

I_N——额定电流，A；

P_N——额定功率，kW。

对于 380 V 的低压异步电动机，其与 $\cos\varphi_N$ 和 η_N 的乘积在 0.8 左右，代入式（3-4）计算得

$$I_N \approx 2P_N \tag{3-7}$$

由此可估算其额定电流。

(2) 额定频率 f_N。电动机电源频率在符合电动机铭牌要求时的频率。我国的工频为 50Hz，国外有 60Hz 的。频率的大小对电动机性能有很大影响，尤其国外 60Hz 的电动机，通常不能直接使用在国内 50Hz 的电源上。

(3) 额定电压 U_N。是指施加在三相电动机定子绕组上的线电压，国内电源电压有 10kV、6kV、3kV、380V、220V 等。一般中、小型三相异步电动机额定电压为 380V，要求电源电压波动不可超过±5%的额定电压，比如 380V 时，电压波动范围应在 361～399V 之间。电源电压过低，电动机启动困难（因启动转矩与电压的二次方成正比），甚至不能启动；电源电压过高会使电动机过热，甚至烧毁电动机。

(4) 额定电流 I_N。是指当电动机在额定状态下运行时，定子绕组的线电流。电动机运行时定子线电流不可超过电动机铭牌上标出的额定电流，否则说明电动机过载了，电动机温升将超限，这时要分析过载原因，及时处理。

(5) 额定转速 n_N。电动机接入额定电压、额定频率和额定负载时，电动机转轴上的转速称为额定转速，单位为 r/min。电动机过载时的转速比 n_N 低，空载时的转速要比 n_N 高些。

(6) 绝缘等级及温升。电动机的绝缘等级取决于所用绝缘材料的耐热等级，按材料的耐

热程度有 A、E、B、F、H 级 5 种常见的规格，C 级不常用。

各绝缘等级的极限工作温度如表 3-1 所示。

表 3-1　　电动机绝缘等级、极限温度与温升

绝缘等级		A	E	B	F	H
极限工作温度（℃）		105	120	130	155	180
热点温差（℃）		5	5	10	15	15
温升（K）	电阻法	60	75	80	100	125
	温度计法	55	65	70	85	105

注　环境温度规定为 40℃。

电动机运行时所产生的损耗变成热能，使绕组温度升高，绕组绝缘最热点的温度不可超过极限工作温度，比如电动机是 F 级绝缘等级，绝缘最热点温度不可超过 155℃，否则会加速电动机绝缘老化，缩短电动机绝缘寿命，甚至烧毁电动机。

电动机运行时由于发热，绕组温度高于环境温度，我国环境温度规定的标准是 40℃，电动机的温升应是绕组绝缘最高允许温度减去环境温度，再减去热点温差所得的值。比如 F 级绝缘的温升为 155－40－15＝100K（电阻法）；又如 B 级绝缘等级温升为 130－40－10＝80K。

绕组温升限度与测量方法有关，常用的测量方法有温度计法、电阻法和埋置检温计法。

(7) 绕组接线方式。三相绕组每相有两个端头，三相共 6 个端头，可以接成△连接和 Y 连接，也有每相中间有抽头的，这样每三相共有 9 个端头，可以接成△连接、Y 连接、延边三角形连接和双速电动机绕组接线。具体如何连接，一定要按铭牌指示操作，否则电动机不能正常运行，甚至烧毁。

如果把△连接误接成 Y 连接，由于电源电压不变，则每相绕组承受的相电压降到原来的 0.58 倍（即降低到原来的 $1/\sqrt{3}$），对于 $U_N=380V$、△连接的电动机，相电压也是 380V，但误接成 Y 连接后，其相电压变为 $380V/\sqrt{3}=220V$，电动机启动转矩和电磁转矩将降低为原来的 1/3。设原电动机启动转矩为 100N·m，现变成 0.33×100＝33N·m，会造成电动机启动困难、发热或不能启动。但对于负载率低于 30%的电动机，将△连接改为 Y 连接时，由于铁损和励磁电流的降低，因此电动机效率和功率因数有所提高，对节能有利。

如将 Y 连接误接成△连接，则因相电压增加为原来的$\sqrt{3}$倍，磁密度和励磁电流增加，将使电动机因过热而烧毁。

(8) 转子电压。对于绕线型转子异步电动机，转子电压是指转子不转及转子绕组开路时，对定子施加额定电压，在集电环上所测出的转子绕组感应电压。用这种方法也可判别绕组重绕时，线圈匝数是否有误，以及并联支路数是否正确。

(9) 转子电流。当电动机在额定负载下正常运转时，将转子绕组出线端短接后，转子绕组中流动的电流称为转子电流。铭牌上的转子电流是额定转子电流。

(10) 额定功率因数 $\cos\varphi_N$。当电动机在额定状态下运行时，定子相电压与相电流之间的相位差 $\cos\varphi_N$ 称为额定功率因数。

(11) 额定效率 η_N。电动机在额定工作状态下，输出功率 P_2 与输入功率 P_1 的比值，称

为电动机的额定效率 η_N，用百分数表示，即

$$\eta_N = \frac{P_2}{P_1} \times 100\% \tag{3-8}$$

（12）标准编号。标准编号是指电动机产品按此标准生产，其技术数据能达到这个标准的要求。

（13）电动机定额或工作制。电动机的定额是指由制造厂按照 GB 755—2008 标准规定的条件，在电动机铭牌上标定的全部电气量和机械量的数值以及运行的持续时间和顺序。常用的定额分为连续定额、短时定额和断续定额。全部按定额运行的方式称为“额定运行”。

（14）出厂编号。每个制造厂为了区别每种规格和每台电动机，便于记录各台电动机的情况，建立档案，因此要给每台电动机进行出厂编号。

第二节　三相异步电动机的机械特性

三相异步电动机的机械特性是指电动机的转速 n 与电磁转矩 T_{em} 之间的关系，即 $n = f(T_{em})$。因为异步电动机的转速 n 与转差率 s 之间存在着一定的关系，所以异步电动机的机械特性通常表示为 $T_{em} = f(s)$。

一、机械特性表达式

三相异步电动机的机械特性有两种表达式，分别为参数表达式和实用表达式，现分别介绍如下：

1. 参数表达式

参数表达式为

$$T_{em} = \frac{P_{em}}{\Omega_1} = \frac{3pU_1^2 \frac{R'_2}{s}}{2\pi f_1 \left[\left(R_1 + \frac{R'_2}{s} \right)^2 + (X_1 + X'_2)^2 \right]} \tag{3-9}$$

式中　p ——磁极对数；

U_1 ——定子相电压；

f_1 ——电源频率；

R_1、X_1 ——定子每相绕组的电阻和漏抗；

R'_1、X'_2 ——折算定子侧的转子电阻和漏抗；

s ——转差率。当电动机的转差率 s（或转速 n）变化时，可由式（3-9）算出相应的电磁转矩 T_{em}，因此可以作出如图 3-15 所示的机械曲线。

曲线拐点对应的最大转矩 T_m 和对应的转差率 s_m（称为临界转差率）可以通过式（3-9）对 s 求导并令 $dT_{em}/ds = 0$ 求得。通常 $R_1 \ll (X_1 + X'_2)$，可以近似认为

$$s_m \approx \pm \frac{R'_2}{X_1 + X'_2} \tag{3-10}$$

$$T_m \approx \pm \frac{3pU_1^2}{4\pi f(X_1 + X'_2)} \tag{3-11}$$

式中，“+”号对应电动状态；“−”号对应发电状态。

2. 实用表达式

机械特性的参数表达式清楚地表示了转矩与转差率和参数之间的关系，用它分析各种参数对机械特性的影响很方便。但是，查找这些电动机的参数显然是困难的。因此希望能够利用电动机的技术数据和铭牌数据求得电动机的机械特性，即机械特性的实用表达式。

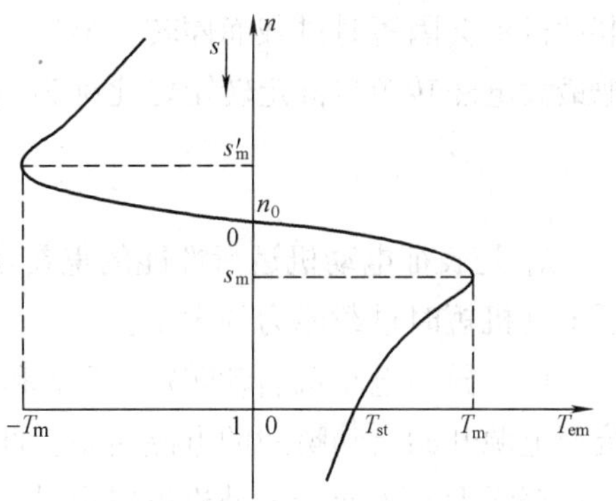

图 3-15　三相异步电动机的机械特性曲线

在忽略 R_1 的条件下，用电磁转矩公式（3-9）除以最大转矩公式（3-11），并考虑到临界转差率公式（3-10），化简后可得电动机机械特性的实用表达式为

$$T_{em}=\frac{2T_m}{\frac{s}{s_m}+\frac{s_m}{s}} \tag{3-12}$$

式（3-12）中的 T_m 和 s_m 可由电动机额定数据方便地求得，因此这是非常实用的机械特性表达式。

上述异步电动机机械特性的两种表达式中，参数表达式适用于分析各种参数变化对电动机运行性能的影响；实用表达式适用于电动机机械特性的工程计算。

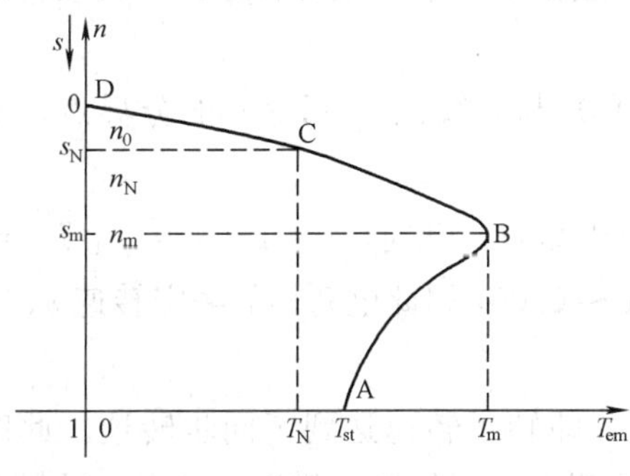

图 3-16　三相异步电动机的机械特性曲线

二、三相异步电动机的机械特性曲线分析

1. 三种运行状态

由图 3-15 可知，三相异步电动机的机械特性曲线可分为三个部分：第二象限部分，$n>n_0$，$s<0$，为发电运行状态；第一象限部分，$0\leqslant n<n_0$，$0<s\leqslant 1$，为电动运行状态；第四象限部分，$n<0$，$s>1$，为制动运行状态。三相异步电机作为电动运行时的机械特性曲线如图 3-16 所示。

2. 三个转矩

（1）异步电动机额定转矩 T_N。电动机带动额定负载工作时，其轴上输出的转矩称为额定转矩 T_N，对应转速称为额定转速 n_N，轴上输出的功率为额定功率 P_N。此时的工作状态称为额定工作状态。在额定工作状态下，电动机得到最有效的利用，电动机的效率和功率因数都是最高的。

电动机的额定转矩 T_N，可以根据电动机的铭牌上给出的额定功率 P_N 和额定转速 n_N 求得，即

$$T_N=9550\times\frac{P_N}{n_N} \tag{3-13}$$

（2）异步电动机最大转矩（T_m）和电动机的过载能力（λ_T）。在机械特性曲线上，转矩有两个最大值，一个出现在电动状态，另一个出现在发电状态。

最大电磁转矩对电动机来说具有重要意义。一般电动机都具有一定的过载能力，以保证

电动机不会因短时过载而停转。显然，最大电磁转矩越大，电动机短时过载能力越强，因此把最大电磁转矩与额定转矩之比称为电动机的过载能力，用 λ_T 表示，即

$$\lambda_T = \frac{T_m}{T_n} \tag{3-14}$$

λ_T 是表征电动机运行性能的重要参数，一般电动机的过载能力 $\lambda_T = 1.8 \sim 2.2$，它反映了电动机短时过载能力的大小。

(3) 异步电动机启动转矩（T_{st}）和启动转矩倍数（k_{st}）。启动转矩（T_{st}）是指异步电动机接至电源开始启动瞬间的电磁转矩。此时 $n=0$，$s=1$。

绕线型转子异步电动机可以通过转子回路串电阻的方法增大启动转矩，改善启动性能。对于笼型异步电动机，无法在转子回路中串电阻，启动转矩大小只能在设计时考虑，在额定电压下，其 T_{st} 是一个恒值。T_{st} 与 T_N 之比称为启动转矩倍数，用 k_{st} 表示，即

$$k_{st} = \frac{T_{st}}{T_N} \tag{3-15}$$

启动转矩是衡量笼型异步电动机性能的另一个重要指标，它反映了电动机启动能力的大小。显然，只有当启动转矩大于负载转矩时，电动机才能启动起来。一般笼型异步电动机的 k_{st} 为 2.0 左右。

3. 四个点

(1) 启动点 A，电动机接通电源开始启动瞬间，其工作点位于 A 点，此时 $n=0$，$s=1$，$T_{st}=T_{em}$，定子电流 $I_1 = I_{st} = (4 \sim 7)I_N$（$I_N$ 为额定电流）。当启动电磁转矩大于负载转矩时，沿曲线 AB 转速上升到 B 点。

(2) 临界点 B。B 点是机械特性曲线中线性段（DB）与非线性段（BA）的分界点，此时 $s=s_m$，$T_{em}=T_m$。

(3) 额定运行点 C。电动机额定运行时，工作点位于 C 点，此时，$n=n_N$，$s=s_N$，$T_{em}=T_N$，$I_1=I_N$。额定运行时转差率很小，一般 $s_N \approx 0.01 \sim 0.06$，因此电动机的额定转速 n_N 略小于同步转速 n_1，这也说明了 BD 段特性接近线性。

(4) 同步转速点 D。D 点是电动机的理想空载点，即转子转速达到了同步转速。此时 $n=n_0$，$s=0$，$T_{em}=0$，转子电流 $I_2=0$，显然，如果没有外界转矩的作用，异步电动机本身不可能达到同步转速点。

4. 两个区域

(1) 稳定区。在特性曲线的 DB 段运行，当负载稍有变化或其他原因引起转速变化时，电动机可以自动调节转速，使其在新的状态下继续稳定运行。该段曲线称为稳定运行区。

(2) 不稳定区。曲线 AB 段的情况就不同，当负载增加或其他原因引起转速 n 下降时，电磁转矩 T_{em} 也随之下降，转矩的下降又引起转速 n 进一步降低，这样电动机必将堵转。反之，转速上升，转矩也随着上升，转速又进一步提高，如此继续下去，电动机的工作点必须越过 B 点运行到 DB 段方能稳定。电动机不可能在 AB 段稳定运行，因此 AB 段为不稳定区。

三、三相异步电动机的人为特性

异步电动机的机械特性与电动机外加电压、频率和转子电路中串接电阻等有关。如将以上参数根据实际需要人为地加以变化，使自然机械特性曲线形状改变，获得所需要的转速与

转矩，适合生产机械的需要。

1. 转子串接电阻后的人为特性

根据数学推导及实验可知，三相交流异步电动机最大转矩为一恒量，临界转差率 s_m 与 R_P（转子总电阻）成正比，随 R_P 的增加 s_m 也相应增大。图 3-17 表示三相交流绕线型异步电动机在转子中串入不同数值电阻的特性曲线，其特点是：

（1）最大转矩 T_{max} 不变；

（2）电阻串接得越多，其特性越软；

（3）启动转矩随串入电阻增加而增大，当电阻超过一定值时，启动转矩则变小。当 $s_m = 1$ 时，启动转矩最大；

（4）在同一转矩下，n 随串入电阻的增加而下降。

因此可用转子串接电阻的方法提高三相绕线型异步电动机的启动转矩和调节转速。

2. 降低电动机电源电压的人为特性

由于异步电动机的电磁转矩与电压平方成正比，s_m 与外加电压无关，因此在电源电压稍有波动时，电动机的转矩就必然产生较大的变动，当电源电压低于额定值时由于 s_m 值不变，因此三相异步电动机的最大转矩点仍在同一横坐标上，峰值相应往里缩，即最大转矩 T_{max} 大大减小，如图 3-18 所示。

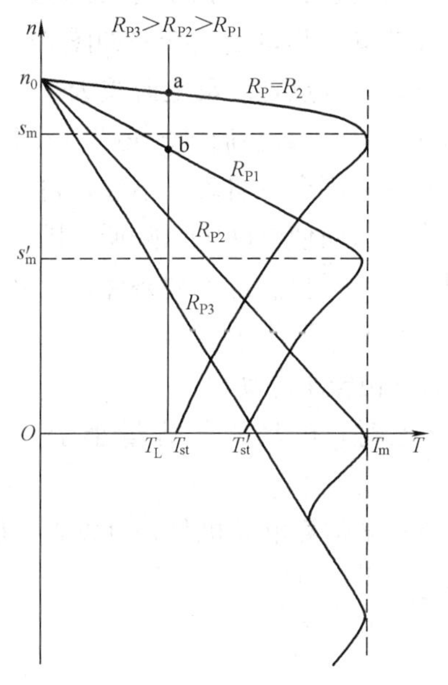

图 3-17　三相绕组式异步电动机转子回路串电阻的人为机械特性曲线

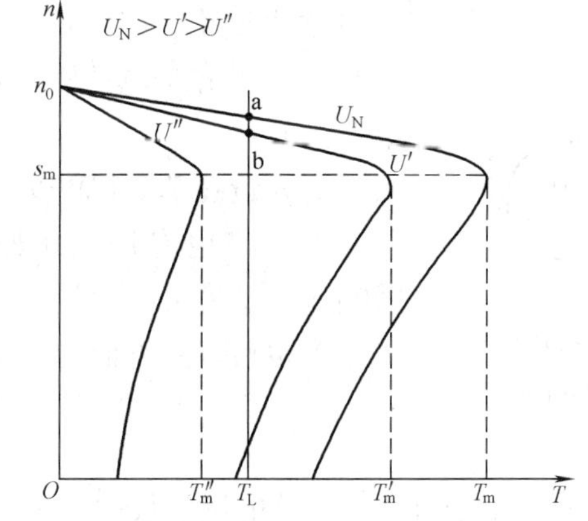

图 3-18　降低电动机电源电压的人为机械特性曲线

由图 3-18 可见，电压下降，其启动转矩和过载能力大大降低，直至不能启动或中途堵转。电流也将明显增大，并易烧毁电动机。因此，一般不用降低电压进行调速。

第三节　三相异步电动机的启动

异步电动机在接通电源后，从静止状态到稳定运行状态的过渡过程称为启动过程。表示

感应电动机最初启动性能的两个主要指标是启动转矩 T_{st} 和启动电流 I_{st}。

一、三相异步电动机对启动的要求

三相异步电动机对启动有如下要求：

(1) 启动转矩要大，以便加快启动过程，保证其能在一定负载下启动。

(2) 启动电流要小，以避免启动电流在电网上引起较大的电压降落，影响到接在同一电网上的其他电器设备的正常工作。

(3) 启动时所需的控制设备应尽量简单，力求操作和维护方便。

(4) 启动过程中的能量损耗尽量小。

实际上三相异步电动机最初启动电流较大，启动转矩并不大。刚启动时，转子处于静止状态，旋转磁场以较大的转速切割转子导体，在转子中产生较大的电势，因而产生较大的电流。由于磁势平衡关系，定子绕组中也将流过较大的电流。刚启动时，转速 $n=0$，转差率 $s=1$，因此转子频率较高，转子电抗数值较大，转子边的功率因数很低。从电磁转矩公式 (3-2) 可知，最初启动时，虽然转子电流 I'_2 较大，但由于转子边的功率因数很低，因此电磁转矩并不大。

二、三相笼型异步电动机的全压启动

全压启动是指在额定电压下，将电动机三相定子绕组直接接到额定电压的电网上来启动电动机，因此又称直接启动。这是一种最简单的启动方式，启动控制线路如图 3-19 所示。

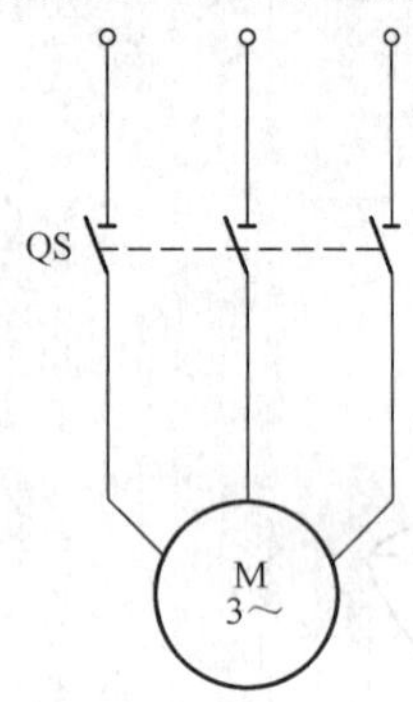

图 3-19 全压启动控制线路

这种方法的优点是简单易行，但缺点是启动电流很大。一般笼型异步电动机的最初启动电流为 $(5\sim7)I_N$，最初启动转矩为 $(1.5\sim2)T_N$。目前设计的笼型异步电动机都允许采用全压启动。不过，过大的启动电流将在输电线路上产生阻抗压降，从而使电网电压降低，因此此方法多用于中、小型异步电动机。通常认为只要满足下列条件之一就可以直接启动：

(1) 容量在 7.5 kW 以下的三相异步电动机。

(2) 用户由专用变压器供电时，电动机的容量小于变压器容量的 20%。

(3) 也可以用下面的经验公式来估算电动机是否可以直接启动

$$\frac{I_{st}}{I_N}\leqslant\frac{3}{4}+\frac{P_S}{4P_N} \tag{3-16}$$

式中 I_{st}——电动机全压启动电流倍数；

I_N——电动机额定电流，A；

P_S——电源容量，kVA；

P_N——电动机额定功率，kW。

三、三相笼型异步电动机定子回路串电阻器降压启动

定子回路串电阻器降压启动的线路如图 3-20 所示。在图中 R_Q 为电阻器。启动时，首先合上开关 QS1，此时启动电阻器便接入定子回路中，电动机开始启动。待电动机接近额定转速时，再迅速地把转换开关 QS2 转换到运行位置，此时电网电压全部施加于定子绕组，启动过程完成。有时为了减小能量损耗，电阻也可以用电抗器代替。

采用定子串电阻降压启动时，虽然降低了启动电流，但也使启动转矩大大减小。当电动机的启动电压减少到 $1/k$ 时，由电网所供给的启动电流也减少到 $1/k$。由于启动转矩正比于电流的平方，因此启动转矩便减少到 $1/k^2$。此法通常用于高压电动机。

四、三相笼型异步电动机星形—三角形（Y—△）转换降压启动

Y—△转换降压启动只适用于定子绕组在正常工作时是△接法的电动机，其启动线路如图 3-21（a）所示。启动时，首先合上开关 QS1，然后将开关 QS2 合在启动位置，此时定子绕组接成 Y 接法，定子每相的电压为 $U_1/\sqrt{3}$，其中 U_1 为电网的额定线电压。待电动机接近额定转速时，再迅速地把转换开关 QS2 换接到运行位置，这时定子绕组改接成△接法，定子每相承受的电压便为 U_1，于是启动过程结束。另外，也可利用接触器、时间继电器等电器元件组成自动控制系统，实现电动机的 Y—△转换降压启动过程。

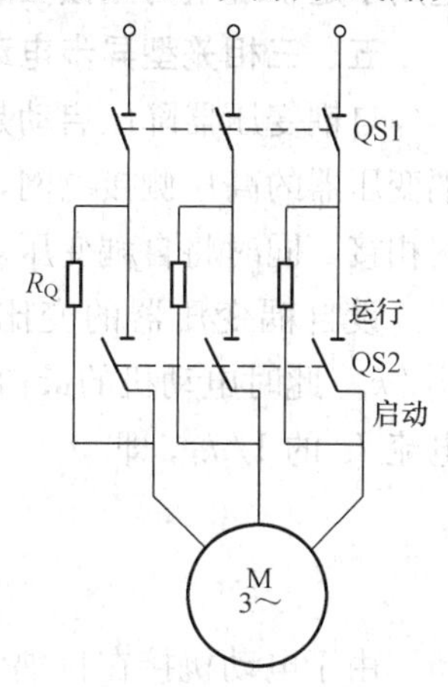

图 3-20 定子回路串电阻器降压启动

如图 3-21 (b)所示，把定子三相绕组换接成 Y 接法启动，和接成△接法直接启动相比，电动机的启动性能有下列区别：假设启动时电动机的每相阻抗为 Z，当用△接法直接启动时，每相的启动电流为 U_1/Z，则启动时的线电流为

$$I_{st\triangle}=\sqrt{3}\,\frac{U_1}{Z} \tag{3-17}$$

如果启动时把电动机的定子绕组改成 Y 接法，每相绕组上所承受的电压为 $U_1/\sqrt{3}$，此时线电流等于相电流，则最初启动电流为

$$I_{stY}=\frac{U_1}{\sqrt{3}Z} \tag{3-18}$$

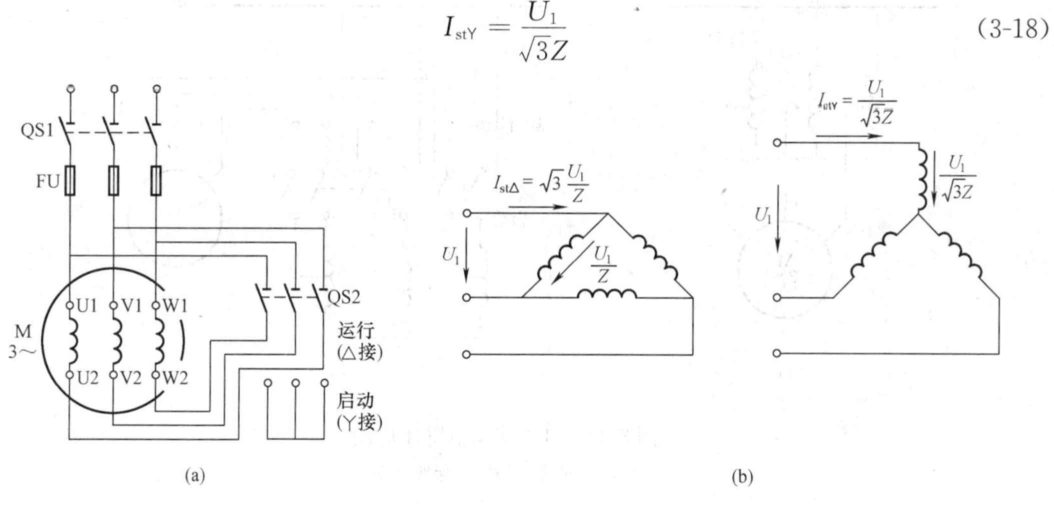

图 3-21 三相笼型异步电动机 Y—△启动

（a）Y—△启动线路；（b）Y—△启动时的电压和电流

比较式（3-18）和式（3-17），得

$$\frac{I_{stY}}{I_{st\triangle}}=\frac{1}{3} \tag{3-19}$$

可见，Y 连接启动时，由电网供给的最初启动电流仅为△连接的 1/3。因此，在启动过

程中，把定子绕组换接成Y连接可以显著减小启动电流。但由于最初启动转矩与电压的平方成正比，在Y接法启动时，每相绕组上承受的电压减小到$U_1/\sqrt{3}$，因而启动转矩便减小到原来的1/3。因此在要求具有高启动转矩的场合，这一方法也不适用。

由于Y—△启动的设备比较简单，因此在轻载或空载启动的情况下常采用此法。此法只适用于定子绕组为△接法的电动机。

五、三相笼型异步电动机自耦变压器降压启动

自耦变压器降压启动是一种常用的启动方法，其启动线路如图3-22所示。启动时，自耦变压器的高压侧接电网，低压侧接电动机。转速上升后，在适当时机可将电动机直接与电网相接，同时将自耦变压器切除。

设自耦变压器的变比为k_a，经过自耦变压器降压后，加在电动机端点上的电压便为U_1/k_a。此时电动机的最初启动电流I_{sta}便与电压成比例地减小，为额定电压下直接启动时电流I_{st}的$1/k_a$，即

$$I_{sta}=\frac{1}{k_a}I_{st} \tag{3-20}$$

由于电动机接在自耦变压器的低压侧，自耦变压器的高压侧接在电网，故电网所供给的最初启动电流I'_{sta}为

$$I'_{sta}=\frac{1}{k_a}=\frac{1}{k_a^2}I_{st} \tag{3-21}$$

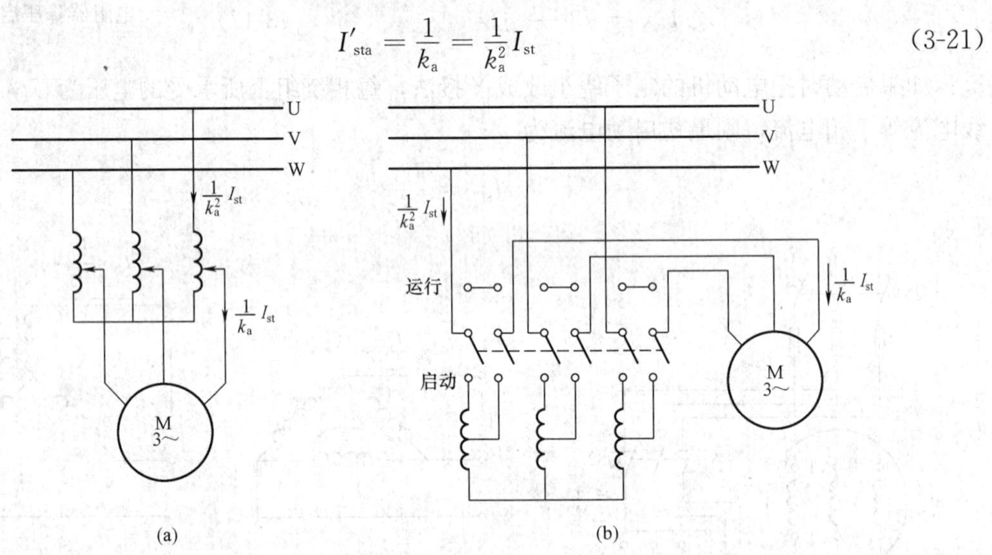

图3-22　自耦变压器降压启动

(a) 原理图；(b) 实际线路图

由此可见，自耦变压器降压启动和全压启动相比较，电动机的启动电流减小了k_a倍，由电网所供给的启动电流减小了k_a^2倍。由于启动转矩正比于电压的平方，因此启动转矩也减小了k_a^2倍。所以在启动转矩要求高的场合，这一方法并不适用。这种方法的优点是可以按允许的启动电流和所需的启动转矩选择自耦变压器的不同抽头实现降压启动，而且不论电动机定子绕组采用星形连接或三角形连接都可以使用；缺点是设备体积大，投资高，而且不能频繁启动。

六、三相绕线型异步电动机转子回路中串电阻启动

三相笼型异步电动机直接启动时，启动电流大，启动转矩不大；降压启动时，虽然减小了启动电流，但启动转矩也随着减小，因此笼型异步电动机只能用于空载或轻载启动。

对于绕线型转子异步电动机，若转子回路串入适当的电阻，则既能限制启动电流，又能增大启动转矩，同时克服了笼型异步电动机启动电流大、启动转矩不大的缺点，因此这种启动方法适用于大、中容量异步电动机重载启动。

为了在整个启动过程中得到较大的加速转矩，并使启动过程比较平滑，应在转子回路中串入多级对称电阻。启动时，随着转速的升高，逐段切除启动电阻，这与直流电动机电枢串电阻启动类似，称为电阻分级启动。图 3-23 所示为三相绕线型异步电动机转子串接对称电阻分级启动的接线图和对应三级启动时的机械特性。

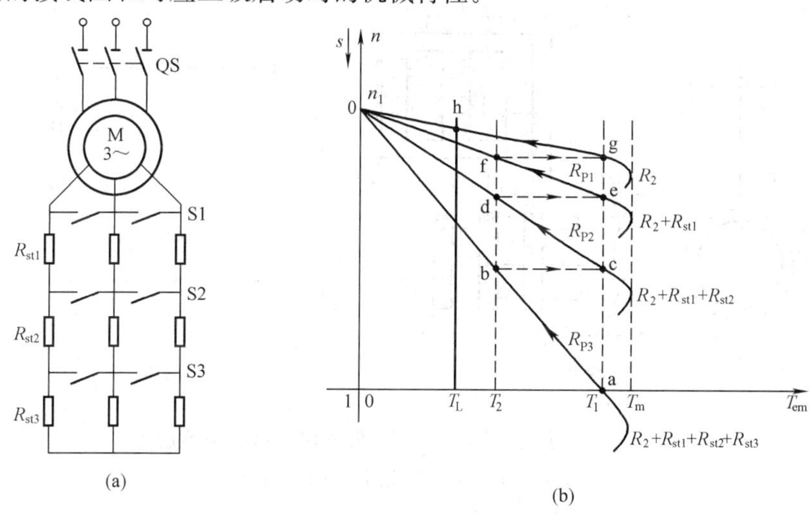

图 3-23　三相绕线式异步电动机转了串电阻分级启动

(a) 接线图；(b) 机械特性

启动开始时见图 3-23 (a)，接触器触点 QS 闭合，S1 、S2、S3 断开，启动电阻全部串入转子回路中，转子每相电阻为 $R_{P3}=R_2+R_{st1}+R_{st2}+R_{st3}$，对应的机械特性如图 3-23 (b) 中曲线 R_{P3} 所示。启动瞬间，转速 $n=0$，电磁转矩 $T_{em}=T_1$（T_1 称为最大加速转矩)，因 T_1 大于负载转矩 T_L，于是电动机从 a 点沿曲线 R_{P3} 开始加速。随着 n 上升，T_{em} 逐渐减小，当减小到 T_2 时（对应于 b 点)，触点 S3 闭合，切除 R_{st3}，切换电阻时的转矩值 T_2 称为切换转矩。切除 R_{st3} 后，转子每相电阻变为 $R_{P2}=R_2+R_{st1}+R_{st2}$，对应的机械特性变为曲线 R_{P2}。切换瞬间，转速 n 不突变，电动机的运行点由 b 点跃变到 c 点，T_{em} 由 T_2 跃升为了 T_1。此后 n、T_{em} 沿曲线 R_{P2} 变化，待 T_{em} 又减小到 T_2 时（对应 d 点)，触点 S2 闭合，切除 R_{st2}。此后转子每相电阻变为 $R_{P1}=R_2+R_{st1}$，电动机运行点由 d 点跃变到 e 点，工作点 (n，T_{em}) 沿曲线 R_{P1} 变化。最后在 f 点触点 S1 闭合，切除 R_{st1}，转子绕组直接短路，电动机运行点由 f 点变到 g 点后沿固有特性加速到负载点 h 稳定运行，启动过程结束。

绕线型转子异步电动机不仅能在转子回路串入电阻减小启动电流，增大启动转矩，而且还可以在小范围内进行调速，因此广泛地应用于启动较困难的机械（如起重吊车、卷扬机等）。但它比笼型异步电动机复杂，造价高，效率也稍低。在启动过程中，当切除电阻时，

转矩突然增大，产生冲击。当电动机容量较大时，转子电流很大，启动设备也将变得庞大，操作和维护工作量大。为了克服这些缺点，目前多采用频敏变阻器作为启动电阻。

七、三相绕线型异步电动机转子串频敏变阻器启动

频敏变阻器是一个铁耗很大的三相电抗器，从结构上看，相当于一个没有二次绕组的三相心式变压器，铁芯由较厚的钢板叠成，其等效电阻 R_m 随着通过其中的电流频率 f_2 的变化而自动变化，因此称为“频敏”变阻器，它相当于一种无触点的变阻器。图 3-24 (a)所示为其接线图，图 3-24 (b)所示为频敏变阻器的等效电路，其中 R_1 为频敏变阻器绕组的电阻，X_m 为带铁芯绕组的电抗，R_m 为铁损耗的等效电阻。在电动机启动过程中，它能自动、无级地减小电阻，如果参数选择适当，可以在启动过程中保持转矩近似不变，使启动过程平稳、快速。

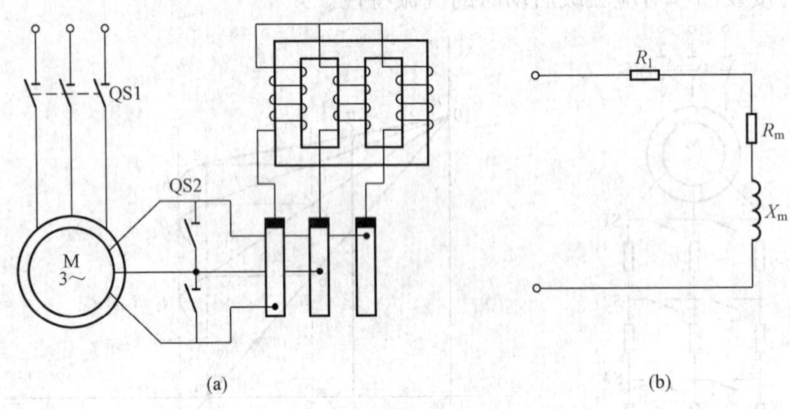

图 3-24　三相绕线型异步电动机转子串频敏变阻器启动

(a) 接线图；(b) 频敏变阻器一相等效电路

用频敏变阻器启动的过程如下：启动时见图 3-24 (a)，开关 S2 断开，转子串入频敏变阻器，当开关 QS1 闭合时，电动机接通电源开始启动。启动瞬间，$n=0$，$s=1$，转子电流频率 $f_2=sf_1=f_1$（最大），频敏变阻器的铁芯中与频率平方成正比的涡流损耗最大，即铁损耗大，反映铁损耗大小的等效电阻 R_m 大，此时相当于转子回路中串入一个较大的电阻。启动过程中，随着 n 上升，s 减小，$f_2=sf_1$ 逐渐减小，频敏变阻器的铁损耗逐渐减小，R_m 也随之减小，这相当于在启动过程中逐渐切除转子回路串入的电阻。启动结束后，触点 QS2 闭合，切除频敏变阻器，转子电路直接短路。

频敏变阻器的结构简单，运行可靠，使用维护方便，因此使用广泛。

第四节　三相异步电动机的调速

由于异步电动机结构简单，成本低，维修方便，工作可靠，因此在现代工农业生产中应用非常普遍。为了提高产品质量及生产效率，对电动机的调速性能提出了越来越高的要求，希望调速范围大且能平滑地调节。因此，研究三相异步电动机调速问题具有重要的现实意义。

由异步电动机的转速公式

$$n=n_0(1-s)=\frac{60f_1}{p}(1-s)$$

可以看出，要改变电动机的转速，可以通过以下方法来实现：

(1) 改变定子绕组的极对数 p，即变极调速；

(2) 改变电源的频率 f_1，即变频调速；

(3) 改变电动机的转差率 s。

一、变极调速

变极调速时，保持电源的频率不变，改变定子绕组的极对数，就改变了同步转速，从而改变了转子的转速。利用这种方法调速时，定子绕组要特殊设计，与普通电动机的绕组不同，要求绕组可用改变外部接线的办法来改变极对数。由于电动机的极对数一般总是成整倍改变，因此变极调速不可能做到转速平滑调节，是一种有级调速方法。目前我国生产的有单绕组双速和双绕组三速、四速的异步电动机。

变极调速方法只用于笼型转子的异步电动机，因为在定子绕组变极的同时，转子极数也应相应改变，这样才能产生恒定的转矩。笼型转子极数能随定子极数的改变而自动地改变，但绕线型转子却不能。

改变定子极数通常成倍地改变较方便，如 2 极变为 4 极，4 极变为 8 极，只用形式相同的一套绕组进行换接即可。如要做非倍极调速电动机，定子上就需要有形式不同的多套独立绕组，这样会使电动机的绕组结构复杂，成本提高。

二、变频调速

改变电源的频率 f_1，可使旋转磁场的同步转速发生变化，电动机的转速亦随之而变化。电源频率提高，电动机转速提高；频率下降，则转速下降。若电源频率可以做到均匀调节，则电动机的转速就能平滑地改变。这是一种较为理想的调速方法，能满足无级调速的要求，且调速范围大，调速性能与直流电动机相近。

对异步电动机进行调速控制时，希望电动机的主磁通保持额定值不变。磁通太弱，铁芯利用不充分，同样的转子电流、电磁转矩下，电动机的负载能力下降；磁通太强，则处于过励磁状态，使励磁电流过大，这就限制了定子电流的负载分量，为使电动机不过热，负载能力也要下降。异步电动机的气隙磁通是定子、转子合成磁动势产生的，下面介绍怎样才能使气隙磁通保持恒定。

由电机理论知道，三相异步电动机定子每相电动势的有效值为

$$E_1=4.44f_1N_1\Phi_m \tag{3-22}$$

式中 E_1——定子每相由气隙磁通感应的电动势的方均根值，V；

f_1——定子频率，Hz；

N_1——定子相绕组有效匝数；

Φ_m——每极磁通量，Wb。

由式 (3-22) 可见，Φ_m 的值是由 E_1 和 f_1 共同决定的，对 E_1 和 f_1 进行适当的控制，就可以使气隙磁通 Φ_m 保持额定值不变。下面分两种情况说明。

1. 基频以下的恒磁通变频调速

这是考虑从基频向下调速的情况。为了保持电动机的负载能力，应保持气隙主磁通 Φ_m

不变，这就要求降低供电频率的同时降低感应电动势，保持 E_1/f_1=常数，即保持电动势与频率之比为常数进行控制。这种控制又称为恒磁通变频调速，属于恒转矩调速方式。

但是，E_1 难以直接检测和直接控制。当 E_1 和 f_1 的值较高时，定子的漏阻抗压降相对比较小，如忽略不计，则可以近似地保持定子相电压 U_1 和频率 f_1 的比值为常数，即认为 $U_1=E_1$，保持 U_1/f_1=常数即可。这就是恒压频比控制方式，是近似的恒磁通控制。

当频率较低时，U_1 和 E_1 都变小，定子漏阻抗压降不能再忽略。这种情况下，可以人为地适当提高定子电压以补偿定子电阻压降的影响，使气隙磁通基本保持不变。

2. 基频以上的恒功率变频调速

这是考虑由基频开始向上调速的情况。频率由额定值 f_{1N} 向上增大，但电压 U_1 受额定电压 U_{1N} 的限制不能再升高，只能保持 $U_1=U_{1N}$ 不变。必然会使主磁通随着 f_1 的上升而减小，相当于直流电动机弱磁调速的情况，属于近似的恒功率调速方式。

三、改变转差率调速

改变转差率 s 又有很多方法，其中主要有：

(1) 改变定子端电压 U_1，即变压调速；

(2) 改变转子回路中串入的附加电阻，即串变阻器调速；

(3) 改变转子回路中串入的附加电势，即串级调速。

以下介绍目前采用得较多的转子回路串变阻器调速的原理。

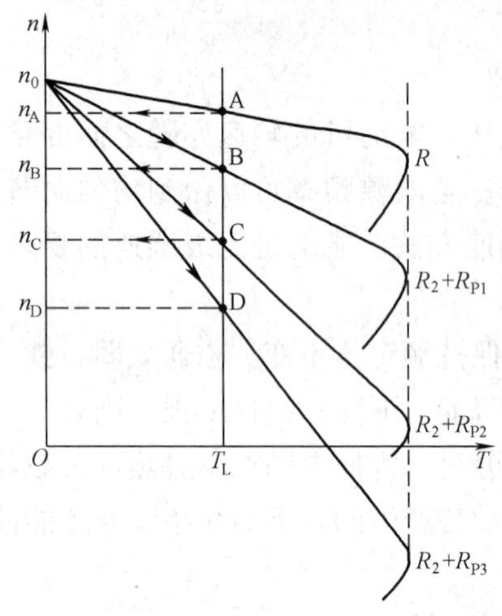

图 3-25　转子回路串电阻调速

绕线型转子异步电动机转子串电阻后同步转速不变，最大转矩不变，但临界转差率增大，机械特性运行段的斜率变大。图 3-25 所示为绕线型转子异步电动机串电阻调速图，当电动机拖动恒转矩负载 $T_L=T_N$ 时，若转子回路不串接附加电阻，电动机稳定运行在 A 点，转速为 n_A。当转子串入 R_{P1} 时，转子电流 I_2 减小瞬间电磁转矩 T 减小，电动机减速，转差率 s 增大，转子电动势、转子电流和电磁转矩又随着增大，直到 B 点，$T_B=T_L$ 为止，电动机将稳定运行在 B 点，转速为 n_B，显然 $n_B<n_A$。当串入转子回路电阻为 R_{P2}、R_{P3} 时，电动机最后将分别稳定运行于 C 点与 D 点，获得 n_C 和 n_D 转速。所串附加电阻越大，转速越低，机械特性越软。

这种方法的优点是方法简单，易于实现；缺点是调速电阻中要消耗一定的能量，调速是有级的，不平滑。由于转子回路的铜耗 $P_{Cu2}=sP_{em}$，故转速调得越低，转差率越大，铜耗就越多，效率就越低。同时转子加入电阻后，电动机的机械特性变软，于是负载变化时电动机的转速将发生显著变化。这种方法主要用在中、小容量的异步电动机中，例如，交流供电的桥式起重机目前大部分采用此法调速。

第五节　三相异步电动机的制动

制动是使电动机迅速停转的控制方式。很多生产过程要求电动机迅速减速、定时或定点停止。例如，电车下坡时为了行车安全，限制转速，需要制动。制动的方式分为机械制动和电磁制动。机械制动就是用机械刹车的方法使电动机按要求停下来；电磁制动就是电动机的电磁转矩方向与转速方向相反的一种工作状态，可以迫使电动机减速或停止转动，也可以使电动机稳定运行。根据生产要求，异步电动机制动的方法有能耗制动、反接制动和回馈制动3种。

一、能耗制动

能耗制动是将电动机从电源断开后，在它的定子绕组上另加一直流电源，如图3-26所示，由于定子绕组通入直流电流，因此能产生一个在空间不动的磁场，因惯性作用，转子还未停止转动，运动的转子导体切割此恒定磁场，在其中便产生感应电动势，由于转子是闭合绕组，因此能产生电流，从而产生电磁转矩，此转矩与转子因惯性作用而旋转的方向相反，起制动作用，迫使转子迅速停下来。这时储存在转子中的动能转变为转子铜损耗，以达到迅速停车的目的，故称这种制动方法为能耗制动。

能耗制动在高速时效果较好，低速时由于转子中电动势、电流和电磁转矩逐渐减小，效果较差。在实际应用中，最好是高速时采取能耗制动，待降到低速时辅以机械制动，这样便可使电动机迅速停下来。

在图3-26中，直流电源是从交流电源经变压器降压后再整流而取得的，此直流电源加在两相绕组中，整流变压器二次侧有抽头，可选择不同的电压用以调节整流输出，从而调节制动转矩的大小。绕线型转子异步电动机转子串联适当电阻，可以增大制动转矩，同时还可以减小转子电流。

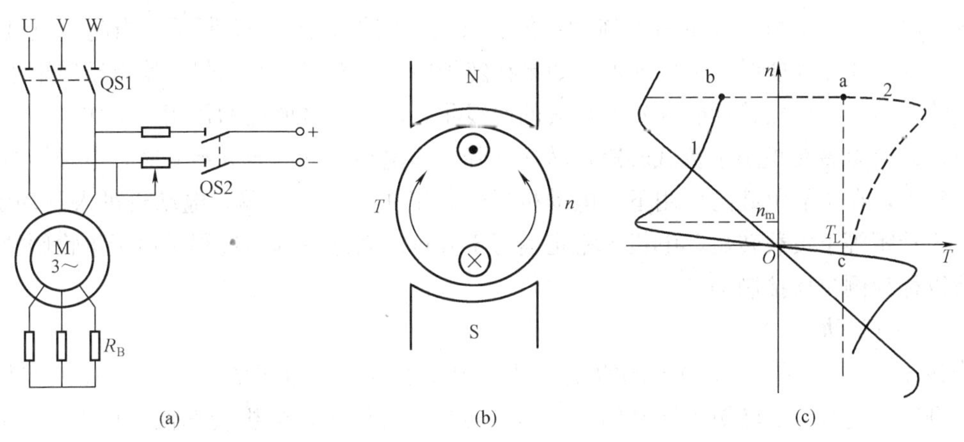

图3-26　三相异步电动机能耗制动

（a）接线图；（b）制动原理图；（c）机械特性

如果是位能性负载，$n=0$时，$T_{em}=0$，但$T_L>0$。在T_L的作用下，电动机反向加速，电磁转矩T_{em}增大，直至与位能负载转矩T_L相平衡。位能负载被匀速下放。改变绕线型转子异步电动机转子串联电阻的大小，就可以改变位能负载下放的速度。

二、反接制动

三相异步电动机的反接制动可分为电源反接制动和倒拉反接制动。

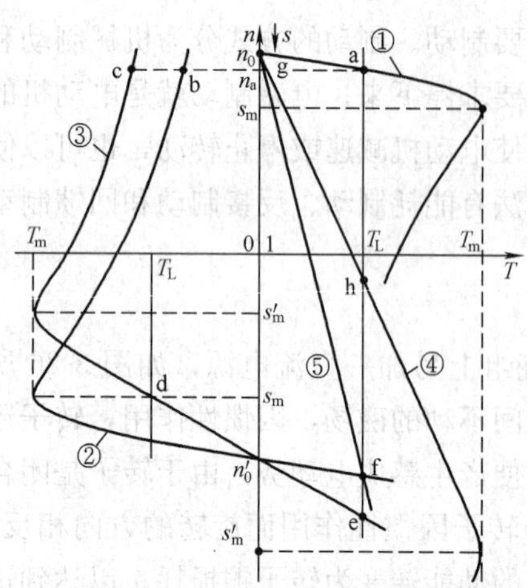

图 3-27 电动机反接制动的机械特性

①—正向电动固有特性；②—反向电动固有特性；③—反接制动串电阻特性；④—倒拉反接制动特性；⑤—回馈制动特性

1. 电源反接制动

电源反接制动利用换接开关来改变定子电流的相序，使电动机气隙旋转磁场方向反转，这时的电磁转矩方向与电动机惯性转速方向相反，成为制动转矩，使电动机转速迅速下降。

电源反接制动时电流会很大，将影响同一供电母线上的其他用电负载。若电动机为笼型，则在定子回路中串联电阻加以限制；若电动机为绕线型，则可在转子回路中串联电阻加以限制。如图 3-27 中曲线③所示，制动转矩也增大了。

若制动的目的是为了迅速改变电动机的转向，则在转速降到零后，如果电磁转矩大于负载转矩，电动机将继续向反转方向转动，进入第三象限，电磁转矩减小，直至与负载转矩平衡后稳定运行于 d 点；若制动仅是为了迅速停车，则在转速降到零以后，一般应采用速度继电器或时间继电器控制，以便电动机速度为零或接近零时立即切断电源，防止电动机反转。

2. 倒拉反接制动

这种制动由外力使电动机转子的转向倒转，而电源的相序不变，这时产生的电磁转矩方向也不变，但与转子实际转向相反，故电磁转矩将使转子减速。这种制动方式主要用于以绕线型异步电动机为动力的起重机械拖动系统。其机械特性如图 3-27 所示，当起重机械提升重物时，其工作点为曲线①上的 a 点。如果在转子回路串入很大的电阻，使启动转矩小于位能性负载转矩，则机械特性变为斜率很大的曲线④，由于机械惯性的作用，工作点由 a 点移至 g 点。此时电磁转矩小于负载转矩，转速下降。当电动机减速至 $n=0$ 时，电磁转矩仍小于负载转矩，在位能负载的作用下，电动机反转，工作点继续下移，电动机进入制动状态，直至电磁转矩等于负载转矩，电机才稳定运行于 h 点。因这一制动过程是由于重物倒拉引起的，所以称为倒拉反接制动。

三、回馈制动

当转速 $n>n_0$ 时，电机由电动状态变为发电状态运行，电机的有功电流和电磁转矩的方向将倒转，这时电磁转矩由原来的驱动作用转为制动作用，电机转速便减慢下来。同时，由于电流方向反向，电磁功率回送至电网，故称其为回馈制动。

例如，当电车下坡时，重力的作用使电车转速增大，当 $n>n_0$ 时，电动机自动进行回馈制动。再如，起重机强力下放重物或在起升过程中反接制动，在电动机电磁转矩与位能负载转矩的共同作用下，转速往负方向迅速升高，很快等于同步转速 $-n_0$。由于位能负载的作用，转速继续往负方向升高，超过同步转速进入第四象限，电磁转矩由负变正，与转速方向相反，是回馈制动状态。直至电磁转矩与位能负载转矩相平衡，稳定于图 3-27 中的 e 点，匀速下放重物。

还有在倒拉反接制动时，串入电阻过大，如图 3-27 中曲线 5 所示，重物下降速度将大于同步转速，也是回馈制动。

另外，在变频调速时，欲使电动机减速，必须降低频率。与此同时，同步转速也将降低，电动机的转速将大于当时的同步转速，处于回馈制动状态。

思 考 题

1. 三相异步电动机是由哪几部分组成的？各部分作用是什么？

2. 三相异步电动机为什么会旋转？怎样改变它的方向？

3. 什么是异步电动机的转差率？如何根据转差率来判断异步电动机的运行状态？

4. 写出三相异步电动机的机械特性方程，画出其四象限特性曲线并在近特性曲线上标出最大转矩 T_m、临界转差率 s_m、启动转矩 T_{st}、额定转矩 T_N 和稳定区、不稳定区。

5. 三相笼型异步电动机在什么条件下可以直接启动？不能直接启动时，应采取什么方法启动？

6. 试分析三相笼型异步电动机 Y/△降压启动过程。

7. 画图分析三相转子绕线型异步电动机转子串电阻分级启动过程。

8. 为使三相异步电动机快速停车，可采取哪几种制动方法？如何改变制动的强弱？试用机械特性说明其制动过程。

9. 什么叫三相异步电动机的调速？用哪些方法可以实现三相异步电动机的调速？

10. 写出异步电动机的转速公式。

11. 三相异步电动机是怎样实现电源反接制动和倒拉反接制动的？

12. 假如有一台星形连接的三相异步电动机，在运行中突然切断三相电源，并同时将任意两相定子绕组立即接入直流电源，这时异步电动机的工作状态如何？试画图分析。

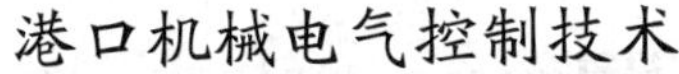

第二篇　基本电气控制

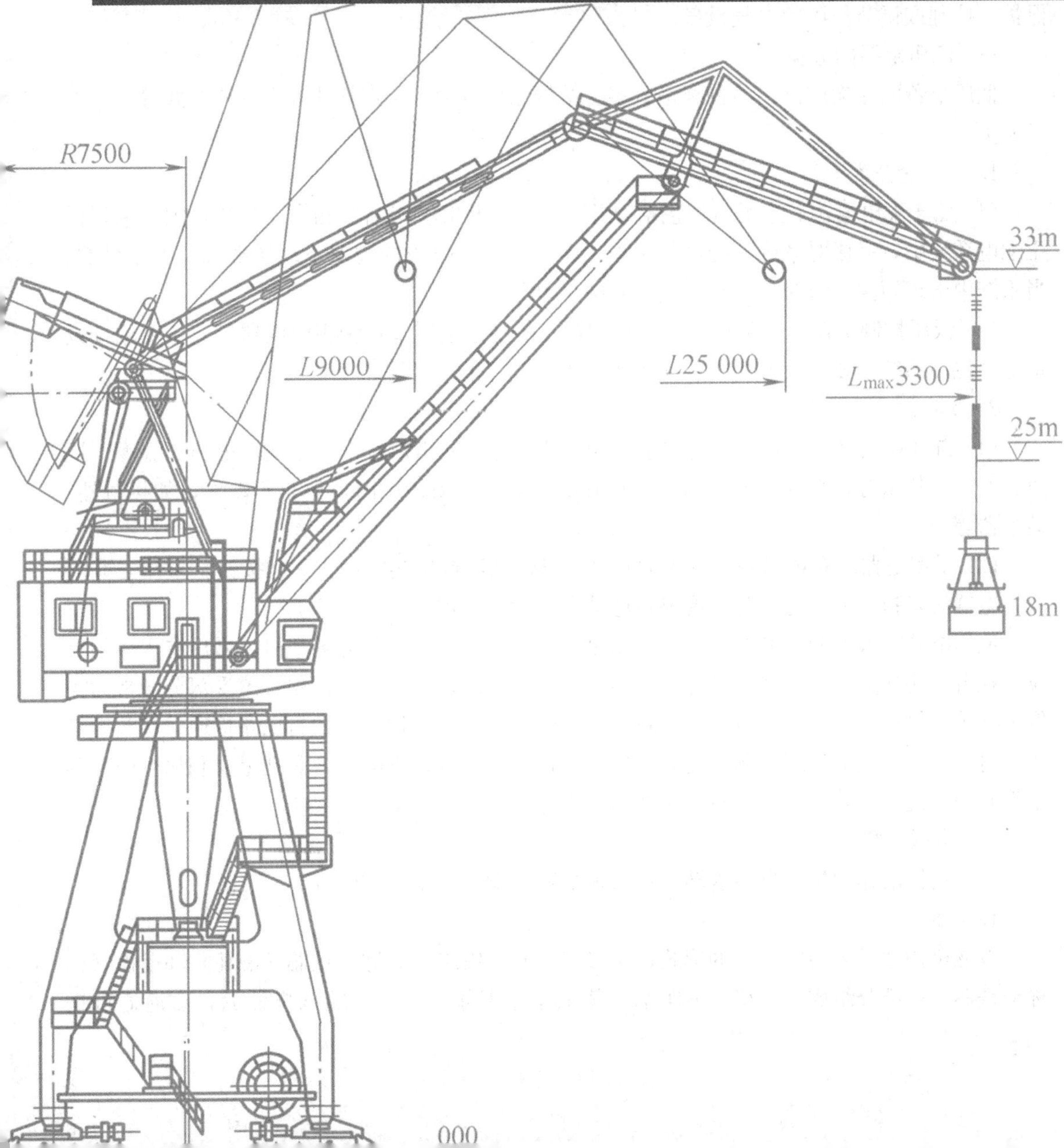

第四章

常用低压电器

第一节 低压电器的基础知识

低压电器通常是指工作在交流电压小于1200V、直流电压小于1500V的电路中起通断、保护、控制或调节作用的电气设备。

一、低压电器的分类

低压电器的用途广泛、品种规格繁多、结构原理各异，可以从用途和动作方式等方面进行分类。

1. 按用途分类

(1) 低压配电电器。这类电器包括刀开关、转换开关、熔断器和自动开关，主要用于低压配电系统中，完成对系统的控制与保护，在系统发生故障的情况下动作准确，工作可靠。当系统中出现短路电流时，其热效应不会损坏电器。

(2) 低压控制电器。这类电器包括接触器、控制继电器及各种主令电器等，主要用于设备电气控制系统。要求其寿命长、体积小、重量轻、工作可靠。

2. 按动作方式分类

(1) 自动切换电器。它依靠电器本身参数的变化或外来信号（如电流、电压、温度、压力、速度、热量等）自动完成接通、分断或使电动机启动、反向及停止等动作，如接触器、继电器等。

(2) 手控电器。它依靠外力（人力）直接操作来进行切换等动作，如按钮、刀开关等。

电器按其执行机构还可分为有触点电器和无触点电器。

低压电器一般有两个基本部分。一个是感受部分，它感受外界的信号，做出有规律的反应。在自动切换电器中，感受部分大多由电磁结构组成；在手控电器中，感受部分通常为操作手柄等。另一个是执行部分，如触点连同灭弧系统，它根据指令执行电路接通、切断等任务。对自动开关类的低压电器，还具有中间（传递）部分，它的任务是把感受和执行两部分联系起来，使它们协同一致，按一定的规律动作。

二、电磁机构

电磁机构的作用是将电磁能转换成机械能并带动触点闭合或断开。

1. 结构形式

电磁机构通常采用电磁铁的形式，由吸引线圈、铁芯（又称静铁芯或磁轭）和衔铁（也称动铁芯）三部分组成，如图4-1所示。其工作原理如下：线圈通入电流后，磁通通过铁芯、衔铁和工作气隙形成闭合回路，如图 4-1 中虚线所示。因衔铁受到电磁力，便吸向铁芯，但衔铁的运动受到反作用弹簧的拉力，故只有当电磁力大于弹簧反力时，衔铁才能可靠地被铁芯吸住。电磁吸力应大于弹簧反力，以便吸牢，但吸力也不宜过大，过大会在吸合时使衔铁和铁芯产生严重撞击。

电磁铁有各种结构形式。铁芯有 E 形和 U 形；动作方式有直动式和转动式。它们各有不同的机电性能，适用于不同的场合。图 4-2 列出了几种电磁铁芯的结构形式。

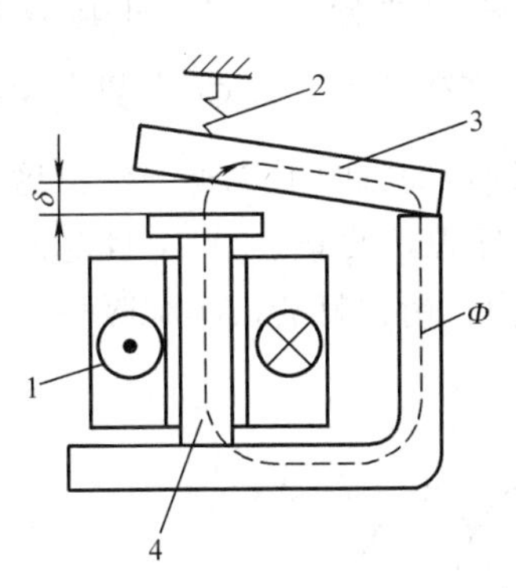

图 4-1 电磁机构示意图

1—线圈；2—弹簧；

3—衔铁；4—铁芯

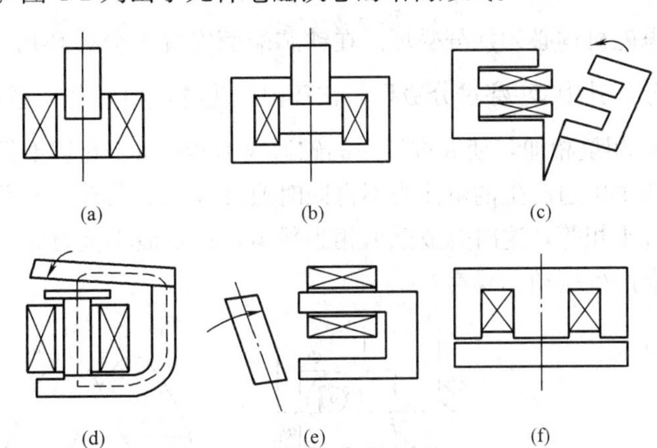

图 4-2 电磁铁芯的结构形式

(a)、(b)、(f) 直动式；(c)、(d)、(e) 转动式

直流励磁的电磁铁和交流励磁的电磁铁在结构上也有不同。直流电磁铁在稳定状态下通过恒定磁通，铁芯中没有磁滞损耗和涡流损耗，也就不产生热量，只有线圈是产生热量的热源。因此，直流线圈通常没有骨架，且呈细长形，以增加它和铁芯直接接触的面积，从而使线圈产生的热量通过铁芯散发出去。交流铁芯中因为通过交变磁通，铁芯中有磁滞损耗和涡流损耗，所以产生热量。为此，一方面铁芯用硅钢片叠成，以减少铁芯损耗；另一方面将线圈制成短粗形，并由线圈骨架把它和铁芯分开，以免铁芯的热量传给线圈，使其过热烧坏。

大多数电磁铁的线圈跨接在电源电压两端，获得额定电压吸合，称为电压线圈。其电流值由电路电压和线圈本身的电阻或阻抗所决定。由于电压线圈匝数多、导线细、电流小且匝间电压高，因此一般用绝缘性能好的漆包线绕制。当需要反映主电路电流值时，常采用电磁线圈串入主电路的接法。当主电路电流超过或低于某一规定值时，铁芯动作，故称其为电流线圈。通过电流线圈的电流不由线圈本身的电阻或阻抗决定，而由电路负载的大小决定。由于主电路电流比较大，因而线圈比较粗，匝数比较少，常用较粗的紫铜条或铜线绕制。

交流电磁机构工作时，其线圈电流是由线圈本身的阻抗决定的，该阻抗受铁芯磁路的影响。当线圈通电，铁芯未吸合时，阻抗小，电流大；铁芯吸合后，阻抗大，电流小，故电磁机构吸合瞬间存在一个类似电动机的“启动电流”。如果通、断电过于频繁，则会使线圈过热，一旦衔铁被卡住吸合不上时铁芯线圈还有被烧毁的危险。而直流电磁机构其线圈电流是由其本身的纯电阻决定的，与铁芯磁路无关，所以工作时即使衔铁被卡住，也不会影响线圈电流。因此，直流电磁铁运行可靠、平稳、无噪声，一般用于较重要的控制场合。

2. 交流电磁铁的分磁环

对单相交流电磁机构，一般在铁芯端面上安置一个铜制的分磁环（也称短路环），以便改善工作状况，如图 4-3 所示。因为电磁机构的磁通是交变的，而电磁吸力与磁通的平方成正比，当磁通为零时，吸力也为零，这时衔铁在弹簧反力作用下被拉开，磁通大于零后，吸力增大，当吸力大于反力时，衔铁又吸合，在如此反复循环的过程中，衔铁产生强烈的振动和噪声。振动会使电器寿命缩短，使触点接触不良、磨损或熔焊。为了消除振动，单相交流电磁机构必须加分磁环。在铁芯端面安置了分磁环后，将气隙磁通 $\dot{\Phi}$ 分成了 $\dot{\Phi}_1$ 和 $\dot{\Phi}_2$ 两部分，其中 $\dot{\Phi}_2$ 穿过分磁环，在环内产生感应电动势、感应电流，产生磁通 $\dot{\Phi}_k$，$\dot{\Phi}_k$ 分别与 $\dot{\Phi}_1$、$\dot{\Phi}_2$ 相量相加，使穿过气隙的磁通成为 $\dot{\Phi}_{1k}$、$\dot{\Phi}_{2k}$ 它们不仅相位不同，而且幅值也不一样。这样两个磁通产生的电磁力不再同时通过零点。若分磁环设计得较理想，使 $\varphi=90°$，且电磁力近乎相等，这时合成磁力相当平坦，只要最小吸力大于弹簧反力，衔铁就会被牢牢吸住，不会产生振动和噪声。

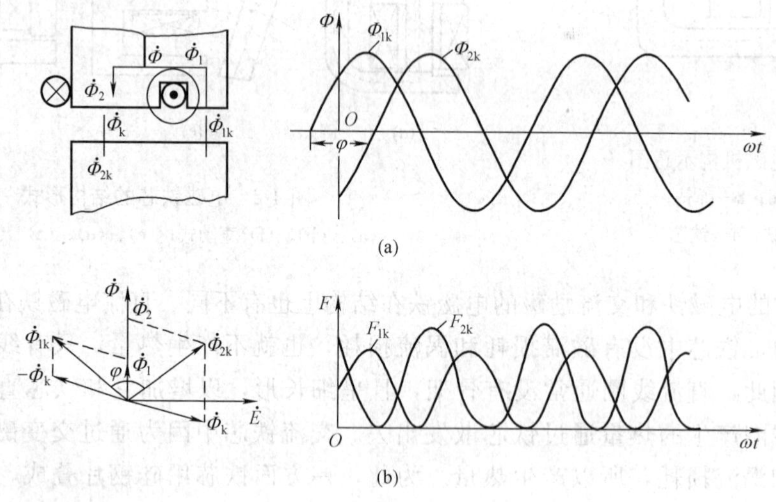

图 4-3　交流电磁铁分磁环

3. 灭弧装置

各种有触点电器都是通过触点的开、闭来通、断电路的。触点接通电路时，存在接触电阻，引起触点升温；触点分断电路时，由于热电子发射和强电场的作用使气体游离，从而在分断瞬间产生电弧。开关电器在分断电路时产生的电弧，一方面使电路仍旧保持导通状态，延迟了电路的开断；另一方面会烧损触点，缩短电器的使用寿命，所以不少电器采用了灭弧措施。灭弧措施主要有以下几种：

(1) 依靠触点的分开，机械地拉长电弧，如图 4-4 (a)、(b) 所示。

(2) 利用导电回路或特制线圈的电流在弧区产生磁场，使电弧受力迅速移动并拉长电弧（磁吹灭弧），如图 4-4 (a) ～ (d) 所示。

(3) 将电弧分隔成许多串联的短弧，如图 4-4 (c)、(f) 所示。

(4) 依靠磁场作用，将电弧驱入用耐弧材料制成的狭缝中，以加快电弧的冷却，如图 4-4 (e)、(g) 所示。

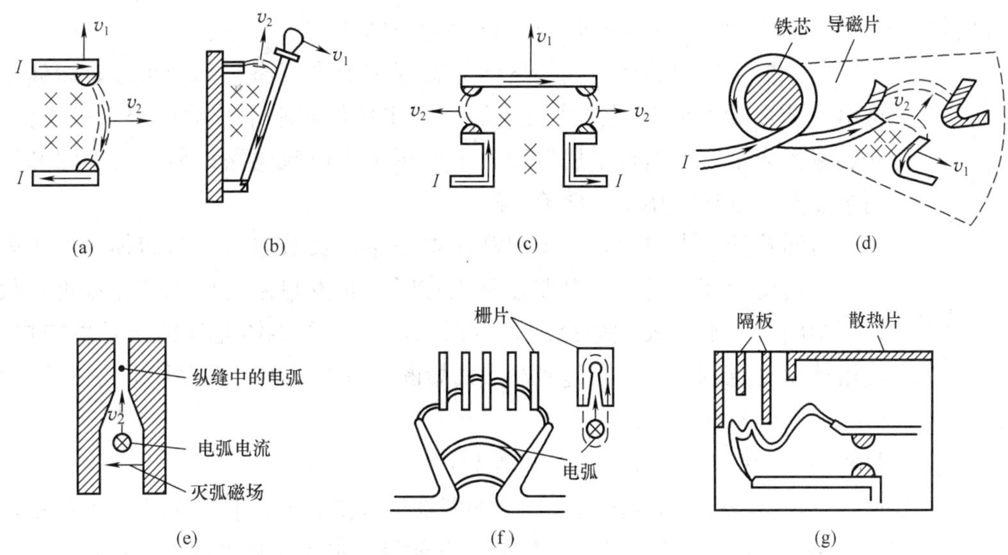

图 4-4　灭弧措施

(a)、(b) 机械地拉长灭弧；(c) 电动力灭弧；(d) 磁吹灭弧；

(e) 狭缝灭弧；(f) 栅片灭弧；(g) 气体灭弧

(5) 在封闭的灭弧室中，利用电弧自身能量分解固体材料产生气体，提高灭弧室中的压力，或者利用产生的气体进行吹弧。

不同电器采用不同的灭弧措施，如石英砂熔断器的熔片用纯银片冲成变截面的形状，密封在管内，管内充满石英砂，如图 4-5 所示。当出现短路电流时，熔片狭颈处熔断并气化，形成几个串联的短弧。熔片气化后，体积受石英砂限制，不能自由膨胀，产生很高的压力，该压力推动弧隙中的游离气体迅速向周围石英砂中扩散，并受到石英砂的冷却，从而具有较强的灭弧能力。

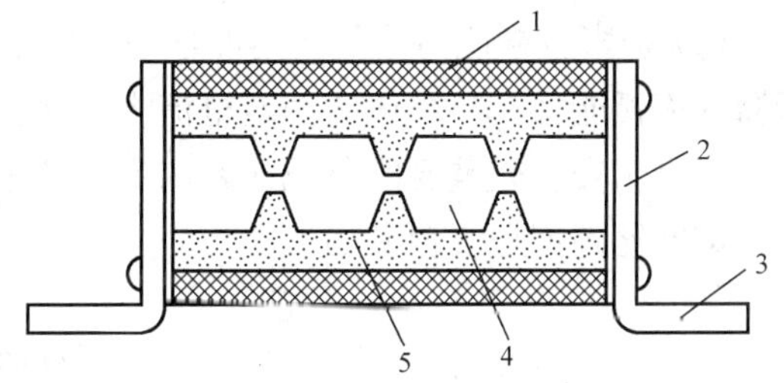

图 4-5　熔断器的灭弧措施

1—瓷套；2—熔断指示器；3—连接导电板；

4—熔片；5—石英砂填料

第二节　熔　断　器

熔断器是一种广泛应用的最简单有效的保护电器之一，在低压配电线路和用电设备中主要作为短路保护之用。使用时熔断器串接在被保护的电路中，当流过它的电流超过规定值时，熔体产生的热量使自身熔化而切断电路。由于熔断器具有结构简单、使用方便、价格低廉、可靠性高等优点，因而应用极为广泛。

一、常用熔断器

1. 熔断器的分类和结构原理

熔断器按结构可分为开启式、半封闭式和封闭式。封闭式熔断器又分为有填料式、无填料管式和有填料螺旋式等。按用途分有工业用熔断器、保护半导体器件熔断器、具有两段保护特性的快慢动作熔断器、自复式熔断器等。其图形符号如图 4-6 所示。

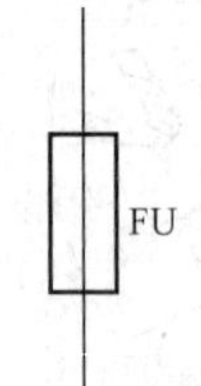

图 4-6　熔断器的图形符号

熔断器主要由熔体、安装熔体的熔管和绝缘底座三部分组成。熔体是用低熔点的金属丝或金属薄片做成的。熔体材料基本上分为两类：一类由铅、锌、锡铅合金等低熔点金属制成，主要用于小电流电路；另一类由银和铜等高熔点金属制成，用于大电流电路。

熔断器接入电路时，熔体串联在电路中，负载电流流过熔体，由于电流热效应而使温度上升。当电路正常工作时，其发热温度低于熔化温度，故长期不熔断。当电路发生短路或过载时，电流大于熔体允许的正常发热电流，使熔体温度急剧上升，超过其熔点而熔断，分断电路，以保护电路设备。

2. 熔断器的主要技术参数

选择熔断器时，应考虑以下 4 个主要技术参数：

(1) 额定电压。这是从灭弧角度出发，保证熔断器能长期正常工作的电压。如果熔断器的实际工作电压超过额定电压，则一旦熔体熔断，可能发生电弧不能及时熄灭的现象。

(2) 熔体额定电流。是指在规定的工作条件下，电流长时间通过熔体而熔体不熔断的最大电流。

(3) 熔断器额定电流。是指保证熔断器能长期正常工作的电流，是由熔断器各部分长期工作时所允许的温升决定的。该额定电流应不小于所选熔体的额定电流，且在额定电流范围内不同规格的熔体可装入同一熔壳内。

(4) 极限分断能力。是指熔断器在额定电压下所能分断的最大短路电流值。它取决于熔断器的灭弧能力，与熔体的额定电流大小无关。一般有填料的熔断器分断能力较高，可达数十到数百千安。较重要的负载或距离变压器较近时，应选用分断能力较大的熔断器。

熔断器的型号及含义如下：

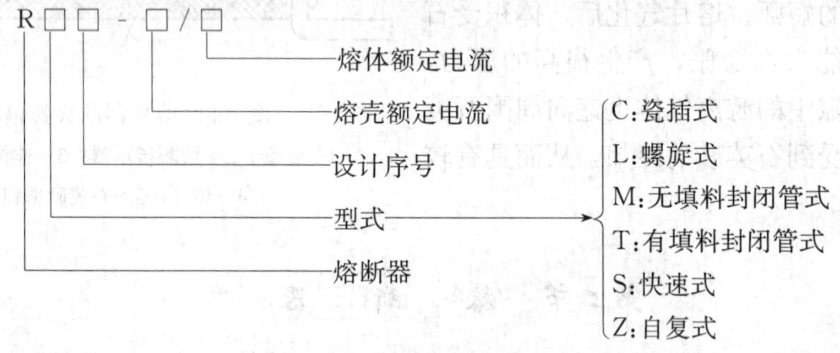

3. 常用熔断器

(1) 瓷插式熔断器。常用的瓷插式熔断器为 RC1A 系列，它由瓷盖、瓷底座、静触点、动触点和熔体组成，其结构如图 4-7 所示。静触点在瓷底座两端，中间有一空腔，它与瓷盖的凸起部分共同形成灭弧室。额定电流在 60A 以上的，灭弧室中还有帮助灭弧的编织石棉带。动触点在瓷盖两端，熔体沿凸起部分跨接在两个动触点上。瓷插式熔断器一般用于交流 50Hz、额定电压 380V 及以下、额定电流 200A 以下的电路末端，常用于电气设备的短路保护和照明电路的保护。

(2) 有填料螺旋式熔断器。它由瓷帽、熔管、瓷套及瓷底座等组成。熔管是一个瓷管，内装熔体和灭弧石英砂，熔体的两端焊在熔管两端的金属外壳上，其一端有不同颜色的熔断指示器。当熔体熔断时指示器弹出，便于发现更换同型号的熔管。有填料螺旋式熔断器外形结构如图 4-8 所示。

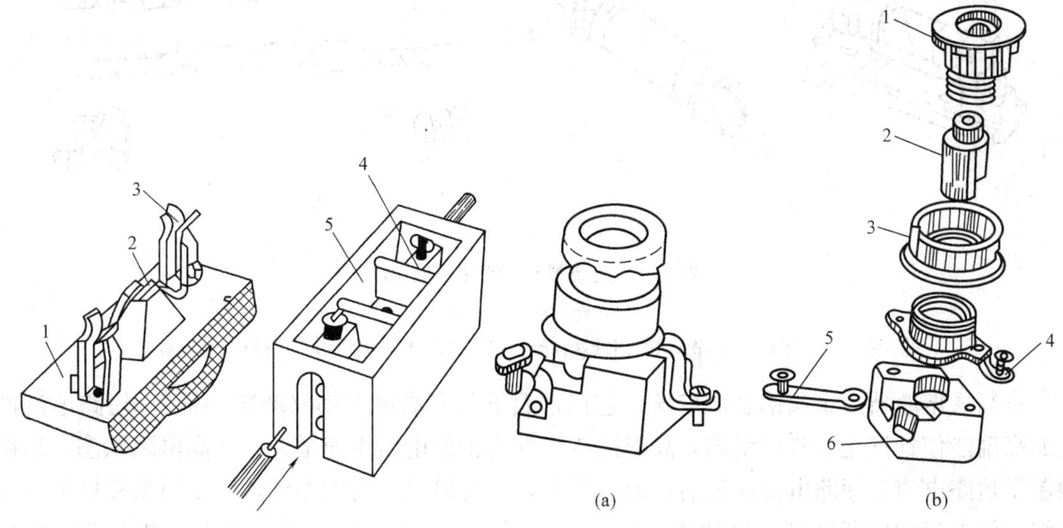

图 4-7 瓷插式熔断器

1—磁盖；2—熔体；3—触点；4—静触点；5—瓷底座

图 4-8 有填料螺旋式熔断器

(a) 外形；(b) 结构

1—瓷帽；2—熔管；3—瓷套；4—上接线端；5—下接线端；6—瓷底座

这种熔断器的特点是其熔管内充满了石英砂填料，以增强熔断器的灭弧能力。因为石英砂具有很大的热惯性与较高的绝缘性能，且它为颗粒状，同电弧接触面积大，能大量吸收电弧的能量，使电弧很快冷却，从而加快了电弧熄灭过程。

该熔断器的优点是体积小、灭弧能力强、有熔断指示、工作安全可靠，因此，在交流额定电压 500V、额定电流 200A 及以下的配电和机电设备中大量使用。

(3) 无填料封闭管式熔断器。这种熔断器由熔管、熔体和插座组成，熔体被封闭在不充填料的熔管内，其外形结构如图 4-9 所示。15A 以上熔断器的熔管由钢纸管、黄铜套管和黄铜帽构成，新产品中熔管已用耐电弧的玻璃钢制成。常用的无填料封闭管式熔断器有 RM7、RM10 系列的。

这种结构的熔断器有两个特点：一是采用变截面锌片作熔体。当电路过载或短路时，变截面锌片狭窄部分的温度急剧升高并首先熔断，特别是在短路时，熔体的几个狭窄部分同时熔断，形成较大空隙，灭弧更容易；二是采用钢纸管或三聚氰胺玻璃作熔管，当熔体熔断时，熔管在电弧作用下，分解大量气体，使管内压力迅速增大，促使电弧迅速熄灭。

这种熔断器的优点是灭弧力强、熔体更换方便，被广泛用于发电厂、变电站和电动机的保护。

(4) 新型熔断器。常用的熔断器，熔体一旦熔断，需要更换新的熔体后才能使电路重新接通，从某种意义上说，这既不方便，也不能及时恢复供电。自复式熔断器可以解决该问题，它是应用非线性电阻元件（金属钠等）在高温下电阻特性突变的原理制成的。

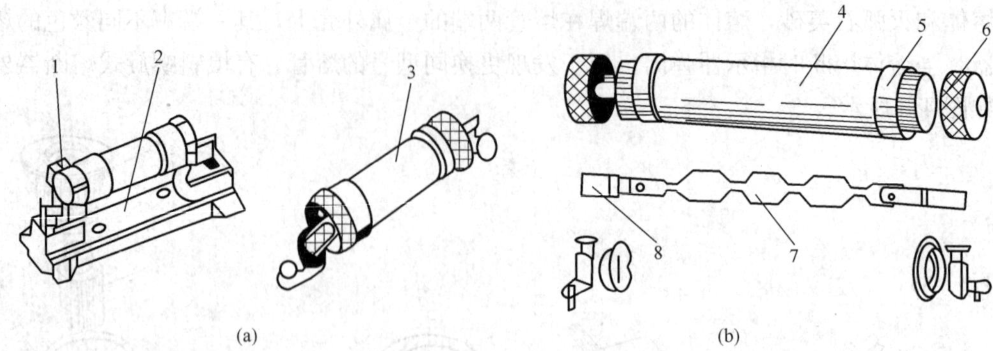

图 4-9　无填料封闭管式熔断器

(a) 外形；(b) 结构

1—插座；2—底座；3—熔管；4—钢纸管；5—黄铜套管；6—黄铜帽；7—熔体；8—触刀

自复式熔断器由金属钠制成熔丝，它在常温下具有高电导率（略次于铜），短路电流产生的高温能使钠汽化，气压增高，高温高压下气态钠的电阻迅速增大，呈高电阻状态，从而限制了短路电流。短路电流消失后，温度下降，气态钠又变为固态钠，恢复原来良好的导电性能，故自复式熔断器可重复使用。因其只能限流，不能分断电路，故常与断路器串联使用，以提高分断能力。目前，自复式熔断器有 RZ1 系列熔断器，它适用于交流 380V 的电路中与断路器配合使用。

二、熔断器的选择

1. 熔断器的选择

熔断器的额定电压和额定电流应不小于线路的额定电压和所装熔体的额定电流，其类型根据线路要求和安装条件而定。熔断器的分断能力必须大于电路中可能出现的最大故障电流。

2. 熔体额定电流的选择

(1) 对于电炉和照明等电阻性负载，可作过载保护和短路保护，熔体的额定电流应稍大于或等于负载的额定电流。

(2) 电动机的启动电流很大，熔体的额定电流应考虑启动时熔体不能熔断而选得较大些，因此对电动机只宜作短路保护而不能作过载保护。

对单台电动机，熔体的额定电流（I_{fN}）应不小于电动机额定电流（I_N）的 1.5～2.5 倍，即

$$I_{fN} \geqslant (1.5 \sim 2.5) I_N \tag{4-1}$$

轻载启动或启动时间较短时，系数可取 1.5；带负载启动、启动时间较长或启动较频繁时，系数可取 2.5。

对多台电动机的短路保护，熔体的额定电流（I_{fN}）应不小于最大一台电动机额定电流（I_{Nmax}）的 1.5～2.5 倍加上同时使用的其他电动机额定电流之和（$\sum I_N$），即

$$I_{fN} \geqslant (1.5 \sim 2.5) I_{Nmax} + \sum I_N \tag{4-2}$$

3. 熔断器使用维护及注意事项

(1) 熔断器的插座和插片的接触应保持良好。

(2) 熔体烧断后，应首先查明原因，排除故障。更换熔体时，应使新熔体的规格与换下

来的一致。

(3) 更换熔体或熔管时，必须将电源断开，以防触电。

(4) 安装螺旋式熔断器时，电源线应接在瓷底座的下接线座上，负载线应接在螺纹壳的上接线座上。这样可保证更换熔管时螺纹壳体不带电，保证操作者人身安全。

第三节　接　触　器

接触器是一种自动电磁式开关，用来频繁接通、断开电动机或其他负载主电路，具有低电压释放保护功能，能远距离控制，是电力拖动自控系统中应用最广泛的电器。它主要由触点系统、电磁机构及灭弧装置等组成。按主触点通过电流种类不同，可分为交流接触器和直流接触器两大类。

一、交流接触器

1. 交流接触器的工作原理

交流接触器是利用电磁吸力与弹簧弹力配合动作，使触点闭合或分断，来控制电路的分断的。其外形、结构示意图及图形符号如图 4-10 所示。交流接触器有两种工作状态：失电状态（释放状态）和得电状态（动作状态）。吸引线圈得电后，衔铁被吸合，各个动合触点闭合，动断触点分断，接触器处于得电状态。吸引线圈失电后，衔铁释放，在恢复弹簧的作用下，衔铁和所有触点都恢复常态，接触器处于失电状态。

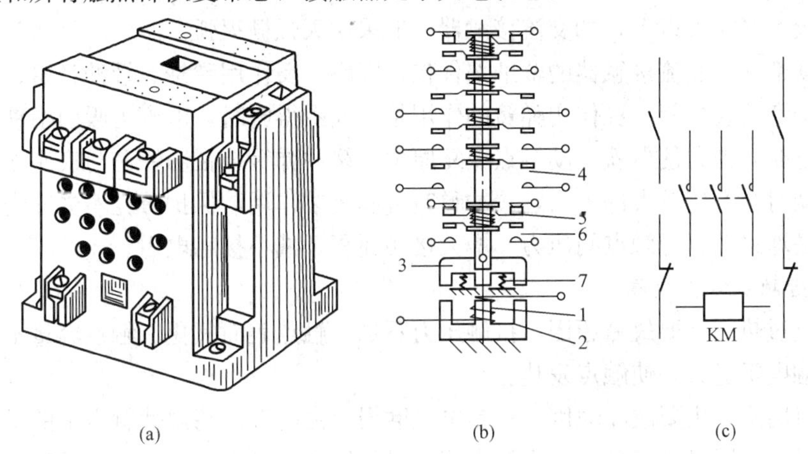

图 4-10　交流接触器

(a) 外形；(b) 结构示意图；(c) 图形符号

1—线圈；2—静铁芯；3—动铁芯；4—主触点；5—动断辅助触点；

6—动合辅助触点；7—恢复弹簧

接触器主触点的动触点装在与衔铁相连的绝缘连杆上，其静触点则固定在壳体上。接触器有三对动合的主触点，它的额定电流较大，用来控制大电流的主电路的通断；有两对动合辅助触点和两对动断辅助触点，它们的额定电流较小，用来接通或分断小电流的控制电路。

2. 交流接触器的结构

交流接触器主要由电磁系统、触点系统、灭弧装置等部分组成。

（1）电磁系统。电磁系统由线圈、动铁芯、静铁芯组成。铁芯用相互绝缘的硅钢片叠压而成，以减少交变磁场在铁芯中产生的涡流和磁滞损耗，避免铁芯过热。铁芯上装有短路环，以减小衔铁吸合后的振动和噪声。

线圈一般采用电压线圈（线径较小、匝数较多、与电源并联）。交流接触器启动时，铁芯气隙较大，线圈阻抗很小，启动电流较大。衔铁吸合后，气隙几乎不存在，磁阻变小，感抗增大，这时的线圈电流显著减小。

交流接触器线圈在其额定电压的85%～105%时，能可靠地工作。电压过高，则磁路趋于饱和，线圈电流将显著增大，线圈有被烧坏的危险；电压过低，则吸不牢衔铁，触点跳动，不但影响电路正常工作，而且线圈电流会达到额定电流的十几倍，使线圈过热而烧坏。

因此，电压过高或过低都会造成线圈发热而烧毁。

（2）触点系统。触点系统是接触器的执行元件，用以接通或分断所控制的电路，必须工作可靠、接触良好。交流接触器的触点按接触情况可分为点接触式、线接触式和面接触式三种。图4-10（c）中，三个主触点在接触器中央，触点较大，两个复合辅助触点分别位于主触点的左、右侧，上方为动断辅助触点，下方为动合辅助触点。辅助触点用于通断控制回路，起电气联锁作用。

（3）灭弧装置。交流接触器分断大电流电路时，往往会在动、静触点之间产生很强的电弧。电弧的产生，一方面损坏触点，减少触点的使用寿命；另一方面延长电路切断时间，甚至引起弧光短路，造成事故。容量较小（10A以下）的交流接触器一般采用双断口电动力灭弧，容量较大（20A以上）的交流接触器一般采用灭弧栅灭弧。

（4）辅助部件。交流接触器的辅助部件包含底座、反作用弹簧、缓冲弹簧、触点压力弹簧、传动机构和接线柱等。反作用弹簧的作用是：线圈得电时，电磁力吸引衔铁并将弹簧压缩；线圈失电时，弹力使衔铁、动触点恢复原位。缓冲弹簧装在静铁芯与底座之间，当衔铁吸合向下运动时会产生较大冲击力，缓冲弹簧可起缓冲作用，保护外壳不受冲击。触点压力弹簧的作用是增强动、静触点间压力，增大接触面积，减小接触电阻。

3. 交流接触器常见故障

（1）触点过热。主要故障原因：接触压力不足、触点表面氧化、触点容量不够等，造成触点表面接触电阻过大，使触点发热。

（2）触点磨损。主要故障原因：一是电气磨损，由电弧的高温使触点上的金属氧化和蒸发所造成；另一原因是机械磨损，由触点闭合时的撞击、触点表面相对滑动摩擦所造成。

（3）线圈失电后触点不能复位。主要故障原因：触点被电弧熔焊在一起，铁芯剩磁太大，复位弹簧弹力不足，活动部分被卡住等。

（4）铁芯噪声大。交流接触器运行中发出轻微的嗡嗡声是正常的，但声音过大就异常。主要故障原因：短路环损坏或脱落；衔铁歪斜或衔铁与铁芯接触不良；其他机械方面的原因，如复位弹簧弹力太大，衔铁不能完全吸合等也会产生较强的噪声。

（5）线圈过热或烧毁。这是由流过线圈的电流过大而造成的，主要故障原因是线圈匝间短路、衔铁闭合后有间隙、操作频繁、外加电压过高或过低等。

二、直流接触器

直流接触器主要用于额定电压至440V、额定电流至600 A的直流电力线路中，作为远距离接通和分断线路，以控制直流电动机的启动、停止和反向，多用在冶金、起重和运输等设备中。

直流接触器和交流接触器一样，也是由电磁系统、触点系统和灭弧装置等部分组成的。图 4-11 所示为直流接触器的结构原理图。

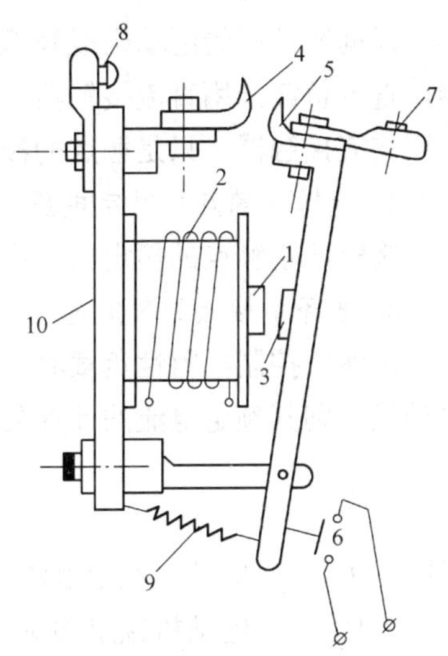

图 4-11　直流接触器的结构原理图

1—铁芯；2—线圈；3—衔铁；4—静触点；5—动触点；6—辅助触点；7、8—接线柱；9—弹簧；10—底板

1. 电磁系统

直流接触器的电磁系统由线圈、铁芯和衔铁组成。由于线圈中通的是直流电，铁芯中无磁滞和涡流损耗，因而铁芯不发热，所以铁芯可用整块铸铁或铸钢制成，且无需安装短路环。线圈的匝数较多，电阻大，线圈本身发热，因此线圈做成长而薄的圆筒状，且不设线圈骨架，使线圈与铁芯直接接触，以便散热。

2. 触点系统

直流接触器的触点也分主触点和辅助触点。主触点一般做成单极或双极，因主触点接通或断开的电流较大，故采用滚动接触的指形触点，以延长触点的使用寿命。辅助触点的通断电流较小，常采用点接触的双断点桥式触点。

3. 灭弧装置

直流接触器的主触点在分断较大电流时，会产生强大的电弧。在同样的电气参数下，熄灭直流电弧比熄灭交流电弧要困难，因此，直流接触器的灭弧一般采用瓷吹式灭弧装置。

常用直流接触器为 CZ18 系列，其主要技术数据如表 4-1 所示。

表 4-1　CZ18 系列直流接触器的主要技术数据

<table>
<tr><td colspan="2">额定工作电压 U_N(V)</td><td colspan="6">440</td></tr>
<tr><td colspan="2">额定工作电流 I_N(A)</td><td>40</td><td>80</td><td colspan="2">160</td><td>315</td><td>630</td></tr>
<tr><td rowspan="2">主触点接通和分断能力</td><td>接　通</td><td colspan="6">$4I_N$，1，$1U_N$，25 次</td></tr>
<tr><td>分　断</td><td colspan="6">$4I_N$，1，$1U_N$，25 次</td></tr>
<tr><td colspan="2">额定操作频率(次/h)</td><td colspan="3">1200</td><td colspan="3">600</td></tr>
<tr><td colspan="2">电寿命(DC-3)(万次)</td><td colspan="3">50</td><td colspan="3">30</td></tr>
<tr><td colspan="2">机械寿命</td><td colspan="3">500</td><td colspan="3">300</td></tr>
<tr><td rowspan="3">辅助触点</td><td>组合情况</td><td colspan="3">两动合</td><td colspan="3">两动断</td></tr>
<tr><td>额定发热电流 I(A)</td><td colspan="3">6</td><td colspan="3">10</td></tr>
<tr><td>电寿命(万次)</td><td colspan="3">50</td><td colspan="3">30</td></tr>
<tr><td colspan="2">吸合电压</td><td colspan="6">85%～110%U_N</td></tr>
<tr><td colspan="2">释放电压</td><td colspan="6">10%～75%U_N</td></tr>
</table>

三、接触器的选择

1. 选择类型

根据所控制的电动机或负载电流种类选择接触器的类型。通常交流负载选用交流接触器，直流负载选用直流接触器。若控制系统中主要是交流对象，而直流对象容量较小，也可全用交流接触器，只是触点的额定电流要选大些。

2. 选择主触点的额定电压

接触器主触点的额定电压应大于或等于控制线路的额定电压。

3. 选择主触点的额定电流

接触器控制电阻性负载时，主触点的额定电流应大于或等于负载的额定电流。若负载为电动机，则其额定电流的计算公式如下

$$I_N = \frac{P_N \times 10^3}{\sqrt{3} U_N \eta \cos\varphi} \tag{4-3}$$

式中　I_N——电动机额定电流，A；

P_N——电动机额定功率，kW；

U_N——电动机额定电压，V；

$\cos\varphi$——电动机功率因数，其值一般在 0.85～0.9 之间；

η——电动机的效率，其值一般在 0.8～0.9 之间。

在选用接触器时，其额定电流应大于计算值。若接触器使用在频繁启动、制动和频繁正、反转的场合，则主触点的电流可降低一个等级。

4. 选择线圈电压

当控制线路简单时，为节省变压器，也可选用 380V 或 220V 的电压。当控制线路复杂，使用的电器比较多时，从人身和设备安全考虑，线圈的额定电压可选得低一些，可用 36V 或 110V 电压的线圈。直流接触器线圈的额定电压应视控制线路而定，可使选用的线圈额定电压与直流控制电路电压一致。

第四节　继　电　器

继电器是根据外界输入的信号（电的或非电的）来控制电路中电流的“通”与“断”的自动切换电器。它主要用来反映各种控制信号，以改变电路的工作状态，实现既定的控制程序，达到预定的控制目的，同时提供一定的保护。它一般不直接控制电流较大的主电路，而通过接触器实现主电路控制。继电器具有结构简单、体积小、反应灵敏、工作可靠等特点，因而应用广泛。

继电器主要由感测机构、中间机构、执行机构等部分组成。感测机构把感测到的参量传递给中间机构，并和整定值相比较，当满足预定要求时，执行机构便动作，从而接通或断开电路。

继电器种类很多：按用途分有控制继电器和保护继电器；按反映信号分有电压继电器、电流继电器、时间继电器、热继电器与温度继电器、速度继电器和压力继电器等；按动作原理分有电磁式、感应式、电动式和电子式等；按输出方式分有有触点式和无触点式。

一、电流继电器

根据线圈中电流大小而动作的继电器称为电流继电器。使用时电流继电器的线圈与被测电路串联，用来反映电路电流的变化。为了使接入继电器线圈后不影响电路的正常工作，其线圈匝数少、导线粗、阻抗小。

电流继电器可分为过电流继电器和欠电流继电器。继电器中的电流高于整定值而动作的继电器称为过电流继电器，常用于电动机的过载及短路保护；电流低于整定值而动作的继电器称为欠电流继电器，常用于直流电动机磁场控制及失磁保护。

JT4 系列过电流继电器的外形、结构和图形符号如图 4-12 所示，它由线圈、静铁芯、衔铁、触点系统和反作用弹簧等组成。

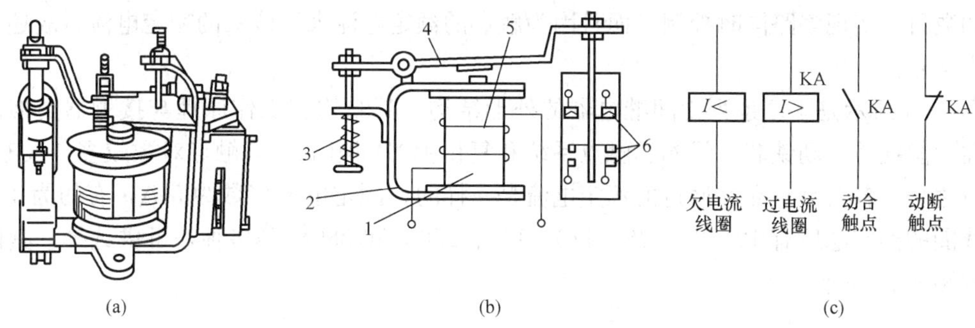

图 4-12　JT4 系列过电流继电器

(a) 外形；(b) 结构；(c) 图形符号

1—铁芯；2—磁轭；3—反作用弹簧；4—衔铁；5—线圈；6—触点

当通过线圈的电流为额定值时，它所产生的电磁引力不能克服反作用弹簧的作用力，继电器不动作，动断触点闭合，维持电路正常工作。过电流继电器一旦流过线圈的电流超过整定值，线圈电磁力将大于弹簧反作用力，静铁芯吸引衔铁，使动断触点断开，动合触点闭合，切断控制回路，保护了电路和负载。调整反作用弹簧的作用力，可以整定继电器的动作电流。

欠电流继电器的结构和工作原理与 JT4 系列继电器相似，常用的欠电流继电器有 JL14-Q系列。电路正常工作时，衔铁是吸合的。其动作电流为线圈额定电流的 30%～65%，释放电流为线圈额定电流的 10%～20%。当通过线圈的电流降低到额定电流的 10%～20%时，继电器释放，输出信号去控制接触器失电，使控制设备同电源断开，起到保护作用。

二、电压继电器

根据线圈两端电压大小而动作的继电器称为电压继电器。电压继电器可分为过电压继电器和欠电压（零压）继电器。过电压继电器通常在电压为 1.1 倍额定电压以上时动作，以对电路进行过电压保护；欠电压（或零压）继电器在电压低于规定值时动作，对电路进行欠电压（或零压）保护。电压继电器在电路中的图形符号如图 4-13 所示。常用的过电压继电器为 JT4-A 系列，其动作电压在 105%～

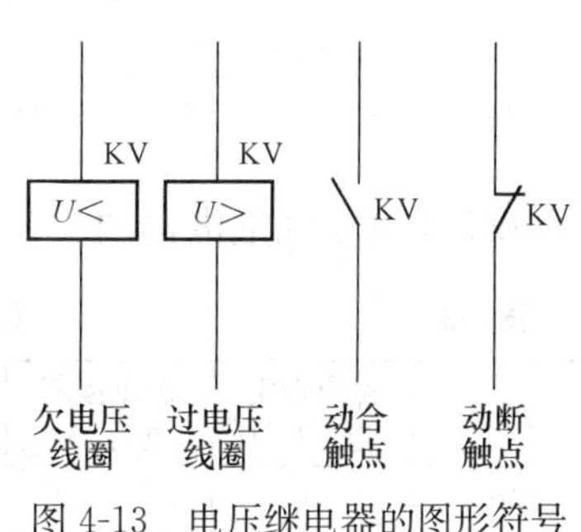

图 4-13　电压继电器的图形符号

120%额定电压范围可调。常用的欠电压继电器和零电压继电器有JT4-P系列，欠电压继电器的动作电压在40%～70%额定电压范围内可调，零电压继电器的动作电压在5%～25%额定电压范围内可调。

电压继电器与电流继电器在结构上的区别主要是线圈不同。电流继电器的线圈与负载串联，以反映负载电流，故它的线圈匝数少而导线粗；电压继电器的线圈与负载并联，以反映负载电压，其线圈匝数多而导线细。

三、中间继电器

中间继电器本质上是电压继电器，它是用来远距离传输或转换控制信号的中间元件。其输入是线圈的通电或断电信号，输出是多对触点的通断动作。因此，它不但可用于增加控制信号的数目，实现多路同时控制，而且因为触点的额定电流大于线圈的额定电流，故还可用来放大信号。

图4-14所示是JZ7系列中间继电器的外形结构，其结构和工作原理与接触器类似。该继电器由静铁芯、动铁芯、线圈、触点系统和复位弹簧等组成。其触点对数较多，没有主、辅触点之分，各对触点允许通过的额定电流是一样的，额定电流多数为5 A，有的为10 A。吸引线圈的额定电压有12、24、36、110、127、220V和380V等多种，可供选择。其图形符号如图4-15所示。

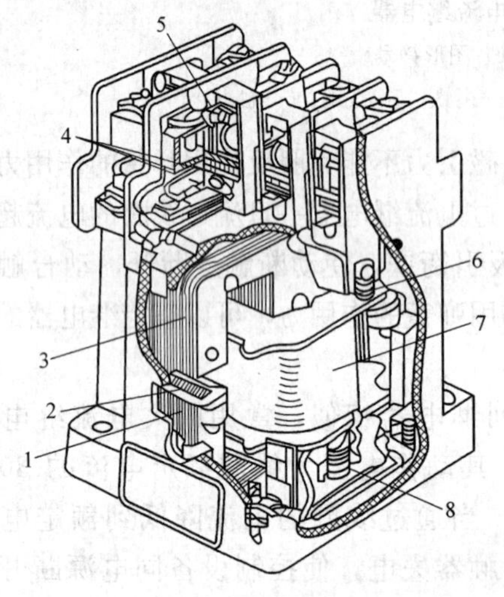

图4-14　JZ7系列中间继电器外形结构

1—静铁芯；2—短路环；3—衔铁；4—动合触点；5—动断触点；6—反作用弹簧；7—线圈；8—缓冲弹簧

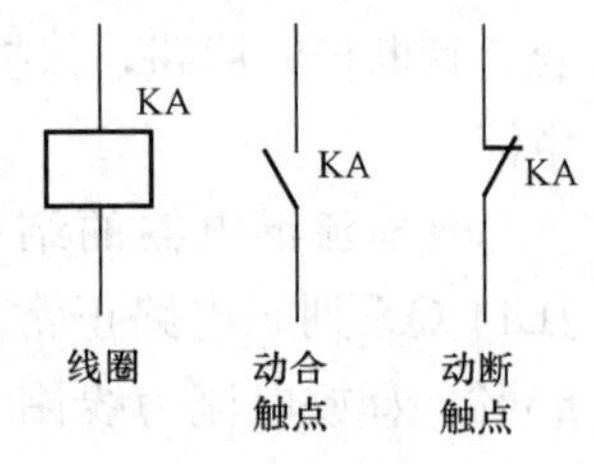

图4-15　中间继电器的图形符号

JZ7系列中间继电器的主要技术数据如表4-2所示。

表4-2　JZ7系列中间继电器的主要技术数据

型号	触点额定电压(V)	触点额定电流(A)	动合触点数	动断触点数	操作频率(次/h)	线圈启动功率(V·A)	线圈吸持功率(V·A)
JZ7-44	500	5	4	4	1200	75	12

续表

型号	触点额定电压(V)	触点额定电流(A)	动合触点数	动断触点数	操作频率(次/h)	线圈启动功率(V·A)	线圈吸持功率(V·A)
JZ7-62	500	5	6	2	1200	75	12
JZ7-80	500	5	8	0	1200	75	12

四、热继电器

热继电器是利用电流通过发热元件所产生的热效应，使双金属片受热弯曲而推动机构动作的继电器。它主要用于电动机的过载、断相及电流不平衡的保护和其他电气设备发热状态的控制。

热继电器的种类很多：按极数分为单极、两极和三极的，其中三极的又分为带断相保护装置的和不带断相保护装置的；按复位方式分为自动复位式的和手动复位式的。它由热元件、触点、动作机构、复位按钮和整定电流装置等五部分组成，其外形、结构原理和图形符号如图 4-16 所示。

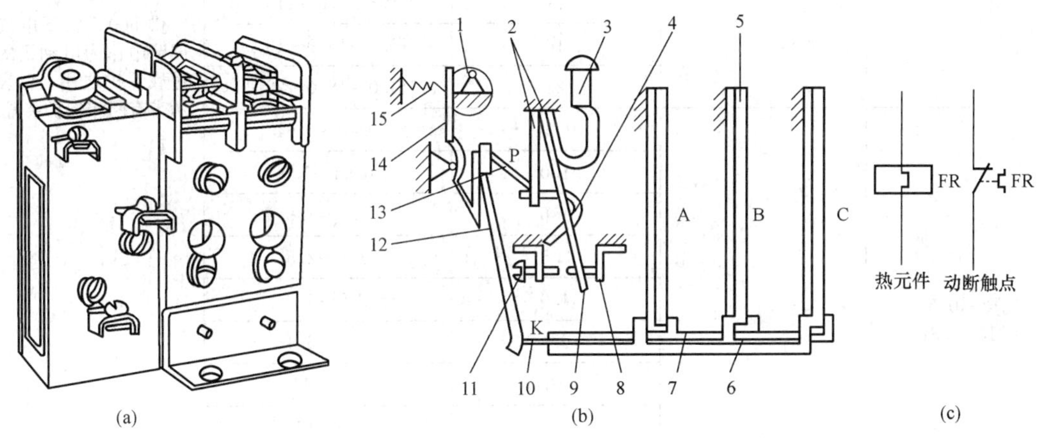

图 4-16 JR16 系列热继电器

(a) 外形；(b) 结构原理；(c) 图形符号

1—电流调节凸轮；2—片簧；3—手动复位按钮；4—弓簧片；5—主双金属片；6—外导板；7—内导板；8—静触点；9—动触点；10—杠杆；11—复位调节螺钉；12—补偿双金属片；13—推杆；14—连杆；15—压簧

图 4-16（b）中电流调节凸轮用于调节整定电流，温度补偿装置保证动作特性在较大环境温度范围内基本不变，弓簧片式顺跳结构使触点动作迅速可靠。

使用时，将热继电器的三相热元件分别串接在电动机的三相主电路中，当电动机负载正常时，三个热元件的电流为额定值，主双金属片发热正常，内外导板同时推动左移，但未超过临界位置，触点不动作，动断静触点仍闭合。当发生三相均衡过载时，三相主双金属片受热向左弯曲较大，推动外导板并带动内导板向左继续移动，通过补偿双金属片和推杆，使动触点与动断静触点分开，以切断控制电路，达到保护电动机的目的。当发生一相断路时，该双金属片逐渐冷却而向右移，并带动内导板右移，外导板仍在未断相的双金属片的推动下向左移，由于外、内导板一左一右移动，产生了差动作用，因此使热继电器迅速脱扣动作，切断控制电路，保护电动机。

JR16 系列热继电器的主要技术数据如表 4-3 所示。

表 4-3　　　　JR16 系列热继电器的主要技术数据

型　号	额定电流（A）	热元件额定电流（A）	额定电流调节范围（A）	主 要 用 途
JR0-20/3 JR0-20/3D JR16-20/3 JR16-20/3D	20	0.35	0.25～0.3～0.35	供 500V 以下电气回路中作为电动机的过载保护之用，D 表示带有断相保护装置
		0.5	0.32～0.4～0.5	
		0.72	0.45～0.6～0.72	
		1.1	0.68～0.9～1.1	
		1.6	1.0～1.3～1.6	
		2.4	1.5～2.0～2.4	
		3.5	2.2～2.8～3.5	
		5.0	3.2～4.0～5.0	
		7.2	4.5～6.0～7.2	
		11	6.8～9.0～11.0	
		16	10.0～13.0～16.0	
		22	14.0～18.0～22.0	
JR0-40/3 JR16-40/3D	40	0.64	0.40～0.64	
		1.0	0.64～1.0	
		1.6	1.0～1.6	
		2.5	1.6～2.5	
		4.0	2.5～4.0	
		6.4	4.0～6.4	
		10	6.4～10	
		16	10～16	
		25	16～25	
		40	25～40	

表中额定电流是指热继电器长期不动作的最大电流，其值等于电动机的额定电流。因热元件的额定电流是分成不同的等级制作的，故不一定正好等于电动机的额定电流，可通过电流调节偏心轮在一定范围内调节。

选用热继电器主要依据所保护电动机的额定电流来确定热继电器的型号和热元件的电流等级。星形连接的电动机可选两相或三相结构式的普通热继电器，而三角形连接的电动机需要采用带断相保护装置的热继电器才能获得可靠保护。

热继电器不起短路保护作用，当电路发生短路时，要求立即断开电路，但热继电器由于热惯性不能立即动作。该热惯性也有好处，在电动机启动或短时过载时，热继电器不会动作，可避免电动机不必要的停车。

五、时间继电器

在继电器的吸引线圈通电或断电以后，继电器触点经过一定延时才能使执行部分动作的继电器，称为时间继电器。它广泛应用在需要按时间顺序进行控制的电路中。根据动作原理，时间继电器可分为空气阻尼式、电磁式、电动式及电子式等。

1. 空气阻尼式时间继电器

空气阻尼式时间继电器是利用空气阻尼的原理制成的，它由电磁系统、延时机构和触点系统三部分组成。根据触点延时的特点，空气阻尼式时间继电器有通电延时型和断电延时型两种。图 4-17 所示为 JS7 系列时间继电器的外形和结构。

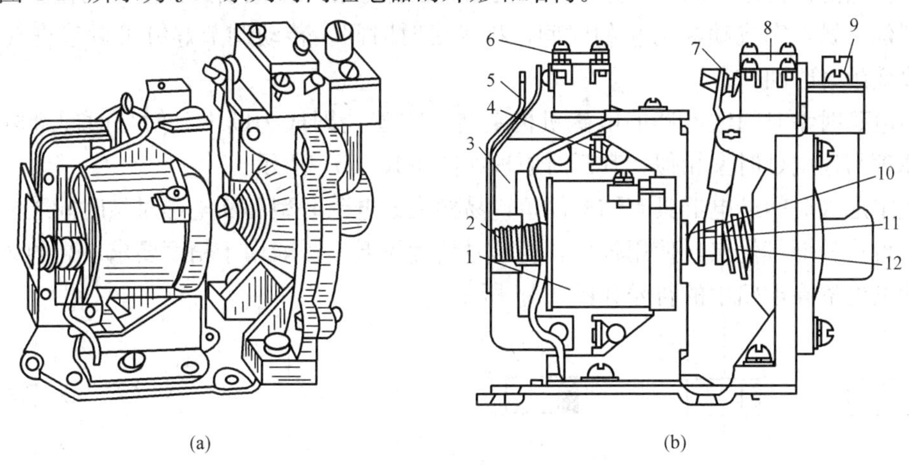

图 4-17　JS7 系列时间继电器

(a) 外形；(b) 结构

1—线圈；2—反作用力弹簧；3—衔铁；4—铁芯；5—弹簧片；6—瞬时触点；7—杠杆；8—延时触点；9—调节螺钉；10—推杆；11—活塞杆；12—宝塔形弹簧

图 4-18 (a) 所示为通电延时型空气阻尼式时间继电器的延时原理图。继电器断电时，衔铁处于释放状态，衔铁顶动活塞杆并压缩波纹状气室，压缩阀门弹簧打开阀门，排出气室

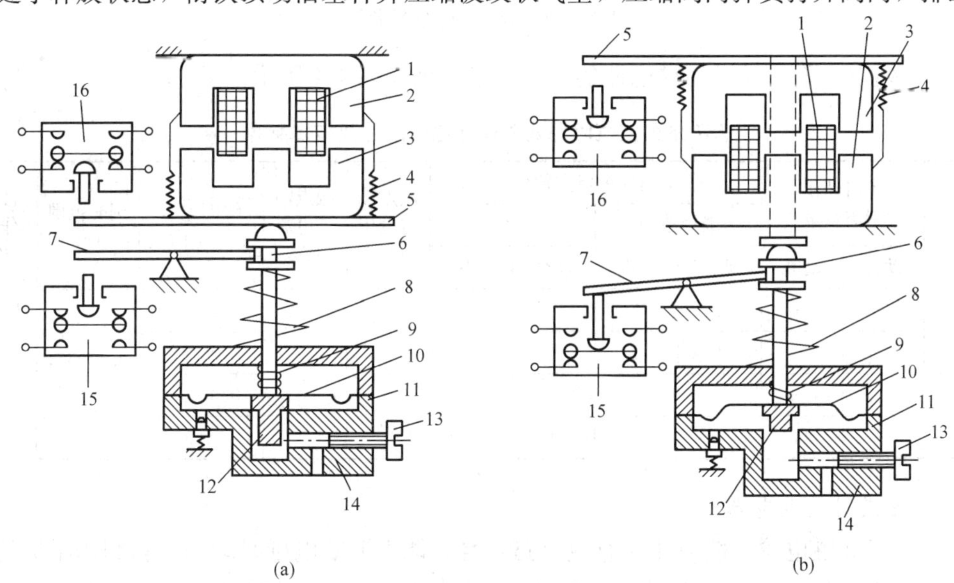

图 4-18　空气阻尼式时间继电器的延时原理

(a) 通电延时型；(b) 断电延时型

1—线圈；2—铁芯；3—衔铁；4—反作用力弹簧；5—推板；6—活塞杆；7—杠杆；8—塔形弹簧；9—弹簧；10 —橡皮膜；11—气室；12—活塞；13—调节螺钉；14—进气孔；15、16—微动开关

内的空气；线圈通电后，衔铁被吸，推板使微动开关立即动作，同时活塞杆在塔形弹簧的作用下，带动与活塞相连的橡皮膜向上运动，运动的速度受进气孔进气速度的限制。由于橡皮膜下方气室的空气稀薄，与橡皮膜上方的空气形成压力差，因此活塞杆不能迅速上升。活塞杆带动杠杆只能慢慢地移动，经过一段时间后，杠杆才能压动微动开关使其动作。从线圈通电起，到延时触点完成动断为止的时间，称为延时时间。转动调节螺钉可调节进气孔的大小，以改变延时时间。

将通电延时型时间继电器的电磁机构翻转 180°安装即成为断电延时型时间继电器，它的工作原理与通电延时型相似，其延时原理如图 4-18（b）所示。

空气阻尼式时间继电器具有结构简单，易构成通电延时型和断电延时型时间继电器，调整简便，价格较低等优点，使用较广，但延时精度较低，一般用于精度要求不高的场合。

时间继电器在电路中的符号如图 4-19 所示。

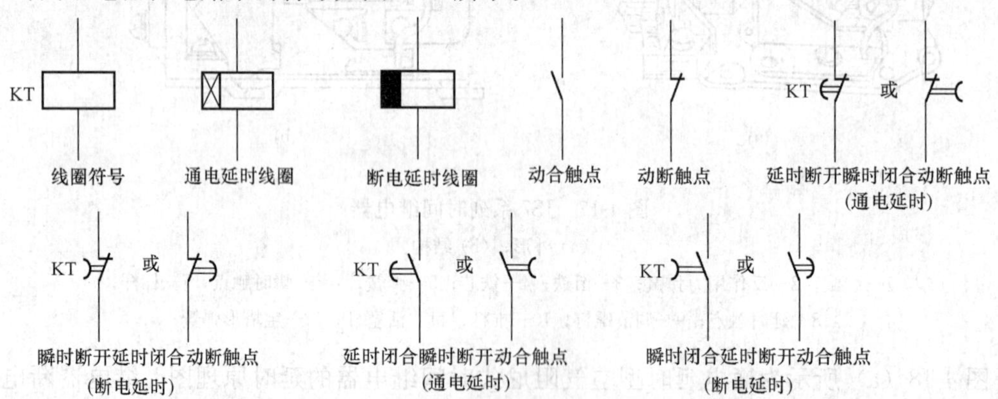

图 4-19　时间继电器的图形符号

JS7 系列空气阻尼式时间继电器的主要技术数据如表 4-4 所示。

表 4-4　　JS7 系列空气阻尼式时间继电器的主要技术数据

型号	瞬时动作触点数量		有延时的触点数量				触点额定电压（V）	触点额定电流（A）	线圈电压（V）	延时范围（s）	额定操作频率（次/h）
			通电延时		断电延时						
	动合	动断	动合	动断	动合	动断					
JS7-1A	—	—	1	1	—	—	380	5	24，36	0.4～60，0.4～180	600
JS7-2A	1	1	1	1	—	—			110，127		
JS7-3A	—	—	—	—	1	1			220，380		
JS7-4A	—	11	—	—	1	1			420		

2. 电磁式时间继电器

电磁式时间继电器一般只用于直流电路，且只能直流断电延时动作。它利用阻尼的方法来延缓磁通变化的速度，以达到延时的目的，其结构如图 4-20 所示。它是在直流电流式继电器的铁芯上附加一个短路线圈（也称阻尼筒）而制成的。线圈从电源上断开后，主磁通就逐渐减小，由于磁通变化，因此在短路线圈中感应出电流。由楞次定律可知，感应电流所产生的磁通是阻止主磁通变化的，因而磁通的衰减速度放慢，延长了衔铁的释放时间。

电磁式时间继电器的断电延时时间可达0.2～10s。其延长时间的调整方法有：一是利用非磁性垫片改变衔铁与铁芯间的气隙来粗调；二是调节反作用弹簧的松紧，弹簧越紧则延时越短，反之越长，调节弹簧可使延长时间得到平滑的调节，故用于细调。

电磁式时间继电器的延时整定精度不是很高，但继电器本身适应能力较强。

3. 电子式时间继电器

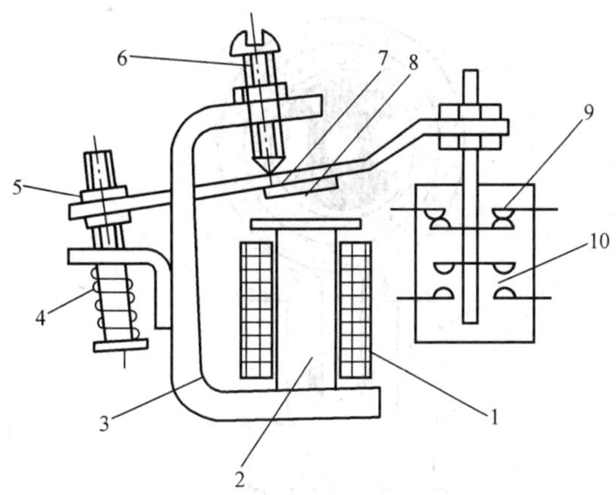

图 4-20 电磁式时间继电器的结构原理

1—线圈；2—铁芯；3—铁轭；4—弹簧；5—调节螺母；6—调节螺钉；7—衔铁；8—非磁性垫片；9—动断触点；10—动合触点

电子式时间继电器按其结构可分为阻容式时间继电器和数字式时间继电器，按延时方式分为通电延时型和断电延时型。阻容式时间继电器利用RC电路充放电原理构成延时电路，图 4-21 所示为用单结晶体管构成RC充放电式时间继电器的原理。电源接通后，经二极管 VD1 整流、C_1 滤波及稳压管稳压后的直流电压经 R_{P1} 和 R_2 向 C_3 充电，电容器 C_3 两端电压按指数规律上升。此电压大于单结晶体管 V 的峰点电压时，V 导通，输出脉冲使晶闸管 VT 导通，继电器线圈得电，触点动作，接通或分断外电路。它主要适用于中等延时时间（0.05s～1h）的场合。数字式时间继电器采用计算机延时电路，由脉冲频率决定延时长短。它不但延时长，而且精度更高，延时过程可数字显示，延时方法灵活，但电路复杂、价格较贵、主要用于长时间延时场合。

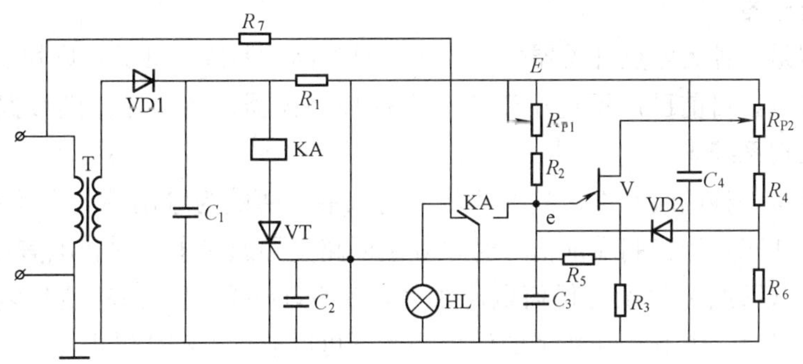

图 4-21 单结晶体管时间继电器电路原理

电子式时间继电器具有体积小、精度较高、延时范围较广、调节方便、消耗功率小、寿命长等优点。

六、速度继电器

速度继电器是一种反映转速和转向的继电器，其作用是当转速达到规定值后继电器动作，常应用于电动机的反接制动控制线路，故又称为反接制动继电器。速度继电器由转子、定子及触点部分组成。图 4-22 所示为速度继电器的结构原理与图形符号。

它是依据电磁感应原理制成的，它的转子用永久磁铁制成，其轴与电动机的轴相连，用于接受转速信号。当连接的轴由电动机带动旋转时，转子磁通（永久磁铁）就会切割圆环内的笼形导体，于是产生感应电流。此电流在圆环内产生磁场，该磁场与转子磁场相互作用产

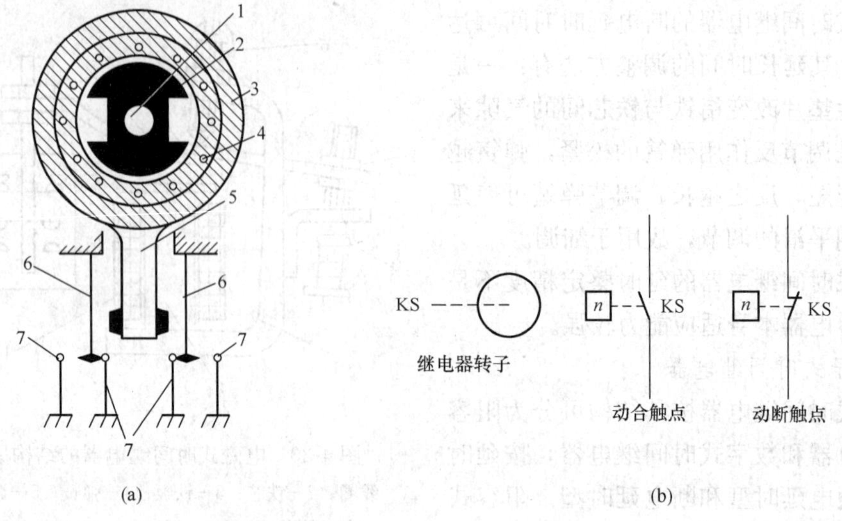

图 4-22　速度继电器

(a) 结构原理；(b) 图形符号

1—转轴；2—转子；3—定子；4—绕组；5—胶木摆杆；6—动触点；7—静触点

生电磁转矩。在这个转矩的带动下，圆环带动摆杆克服弹簧力随转子旋转一定的角度，并拨动触点改变其通断状态。调节弹簧松紧程度可调节速度继电器的触点在电动机不同转速时的切换。一般速度继电器的触点在120r/min左右动作，在100r/min以下时其触点可恢复正常位置。

除上述继电器外，还有压力继电器、温度继电器、光电继电器等。

七、固态继电器

固态继电器是一种无触点开关器件，由于其具有结构紧凑、开关速度快、能与微电子逻辑电路兼容等特点，目前已广泛应用于各种自动控制仪器设备、计算机数据采集和处理系统、交通信号管理系统等。

固态继电器是一种四端元件，其中两端为输入端、两端为输出端。当控制端无信号时，其主回路呈阻断状态；当控制端加信号时，其主回路呈导通状态。它利用信号光电耦合方式使控制回路与负载回路之间没有任何电磁关系，实现了电隔离，而功能与电磁式继电器相同，因此在某些场合，尤其是在恶劣的使用环境下可以取代电磁式继电器。

固态继电器的分类：按切换负载性质可分为直流固态继电器和交流固态继电器；按输入与输出之间的隔离方式可分为光电隔离固态继电器和磁隔离固态继电器；按控制触发信号可分为过零型、非过零型、有源触发型和无源触发型。

光电耦合式固态继电器SSR的工作原理，如图4-23所示。当无信号输入时，光电耦合器中的光敏三极管VT3截止，VT4导通，VT1控制极被钳在低电位而关断；当有信号输入时，光敏三极管VT3导通，VT4截止。当电源电压大于过零电压，A点电压大于VD5的U_{be}，VD5导通，VT1由于控制极处于低电压，而输出端因VT2控制极无触发信号而关断，当电源电压小于过零电压，A点电压小于VD5的U_{be}，VD5截止，VT1控制极通过R_5和R_6分压获得触发信号，VT1导通，这样VT2控制极获得从R_8、VD6、VT1、VD9、R_9和R_9、VD8、VT1，VD7，R_8正反两个方向的触发脉冲，使VT2导通，即输出端B和C两点导通，接通负载电路。当输入信号取消后，VT4 导通，VT1 关断，VT2 仍保持导通状态，直到负载电流随电源电压下降到双向晶闸管维持电流以下而关断，从而切断负载电路。

与传统的继电器相比，SSR 虽然具有许多优点，但仍然存在许多不足之处，如漏电流大、接触电压大、触点单一、使用温度范围窄、过载能力差等。

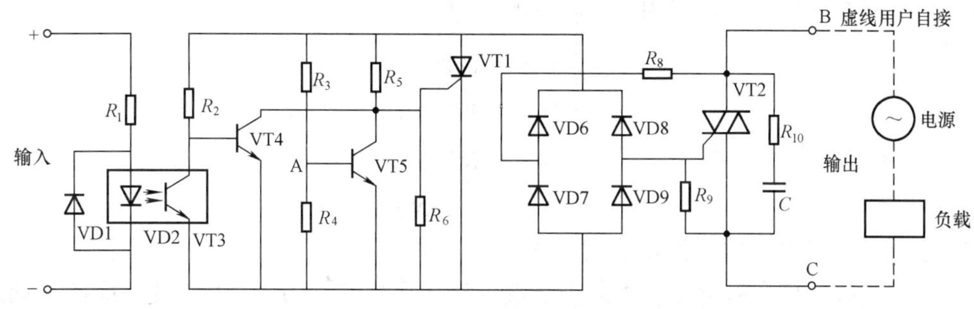

图 4-23　固态继电器工作原理

第五节　低 压 开 关

低压开关主要包括刀开关、组合开关、低压断路器等，属于控制电器。它们在控制电路中执行发布命令、改变系统工作状态等任务。

一、刀开关

刀开关的种类很多，是结构最简单且应用最广泛的一种低压电器。它由操作手柄、触刀静插座和绝缘地板组成。为保证刀开关合闸时触刀与插座有良好的接触，触刀与插座之间应有一定的接触应力。

刀开关按极数可分为单极、双极和三极；按刀的转换方向可分为单掷和双掷；按灭弧情况可分为有灭弧罩和无灭弧罩等。常用的刀开关有胶盖刀开关和铁壳开关。

1. 胶盖刀开关

胶盖刀开关又称开启式负荷开关，由瓷底座、静触点、触刀、瓷柄、熔体和胶盖等构成。其结构简单，价格低廉，常用作照明电路的电源开关，也可用来控制 5.5kW 以下异步电动机的启动与停止。因其无专门的灭弧装置，故不宜频繁分、合电路。图 4-24（a）所示

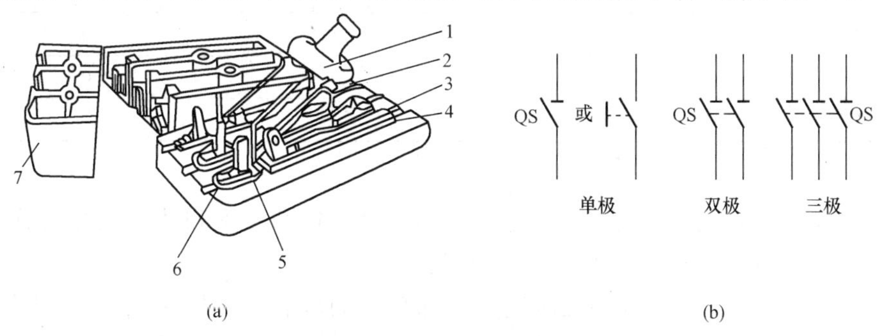

图 4-24　HK 系列负荷开关

（a）内部结构；（b）图形符号

1—瓷柄；2—触刀；3—出线座；4—瓷底座；5—静触点；6—进线；7—胶盖

为 HK 系列负荷开关的内部结构，图 4-24（b）所示为开关的图形符号。

对于照明和电热负载，可选用额定电压 220V 或 250V，额定电流大于所有负载额定电流的开关。对于电动机的控制，可选用额定电流大于电动机额定电流 3 倍的开关。

胶盖刀开关的型号（HK 2-□/□）含义如下：

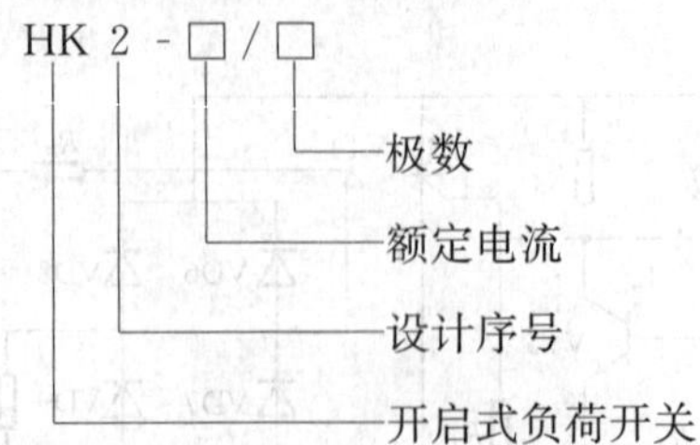

安装和使用胶盖开关时应注意下列事项：

(1) 电源进线应接在静触点一边的进线端（进线座应在上方），用电设备应接在动触点一边的出线端。这样，当开关断开时，闸刀和熔体均不带电，以保证更换熔体时的安全。

(2) 安装时，刀开关在合闸状态下手柄应该向上，不能倒装和平装，以防止闸刀松动落下时误合闸。

常用 HK 系列负荷开关的主要技术数据如表 4-5 所示。

表 4-5　　HK 系列负荷开关主要技术数据

型号	额定电流（A）	极数	额定电压（V）	可控制电动机最大容量（kW）	配用熔体线径（mm）
HK1	15	2	220	1.5	1.45～1.59
	30	2	220	3.0	2.30～2.52
	60	2	220	4.5	3.36～4.00
	15	3	380	2.2	1.45～1.59
	30	3	380	4.0	2.30～2.52
	60	3	380	5.5	3.36～4.00
HK2	10	2	250	1.1	0.25
	15	2	250	1.5	0.41
	30	2	250	3.0	0.56
	10	3	380	2.2	0.45
	15	3	380	4.0	0.71
	30	3	380	5.5	1.12

2. 铁壳开关

铁壳开关又称封闭式负荷开关，由触刀、熔断器、操动机构和铁外壳等构成。图 4-25 所示为 HH 系列封闭式负荷开关的外形结构图。

从图 4-25 中可以看到，三把触刀固定于一根绝缘的转轴上，由手柄操作。为保证安全，铁壳与操动机构装有机械联锁，即盖子打开时开关不能闭合和开关闭合时盖子不能打开。操动机构中，在手柄转轴与底座之间装有速动弹簧，能使开关快速接通与断开，而开关的通断速度与手柄操作速度无关，这样有利于迅速灭弧。

封闭式负荷开关型号及含义为

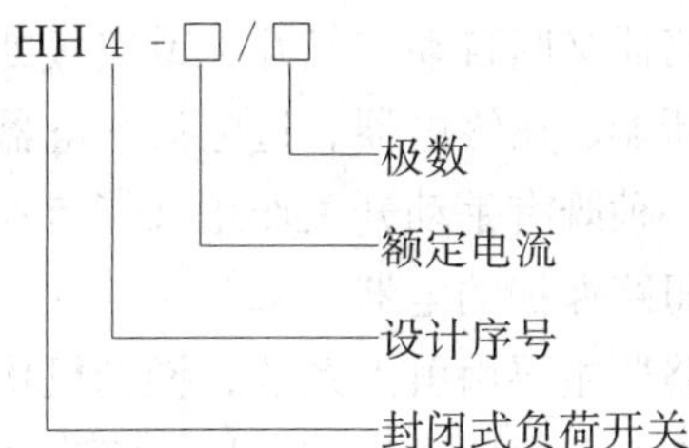

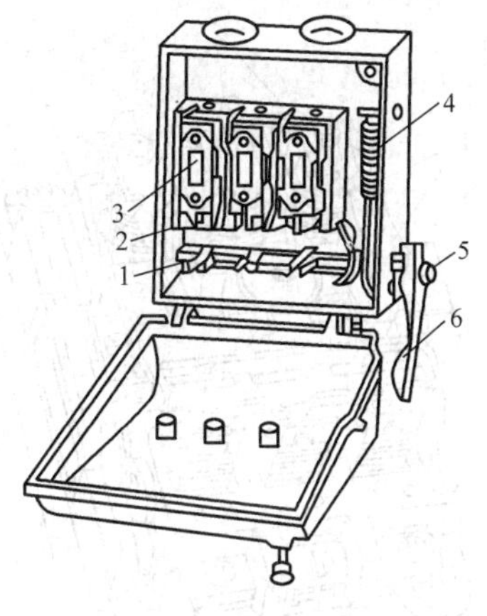

图 4-25 HH 系列封闭式负荷开关
1—动触点；2—静夹座；3—熔断器；4—速动弹簧；5—转柄；6—手柄

使用铁壳开关应注意下列事项：

(1) 对于电热和照明电路，铁壳开关可以根据额定电流选择；对于电动机，开关额定电流可选电动机额定电流的 1.5～2.5 倍。

(2) 外壳应可靠接地，以防止意外漏电，造成触电事故。

二、组合开关

组合开关又称转换开关，由分别装在多层绝缘件内的动、静触点组成。动触点装在附有手柄的绝缘转轴上，手柄沿任一方向每转动 90°，触点便轮流接通或分断。为了使开关在切断电路时能迅速灭弧，在开关转轴上装有扭簧储能机构，使开关能快速接通与断开，从而提高了开关的通断能力。图 4-26 所示为 HZ10 系列组合开关的外形和内部结构。

这种开关适用于交流 50Hz、电压 380V 以下和直流电压 220V 以下的电路中，供手动不频繁地接通和断开电源，以及控制 5kW 以下异步电动机的直接启动、停止和正反转。使用时根据电源的种类、电压等级、额定电流和触点数进行选用。

HZ 系列转换开关型号及含义如下：

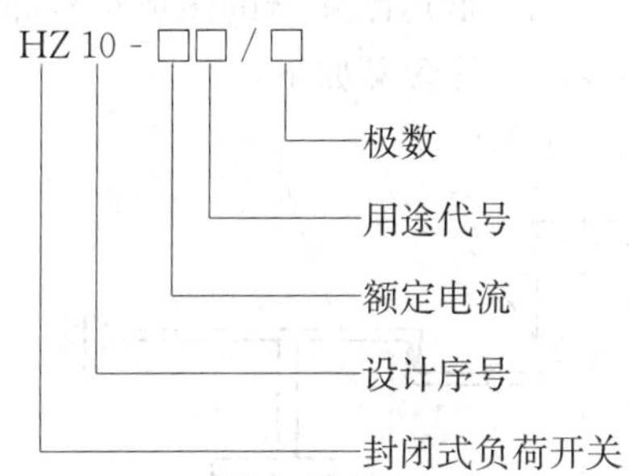

组合开关的图形符号如图 4-27 所示。

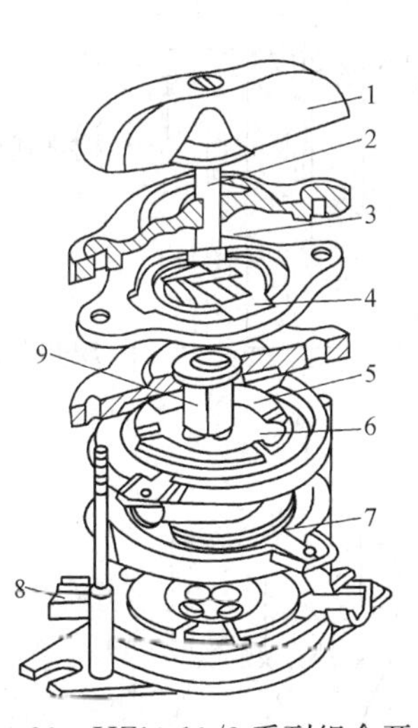

图 4-26 HZ10-10/3 系列组合开关
1—手柄；2—转轴；3—弹簧；4—凸轮；5—绝缘垫板；6—动触点；7—静触点；8—接线端子；9—绝缘杆

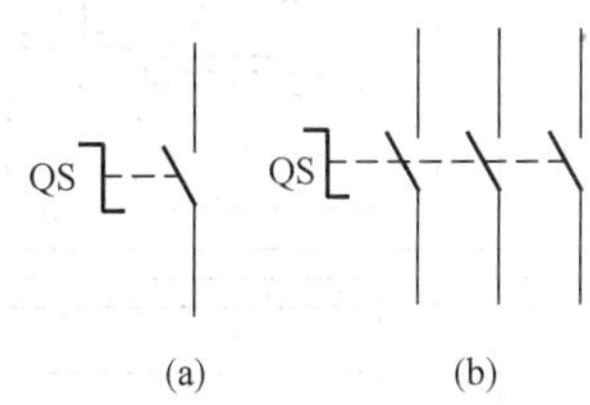

图 4-27 组合开关的图形符号
(a) 单极；(b) 三极

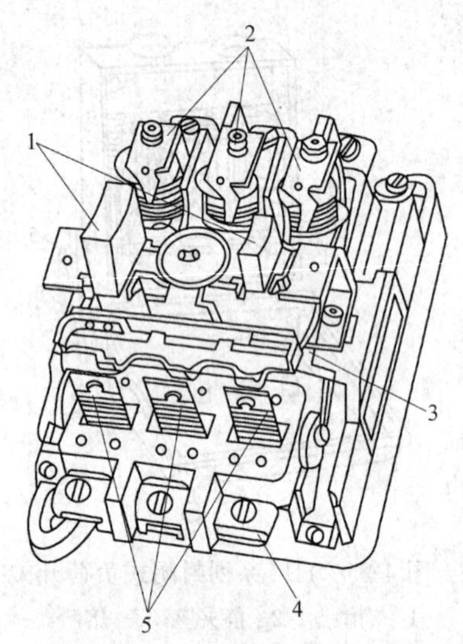

图 4-28　Z5-20 型低压断路器

1—按钮；2—电磁脱扣器；3—自由脱扣器；4—接线柱；5—热脱扣器

三、低压断路器

低压断路器又叫自动空气开关或空气断路器，相当于刀开关、熔断器、热继电器、过电流继电器和欠压继电器的组合，是一种既有手动开关作用又能自动进行欠压、失压、过载和短路保护的电器。

低压断路器主要由触点系统、操动机构和保护元件三部分组成。其主要参数是额定电压、额定电流和允许切断的极限电流。选择时低压断路器的允许切断极限电流应略大于线路最大短路电流。其内部结构如图 4-28 所示。

低压断路器的工作原理如图 4-29 所示，电磁脱扣器的线圈和热脱扣器的电阻丝与电路串联，分离脱扣器和失压脱扣器的线圈与电路并联。电路正常工作时，脱扣器线圈电流所产生的磁力不能将其衔铁吸合。当电路发生短路或较大过电流时，磁力增加将衔铁吸合，撞击杠杆，搭钩松开，触头分断。当电路电压下降较多或失去电压时，欠压脱扣器磁力减小或失去，其衔铁被弹簧拉开，撞击杠杆，顶上搭钩，触头分断。当电路发生过载时，双金属片发生弯曲，撞击杠杆，顶开搭钩，触头分断。

低压断路器具有体积小、安装方便、操作安全、工作可靠、分断能力高等特点。脱扣时将三相电源同时切断，可避免电动机断相运行。低压断路器在短路故障排除后可重复使用，不像熔断器需更换新熔体。它有塑料外壳式与万能式两种，常用的塑料外壳式有 DZ 系列，万能式有 DW 系列。低压断路器的图形符号如图 4-30 所示。

空气断路器的型号含义如下：

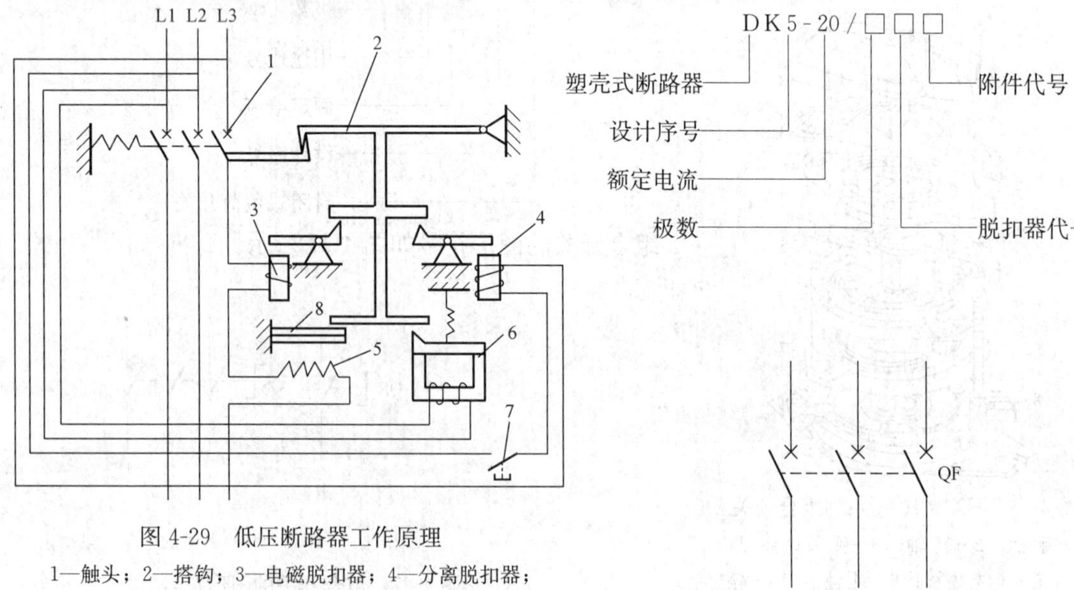

图 4-29　低压断路器工作原理

1—触头；2—搭钩；3—电磁脱扣器；4—分离脱扣器；5—电阻丝；6—失压脱扣器；7—按钮；8—热元件

图 4-30　低压断路器图形符号

第六节　主 令 电 器

主令电器主要用来接通和分断控制电路，是用于发送控制指令的开关电器。它种类繁多，应用广泛，常用的主令电器有按钮、位置开关、万能转换开关和主令控制器等。

一、按钮

按钮是一种短时接通或断开小电流电路的手动电器，常用于控制电路中，发出启动或停止等指令，以控制接触器、继电器等电器的线圈电流的接通或断开，再由它们去接通或断开主电路。

按钮由按钮帽、复位弹簧、桥式动触点、静触点和外壳等组成。图 4-31 所示为 LA19 系列按钮的外形、结构和图形符号。

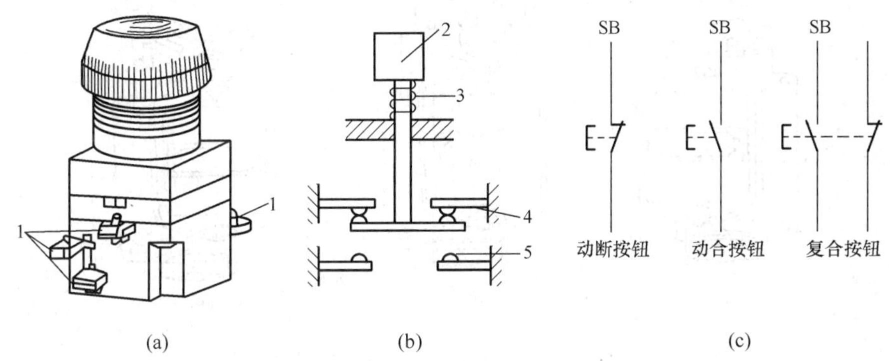

图 4-31　IA19 系列按钮

(a) 外形；(b) 结构原理；(c) 图形符号

1—接线柱；2—按钮帽；3—复位弹簧；4—动断静触点；5—动合静触点

(1) 动合按钮：按钮未按下时，触点是断开的；当按钮按下时，触点接通；按钮松开后，在复位弹簧作用下触点又返回原位断开。它常用作启动按钮。

(2) 动断按钮：按钮未按下时，触点是闭合的；当按钮按下时，触点被断开；按钮松开后，在复位弹簧作用下触点又返回原位闭合。它常用作停止按钮。

(3) 复合按钮：将动合按钮和动断按钮组合为一体。当按钮按下时，其动断触点先断开，然后动合触点闭合；按钮松开后，在复位弹簧作用下触点又返回原位。它常用在控制电路中作电气联锁。

常用的按钮型号为 LAY3、LAY6、LA10、LA18、LA19、LA20、LA25 等系列。其型号含义如下：

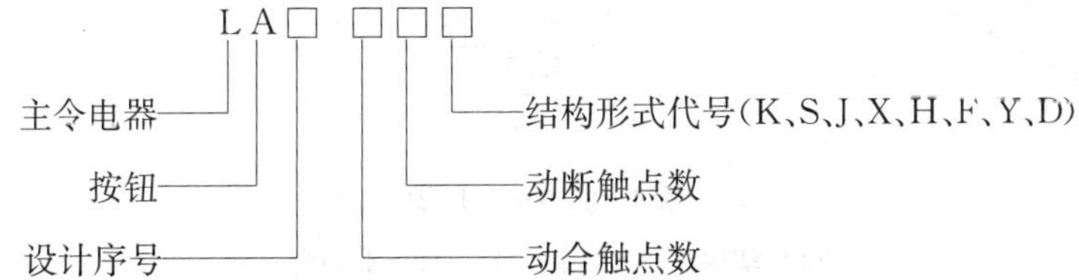

为便于识别各个按钮的作用，避免误操作，通常在按钮帽上作出不同标记或涂上不同颜

色，如蘑菇形表示急停按钮，红色表示停止按钮，绿色表示启动按钮。

二、位置开关

位置开关又称行程开关或限位开关，可将机械信号转换为电信号，以实现对机械运动的控制。它是根据运动部件的位置而切换的电器，能实现运动部件极限位置的保护。它的作用原理与按钮类似，利用生产机械运动部件的碰压使其触点动作，从而将机械信号转变为电信号。

各系列行程开关的结构基本相同，主要由触点系统、操动机构和外壳组成。行程开关按其结构可分为直动式、滚轮式和微动式三种。行程开关动作后，复位方式有自动复位和非自动复位两种。按钮式和单轮旋转式行程开关为自动复位式，如图 4-32 所示。

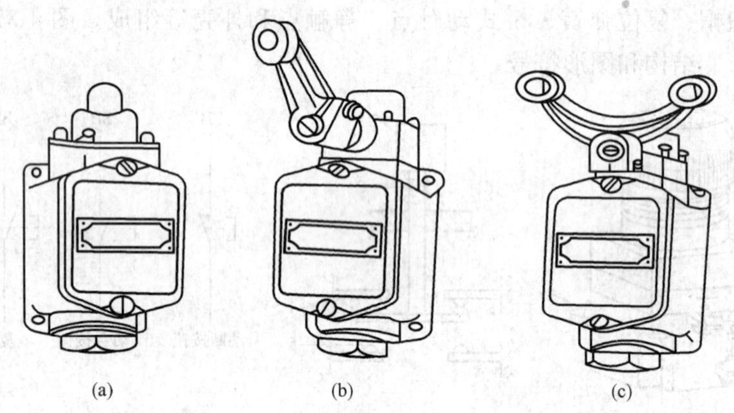

图 4-32　JLXK1 系列行程开关外形

（a）按钮式；（b）单轮旋转式；（c）双轮旋转式

行程开关的工作原理是：当运动机械的挡铁压到滚轮上时，杠杆连同转轴一起转动并推动撞块。当撞块被压到一定位置时，推动微动开关动作，使动断触点分断，动合触点闭合；当运动机械的挡铁离开后，复位弹簧使行程开关各部件恢复常态。其结构、动作原理和图形符号如图 4-33 所示。

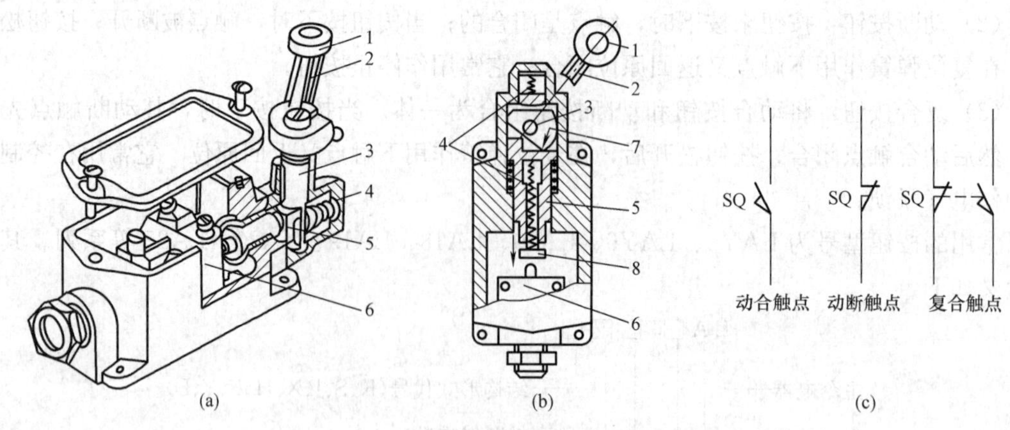

图 4-33　行程开关

（a）结构；（b）动作原理；（c）图形符号

1—滚轮；2—杠杆；3—转轴；4—复位弹簧；5—撞块；6—微动开关；7—凸轮；8—调节螺钉

行程开关的触点动作方式有蠕动型和瞬动型两种。蠕动型触点的分合速度取决于挡铁的移动速度，当挡铁移动速度低于 0.4m/min 时，触点切换太慢，易受电弧烧灼，从而减少触点的使用寿命，也影响动作的可靠性。为克服以上的缺点，可采用具有快速换接动作机构的瞬动型触点。

目前机床中常用的行程开关有 LX19 和 JLXK1 等系列，JLXK1 系列型号含义如下：

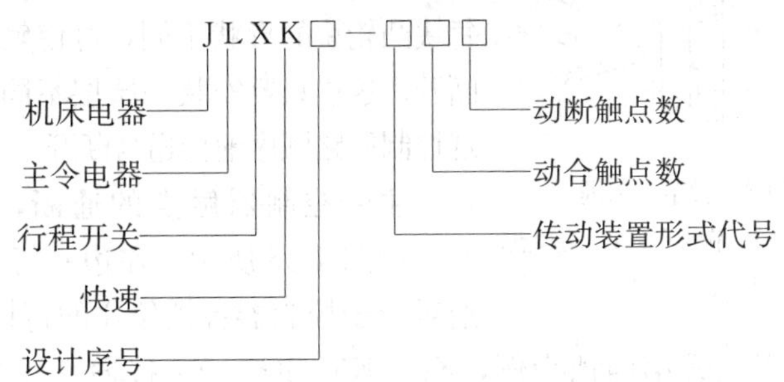

三、接近开关

接近开关是一种非接触型的行程开关，又称无触点行程开关，当某种物体与之接近到一定距离时就发出动作信号，它不像机械行程开关那样需要施加机械力，而是通过其与被测物体间介质能量的变化来获取信号。它不仅能代替有触点行程开关来完成行程控制和限位保护，还可用于高频计数、测速、液面控制、零件尺寸检测、加工程序的自动衔接等。由于它具有非接触式触发、动作速度快、可在不同的检测距离内动作、发出的信号稳定无脉动、工作稳定可靠、寿命长、重复定位精度高，以及能适应恶劣的工作环境等特点，因此在机床、纺织、印刷、塑料等工业生产中应用十分广泛。

接近开关按其工作原理分为高频振荡式、电容式、差动线圈式、永久磁铁式和霍尔效应式等类型。其中，高频振荡式接近开关最常用，其工作原理是：当有金属物体进入稳定振荡的高频振荡器磁场时，由于该金属体要产生涡流损耗，使振荡器回路等效电阻增大，能量损耗增大，以致振荡停止。这样，在振荡电路后面接两个合适的开关，即能给出相应的控制信号。

电容式接近开关的感应头是一个圆形的平板电极。这个电极与振荡电路形成一个分布电容。当有导体或介质接近感应头时，电容量增大而使振荡器停振，输出电路发出电信号。

接近开关的图形符号和文字符号如图 4-34 所示。

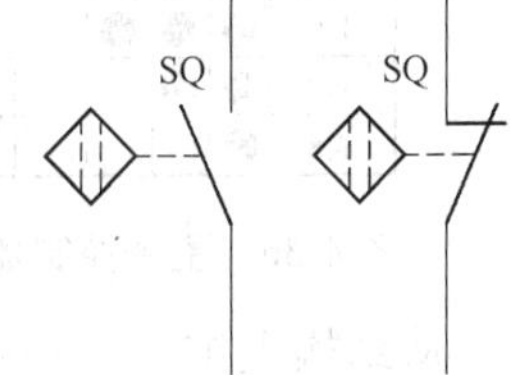

图 4-34　接近开关的图形符号和文字符号

接近开关的产品种类十分丰富，目前国产的接近开关有 3SG、LJ、CJ、SJ、AB、LXJ0 等系列。

四、主令控制器

主令控制器是一种频繁切换、复杂的多回路控制电路的主令电器，主要用于电力拖动系统中，按照预定的程序分合触点，向控制系统发出指令，通过接触器达到对电动机启动、制动、调速和反转的控制。它操作方便，触点为双断点桥式结构，适用于按顺序操作的多个控制回路。主令控制器一般由外壳、触点、凸轮、转轴等组成，与万能转换开关相比，它的触点容量大一些，操作挡位较多。

主令控制器的结构原理如图 4-35 所示，图中，固定于转轴上的是凸轮块，由接线柱连

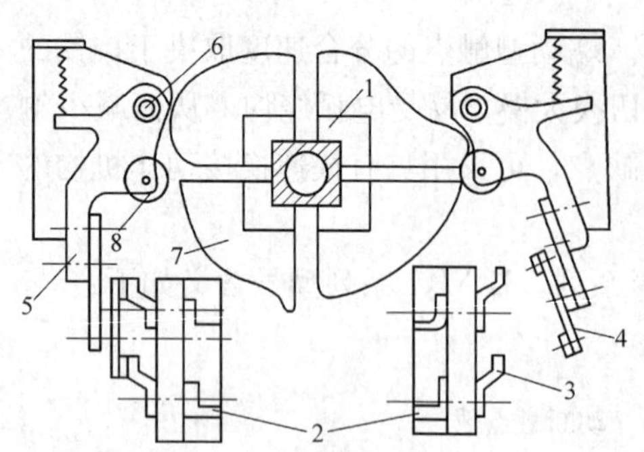

图 4-35　主令控制器的结构原理

1、7—凸轮块；2—接线柱；3—静触点；4—动触点；5—支杆；6—转轴；8—小轮

向被操作的回路，静触点由桥式动触点来闭合与断开，动触点固定于绕转轴转动的支杆上。当操作者用手柄转动凸轮块的转轴时，使凸轮块的凸出部分推压小轮带动支杆向外张开，将被操作的回路断电，在其他情况下（凸轮块离开推压轮）触点是闭合的。根据每块凸轮块的形状不同，可使触点按一定顺序闭合或断开。这样只要安装一层层不同形状的凸轮块即可实现控制回路顺序地接通与断开。

主令控制器触点的通断，一般用关合次序说明，如图 4-36 所示。左边一行表示触点的编号，右边对应于控制器各挡位置的行格中，用“·”表示触点处于接通状态。以上升第四挡为例，K2、K5、K6、K7 接通，其余都断开。又如手柄拨在上升第 1 挡时只有 K2 接通。

为了直观，在产品样本和电气原理图中，也有用图 4-37 的方法表明主令控制器触点通断的。K0 表示零位，正反各有三挡，相应各挡有“·”，表示手柄拨在该挡时，相应的触点处于闭合状态。该主令控制器共有五副触点，用 K1～K5 表示。以正转第一挡为例，只有 K2 接通，正转第三挡，K2、K4、K5 都接通。

触点	上升					零位	下降				
	5	4	3	2	1		1	2	3	4	5
K1						●					
K2	●	●	●	●	●						
K3								●	●	●	●
K4							●				
K5	●	●	●	●				●	●	●	●
K6	●	●	●						●	●	●
K7	●	●								●	●
K8	●										●

图 4-36　主令控制器关合次序表示法之一

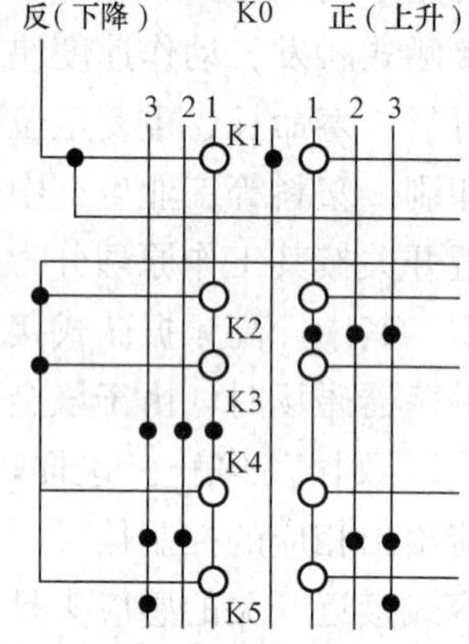

图 4-37　主令控制器关合次序表示法之二

从结构上讲，主令控制器可分为两类：凸轮可调式和凸轮固定式。可调式凸轮片上有孔和槽，凸轮片可根据给定的触点分合表进行调整；固定式凸轮不可调整，只能按触点分合表做适当的排列组合。

目前常用的主令控制器有 LK1、LK4、LK5、LK16 等系列，其中 LK4 系列属于调整式主令控制器，而 LK1、LK5、LK16 系列属于非调整式主令控制器。使用前，应操作手柄数次，以检查动作是否符合标准。不使用时，手柄应停在零位。

主令控制器的型号含义如下：

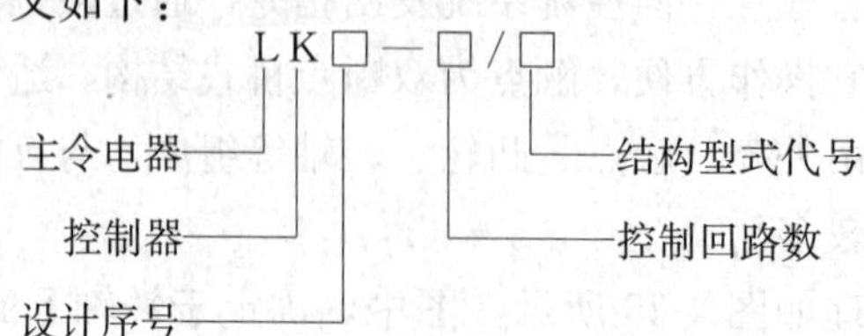

第七节　光电编码器

光电编码器是一种通过光电转换将输出轴上的机械几何位移量转换成脉冲或数字量的传感器。

一、编码器的结构和工作原理

光电编码器由光栅盘和光电检测装置组成。光栅盘是由玻璃或塑料制成的圆盘，被栅格分为透明的和不透明的区域。如果一个光源固定在圆盘的一侧，光敏元件固定在另一侧，旋转运动即可通过非接触方法检测出。如果一束光打在透明的区域，接收器接收到产生的脉冲，当光束被黑色区域隔断时，不产生脉冲。通过计算每 360°的光栅数和输出脉冲的个数，就可以检测角度、位置、速度等，如图 4-38 所示。

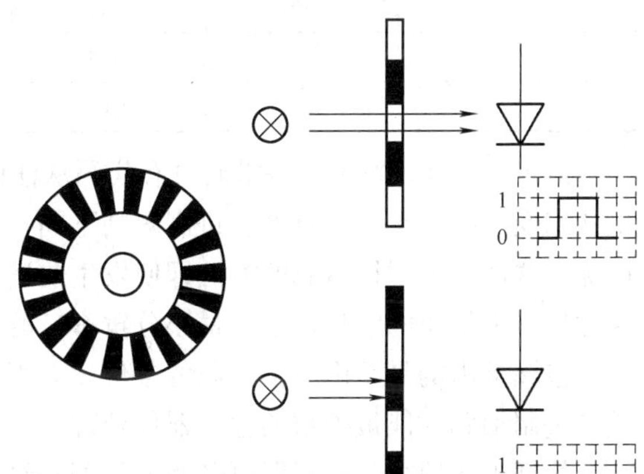

图 4-38　光电编码器

如果需要输出的是二进制数字信号，则光栅盘要用二进制码盘，如图 4-39 所示。

图 4-39 所示码盘由 4 圈组成，每圈称为一个码道。对应每一条码道有一个光电元件来接收透过编码盘的光线，若不透明区输出为“1”，则透明区则输出为“0”。

当编码盘与被测物转轴一起转动时，若采用 n 位编码盘，则能分辨的角度为 $\alpha=\dfrac{360^\circ}{2^n}$。显然，位数 n 越大，码盘所能分辨的角度就越小，测量的精度也就越高。

自然二进制码虽然简单，但存在着使用上的问题，这是由于图案转换点处位置不分明引起的粗大误差。例如，在由 7 转换到 8 的位置时，光束要通过码盘 0111 和 1000 的交界处（或称过渡区）。因为编码盘的制造工艺和光敏器件安装的误差，有可能使读数头的最内圈（高位）定位位置上的光电元件比其余的超前或落后一点，这将导致可能出现两种极端的读数值，即 1111 和 0000，从而引起读数的粗大误差，这种误差是绝对不允许的。

为了避免这种误差，可用循环码代替二进制码盘。循环码盘中采用的是循环码，循环码又称格雷码（Groy Code）。图 4-40 所示为四位循环码盘。表 4-6 给出了循环码和二进制码的比较。

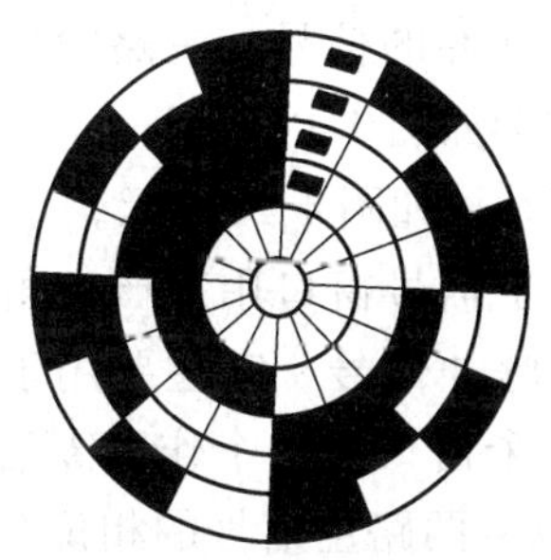
图 4-39　接触式码盘示意图

图 4-40　四位循环码盘

表 4-6 十进制、二进制码和循环码转换对照关系

十进制	二进制码	循环码	十进制	二进制码	循环码
0	0000	0000	8	1000	1100
1	0001	0001	9	1001	1101
2	0010	0011	10	1010	1111
3	0011	0010	11	1011	1110
4	0100	0110	12	1100	1010
5	0101	0111	13	1101	1011
6	0110	0101	14	1110	1001
7	0111	0100	15	1111	1000

由表 4-6 可以看出，格雷码具有代码从任何值转换到相邻值时字节各位数中仅有一位发生状态变化的特点。而自然二进制码则不同，代码经常有 2～3 位甚至 4 位数值同时变化的情况。这样，采用格雷码的方法即使发生前进的错移，由于它在进位时相邻界图案的转换仅仅发生一个最小的量化单位（最小分辨率）的改变，因而不会发生粗大误差。

应该指出的是，由于格雷码的各位没有固定的权，因此需要用相应的转换电路把它转换成二进制编码才能被外部的控制器件处理。

根据工作原理，编码器可分为增量型和绝对型。

二、增量型编码器

增量型编码器产生脉冲信号，利用脉冲数可以测量速度、长度或位置。

如果将旋转编码器的轴通过联轴节与电动机的轴连接，则可测量电动机的转速。

如果仅仅是测量电动机的转速，输出一组脉冲就可以了，即单路输出。

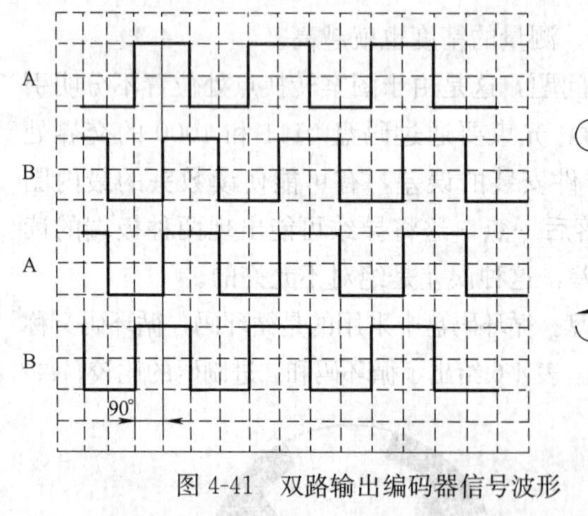

图 4-41 双路输出编码器信号波形

如果不仅要测量转速，而且还要判别旋转的方向，则需要输出两组相差 90°的脉冲，即双路输出。顺时针方向旋转（ⅠCW），A 路脉冲超前 B 路脉冲 90°；逆时针旋转（ⅡCCW），B 路脉冲超前 A 路脉冲 90°，如图 4-41 所示。

如果还需要一个参考的零位信号，则是三路输出，第三路是每圈只有一个脉冲的信号，三路输出编码器信号波形如图 4-42 所示。

为了实现上述目的，光电编码器的结构也就较为复杂，如图 4-43 所示。

在码盘上可有等分的主信号窗口和零信号窗口。主信号窗口用来产生角度分割的脉冲信号；零信号窗口则在圆盘每旋转一周时产生一个脉冲信号，它主要用于错误计数的检测和作为机械系统的原点使用。指示标度盘上有三个窗口，一个作为零信号使用，另两个窗口可以获得 0°和 90°两路主信号输出，这样可以从两路主信号的相位关系识别旋转轴的旋转方向。

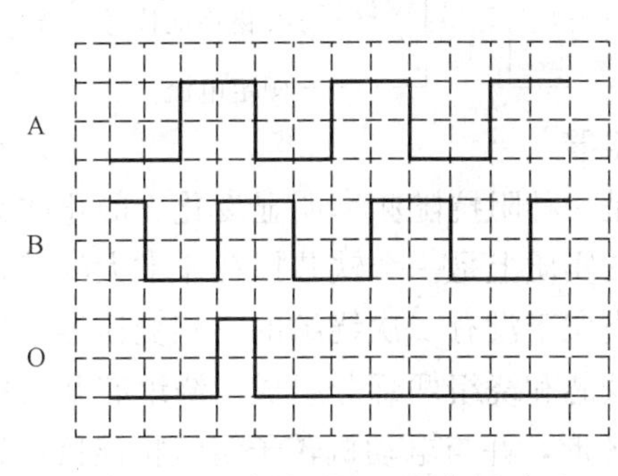

图 4-42 三路输出编码器信号波形

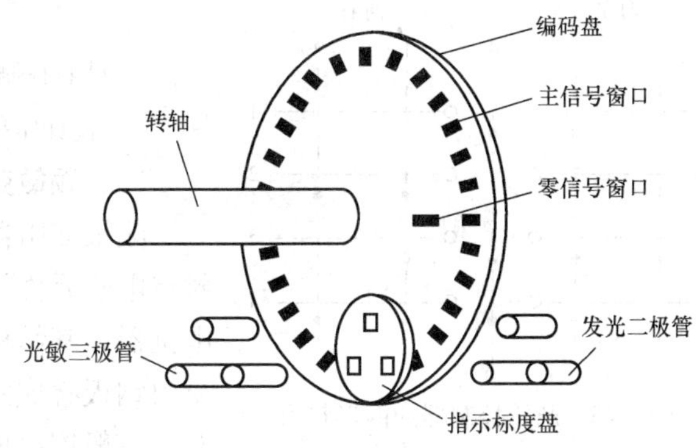

图 4-43 增量型光电编码器结构原理图

三、绝对型编码器

绝对型编码器不产生脉冲而是一串数码。如果要输出二进制码则使用二进制码盘，如果要输出格雷码则使用循环码盘。

绝对型编码器和增量编码器在工作方式上有着很大的差别：用增量编码器的情况下，位置是通过计算脉冲数量确定的，而用绝对型编码器的位置是输出代码的数值确定的；在一圈里，每个位置的输出代码读数是唯一的。因此，当电源断开时，绝对型编码器并不与实际的位置分离。如果电源再次接通，那么，位置读数仍然是当前的、有效的。不像增量型编码器那样，必须去寻找零位标记，重新计数。

第八节 其他常用低压电器

一、凸轮控制器

凸轮控制器是一种大型手动控制电器。由于其控制线路简单、维护方便，因而广泛应用于控制中、小型起重机的平移机构电动机和小型起重机的提升机构电动机。它可变换为主电路和控制电路的接法及转子回路的电阻值，以达到直接控制电动机的启动、制动、调速和换向的目的。

凸轮控制器主要由操作手柄、转轴、凸轮、触点和外壳等组成，其结构如图 4-44 所示。转动手柄时，凸轮随绝缘转轴转动，当凸轮的凸起部分顶住滚轮时，使动、静触点分开；当转轴带动凸轮转到凹处与滚子相对时，凸轮无法支住滚子，动触点在触点弹簧的作用下紧压在静触点上，使动、静触点闭合，接通电路。若在绝缘转轴上叠装不同形状的凸轮，即可使一系列的触点按预定的顺序接通和分断电路，达到不同的控制目的。

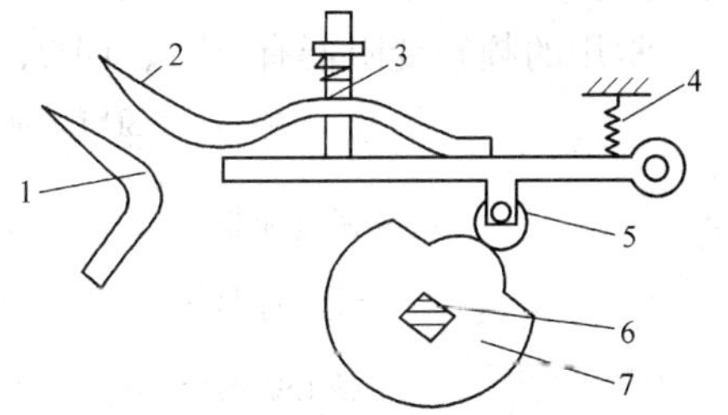

图 4-44 凸轮控制器的结构

1—静触点；2—动触点；3—触点弹簧；4—弹簧；5—滚轮；6—绝缘转轴；7—凸轮

目前常用的凸轮控制器有 KT10、KT12、KT14 等系列，其额定电流有 25A、50A 等规格，一般有 5 个工作位置。其图形符号如图 4-45 所示。

凸轮控制器的型号含义如下：

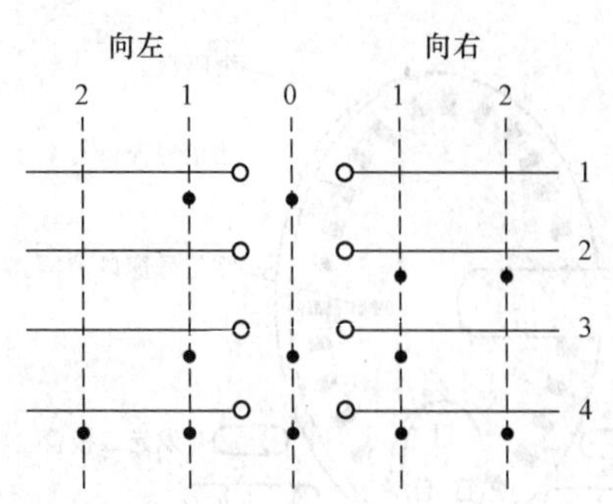

图 4-45 凸轮控制器的图形符号

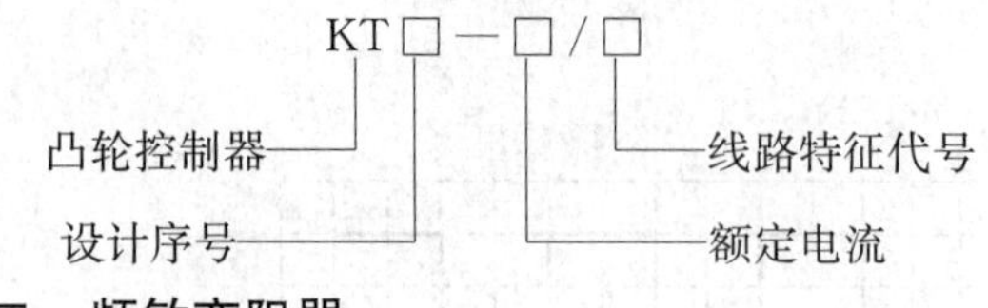

二、频敏变阻器

频敏变阻器是一种阻抗随频率明显变化、静止的无触点电磁元件。它实质上是一个铁芯损耗非常大的三相电抗器。其结构类似于没有二次绕组的三相变压器，主要由钢板叠成的铁芯和绕组两部分组成。绕组有几个抽头，一般连接成Y形，并与电动机转子绕组相连接，如图 4-46 所示。频敏变阻器的图形符号如图 4-47 所示。

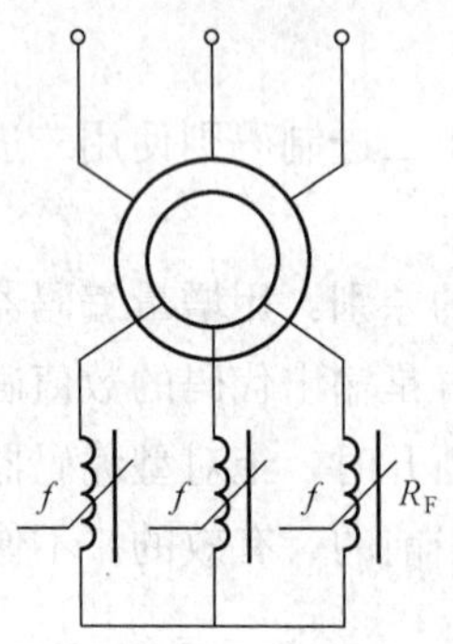

图 4-46 频敏变阻器与电动机的连接

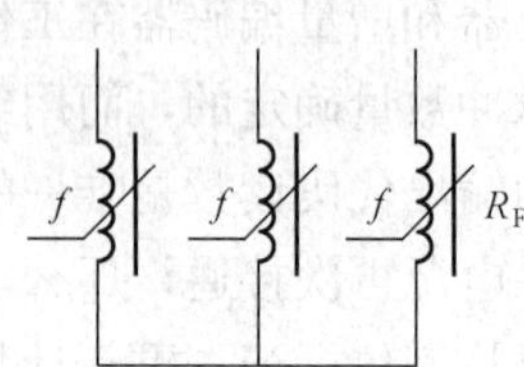

图 4-47 频敏变阻器的图形符号

电动机启动时，频敏变阻器通过转子电路获得交变电动势，绕组中的交变电流在铁芯中产生交变磁通，呈现出电抗 X。由于变阻器铁芯是用较厚钢板制成的，因此交变磁通在铁芯中产生很大的涡流损耗和少量的磁滞损耗。涡流损耗在变阻器中相当于一个电阻 R，因电抗 X 与电阻 R 都由交变磁通产生，其大小又随转子电流频率的变化而变化。因此，在电动机启动过程中，随转子频率的改变，涡流集肤效应的强弱也在改变，转速低时频率高，涡流截面小，电阻就大。随着电动机转速升高，频率降低，涡流截面自动增大，电阻减小。同时频率的变化又引起电抗的变化。理论分析与实践证明，频敏变阻器铁芯电阻和电抗近似与转差率的平方根成正比。所以，绕线型异步电动机串接频敏变阻器启动时，随启动过程的进行，其阻抗值自动减小，实现电动机的平稳无级启动。

常用的频敏变阻器有 BP1、BP2、BP3、BP4 和 BP6 等系列。其型号含义如下：

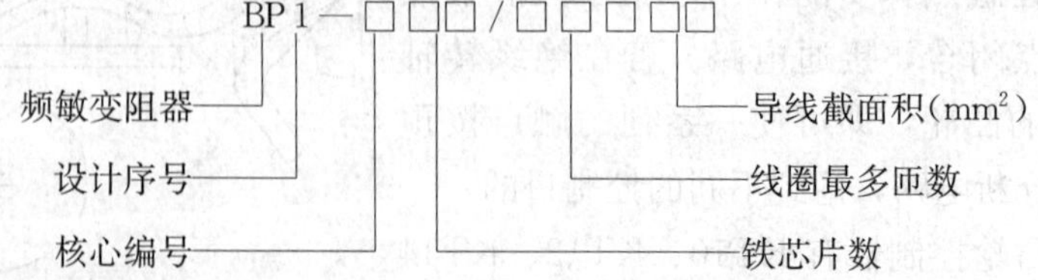

三、电磁抱闸制动器

电磁抱闸制动器的作用是使起重机的平移和起升、下降等运动机构准确可靠地停止在所需的位置，以防止物体坠落、撞击等事故的发生。起重机通常采用闭式双闸瓦制动器。

1. 电磁抱闸制动器的原理

电磁抱闸制动器是由闸瓦制动器配上制动电磁铁构成的。如图 4-48 所示，电磁铁由铁芯、衔铁和线圈组成。当线圈通电后，U 形衔铁绕转轴旋转而被吸合，衔铁克服弹簧拉力，迫使制动杠杆向左张开，闸瓦与闸轮脱离而松开，电动机可自由转动。线圈断电后，衔铁释放，在弹簧的拉力下，使制动杠杆同时向内收紧，带动闸瓦紧紧抱住闸轮，实现断电刹车。根据它的制动形态，人们又称电磁制动器为电磁抱闸。

2. 电磁抱闸制动器技术参数和型号

电磁抱闸制动器的主要技术参数有：额定电压、通电持续率、线圈匝数、制动轮直径、制动力矩等。型号含义如下：

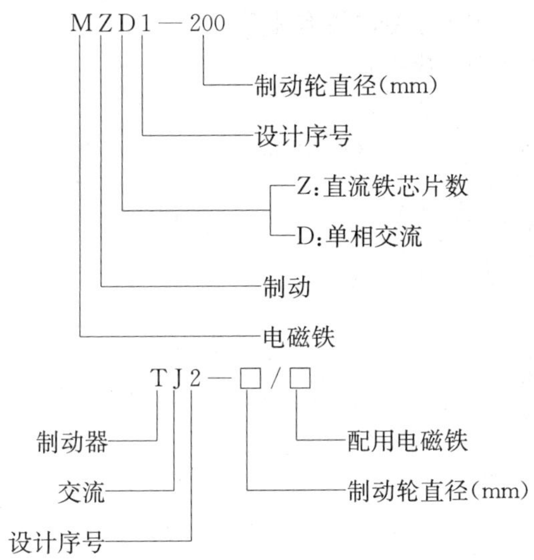

3. 电磁抱闸制动器的符号

电磁抱闸制动器的外形结构图如图 4-48 所示，符号如图 4-49 所示。

如果仅画出制动电磁铁的图形，则其文字符号为 YA。

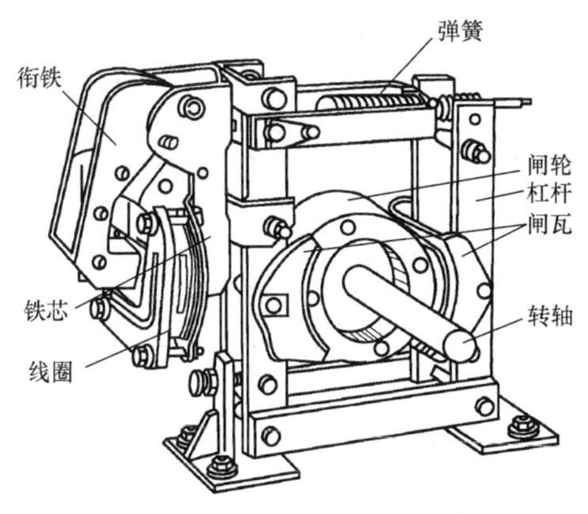

图 4-48 电磁制动器外形结构图

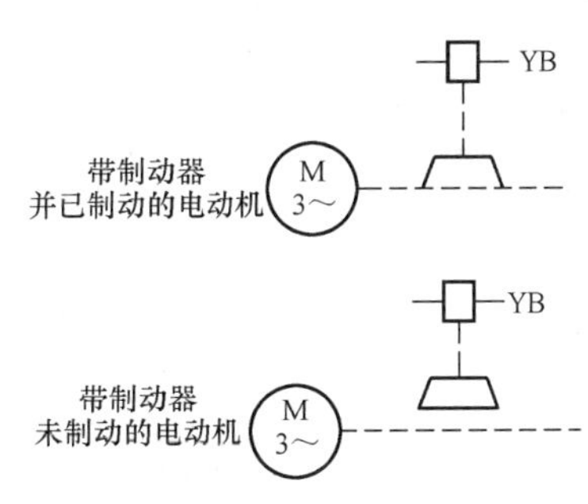

图 4-49 电磁抱闸制动器的图形符号和文字符号

思 考 题

1. 写出各种常用的低压电器的图形符号和文字符号。
2. 灭弧的基本原理是什么？交流电器的灭弧方法有哪几种？
3. 接触器主要由哪几部分组成？各部分的作用是什么？
4. 简要说明各种常用低压电器的用途。
5. 试述热继电器的工作原理。
6. 按延时类型分，时间继电器可分为哪几种类型？从图形符号上怎样分？
7. 什么是主令电器？常用的主令电器有哪几种？
8. 说明主令控制器的关合次序表示方法。

第五章

电气控制基本电路

第一节　电气控制系统图

电气控制系统由电气设备和各种电器元件按照一定的控制要求连接而成。为了表达设备电气控制系统的组成结构、设计意图、方便分析系统工作原理及安装调试和检修控制系统等技术要求，需要采用统一的工程语言（图形符号和文字符号）即工程图的形式来表达。这种工程图是一种电气图，叫做电气控制系统图。

一、电气图的分类

电气控制系统图一般分两种：电气原理图和电气安装图。而电气安装图又分为电气位置图和电气接线图。

（一）电气原理图

电气原理图是用根据电气控制系统的工作原理，采用电器元件展开的形式，利用图形符号和项目代号来表示电路各电气元件中导电部件和接线端子的连接关系及工作原理。电气原理图并不按电器元件实际布置来绘制，而是根据它在电路中所起的作用画在不同的部位上。

电气原理图的绘制规则由 GB/T 6988.1—2008 给出。它具有结构简单、层次分明的特点，适于研究和分析电路工作原理，在设计研发和生产现场等各方面得到广泛的应用。图 5-1 所示为 CW6132 型普通车床电气原理图。

绘制电气原理图的原则如下：

（1）电气元件的可动部分通常表示在电气不通电或不受外力的状态和位置；二进制逻辑元件应是置零时的状态；机械开关应是循环开始前的状态。

（2）原理图上的主电路、控制电路和信号电路应分开绘出。主电路是设备的驱动电路，包括从电源到电动机的电路，是强电流通过的部分；控制电路由按钮、接触器和继电器的线圈、各种电器的动合（常开）、动断（常闭）触点组合构成控制逻辑，实现需要的控制功能，是弱电流通过的部分。动力电路、控制电路和其他辅助的信号、照明电路、保护电路一起构成电气控制系统电气原理图。

（3）原理图上应标出各个电源电路的电压值、极性或频率及相数；某些元器件的特性（如电阻、电容的数值等）；不常用电器（如位置传感器、手动触点等）的操作方式和功能。

（4）原理图上各电路的安排应便于分析、维修和寻找故障，原理图应按功能分开画出。

（5）动力电路的电源电路绘成水平线，受电的动力装置（电动机）及其保护电器支路，应垂直电源电路画出。

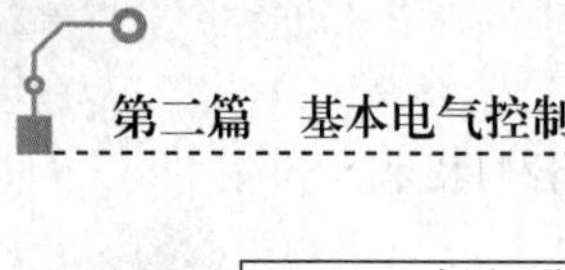

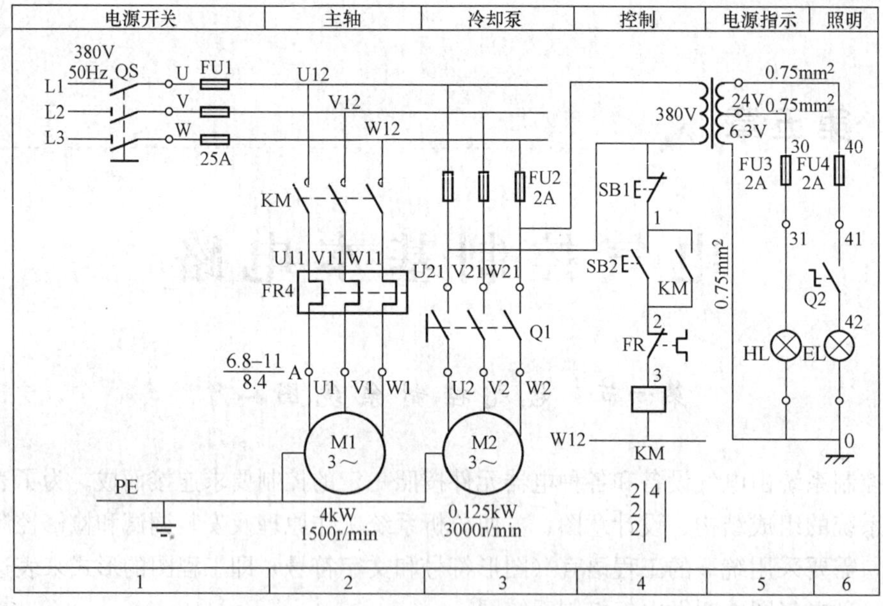

图 5-1　CW6132 型普通车床电气原理图

(6) 控制和信号电路应垂直地绘在两条或几条水平电源线之间。耗能元件（如线圈、电磁铁、信号灯等）应位于直接接地的水平电源线上。控制触点应连在另一电源线。

(7) 为阅图方便，图中自左至右或自上而下表示操作顺序，并尽可能减少线条和避免线条交叉。

(8) 原理图上方将图分成若干图区，并标明该区电路的用途与作用；在继电器、接触器线圈下方列有触点表以说明线圈和触点的从属关系。

（二）电气安装图

电气安装图是用来指示电气控制系统中各电气元件的实际安装位置和接线情况的。它包括电器位置图和安装接线图两个部分。

1. 电气位置图

电气位置图是用来详细表明电气原理图中各电气设备、元器件的实际安装位置，可视电气控制系统复杂程度采取集中绘制或单独绘制。图中各电气代号应与有关电路图和电气清单上所有元器件代号相同。

电气设备、元器件的布置应注意以下几方面内容：

(1) 体积较大和较重的电气设备、元器件应安装在电气安装板的下方，而发热元器件应安装在电气安装板的上面。

(2) 强电、弱电应分开，弱电应加屏蔽，以防止外界干扰。

(3) 需要经常维护、检修、调整的电气元件安装位置不宜过高或过低。

(4) 电气元件的布置应考虑整齐、美观、对称。外形尺寸与结构类似的电气安装在一起，以利于安装和配线。

(5) 电气元件布置不宜过密，应留有一定间距。如用走线槽，应加大各排电气间距，以利于布线和故障维修。

图 5-2 所示为 CW6132 型车床控制盘电器布置图，图中 FU1～FU4 为熔断器、KM 为接触器、FR 为热继电器、TC 为照明变压器、XT 为接线端子板。

图 5-3 所示为 CW6132 型车床电气设备安装布置图。图中 QS 为电源开关、Q1 为转换开关、Q2 为照明开关、SB1 为停止按钮、SB2 为启动按钮、M1、M2 分别为主轴电动机和冷却泵电动机、EL 为照明灯。

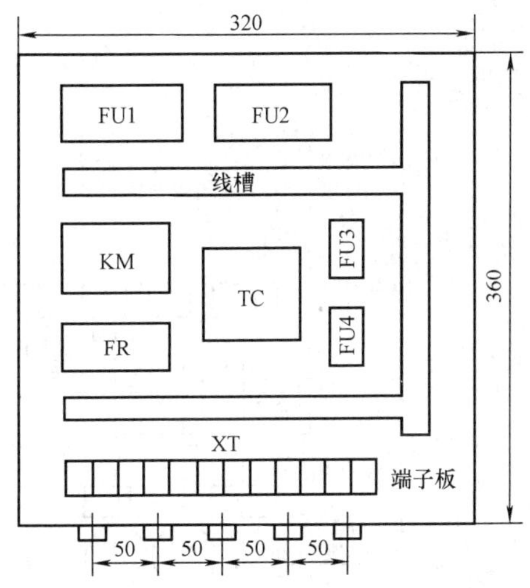

图 5-2　CW6132 型车床控制盘电器布置图

2. 安装接线图

安装接线图用来表明电气设备或装置之间的接线关系，清楚的表明电气设备外部元件的相对位置及它们之间的电气连接，是实际安装布线的依据。安装接线图主要用于电气的安装接线、线路检查、线路维修和故障处理，通常接线图与电气原理图和元件布置图一起使用。

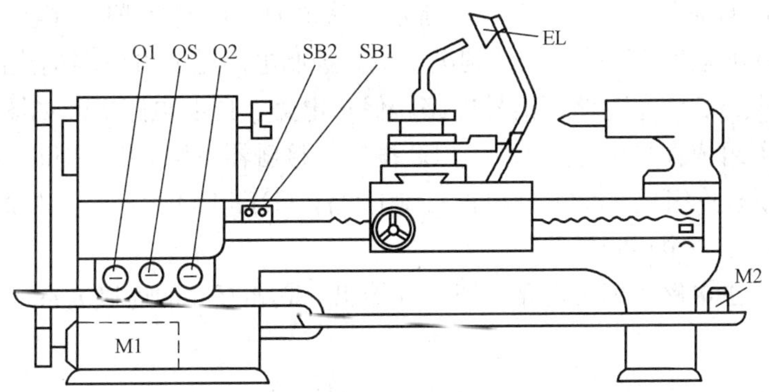

图 5-3　CW6132 型车床电气设备安装布置图

电气接线图的绘制原则如下：

(1) 各电气元件均按实际安装位置绘出，元件所占图面按实际尺寸以统一比例绘制，尽可能符合电器的实际情况。

(2) 一个元件中所有的带电部件均画在一起，并用点划线框起来，即采用集中表示法。

(3) 各电气元件的图形符号和文字符号必须与电气原理图一致，并符合国家标准。

(4) 各电气元件上凡是需接线的部件端子都应绘出，并予以编号，各接线端子的编号必须与电气原理图上的导线编号相一致。

(5) 绘制安装接线图时，走向相同的相邻导线可以绘成一条线。

图 5-4 所示是根据上述原则绘制的与图 5-1 对应的电器箱外连部分电气安装接线图。

二、电气原理图的分析

电气控制系统图是由许多电气元件按一定要求连接而成的，可表达装卸机械电气控制系统的结构、原理等设计意图，便于电气元件和设备的安装、调整、使用和维修。因此，必须能看懂其电气图，特别是电气原理图。下面以图 5-5 为例介绍电气原理图的分析方法。

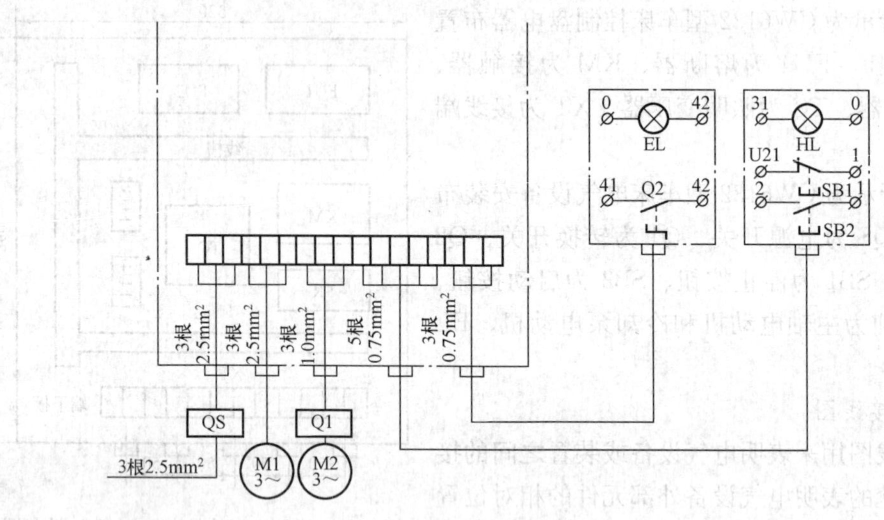

图 5-4　CW6132 型车床电气互连图

（一）主电路和控制电路

电气控制系统一般分为主电路（亦称主回路）和控制电路（亦称控制回路）两部分。主电路是强电流通过的部分，如图 5-5（a）所示，从电源、熔断器 FU、断路器 QF、接触器 KM 的主触点、热继电器 FR 的热元件到电动机。控制电路是通过较弱电流的电路，根据其作用可分为控制电路、测量电路、信号电路、保护电路、照明电路等，如图 5-5（b）所示。它是由 FU 熔断器组成保护电路；SB1、SB2 按钮、接触器 KM 的线圈和一副动合触点及热继电器 FR 的动断触点组成一个电动机的控制电路；GN、RD 指示灯及接触器 KM 的一对动合、动断触点组成一个信号电路。

在电路图中，主电路和辅助电路一般分开绘出，其相互间的连接关系往往用回路标号的形式表示。

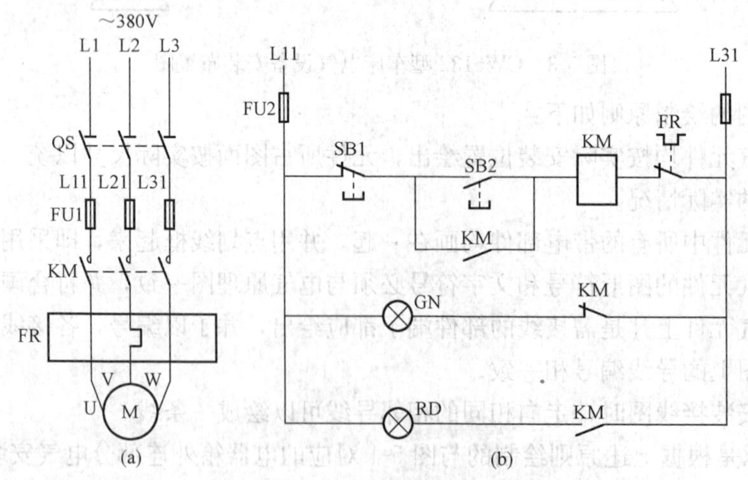

图 5-5　电动机控制电路原理图

（a）主电路；（b）辅助电路

（二）回路标号

为了接线和查找线路方便，电路图中在线路连接的公共点，必要时可标注回路标号，在同一电路中，各独立绘制的电路图中标有相同的回路标号时，应将其相互连接在一起。如图 5-5（a）中主电路断路器 QF 和接触器 KM 主触点之间标有 L11、L21、L31 的回路标号，在其控制回路的电源端标有 L11、L31 的回路标号，说明控制回路的电源取自主电路的 L11、L31 两点。在接线时应将控制电路中的 L11、L31 两点分别与主电路的 L11、L31 两点连接起来。

回路标号的标注，在主电路中，从电源端到设备端之间的各点，必要时可依次用 L11、L21、L31、L12、L22、L32 等标注，设备端用 U、V、W 标注，辅助电路中一般只用数字标注回路标号。

（三）分析电路的基本方法

在电气原理图中，各电气部件的可动部分均按无电压、无外力作用的正常状态绘制的。分析电气控制系统电路时，一般应先找出主电路来，分析主电路的构成，各电气部件的作用和特性，弄清其对控制电路的要求，然后再分析控制电路，弄清控制电路中各电气元件和主电路中各电气元件之间的控制关系，是怎样满足主电路要求的，最终弄清其工作原理。

1. 区分主电路和控制电路的方法

（1）在电路图中，主电路的连接线一般用粗实线绘制，控制电路的连接线用细实线绘制。

（2）主电路的电源一般为三相交流电，控制电路的电源一般为单相交流电或直流电。

（3）从电路的构成来区分：主电路一般由熔断器、断路器、接触器的主触点、热继电器的热元件、电流互感器、电压互感器、电力变压器、用电设备或电动机等构成。控制电路一般由接触器的线圈和辅助触点、热继电器的辅助触点、中间继电器、时间继电器、保护继电器、按钮、指示灯、测量仪表等组成。

2. 分析主电路的方法

首先看清电源和用电设备的类型和额定值，然后再看组成主电路的各环节，弄清其工作原理。

例如，图 5-5（a）中，FU1 熔断器起短路保护作用；QF 断路器既可作电源与设备间的通断控制开关，又可起过载和短路保护作用；KM 接触器用来频繁地接通和断开主电路；FR 热继电器起过载保护作用，其动作值可按保护设备需要进行调整，当热继电器带断相保护作用时，还可起断相保护作用；电动机是工作母机，当其与电源接通时，电动机运行，当它与电源断开时则停止运行。

从以上分析可知，该电路是具有双重短路与过载保护，可频繁控制电动机启动与停止的电路。

3. 分析控制电路的方法

当有数个独立绘制的控制电路时，先看简单的控制电路，再看复杂的控制电路。控制电路中测量电路往往独立绘制，它们是与电压表、电流表、电度表、功率表、功率因数表等测量仪表相连接的电路；信号电路往往与指示灯、信号灯相连接；保护电路往往与控制电路组合在一起，一般由熔断器、按钮、接触器线圈和辅助触点、继电器等组成。

分析控制电路可按以下步骤进行：

（1）看控制电路的电源来自何处、其类型和电压大小。

(2) 看组成控制电路的元器件及其与主电路的关系。

(3) 控制电路接通电源后，控制电路中各元器件所处的状态。

(4) 弄清控制电路中有哪些可操作的元器件，依次分析它们被操作后，在主电路中引起工作状态的变化过程，从而掌握使系统正常工作所必须的操作程序。

(5) 分析系统中的连锁和保护环节，一旦故障发生看系统如何保护人身与设备的安全。

以图 5-5 (b) 为例进行分析：

(1) 控制电路电源取自主电路 QF 断路器的出线端，控制电源为两相交流 380V。

(2) 控制电路由熔断器、接触器的线圈和辅助触点、热继电器的常闭触点、两个按钮和两个指示灯组成。其中，接触器与热继电器与主电路有关连。

(3) 控制电路接通电源后，GN 灯亮，RD 灯不亮。KM 接触器线圈无电流通过。

(4) 控制电路中 SB1、SB2 两按钮为可操作元件。按下 SB2 按钮，KM 接触器线圈通电吸合使动合触点闭合，动断触点断开，GN 灯灭，RD 灯亮，并在松开 SB2 按钮后继续使线圈保持通电吸合状态。

按下 SB1 按钮，KM 接触器线圈失电，动合触点断开，动断触点闭合，GN 灯亮，RD 灯灭，并且放开 SB1 按钮后，接触器线圈仍处于失电状态。

(5) 控制电路中 FR 热继电器动断触点，在主电路电流超过其整定值时，即被热元件弯曲打开，从而使 KM 接触器线圈断电，主触点打开使主电路切断，从而保护了电动机不被过电流损坏。当控制电路发生短路时，FU 熔断器被熔断，从而保护了控制电路中的元器件不被短路电流烧毁。

综上所述，分析电气原理图的方法可以归纳为：先主后控，自上而下，从左到右。

第二节 三相笼型异步电动机的全压启动控制

三相笼型异步电动机具有结构简单、坚固耐用、价格便宜、维修方便等优点，获得了广泛的应用。它的启动有直接启动和降压启动两种方式。

笼型异步电动机的直接启动是一种简单、可靠、经济的启动方法。由于直接启动电流可达到电动机额定电流的 5～7 倍，过大的启动电流会造成电网电压显著下降，直接影响在同一电网工作的其他电动机，甚至使它们停转或无法启动，故直接启动电动机的容量受到一定限制。可根据启动次数、电动机容量、供电变压器容量和机械设备是否允许来分析。

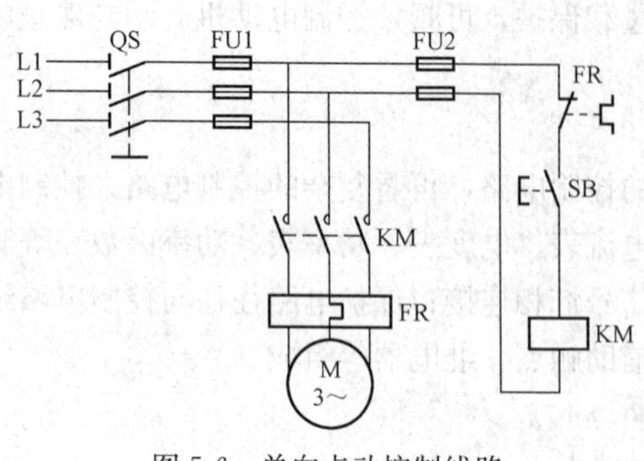

图 5-6 单向点动控制线路

一、三相异步电动机的单向全压启动控制电路

1. 点动控制电路

所谓点动，即按下按钮时电动机工作，放开按钮时，电动机立即停止工作。点动电路主要用于某些短时工作制的场合，如电动葫芦、煤炭卸车机中的升降机构等。

图 5-6 所示是最基本的点动控制电路。当按下点动按钮 SB 时，接触器 KM 通电吸合，主触点闭合，电动机接通电源。当手松开按钮时，接触器 KM 断电释放，主触点断开，电动机被切断电源而停止旋转。

2. 自锁控制电路

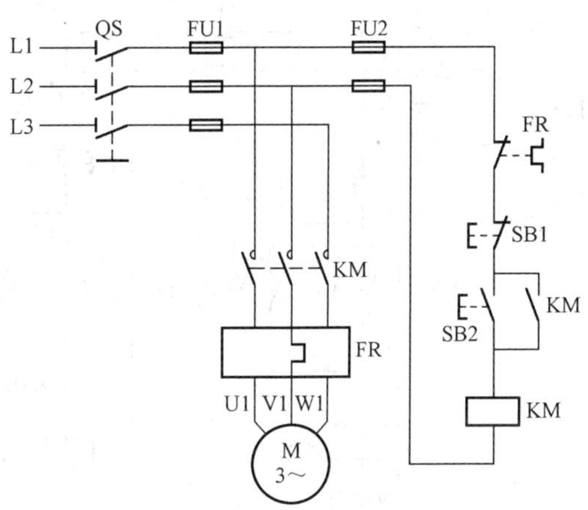

图 5-7　单向全压启动自锁控制电路

图 5-7 所示为最典型的单向运行全压启动控制线路。由刀开关 QS、熔断器 FU1、接触器 KM 的主触点、热继电器 FR 的热元件与电动机 M 构成主电路。

启动按钮 SB2、停止按钮 SB1、接触器 KM 的线圈及其动合辅助触点、热继电器 FR 的动断触点和熔断器 FU2 构成控制回路。

(1) 电路原理。启动时，合上 QS，引入三相电源。按下 SB2，交流接触器 KM 线圈得电，主触点闭合，电动机接通电源直接启动。同时与 SB2 并联的动合辅助触点闭合，使接触器线圈有两条路通电。

这样即使手松开 SB2，接触器 KM 的线圈仍可通过自己的辅助触点继续通电，保持电动机的连续运行。这种依靠接触器自身辅助触点而使线圈保持通电的现象称为自锁（或自保）。具有自锁作用的辅助触点称为自锁触点。

停车时，按下停止按钮 SB1 将控制电路断开即可。此时，KM 线圈断电，KM 动合主触点释放，三相电源断开，电动机停止运转。松开 SB1 后，SB1 虽能复位，但接触器线圈已不能再依靠自锁触点通电。

(2) 保护环节。熔断器 FU 作为电路短路保护，但达不到过载保护的目的。因为选择熔断器时已考虑了电动机的启动电流。

热继电器 FR 具有过载保护作用。由于热继电器的热惯性较大，即使热元件流过几倍的额定电流，热继电器也不会立即动作。因此，在电动机启动时间不太长的情况下，热继电器是经得起电动机启动电流冲击而不动作的。只有在电动机长时间过载的情况下 FR 才动作，断开控制电路，使接触器断电释放，电动机停止运行，实现过载保护。

欠压与失压保护是依靠接触器本身的电磁机构来实现的。当电源电压由于某种原因严重欠压或失压时，接触器的衔铁自行释放，电动机停止旋转。当电源电压恢复正常时，接触器线圈也不能自动通电，只有按下启动按钮 SB2 后电动机才会启动，这也称零压保护。这样可防止电动机低压运行及电动机的突然启动造成设备和人身事故。

二、正反转运行控制电路

生产机械往往要求运动部件可以向正反两个方向运行，如机床工作台的前进与后退、起重机吊钩的上升与下降等，这就要求电动机可以正反转控制。若将接至电动机三相电源进线中任意两相对调接线，即可达到反转的目的，常用的电动机正反转控制线路有以下几种：

1. 接触器连锁正反转控制线路

接触器连锁正反转控制线路如图 5-8 所示。

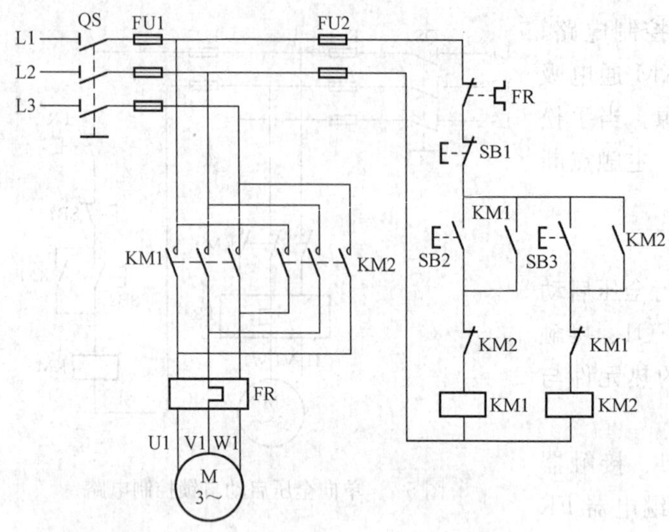

图 5-8　接触器连锁正、反转控制线路

（1）主电路。QS 为闸刀开关，起电源控制作用，FU1 为熔断器，起短路保护作用。KM1 为正转接触器，KM2 为反转接触器，SB1 为停止按钮，SB2 为正向启动按钮，SB3 为反向启动按钮。当接触器 KM1 的可对主触点接通时，三相电源的相序按 L1、L2、L3 接入电动机。当 KM2 的 3 对主触点接通时，三相电源的相序按 L3、L2、L1 接入电动机，电动机即反转。

线路要求接触器 KM1 和 KM2 不能同时通电，否则它们的主触点就会一起闭合，将造成 L1 和 L3 两相电源短路，为此在 KM1 和 KM2 线圈各自支路中相互串联一副动断辅助触点，以保证接触器 KM1 和 KM2 的线圈不会同时通电。这种利用两个接触器的动断辅助触点互相控制的方法叫做互锁，这两对起互锁作用的触点叫做互锁触点。

（2）控制电路。

正转控制时，按下按钮 SB2，接触器 KM1 线圈获电吸合，KM1 主触点闭合，电动机 M 启动正转，同时 KM1 的自锁触点闭合，互锁触点断开。

反转控制时，必须先按停止按钮 SB1，接触器 KM1 线圈断电释放，KM1 触点复位，电动机 M 断电；然后按下反转按钮 SB3，接触器 KM2 线圈获电吸合，KM2 主触点闭合，电动机 M 启动反转，同时 KM2 自锁触点闭合，互锁触点断开。

这种线路的缺点是操作不方便，因为要改变电动机的转向，必须先按停止按钮 SB1，再按反转按钮 SB3 才能使电动机反转。

2. 按钮连锁的正、反转控制线路

按钮连锁的正、反转控制线路如图 5-9 所示。按钮连锁的正、反转控制线路的动作原理与接触器连锁的正、反转控制线路基本相似。但由于采用了复合按钮，当按下反转按钮 SB3 时，使接在正转控制线路中的 SB3 动断触点先断开，正转接触器 KM1 线圈断电，KM1 主触点断开，电动机 M 断电；接着按钮 SB3 的动合触点闭合，使反转接触器 KM2 线圈获电，KM2 主触点闭合，电动机 M 反转启

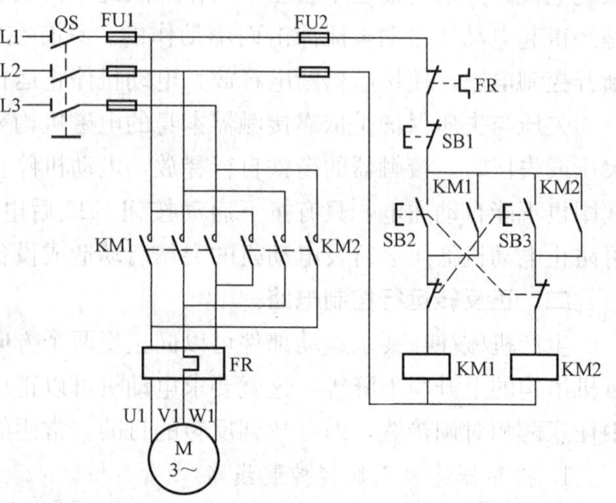

图 5-9　按钮连锁正、反转控制线路

动；既保证了正、反转接触器 KM1 和 KM2 断电，又可不按停止按钮 SB1 而直接按反转按钮 SB3 进行反转启动；由反转运行转换成正转运行的情况，也只要直接按正转按钮 SB2 即可。

这种线路的优点是操作方便，缺点是易产生短路故障。如正转接触器 KM1 主触点发生熔焊故障而分断不开时，若按反转按钮 SB3 进行换向，则会产生短路故障。

3. 按钮、接触器复合连锁的正、反转控制线路

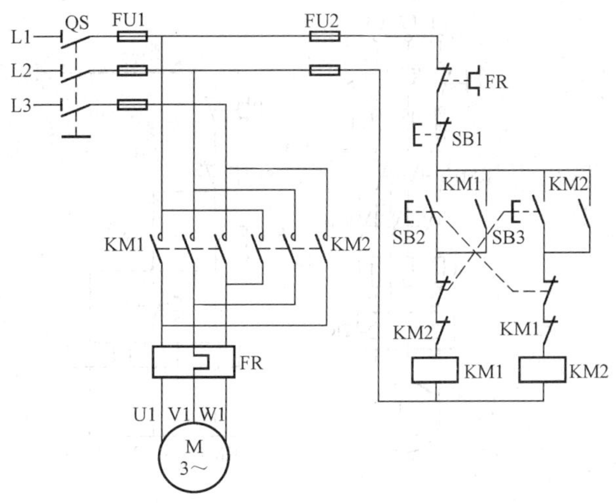

图 5-10 按钮、接触器复合连锁正、反转控制线路

按钮、接触器复合连锁的正、反转控制线路如图 5-10 所示。这个线路是把上述两个线路的优点结合起来，既可不按停止按钮而直接按反转按钮进行反向启动，当正转接触器发生熔焊故障时又不会发生相间短路故障。

第三节 三相笼型异步电动机的降压启动控制

较大容量的笼型异步电动机因启动电流较大，一般都采用降压启动方式来限制启动电流，启动时降低加在定子绕组上的电压，启动后再将电压恢复到额定值，使之在正常电压下运行。常用的降压启动有定子回路串电阻（或电抗）、星形—三角形启动、自耦变压器及延边三角形降压启动等方法。

一、定子回路串电阻降压启动控制电路

图 5-11 所示是定子串电阻降压启动控制电路。

（1）主电路。QS 为闸刀开关，作电源控制用，FU 为熔断器，起短路保护作用。KM1 为电源接触器、KM2 为短接电阻接触器，KT 为启动时间继电器，R 为降压启动电阻，FR 为过载保护的热继电器。

电动机启动时在三相电路中串接电阻，使电动机定子绕组电压降低，启动后再将电阻短接，电动机在额定电压下正常运行。

（2）控制电路。图 5-11（a）电路的工作原理：合上电源开关 QS，按启动按钮 SB2，KM1 得电吸合并自锁，电动机串电阻 R 启动。接触器 KM1 得电同时，时间继电器 KT 得电，其延时闭合动合触点使接触器 KM2 经延时后得电，主回路电阻 R 被短接，电动机在全压下进入正常稳定运转。从主回路看，只要 KM2 得电就能使电动机正常运行。但在线路图 5-11（a）中，电动机启动后 KM1 和 KT 一直得电，这是不必要的。线路图 5-11（b）就解决了这个问题。接触器 KM2 得电后，用其动断触点将 KM1 及 KT 的线圈电路切断，同时 KM2 自锁。这样，在电动机启动后，只有 KM2 得电使之正常运行。

电动机定子串电阻降压启动由于不受电动机接线形式的限制，设备简单，因而在中小型

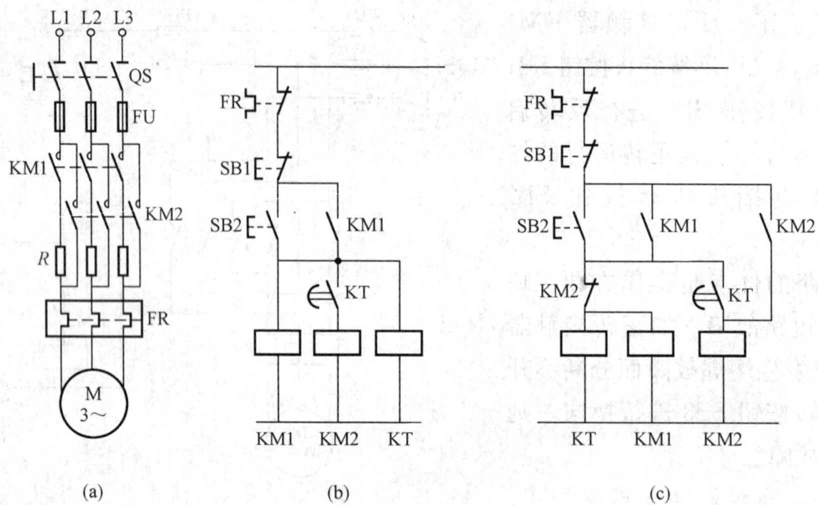

图 5-11　定子回路串电阻降压启动控制电路
（a）主电路；（b）KM1、KT 参与运行；（c）KM1、KT 不参与运行

生产机械中应用广泛。机床中也常用这种串电阻降压方式来限制启动及制动电流。但是，由于串接电阻启动时，启动转矩较小，仅适用于对启动转矩要求不高的生产机械上。另外，由于启动电阻一般采用电阻丝绕制的板式电阻或铸铁电阻，使控制柜体积增大，电能损耗增大，所以大容量电动机往往采用电抗器启动。

二、星形—三角形（Y—△）降压启动控制电路

凡是正常运行时定子绕组接成三角形的笼型异步电动机，常可采用星形—三角形的降压启动方法来达到限制启动电流的目的。

图 5-12 所示为三相异步电动机星形—三角形降压启动控制线路图。

（1）主电路。QS 为闸刀开关，作电源控制作用，FU 为熔断器，起短路保护作用。KM1 为电源接触器，KM2 为三角形连接接触器，KM3 为星形连接接触器，KT 为通电延时的时间继电器。FR 为热继电器，起过载保护作用。

主电路要求 KM2、KM3 不能同时通电，负责会造成三相电源短路。

（2）控制电路。启动时合上电源开关 QS，按启动按钮 SB2、则 KM1、KM3 和 KT 同时得电并自锁，这时电动机接成星形启动。随着转速升高，电动机电流下降，KT 延时达到整定值，其延时断开的动断触点断开，其延时闭合的动合触点闭合，从而使 KM3 断电释放，KM2 通电吸合自锁，这时电动机换接成三角形正常运行。利用 KM2 的动合触点断开 KT 的线圈，使 KT 退出运行，这样可延长时间继电器的寿命并节约电能。停止时只要按下停止按钮 SB1，KM1、KM2 相继断电释放，电动机就停止工作。

三相笼型异步电动机采用 Y—△降压启动时，定子绕组在星形连接状态下启动电压为三角形连接直接启动电压的 $1\sqrt{3}$。启动转矩与启动电压的平方成正比，因而启动转矩为三角形连接直接启动转矩的 1/3，启动电流也为三角形连接直接启动的 1/3。与其他降压启动相比，Y—△启动投资少、线路简单，但启动转矩小。这样启动方法只适用于在空载和轻载状态下启动，且只能用于正常运转时定子绕组接成三角形的笼型异步电动机。

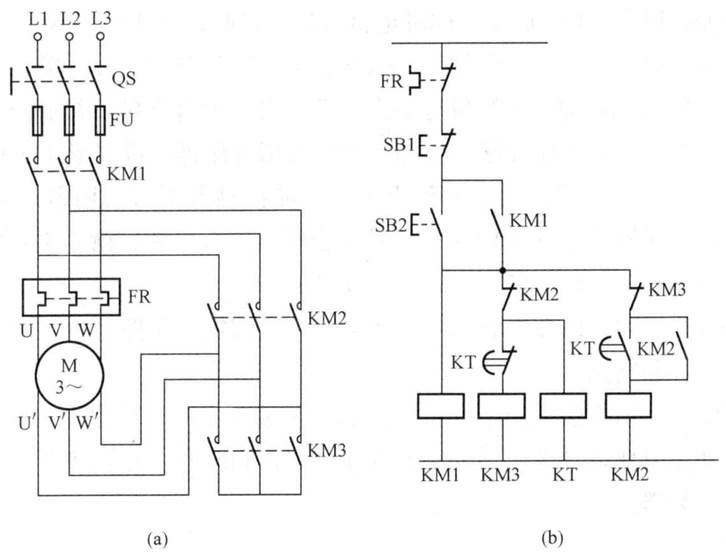

图 5-12　三相异步电动机星形—三角形降压启动控制电路

（a）主电路；（b）控制电路

三、自耦变压器降压启动控制电路

在自耦变压器降压启动的控制线路中，电动机启动电流的限制，是依靠自耦变压器的降压作用来实现的。电动机启动的时候，定子绕组得到的电压是自耦变压器的二次电压。一旦启动后，自耦变压器便被切除，额定电压通过接触器直接加于定子绕组上，电动机进入全电压正常工作状态。

图 5-13 所示为自耦变压器降压启动的控制电路。

（1）主电路。QS 为闸刀开关，作电源控制作用，FU 为熔断器，起短路保护作用。KM1 为降压接触器，KM2 为正常运行接触器，T 为自耦变压器，作降压启动用，FR 为热

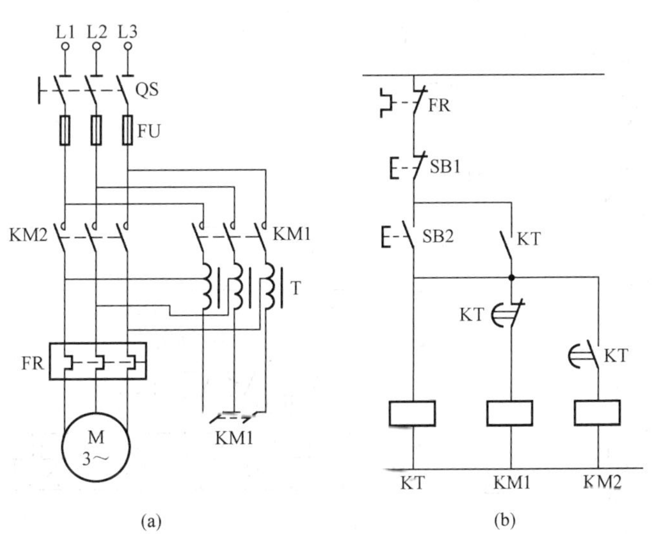

图 5-13　自耦变压器降压启动控制电路

（a）主电路；（b）控制电路

继电器，作过载保护用。KT 为启动时间继电器（通电延时）。KM1 和 KM2 不能同时得电。

（2）控制电路。启动时，合上电源开关 QS，按下启动按钮 SB2，接触器 KM1 的线圈和时间继电器 KT 的线圈通电，KT 瞬时动作的动合触点闭合自锁，接触器 KM1 主触点闭合将电动机定子绕组经自耦变压器接至电源，这时自耦变压器接成星形，电机降压启动。时间继电器经过一定延时后，其延时动断触点打开，使接触器 KM1 线圈断电，KM1 主触点断开，从而将自耦变压器从电网上切除。延时动合触点闭合，使接触器 KM2 线圈通电，于是电动机直接接到电网上运行，完成了整个启动过程。

该电路的缺点是时间继电器一直通电，耗能多，且缩短了元件寿命，请读者自行分析设计一个断电延时的控制电路。

自耦变压器降压启动方法适用于容量较大的、正常工作时接成星形或三角形的电动机，其启动转矩可以通过改变自耦变压器抽头的连接位置得到改变，它的缺点是自耦变压器价格较贵，而且不允许频繁启动。

第四节　三相绕线型异步电动机的启动控制

三相绕线型异步电动机转子有三相绕组，通过滑环可以外串电阻，从而达到减小启动电流、提高转子电路功率因数和启动转矩的目的，适用于调速及要求启动转矩高的场合。绕线型异步电动机在启动过程中按照转子串接装置不同，可分为串电阻启动与串频敏变阻器启动两种控制电路。

一、转子绕组串电阻启动控制电路（见图 5-14）

串接在三相转子回路中的启动电阻，一般都接成星形。在启动前，启动电阻全部接入电

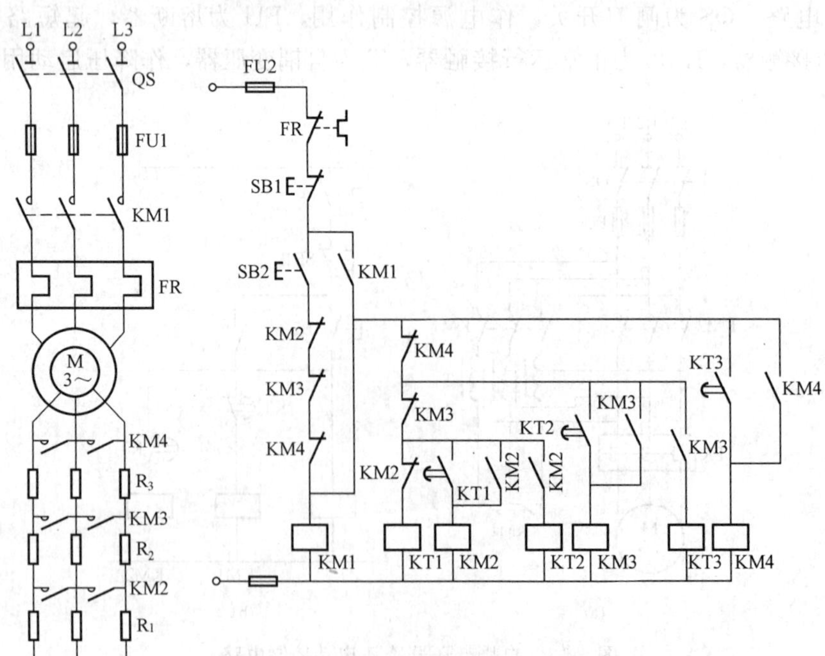

图 5-14　时间原则控制转子电路串电阻启动控制电路

路，在启动过程中，启动电阻被逐段短接。

电路原理：启动时，转子回路串全阻启动。然后，依靠KT1、KT2、KT3 3只通电延时的时间继电器和KM2、KM3、KM4 3只接触器的相互配合来完成电阻的逐步切除，电阻短接完毕，启动结束。

线路中只有KM1、KM4长期通电，而KT1、KT2、KT3、KM2、KM3 5只线圈的通电时间均被压缩到最低限度。这样做一方面节省了电能，更重要的是延长了它们的使用寿命。

如果在工作过程KM2、KM3、KM4的触点系统被卡住，停电后不能复位。下次启动开始不能串全部电阻甚至不串电阻，这是不允许的。把KM2、KM3和KM4的辅助动断触点串接在KM1的线圈回路中，如发生上述情况，则按下启动按钮SB2时，KM1线圈不能得电，以免电动机启动电流过大。

二、转子绕组串频敏变阻器的启动控制电路（见图5-15）

图5-15（b）是采用频敏变阻器的启动控制线路，该线路可以实现自动和手动控制。自动控制时将开关SA扳向“自动”，按下启动按钮SB2，利用时间继电器KT，控制中间继电器KA和接触器KM2的动作，在适当的时间将频敏变阻器短接。开关SA扳到“手动位置时，时间继电器KT不起作用，利用按钮SB3手动控制中间继电器KA和接触器KM2的动作。启动过程中，KA的动断触点将热继电器的发热元件FR短接。以免因启动时间过长而使热继电器误动作。

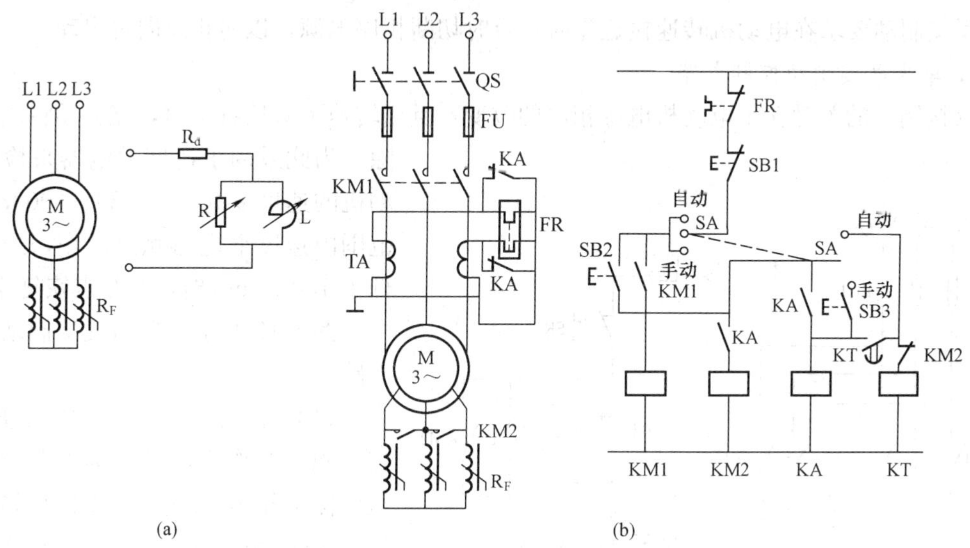

图5-15 转子电路串频敏变阻器启动控制电路

(a) 频敏变阻器的等效电路及其与电动机的连接；

(b) 绕线型异步电动机转子串频敏变阻器启动控制电路

在使用频敏变阻器的过程中，如遇到下列情况，可以调整匝数或气隙。启动电流过大或过小，可设法增加或减少匝数；启动转矩过大，机械有冲击，而启动完毕时的稳定转速又偏低，可增加上下铁芯间的气隙，以使启动电流略微增加，启动转矩略微减小，但启动完毕时

转矩增大，稳定转速可以得到提高。

第五节 三相异步电动机的制动控制

运行中的电动机在切断电源后，由于惯性作用，总是经过一定的时间才能停止运转。这对于某些要求定位准确、需要限制行程的生产机械是不合适的，如起吊重物的行车、机床上需要迅速停车、反转的机构等，它们都要求电动机断开电源后立即停转。广泛应用的制动方法有机械制动和电磁制动两种。机械制动一般通过电磁抱闸装置实现。电磁制动一般有反接制动和能耗制动。下面重点讨论电磁制动。

一、反接制动控制电路

反接制动包括负载作用的倒拉反接制动和改变电源相序的反接制动两种方法。这里讨论后者，即通过改变电动机电源的相序，使定子绕组产生相反方向的旋转磁场，从而产生制动转矩的一种制动方法。

因为反接制动时，转子与旋转磁场的相对速度接近于两倍的同步速度，所以定子绕组中流过的反接制动电流相当于全电压直接启动时电流的两倍。因此，反接制动特点之一是制动迅速，效果好，冲击大，通常适用于10kW以下的小容量电动机。为了减小冲击电流，通常要求在电动机的主电路中串接一定的电阻以限制反接制动电流。这个电阻称为反接制动电阻。

反接制动要求在电动机转速接近零时，及时切断相序电源，以防止反向再启动。

1. 单向反接制动控制电路

反接制动的关键在于电动机电源相序的改变，且当转速下降接近零时，能自动将电源切除。为此采用了速度继电器来检测电动机的速度变化。在120～3000r/min范围内速度继电器触点动作，当转速低于100 r/min时，其触点恢复原位。

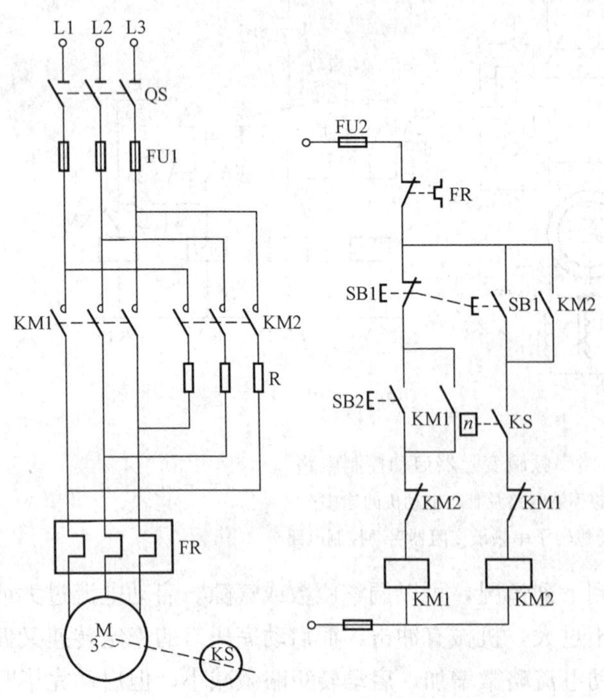

图5-16 电动机单向反接制动控制电路

图5-16所示为单向反接制动控制电路。

（1）主电路。QS为闸刀开关，起电源控制作用，FU1为熔断器，起短路保护作用。KM1为单向旋转接触器。KM2为反接制动接触器，FR为热继电器，起过载保护作用，KS为速度继电器，R为反接制动电阻。电路要求KM1和KM2不能同时得电。

（2）控制电路。启动时，按下启动按钮SB2，接触器KM1通电并自锁，电动机M通电运行。电动机正常运转时，速度继电器KS的动合触点闭合，为反接制动做好准备。停车时，按下停止按钮 SB1，KM1 线圈断电，电动机 M 脱离电源，此时由于电动机的惯性，转速仍较高，KS 的动合触点仍处于闭合状态，所以 SB1 动合触点闭合时，反接制动接触器 KM2 线圈得电并自锁，其主触点闭合，使电动机得到相序相反的三相交流电源，进入反接制动状态，转速迅速下降。当转速低于 100r/min 时，速度继电器动合触点复位，接触器 KM2 线圈断电，反接制动结束。

2. 可逆运行反接制动电路

图 5-17 所示为具有反接制动电阻的正反向反接制动控制电路。

（1）主电路。QS 为闸刀开关，起电源控制作用；FU1 为熔断器，起短路保护作用；KM1 为正向电源接触器，KM2 为反向电源接触器，KM3 为短接电阻接触器，电阻 R 既为反接制动电阻，同时也具有限制启动电流的作用。KM1 与 KM2 不能同时得电。

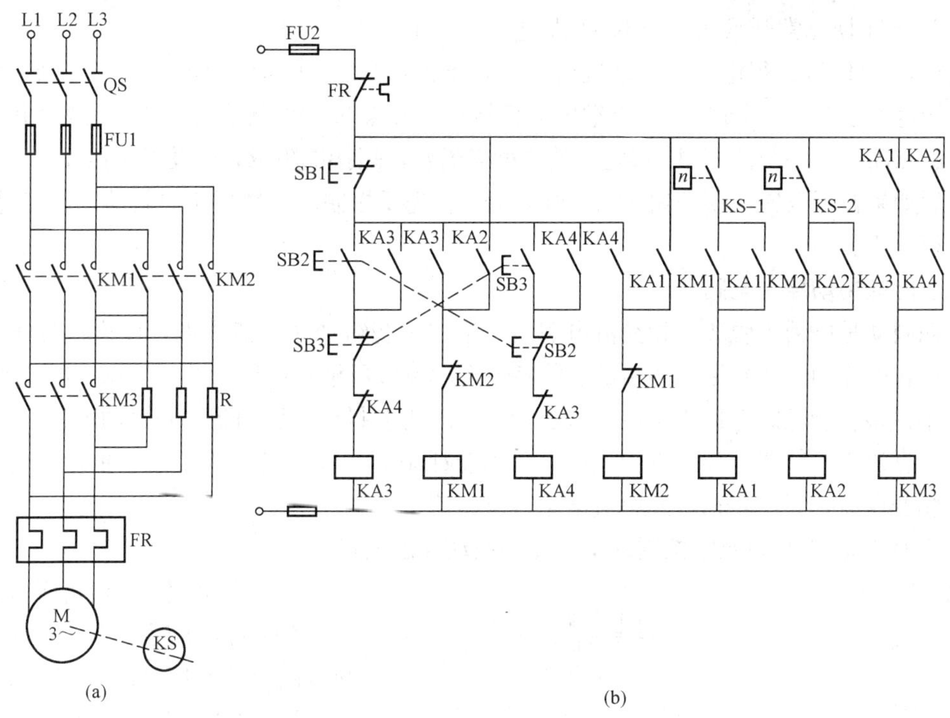

图 5-17 电动机可逆运行的反接制动控制电路

（a）主电路；（b）控制电路

（2）控制电路。SB1 为停止按钮，SB2 为正转启动按钮，SB3 为反转启动按钮。

按下正转启动按钮 SB2，KA3 得电并自锁，其动合触点闭合。一个使 KM1 得电，主触点闭合，使电动机串电阻 R 启动，动合辅助触点闭合，为 KA1 得电做好准备，动断辅助触点打开，与 KM2 互锁；KA3 另一个动合触点闭合为 KM3 得电做好准备。

启动后，速度继电器正转动合触点 KS－1 闭合，使 KA1 得电并自锁，其动合触点闭合。一个使 KM3 得电，其主触点闭合，短接电阻 R，电动机全压运行；另一个为 KM2 得电做好准备。

停机时按下 SB1，KA3、KM1 失电，KM3 也随之失电，KM1 的动断辅助触点恢复闭合，使 KM2 得电，电源反接，电动机串电阻 R 进入反接制动状态，转子转速迅速下降，当其转速小于100r/min时，速度继电器的正转动合触点KS—1恢复断开状态，使KA1失电，KM2也随之失电，反接制动过程结束。

电动机反向启动和制动停机过程与正转时相同。

如果在KM1和KM3先后得电使电动机全压运行后，不按停止按钮SB1而是按下反转启动按钮SB3，其动断触点首先断开，则KA3失电并使KM1和KM3失电，主触点断开。KM1动断辅助触点恢复闭合，为KM2得电做好准备。SB3动合触点随后闭合，KA4得电并自锁，其动合触点闭合，一个使KM2得电，电源反接，电动机串电阻R进入反接制动状态。KM2动断辅助触点打开，与KM1互锁，动合辅助触点闭合，为KA2得电做好准备；KA4另一个动合辅助触点闭合为KM3得电做好准备。

电动机进入反接制动后转速迅速下降，当转速小于100r/min时，速度继电器的正转动合触点KS—1恢复常开状态，使KA1失电。

这时，KM2继续得电。在电动机正转速度降低为零后，电动机串电阻R反向启动，当电动机转速大于120r/min后，速度继电器反转动合触点KS—2闭合，使KA1得电并自锁，其动合触点闭合。一个使KM3得电，其主触点闭合，短接电阻R，电动机全压反向运行。

此后如果按下正转启动按钮SB2，则电动机首先反接制动，然后正向启动。详细过程请读者自行分析。

二、能耗制动控制电路

能耗制动是电动机脱离三相交流电源后，给定子绕组加一直流电源，以产生静止磁场，起阻止旋转的作用，达到制动的目的。能耗制动比反接所消耗的能量小，其制动电流比反接制动时小得多。能耗制动适用于电动机能量较大，要求制动平稳和制动频繁的场合，但能耗制动需要直流整流装置，如门座起重机，采用能耗制动匀速落货，为了获得更稳定的直流，采用三相变压器，利用多相桥式整流电路进行整流。

图5-18所示为时间原则控制的单向能耗制动控制电路。

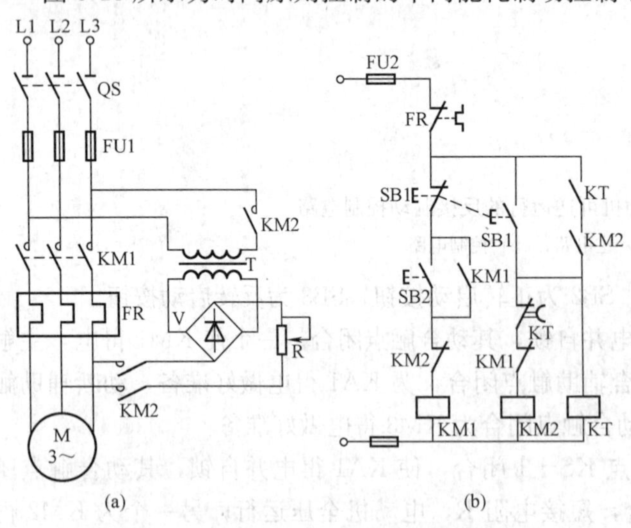

图5-18 时间原则控制的单向能耗制动电路

(a) 主电路；(b) 控制电路

(1) 主电路。QS为闸刀开关，作电源控制作用，FU为熔断器，起短路保护作用。KM1为正常运行接触器，KM2为直流电源接触器，KT为启动时间继电器（通电延时）。T为变压器，V为桥式整流器，提供直流电源。KM1与KM2不能同时得电。

(2) 控制电路。按下启动按钮SB2，KM1得电并自锁。其辅助动断触点打开，与KM2互锁，主触点闭合，电动机启动并正常运行。

在电动机正常运行的时候，若按下停止按钮SB1，电动机由于KM1断电释放而脱离三相交流电源。直流电源由于接触器KM2线圈通电、主触点闭合而加入定子绕组。时间继电器 KT 线圈与 KM2 线圈同时通电并自锁，电动机进入能耗制动状态。当其转子的惯性速度接近零时，时间继电器延时打开的动断触点断开接触器 KM2 的线圈电路。由于 KM2 动合辅助触点的复位，时间继电器 KT 线圈的电源也被断开，电动机能耗制动结束。

第六节 三相异步电动机的调速控制

为使生产机械获得更大的调速范围，除采用机械变速外，还可采用电气控制方法实现电动机的多速运行。

由电机原理可知，感应电动机转速 $n=60f_1(1-s)/P$ 可知，电动机转速与定子绕组的极对数、转差率及电源频率有关。因此，三相异步电动机调速方法有变极对数、变转差率和变频调速三种。变极调速一般仅适用于笼型异步电动机；变转差率调速可通过调节定子电压、改变转子电路中的电阻以及采用串级调速来实现；变频调速是现代电力传动的一个主要发展方向，已广泛应用于工业自动控制中。本节介绍三相笼型异步电动机变极调速控制电路和三相绕线型转子电动机串电阻调速控制电路以及三相异步电动机变频调速的基础知识。

一、变极调速控制电路

变极调速是通过接触器触点来改变电动机绕组的接线方式，以获得不同的极对数来达到调速目的。变极电动机一般有双速、三速、四速之分。双速电动机定子装有一套绕组，而三速、四速电动机则为两套绕组，图 5-19 所示为双速电动机三相绕组接线图，图 5-19（a）为三角形（4 极，低速）与双星形（2 极，高速）接法；图 5-19（b）为星形（4 极，低速）与双星形（2 极，高速）接法。

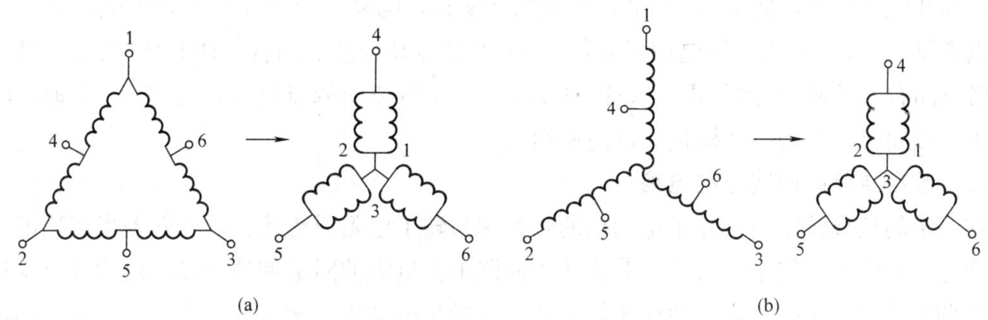

图 5-19 双速电动机三相绕组连接图

（a）三角形—双星形；（b）星形—双星形

由图 5-19 可知，无论三角形接法还是星形接法，1、2、3 端接电源，4、5、6 端悬空，即为 4 极低速；1、2、3 端接在一起，4、5、6 端接电源，即为 2 极高速。

图 5-20 所示为双速电动机变极调速控制电路。

（1）主电路。QS 为闸刀开关，起电源控制作用，FU1 为熔断器，起短路保护作用，FR 为热继电器，起过载保护作用，KM1 为电动机低速运行接触器，KM2 和 KM3 为电动机高速运行接触器。要求 KM1 和 KM2、KM3 不能同时得电。

（2）控制电路：SA 为高低速转换开关，KT 为电动机低速转高速时间继电器，通电延时。

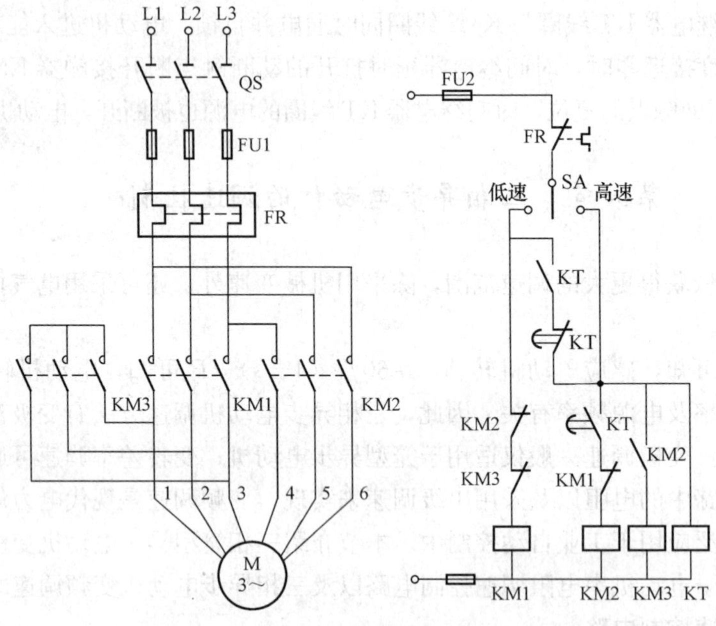

图 5-20　双速电动机变极调速控制电路

接通控制电源，将 SA 拨向“低速”，KM1 得电，其主触点闭合，电动机 4 极接法，低速运行。其动断辅助触点断开，与 KM2 互锁，KM3 也不能得电。将 SA 拨向“高速”，KT 首先得电，其瞬时动合触点闭合，使 KM1 得电，电动机低速运行。经过一定的延时，KT 的延时动断触点打开，使 KM1 失电，其主触点断开，电动机退出 4 极运行方式，其动断辅助触点恢复闭合，为 KM2 得电做好准备。KT 的延时动合触点闭合，使 KM2 得电，其动合辅助触点闭合，KM3 线圈得电。KM2 和 KM3 的动断辅助触点打开，与 KM1 互锁，两接触器主触点闭合，电动机 2 极接法，高速运行。

二、改变转差率调速控制电路

在一定的负载转矩下，异步电动机的转差率与转子电阻成正比。改变转差率调速的方法有改变电压和定子、转子参数等。改变转子回路串接电阻的阻值调速就是通过改变电动机转差率来调速的方法之一，它只适用于转子绕线型异步电动机。转子回路在一定的范围内串电阻还可以增大启动转矩。

1. 用主令控制器控制绕线型异步电动机的电路

主令控制器通过控制接触器的动作来控制整个电路，配用不同形状的凸轮，则可改变触点的关合次序，因此主令控制器可根据需要进行各种较复杂的控制。

先以对称切阻启动的电路为例，说明主令控制器的控制原理，如图 5-21 所示。

（1）主电路。过流继电器 KA1 与 KA2 作过载和启动延时保护，YA 为抱闸制动器电磁铁，KM1 为正转接触器，KM2 为反转接触器，KM3、KM4、KM5 为短接启动电阻接触器，可根据需要进行启动，调速和制动。电路要求 KM1 和 KM2 不能同时得电。

（2）控制线路。当主令控制器的手柄在零位时，触点 K0 接通，电压继电器 KV 得电，并自锁。将主令控制器的手柄拨到正转第一挡时，K0 断开，K1 闭合。电压继电器 KV 仍保

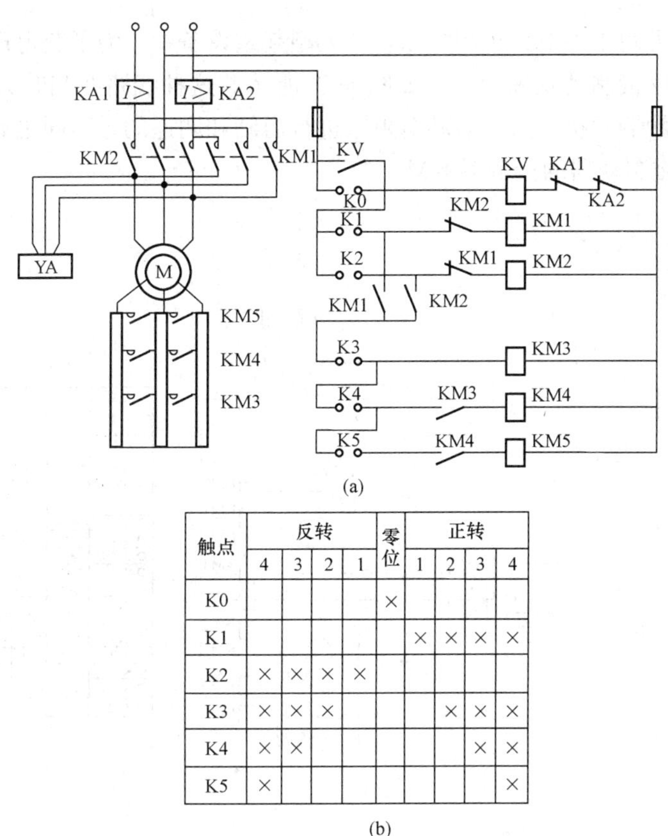

触点	反转				零位	正转			
	4	3	2	1		1	2	3	4
K0					×				
K1						×	×	×	×
K2	×	×	×	×					
K3	×	×	×				×	×	×
K4	×	×						×	×
K5	×								×

(b)

图 5-21 用主令控制器控制对称切阻电路

（a）控制电路；（b）触点状态

持激磁。KM1 主触点闭合，YA 得电，电磁抱闸打开，电动机在串接全阻下启动。KM1 动合辅助触点闭合为加速接触器得电准备条件，动断辅助触点打开，使反向接触器 KM2 线圈开路，实现互锁。

当主令控制器手柄拨到正转第二挡时，触点 K1 仍接通，K3 也接通，加速接触器 KM3 得电，将第一级启动电阻短接，电动机第一次加速运行。KM3 动合辅助触点的闭合，为 KM4 得电做好准备。

当主令控制器的手柄拨到正转第三挡时，除 K1、K3 接通外，K4 也接通，KM4 得电短接了第二级启动电阻，电动机第二次加速运行。KM4 的动合辅助触点闭合，为 KM5 得电做好准备。

当主令控制器的手柄拨到正转第四挡时，又将 K5 接通。KM5 得电切除了最后一级电阻，电动机最后一次提速后，在额定转速下运行。

如果需要调速，可将主令控制器的手柄拨到不同的挡位，以调整转子回路中的电阻来实现。如果需要反接制动，则可将主令控制器手柄拨到反转，不同的挡位的效果也不相同。

反向启动的情形与正转类似，可自行分析。

这种对称可逆电路适用于起重设备中的平移及旋转机构，也可用于不需要具有较低下降速度的起升机构中。

主令控制器还可用于不对称控制电路，在大型起重设备中，为了获得理想的低速，在对称电路的基础上加反接制动发展而成，如图 5-22 所示。这种线路在起升方面与对称线路没有差别，也是由接触器短接、放开启动电阻来进行启动和调速的。不同之处是特别用了一个触点 K4 来控制电磁制动器的接触器 KM3。

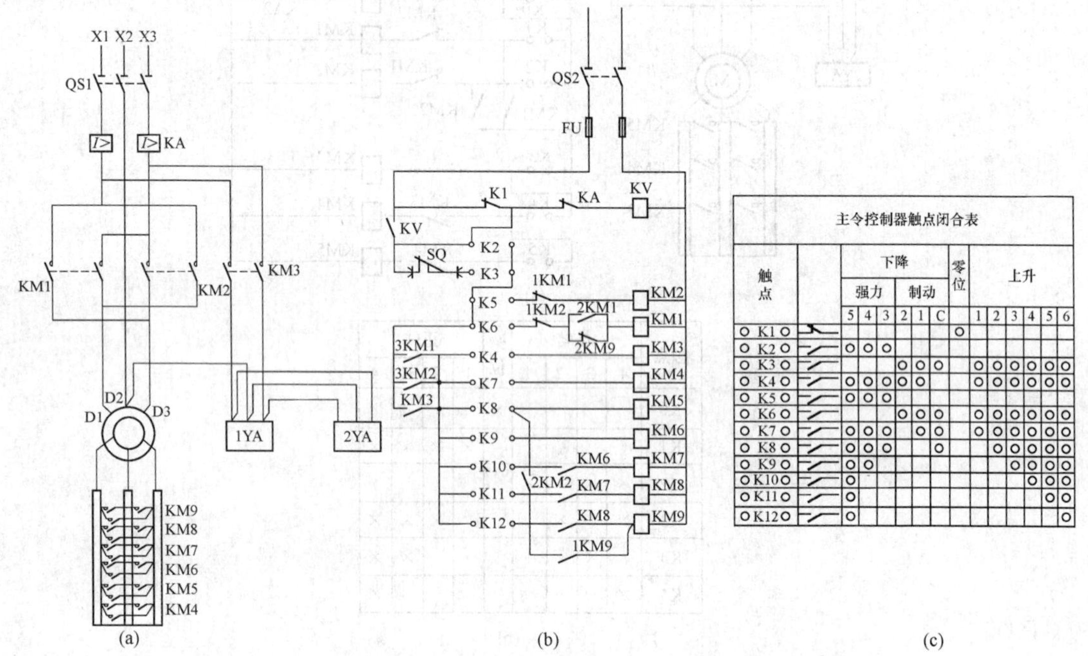

主令控制器触点闭合表

触点		下降 强力 5	4	3	制动 2	1	C	零位	上升 1	2	3	4	5	6
K1								○						
K2		○	○	○										
K3					○	○	○		○	○	○	○	○	○
K4		○	○	○	○	○			○	○	○	○	○	○
K5		○	○	○										
K6					○	○	○		○	○	○	○	○	○
K7		○	○	○		○	○		○	○	○	○	○	○
K8		○	○	○			○			○	○	○	○	○
K9		○	○								○	○	○	○
K10		○										○	○	○
K11		○											○	○
K12		○												○

图 5-22　用主令控制器控制不对称电路

(a) 主电路；(b) 控制电路；(c) 触点闭合表

现将下降控制情况叙述如下：

(1) 主令控制器“C”、“1”、“2”为倒拉反接制动挡，用于重载或满载时慢速下降。“3”、“4”、“5”用于空钩或轻载的强力下降，同时“5”挡也可兼作在负载较重时的回馈制动用。

(2)“C”挡的作用。手柄拨至“C”挡，K3、K6、K7、K8 闭合，上升限位开关 SQ 投入工作，防止空钩或轻载在“1”、“2”挡时的回升。反接制动接触器 KM4、KM5 线圈得电，将两级倒拉反接制动电阻切除，配合“1”、“2”挡的速度选择。起升接触器 KM1 得电，电动机有向起升方向的转矩，由于 KM3 未得电，电磁抱闸仍处于制动状态，转子回路中串接全部启动电阻，为倒拉制动做好准备。不能在此挡久留，以防电动机在堵转状态下时间过长而烧毁。

(3) 倒拉制动的控制。当手柄拨至下降第二挡“1”位时，K4 闭合 KM3 得电，抱闸松闸，K8 的分断使 KM5 失电。将第一段反接制动电阻回串，若此时负载足够大，电动机作倒拉制动运行。重载慢速下降，如负载不太重，嫌制动速度较慢，可将手柄拨至“2”位，触点 K7 断开，KM4 释放，将反接制动电阻全部回串于转子回路，电动机制动力矩减小，制动下降速度增大。可以在该两挡中选择合适的制动下降速度。

(4) 强力下降的控制。强力下降时，可用第四挡“3”及第五挡“4”位。加速度仍嫌慢，也可摇至最后一挡“5”位，并在该三挡中选用合适速度。

手柄拨在下降第四挡“3”位时，K3 断开，K2 闭合，将上升终点限位开关 SQ 从控制回路中切除，因无上升可能，故而不需要保护了。K6 断开，K5 闭合，上升接触器 KM1 失电，下降接触器 KM2 得电。K7、K8 闭合，KM4、KM5 得电，切除全部反接制动电阻，电动机在串全阻下，使空钩或轻载强力下降。制动接触器 KM3 的线圈通过动合触点自锁，以避免由于 KM1 和 KM2 换接时可能发生的短暂失电。

手柄拨在下降第五挡“4”位时，触点 K9 闭合，接触器 KM6 得电，切除第一段启动电阻，加快了强力下降速度。

手柄拨至下降最后一挡时，K10、K11、K12 闭合，KM6 动合触点闭合，KM7 得电，KM7 闭合 KM8 得电，KM9 也得电闭合，电阻全部切除，仅留最后一段常接电阻，使电动机获得较软的特性。空钩轻载强力下降速度增至最高。

如行程较长，载荷较重时，它又可用作回馈制动下降，操作时应一拨到底，不应在“3”、“4”两挡停留，否则速度太快，易出事故。

回馈制动结束，手柄从“5”位拨回到零位，为了避免回经“4”、“3”位时出现的高速，线路安排由接触器 KM2 的辅助触点 2KM2 与接触器 KM9 动合触点串联自锁，保证了虽手柄拨经“4”、“3”两位，电动机仍运行在相应手“5”位的特性曲线上，平稳地转入反接制动各挡。当手柄由下降方向拨至零位经由“C”挡时，电动机仍存在向上转矩，承担着重物制动时的冲力，从而可减轻电磁抱闸的负担，避免溜钩，实现准确停车。

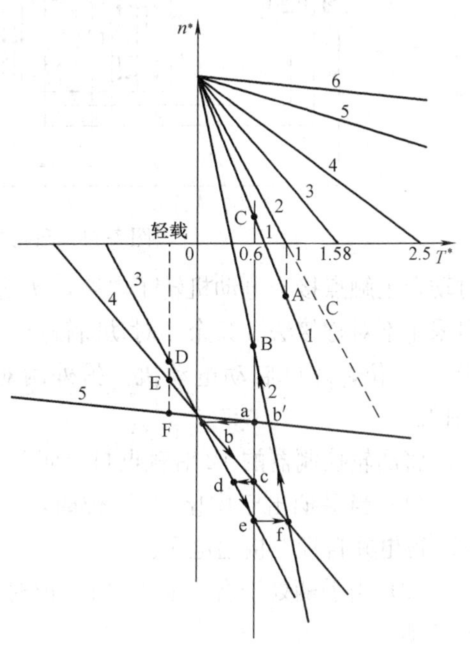

图 5-23　主令控制器控制不对称电路电动机特性曲线

串联在 KM1 线圈回路的 KM9 动断触点 2KM9 与 KM1 的动合辅助触点 2KM1 自锁并联电路，保证了接触器 KM2 释放后，KM9 断开时，在转子电路中串接部分附加电阻，起升接触器 KM1 才能得电并自锁，防止了反接时的直接启动。

图 5-23 所示为以上控制电路电动机机械特性典型曲线（仅画出稳定区的直线部分）。第Ⅰ象限的 1～6 各线段与上升 1～6 各挡相应。第Ⅲ象限和第Ⅳ象限的 C～5 各线段与下降 C～5 相对应。

以上的回馈制动和倒拉制动普遍的应用于大型机械的起升机构中。

2. 用凸轮控制器控制

图 5-24 所示为凸轮控制器控制电动机调速电路。图中，QS 为电源开关，KM 为线路接触器，KA 为过电流继电器，SQ1、SQ2 分别为向前、向后限位开关，SA 为凸轮控制器。

凸轮控制器左右各有 5 个工作位置，中间为零位，其上共有 9 对动合主触点，3 对动断触点，其中 4 对动合主触点接于电动机定子电路进行换相控制，以实现电动机正反转；另 5

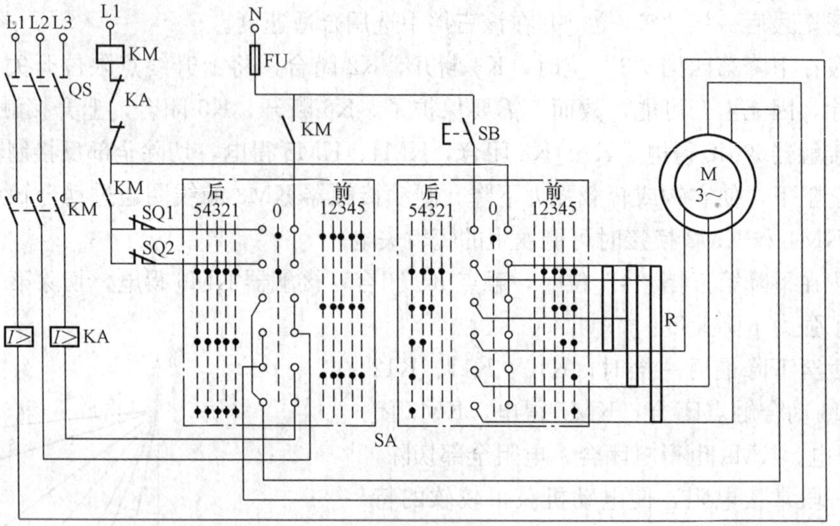

图 5-24 凸轮控制器控制电动机调速电路

对动合主触点接于电动机转子电路，实现转子电阻的接入和切除以获得不同的转速，转子电阻采用不对称接法。其余 3 对动断触点，其中一对用以实现零位保护，即控制器手柄必须置于“0”位，才可启动电动机。另外两对动断触点与 SQ1 和 SQ2 限位开关串联实现限位保护。

将凸轮控制器的 12 对触点自上而下、从左到右进行编号为：1～6，7～12。

(1) 当手柄出于中坚“0”位时，1、2、7 三对触点接通。按下启动按钮 SB，接触器 KM 得电并自锁，接通电源。

(2) 当手柄处于右边前进“1”位时，1、3、5 三对触点接通。电动机带着全部电阻正向启动。

(3) 手柄处于右边前进“2～5”位时，1～6 触点状态不变，电动机一直保持正转。“2”位时触点 8 接通，切除右边电阻的一段，电动机第一次加速。“3”位时，触点 9 接通，切除中间电阻的一段，电动机第二次加速。“4”位时，触点 10 接通，将左边电阻全部切除，电动机第三次加速。“5”位时，触点 11、12 同时接通，剩余电阻全部切除，电动机最后一次加速后高速稳定运行。

(4) 手柄处于左边后退“1”位，2、4、6 触点接通。电动机接三相交流电相序改变；电动机带着全部电阻反向启动。

(5) 手柄处于左边后退“2～5”位，1～6 触点状态不变，电动机一直保持反转，与右边前进“2～5”位一样，凸轮控制器分别把转子电阻分段切除，电动机反转速度逐步提高。

电路具有过流、失压、短路、极限位置等保护环节。其中主电路的过流保护由串接在主电路中的过流继电器 KA 来实现，其控制触点串接在接触器 KM 的控制回路中，一旦发生过电流，KA 动作，KM 失电切断控制回路电源。由 KM 线圈和零位触点串联来实现失压保护。操作中一旦断电，KM 释放，必须将操作手柄扳回零位，并重新按下启动按钮方能工作。控制电路的短路保护由 FU 实现。串联在控制回路中的 SQ1 和 SQ2 分别是前进极限位置和后退极限位置保护开关。

三、变频调速控制电路

(一) 变频器的基本构成及工作原理

变频器分为交—交和交—直—交两种形式。交—交变频器可将工频交流直接变换成频率、电压均可控制的交流，又称直接式变频器。而交—直—交变频器则是先把工频交流电通过整流器变成直流电，然后再把直流电变换成频率、电压均可控制的交流电，它又称为间接式变频器。我们的目的是研究通用变频器，所以主要研究交—直—交变频器（以下简称变频器）。

变频器的基本构成如图 5-25 所示，由主电路和控制电路组成，分述如下：

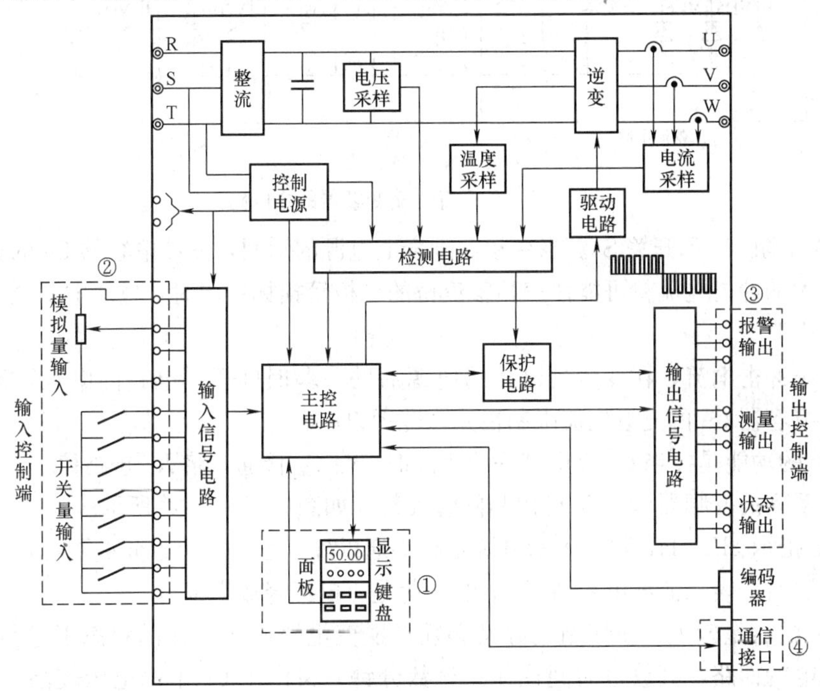

图 5-25 变频器的基本原理图

1. 主电路

交—直—交变频器的主电路如图 5-26 所示，由整流电路、能耗电路和逆变电路组成。

(1) 整流电路。

1) 整流管 VD1～VD6。在图 5-26 中，二极管 VD1～VD6 组成三相整流桥，将电源的三相交流电全波整流成直流电。如电源的线电压为 U_L，则三相全波整流后平均直流电压 U_D 的大小是

$$U_D = 1.35U_L$$

我国三相电源的线电压为 380V，故全波整流后的平均电压是

$$U_D = 1.35 \times 380V = 513V$$

2) 滤波电容器 C_F。图 5-26 中的滤波电容器 C_F 有两个功能：一是滤平全波整流后的电压纹波；二是当负载变化时，使直流电压保持平稳。由于受到电解电容的电容量和耐压能力的限制，滤波电路通常由若干个电容器并联成一组，又由两个电容器组串联而成，如图5-26

中的 C_{F1} 和 C_{F2}。

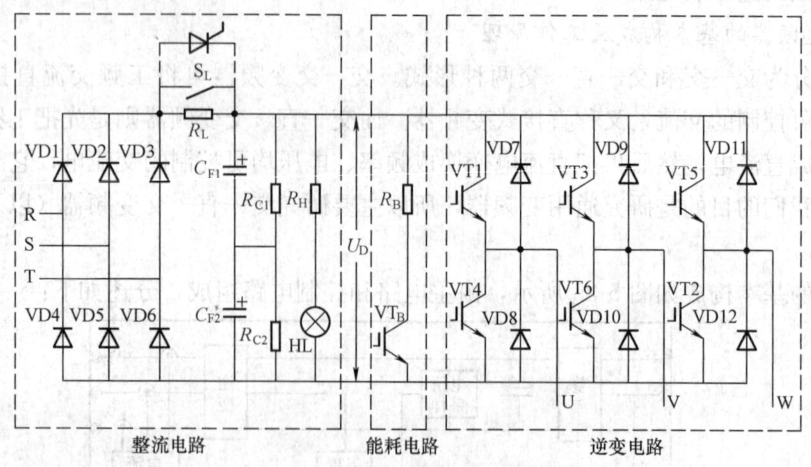

图 5-26 交—直—交变频器的主电路

3）限流电阻 R_L 和开关 S_L。当变频器刚合上电源的瞬间，滤波电容器 C_F 的充电电流是很大的。过大的冲击电流将可能使三相整流桥的二极管损坏；同时，也使电源电压瞬间下降而受到“污染”。

为了减小冲击电流，在变频器刚接通电源后的一段时间里，电路内串入限流电阻 R_L，其作用是将电容器 C_F 的充电电流限制在允许范围以内。

开关 S_L 的功能是：当 C_F 充电到一定程度时，令 S_L 接通，将 R_L 短路掉。

许多新系列的变频器里，S_L 已由晶闸管代替，如图 5-26 中虚线所示。

4）电源指示 HL。HL 除了表示电源是否接通以外，还有一个十分重要的功能，即在变频器切断电源后，表示滤波电容器 C_F 上的电荷是否已经释放完毕。

由于 C_F 的容量较大，而切断电源又必须在逆变电路停止工作的状态下进行，因此 C_F 没有快速放电的回路，其放电时间往往长达数分钟。又由于 C_F 上的电压较高，如不放完，对人身安全将构成威胁。故在维修变频器时，必须等 HL 完全熄灭后才能接触变频器内部的导电部分。

（2）能耗电路。电动机在工作频率下降过程中，将处于回馈制动状态，拖动系统的动能要反馈到直流电路中，使直流电压 U_D 不断上升，甚至可能达到危险的地步。因此，必须将再生到直流电路的能量消耗掉，使 U_D 保持在允许范围内。图 5-26 中的制动电阻 R_B 就是用来消耗这部分能量的。

制动单元 VT_B 由 GTR 或 IGBT 及其驱动电路构成。其功能是为放电电流 I_B 流经 R_B 提供通路。

另一种方法就是将变频器的整流器换成能分别进行整流和逆变的变流器，将这部分再生电能逆变成与电网同频率、同相位的交流电回馈给电网。只有在大型设备如集装箱岸吊和轨道吊才采用。

（3）逆变电路。

1）逆变管 VT1～VT6。逆变管 VT1～VT6 组成逆变桥，把 VD1～VD6 整流所得的直流电再逆变成频率可调的交流电。这是变频器实现变频的具体执行环节，因而是变频器的核心部分。

当前常用的逆变管有绝缘栅双极型晶体管（IGBT）、电力晶体管（GTR）、门极关断（GTO）晶闸管以及电力 MOS 场效应晶体管（MOSFET）等。在中小型变频器中最常采用的是 IGBT 管。

2）续流二极管 VD7～VD12。其主要功能有：

①电动机的绕组是电感性的，其电流具有无功分量。VD7～VD12 为无功电流返回直流电源时提供“通道”。

②当频率下降、电动机处于回馈制动状态时，再生电流将通过 VD7～VD12 整流后返回给直流电路。

③VT1～VT6 进行逆变的基本工作过程是，同一桥臂的两个逆变管处于不停地交替导通和截止的状态。在这交替导通和截止的换相过程中，也不时地需要 VD7～VD12 提供通路。

2. 控制电路

变频器的控制电路主要以 16 位、32 位单片机或 DSP 为控制核心，从而实现全数字化控制。它具有设定和显示运行参数、信号检测、系统保护、计算与控制、驱动逆变管等作用。

(1) 驱动电路。主要包括 PWM 信号分配电路、输出信号电路等。主要作用是产生符合系统控制要求的驱动信号，驱动控制单元受单片机的中央处理单元（CPU）的控制。驱动电路一般有以下几种方式：分立插脚式元件组成的驱动电路、光耦驱动电路、厚膜驱动电路、专用集成块驱动电路等。

(2) 主控电路。变频器控制的核心部分是由单片机构成的中央处理单元组成，包括控制程序、控制方式等。外部的控制信号、内部的检测信号、用户的参数设定等送到 CPU，经 CPU 处理后，对变频器进行相关的控制。

(3) 保护及报警单元。变频器通常都有故障自诊断功能和自保护功能。当变频器出现故障或输入、输出信号异常时，由中央处理单元控制驱动控制单元，改变驱动信号，使变频器停止工作，实现自我保护功能。

(4) 参数设定和监视单元。该单元主要由操作面板（见图 5-25 中的①）组成，包括液晶显示屏和键盘。用于对变频器的参数设定和监视变频器当前的工作状态，并显示故障代码。

(5) 控制电源。为控制电路提供直流电源。其内部电源具有电压稳定性好，抗干扰能力强等优点，并与主电路有很好的电气隔离。

(6) 外部端子。外部端子包括主电路端子（R、S、T，U、V、W）和控制电路端子。其中控制电路端子又分为输入控制端（见图 5-25 中的②）以及输出控制端（见图 5-25 中的③）。输入控制端既可以接受模拟量输入信号，又可以接受开关量输入信号。输出端子有用于报警输出的端子、指示变频器运行状态的端子以及用于指示各种输出数据的测量端子。通信接口（见图 5-25 中的④）用于变频器和其他控制设备的通信。

（二）变频器的配套设备

为了保证变频器安全、高效、高功率因数的工作，做到电磁兼容，必须合理选用变频器的配套设备。图 5-27 所示为变频器的配套设备。

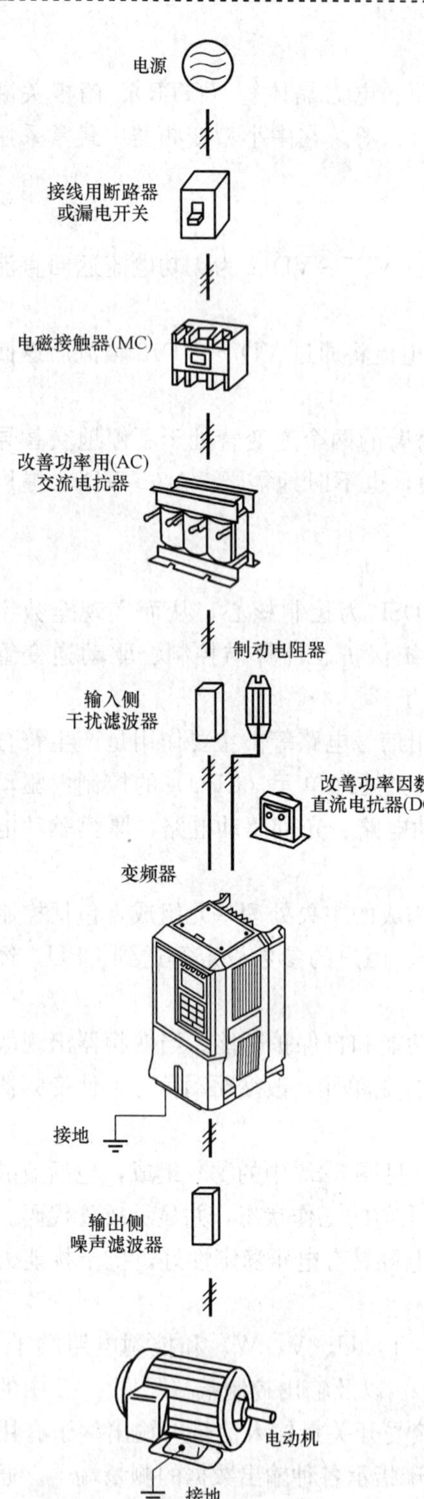

图 5-27 变频器的配套设备

1. 抗干扰设备

一方面，变频器是电力电子设备，有电子元器件、计算机芯片，易受外界的一些电气干扰；另一方面，变频器本身输入侧是一个非线性整流电路，对电源的波形将有影响，变频器输入、输出侧电压，电流含有丰富的谐波。这就是说变频器投入运行既要防止外界干扰它，又要防止它干扰外界，因此需要配套抗干扰设备。

(1) 交流电抗器。主要是为了防止电源电网上的干扰，其特点是要求电抗器自身分布电容小，自身谐振点要避开抑制频率范围，使干扰电压减小，但又要保证工频电压降在 2%以下，功耗又要小。接入后还可以改善输入电流波形，提高功率因数，降低输入电流和高次谐波，尤其是 5 次和 7 次谐波。

(2) 直流电抗器。当配电变压器输出电压三相不平衡，且不平衡率大于 3%时，变频器电流的峰值就很大，则会造成连接变频器的电线过热，或变频器过压及过流，或损坏二极管及电解电容。此时，除在变频器交流侧加装电抗器外，还需在直流侧加装直流电抗器。接入直流电抗器还可以改善变频器输入的功率因数。有些变频器已内置直流电抗器，无需外接。

(3) 电源滤波器。主要是为防止对电源和其他电气设备的干扰。分为电源端用滤波器和负载端用滤波器。

2. 制动电阻与制动单元

小功率变频器的制动开关元件在变频器内部，制动电阻外接。

大功率变频器快速制动时流过制动电阻的电流很大，当此电流超过变频器内部开关元件的容量时，就要外设制动单元。

制动单元主要由电平检测器和大功率开关元件组成。配以大功率的制动电阻，完成消耗能量和保护变频器的任务。必要时，可将两个制动单元并联使用。

(三) MQ25-33 变频调速式变幅控制

如图 5-28 所示，变幅机构主回路三相电源经 L1Q1 开关、L1IND 输入电抗器输入到变幅变频器 R、S、T 端作为变频器输入电源，变频器进行速度调整后，从 U、V、W 端输出到变幅电动机进行速度控制，电动机减速、停止时反馈到直流母线上能量由制动单元 ZD1、ZD2 经过制动电阻按要求进行能量释放。

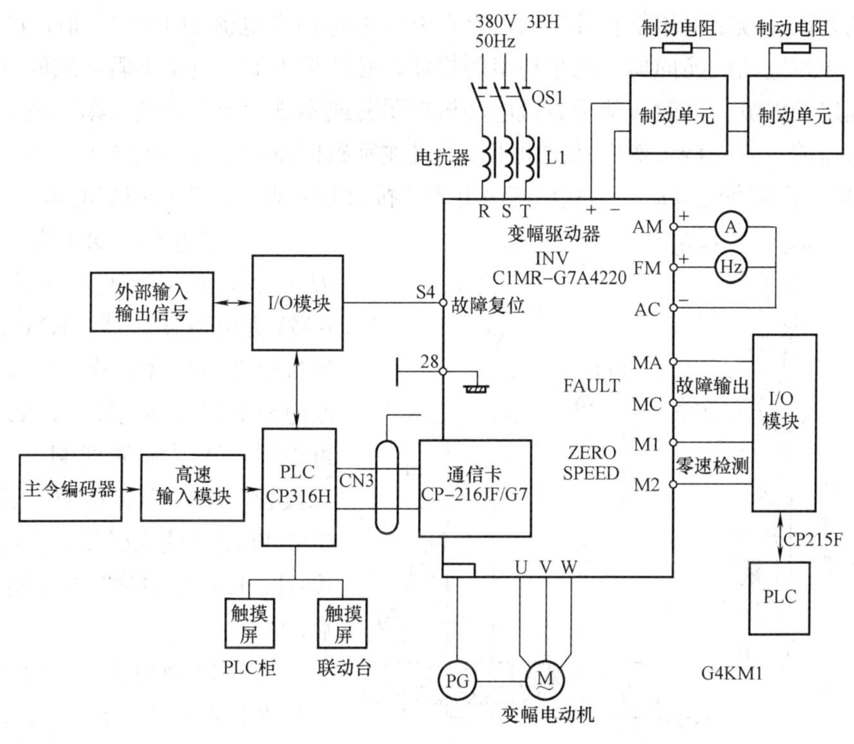

图 5-28　变幅机构控制原理图

变幅机构各按钮、开关、接触器和继电器的反馈触点、低压断路器的反馈触点、限位等外部输入设备以及接触器、继电器和电磁阀的线圈、指示灯等外部输出设备，经 I/O 输入、输出模块进出 PLC，经严格的逻辑控制后进行机构的可靠控制，当机构发生故障时，PLC 马上停止变频器运行，同时制动器紧急制动，并通过安装于司机室和 PLC 柜的触摸屏进行故障显示，当故障排除后，司机按下故障复位按钮，PLC 输出复位信号对变频器进行复位。

变幅主令编码器输出的速度信号经高速模块进入 PLC，经转换、计算等一系列控制后由 CN3 通信端口进入变频器进行速度控制，由与变幅电动机同轴连接的增量型光电编码器 PG（PULSE GENERATOR）将电动机速度信号反馈给变频器进行闭环控制，同时经 CN3 通信端口反馈到 PLC 进行机构的运算控制，构成 PLC 和变频器全数字交流变频调速系统。

第七节　直流电动机电气控制

直流电动机具有良好的启动、制动与调速性能，容易实现各种运行状态的自动控制。因此在工业生产中直流拖动系统得到了广泛的应用，直流电动机的控制已成为电力拖动自动控制的重要组成部分。

直流电动机有串励、并励、复励和他励 4 种，其控制电路基本相同。本节仅介绍直流他励电动机的启动、制动和调速的电气控制。

一、启动控制电路

直流电动机在额定电压下直接启动，启动电流可达额定电流的10～20倍，产生很大的启动转矩，导致电动机换向器和电枢绕组的损坏，必须采用加大电枢电阻或减低电枢电压的方法来限制启动电流。同时，他励直流电动机在弱磁或零磁时会产生“飞车”现象，因此在接入电枢电压前，应先接入额定励磁电压，并且在励磁回路中设有弱磁保护环节。

图5-29所示为直流电动机电枢串两级电阻，按时间原则单向启动控制电路。

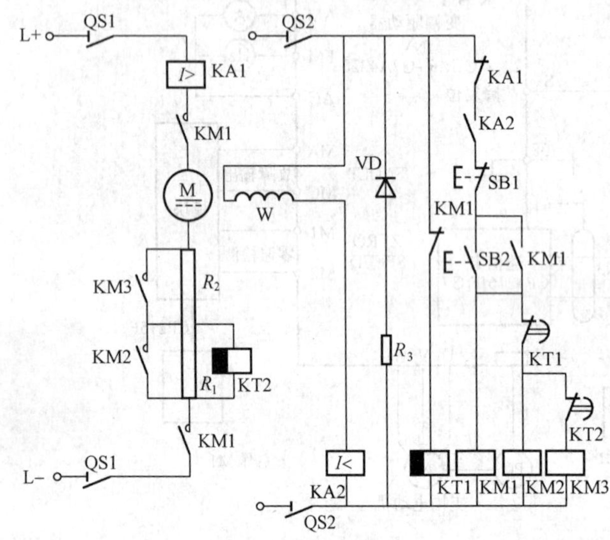

图5-29 按时间原则启动控制电路

（1）主电路。QS1为电源控制闸刀开关，KA1为过电流继电器，KM1为电源接触器，KM2、KM3为短接启动电阻接触器，KT1、KT2为断电延时时间继电器，KA2为欠电流继电器，W为励磁线圈，VD为续流二极管，R_3为放电电阻。要求先接通QS1和QS2建立磁场，然后接触器按KM1、KM2、KM3顺序得电，进行启动。

（2）控制电路。合上电源开关QS1和控制开关QS2，KA2线圈通电吸合，其动合触点闭合；同时，KT1线圈通电吸合，其动断触点断开，切断KM2、KM3线圈控制电路，保证启动串入电阻R_1、R_2。按下启动按钮SB2，KM1通电并自锁，其动合主触点闭合，接通电动机电枢电路，电枢串入二级电阻启动；同时KM1动断触点断开，KT1线圈断电，开始延时为KM2、KM3通电短接电枢回路电阻做准备。在电动机启动的同时，并接在R_1电阻两端的KT2通电，其动断触点打开，使KM3不能通电，确保R_2串入电阻。

经过一段时间延时后，KT1延时闭合触点闭合，KM2线圈通电，短接电阻R_1，电动机转速升高，电枢电流减小，就在R_1被短接的同时，KT2线圈断电，经一定延时，KT2动断触点恢复闭合，KM3通电，短接R_2，电动机再次加速在全电压下稳定运转，启动过程结束。

（3）电动机保护环节。过电流继电器KA1实现电动机过载保护；欠电流继电器KA2实现电动机弱磁保护；电阻R_3与二极管VD构成励磁绕组的放电回路，实现过电压保护。

二、制动控制电路

图5-30所示为直流电动机可逆运行反接制动控制电路。

（1）主电路。QS1为电源控制闸刀开关，KM1、KM2为电动机正反转接触器，KM3、KM4为短接启动电阻接触器，KM5为反接制动接触器，KA1为过电流继电器，KA2为欠电流继电器，KV1、KV2为反接制动电压继电器，R_1、R_2为启动电阻，R_3为放电电阻，R_4为反接制动电阻，KT1、KT2为时间继电器，W为励磁线圈，VD为续流二极管。

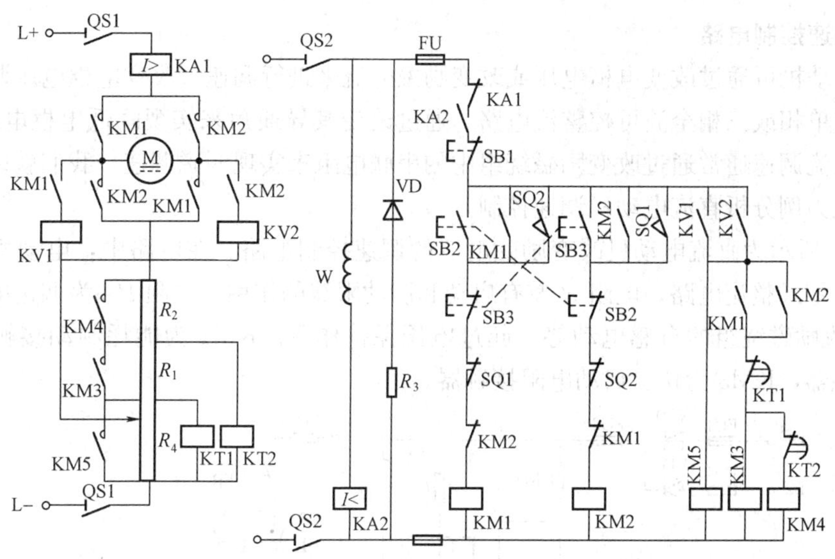

图 5-30　直流电动机可逆运行反接制动控制电路

KM1、KM2 不能同时得电，KM5 主触点在制动时通知打开，在启动时闭合。

该电路为按时间原则两级启动，能实现正反转并通过 SQ1、SQ2 行程开关实现自动往复，在换向过程中能实现反接制动，以加快换向过程。下面以电动机正向变反向运行为例说明电路工作情况。

（2）控制电路。正向变反向运行：电动机正在作正向运转并拖动运动部件作正向移动，当运动部件上的撞块压下行程开关 SQ1 时，KM1、KM3、KM4、KM5、KV1 断电释放，KM2 通电吸合，电动机电枢接通反向电源，反接时的电枢电路如图 5-31 所示。

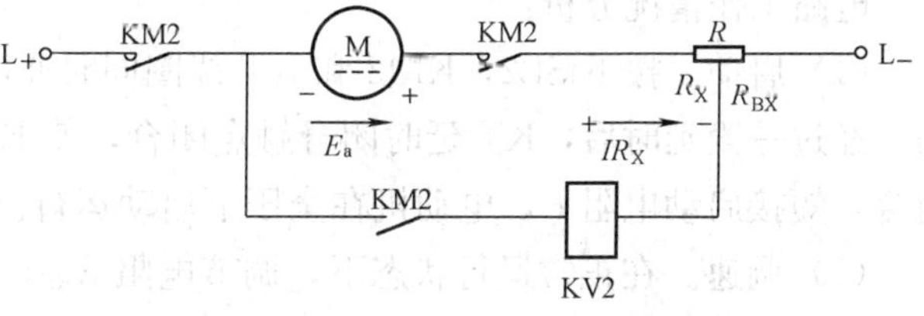

图 5-31　反接时的电枢电路

由于机械惯性，电动机转速及电动势 E_a 的大小和方向来不及变化，且电动势 E_m 方向与电枢串电阻电压降 IR_X 方向相反，此时加在电压继电器 KV2 线圈上的电压很小，不足以使 KV2 吸合，KM3、KM4、KM5 处于断电释放状态，电动机电枢串入全部电阻进行反接制动，电动机转速迅速下降，随着电动机转速的下降，电动机电动势 E_a 迅速减小，电压继电器 KV2 线圈上的电压逐渐增加，当 $n\approx0$ 时，$E_a\approx0$，加至 KV2 线圈电压加大并使其吸合动作，其动合触点闭合，KM5 线圈通电吸合。KM5 主触点短接反接制动电阻 R_4，同时 KT1 线圈断电，电动机串入 R_1、R_2 电阻反向启动，KT1 触点延时闭合，KM3 线圈通电，KM3 主触点短接启动电阻 R_1，同时 KT2 线圈断电，KT2 触点延时闭合，KM4 线圈通电，KM4 主触点短接启动电阻 R_2，进入反向正常运转，拖动运动部件反向移动。

当运动部件反向移动撞块压下行程开关 SQ2 时，则由电压继电器 KV1 来控制电动机实现反向时的反接制动和正向启动过程。

三、调速控制电路

直流电动机可通过改变电枢电压或改变励磁电流来进行调速。改变电枢电压调速通常由晶闸管构成单相或三相全波可控整流电路，通过改变其导通角来实现降低电枢电压的控制；改变励磁电流调速通常通过改变励磁绕组中的串联电阻来实现弱磁调速。我们就以改变电动机励磁电流为例分析直流电动机调速控制。

图 5-32 所示为直流电动机改变励磁电流的调速控制电路。在电路中，电动机的直流电源采用两相零式整流电路，电阻 R 兼有启动和制动限流的作用，电阻 R_{RF} 为调速电阻，电阻 R_2 用于吸收励磁绕组的自感电动势，起过电压保护作用。KM1 为能耗制动接触器，KM2 为电源接触器，KM3 为切除启动电阻接触器。

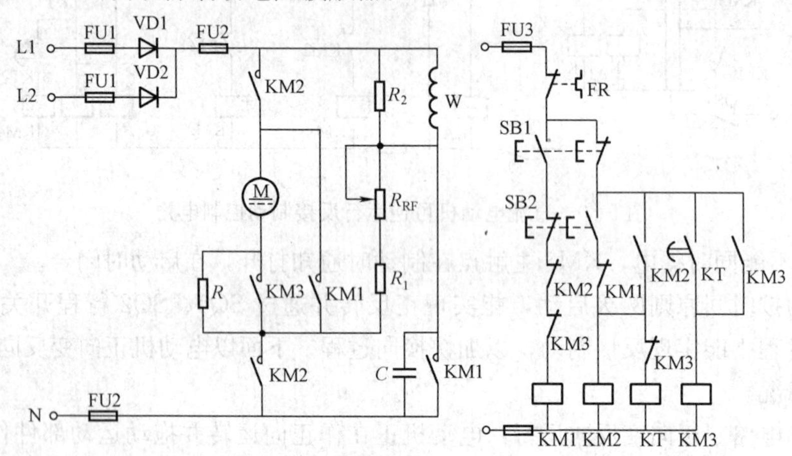

图 5-32　改变励磁电流的调速控制电路

电路工作情况分析：

(1) 启动。按下 SB2，KM2 和 KT 线圈同时通电并自锁，电动机 M 电枢串入电阻 R 启动。经过一段延时后，KT 延时闭合触点闭合，使 KM3 线圈通电并自锁，KM3 动合主触点闭合，短接启动电阻 R，电动机在全压下启动运行。

(2) 调速。在正常运行状态下，调节电阻 R_{RF}，改变直流电动机励磁电流大小，从而改变电动机励磁磁通，实现电动机转速的改变。

(3) 停车及制动。在正常运行状态下，按下 SB1，接触器 KM2 和 KM3 线圈同时断电释放，其动合主触点断开，切断电动机电枢电路；同时 KM1 线圈通电吸合，其动合主触点闭合，通过电阻 R 接通能耗制动电路，而 KM1 另一对动合触点闭合，短接电容器 C，使电源电压全部加在励磁线圈两端，实现能耗制动过程中的强励磁作用，加强制动效果。松开 SB1，制动结束。

思　考　题

1. 电气控制系统图可分为哪几类？各有什么特点？
2. 怎样分析电气原理图？
3. 什么情况下需要互锁控制？实现电动机正、反转互锁控制的方法有哪些？

4. 什么叫自锁控制?
5. 试分析笼型异步电动机星—三角形降压启动线路的工作原理。
6. 绕线型异步电动机转子绕组串接电阻的作用是什么？分析启动控制电路的工作原理。
7. 试分析三相异步电动机能耗制动电路的工作原理。
8. 基频以下和基频以上的变频调速各有什么特点。
9. 试简述变频器的基本组成和各部分的作用。
10. 变频器有哪些配套设备?
11. 试分析直流电动机可逆运行反接制动控制电路的工作原理。

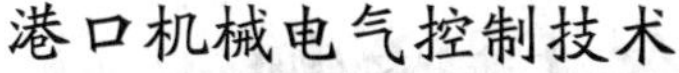

第三篇 港口机械电气设备与控制

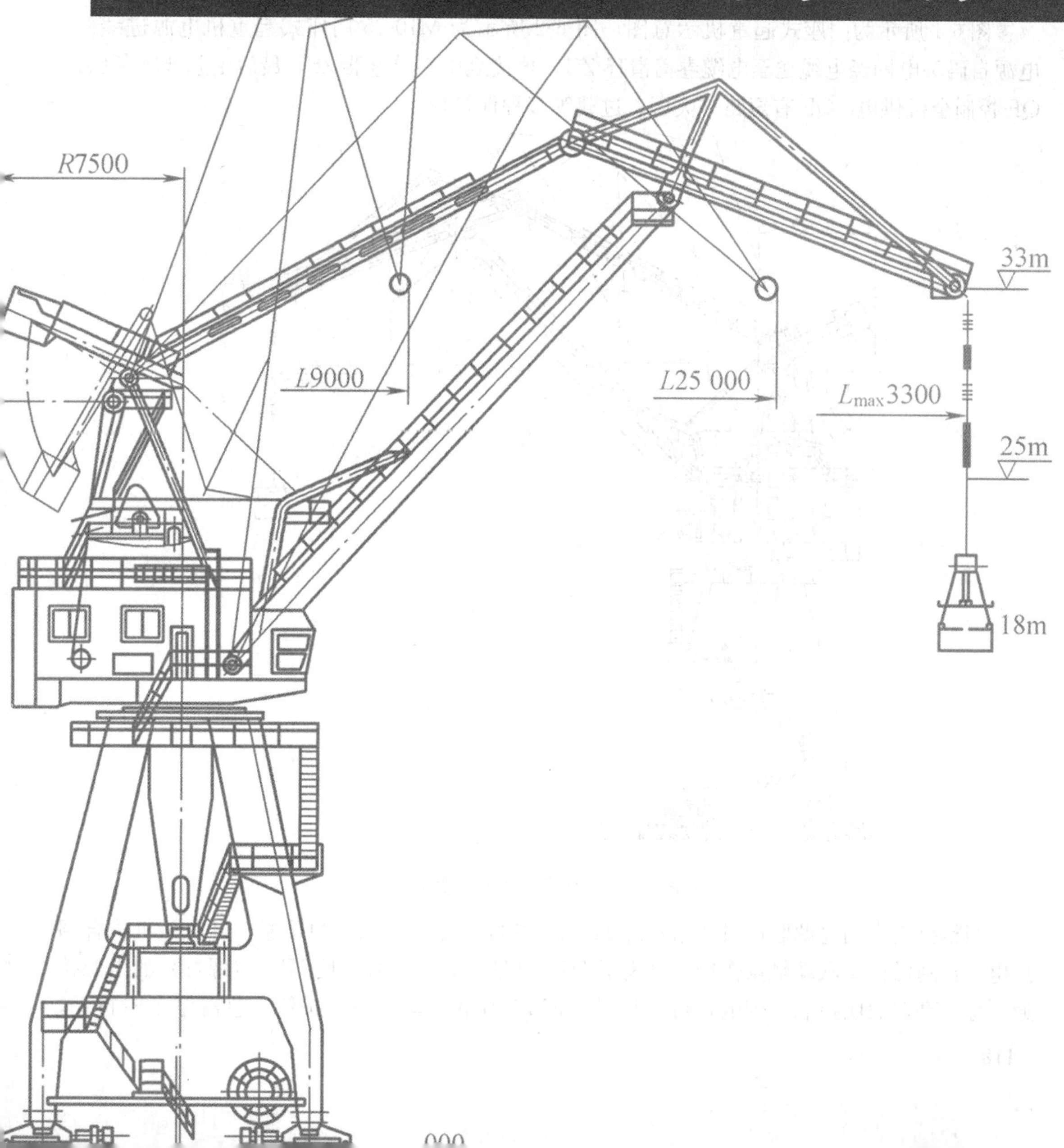

第六章

门座式起重机的电气设备与控制

第一节　常规电气控制门座式起重机

一、供电线路

图 6-1 所示为门座式起重机示意图，图 6-2 所示为 M10-25 门座式起重机电源进线图。电源自码头电网经电缆送至电缆卷筒滑环 ZG，再接至中心受电器 ZS，最后由总低压断路器 QF 控制全机供电。QF 有短路、欠压、过载等多种保护作用。

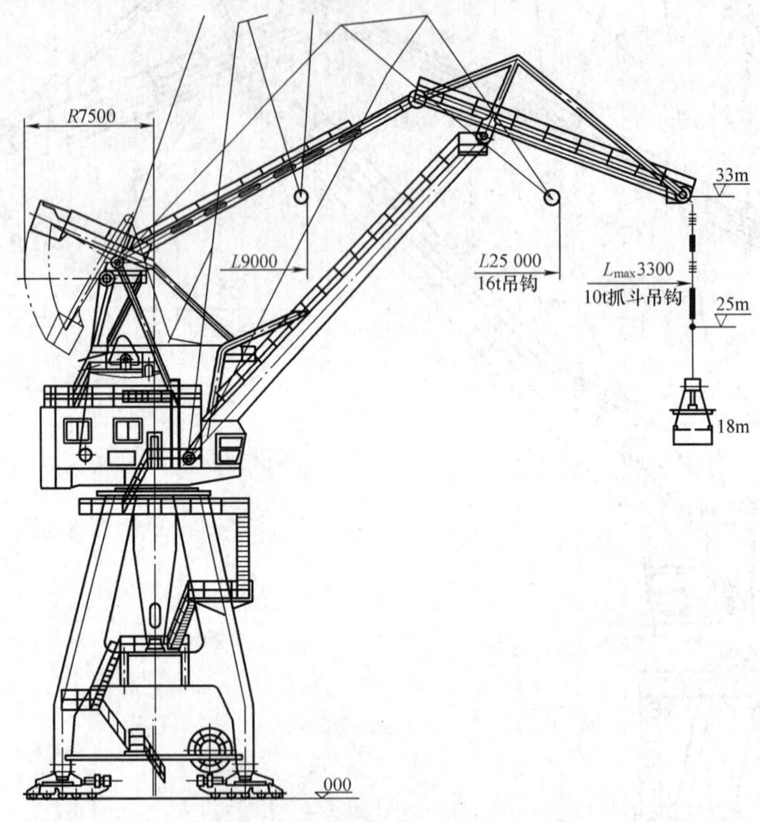

图 6-1　门座式起重机示意图

当整机与电网电源联通时，指示灯 HLR（红灯）亮，表示电源接通，可向各机构合闸送电。合闸后由于联动触点作用，分断了 HLR（红灯）的电源，使 HLG（绿灯）的电源接通，绿灯亮，表明控制屏带电，可以启动，EMS 为事故紧急停车按钮，急需停车时按动，

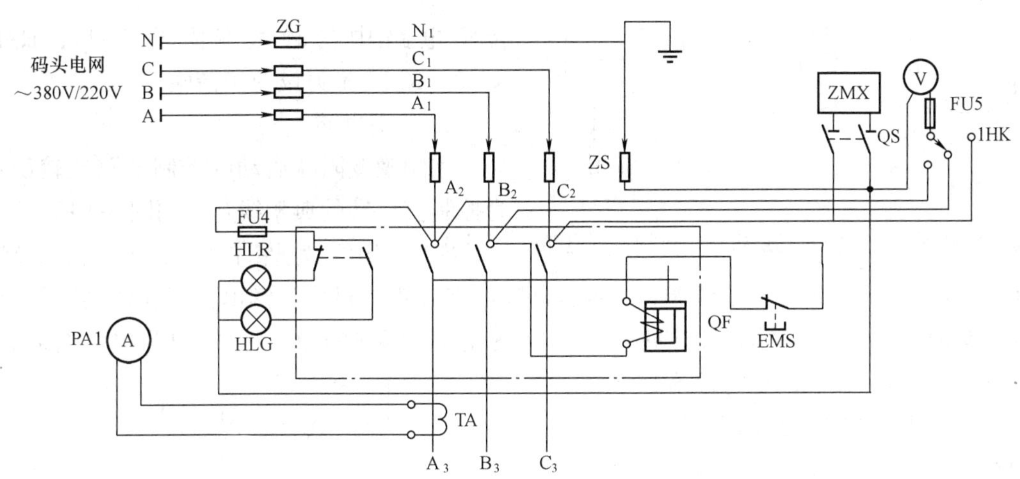

图 6-2 门座式起重机电源进线图

空气断路器即行跳闸，使整机停电。

QS 是照明分电箱 ZMX 的闸刀开关，由电源总低压断路器上端接出。供各路照明用。PA1 是交流电流表，通过电流互感器 TA（600/5）测量门机的总电流。

全机控制线路、照明线路和信号线路电压一般采用 220V。

二、行走机构电气控制

门座式起重机用四台电动机分别驱动四条支腿。门座式起重机机房随臂架旋转，为了减少滑触设备，其行走机构一般用不短接的频敏变阻器启动。为了便于调整行走速度，行走机构一般都采用逐段切阻的启动方法。

现选较典型线路分别介绍。

（一）用频敏变阻器启动的电气线路

门座式起重机行走机构仅用于泊位的移动。很少频繁运行，一般都用频敏变阻器启动，现以 M10-25 型门座式起重机行走机构主电路为例说明，如图 6-3 所示。

1. 主电路

L1、L2、L3 三相电源已由门座式起重机的电缆滑环引至中心滑环接入机房。

电源经闸刀开关 QS 作隔离开关，过流继电器 KA 作过载保护。左右行走接触器 $KM_{左}$ 和 $KM_{右}$ 对四台行走电动机 M1、M2、M3、M4 作总的控制。由于行走电动机安装在支腿上，从 $KM_{左}$、$KM_{右}$ 引出的主电路再由中心受电器 ZS 分别接至四台电动机。1YA、2YA、3YA、4YA 电磁铁分别与相应的电动机 M1、M2、M3、M4 并联。行走机构属重复短时工作，连接在电动机

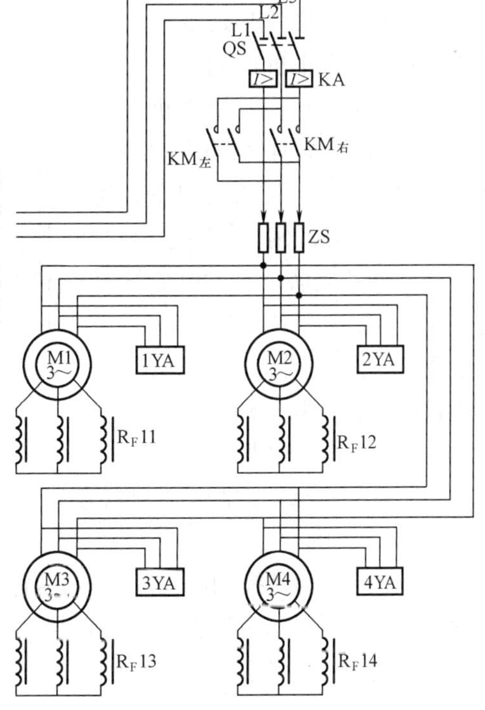

图 6-3 M10-25 型门座式起重机行走机构主电路

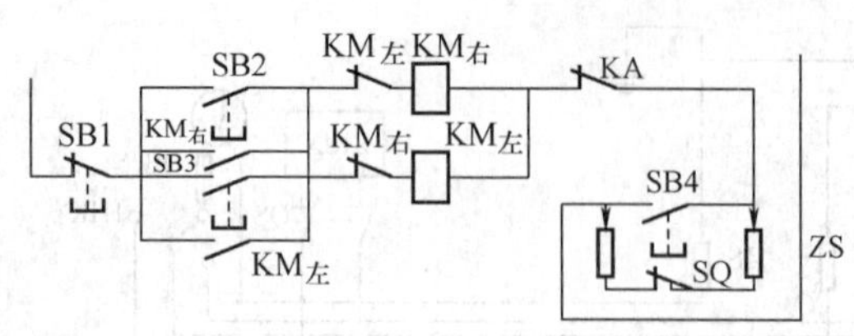

图 6-4　M10-25 门座式起重机行走机构控制电路

转子电路中的频敏变阻器 R_F11、R_F12、R_F13、R_F14 不另设短接措施。

2. 控制电路

用频敏变阻器启动的控制电路比较简单，为控制正反转的典型线路，如图 6-4 所示。

SB3、SB2 为左右行走按钮。KM左、KM右 为左右行走接触器吸引线圈，由各自动断触点互锁。过电流继电器 KA 的动断触点串接在控制回路中，作过电流和短路保护。SQ 为电缆卷筒放缆的极限限位开关，电缆放完时，SQ 被分断，线路失电停车。SQ 位于门架上，因而其回路必须经由中心受电器 ZS 接通。SB4 为超程返回按钮，当电缆放完 SQ 被分断，作倒车用。SB1 为行走总停按钮。

（二）逐段切阻启动的电气线路

PQY4 型平移控制站采用逐段切阻的办法，控制行走电动机的启动，现分析其线路原理。

1. 主电路

PQY4 型平移控制站主电路如图 6-5 所示，由于机房固定在行走的车架上，因此电源、电动机、启动电阻等都无需通过滑触设备。QS1 控制总电源，KM1 及 KM2 为正反转接触器，闸刀开关 QS3、QS2 控制分动或联动。过电流继电器 KA1～KA8 分别对四台电动机作过电流保护，四组启动电阻除留一段软化级配合联动外，其余由四级加速接触器分四挡切除。

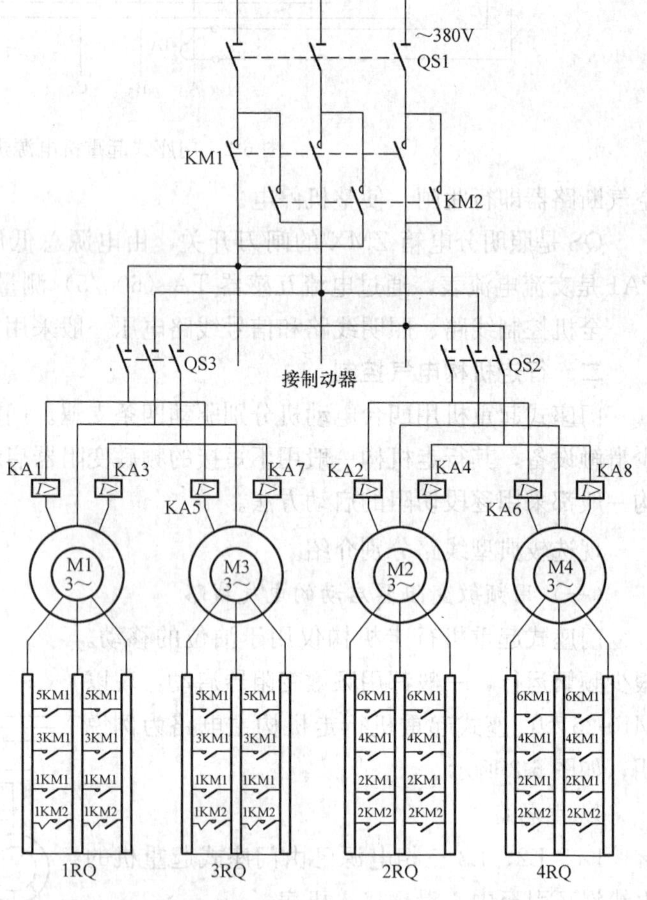

图 6-5　RQY4 型平移控制站主电路

为了对整机有效的制动，在控制线路设计中配以反接制动以利于停车。

2. 控制电路

图 6-6 所示为其控制电路，该线路特点是反转第一挡可用于迅速停车时的反接制动。停车操作，是将手柄过零直接拨至反向第一挡，使获得较强的制动力矩，这时转子电路中串接包括反接制动在内的全部电阻，停车后应将手柄迅速拨回“0”位。

主令控制器各挡的作用如下：

(1) 将 LK 手柄拨在“0”位时，零压继电器 KV 线圈经各过电流继电器动断触点得电

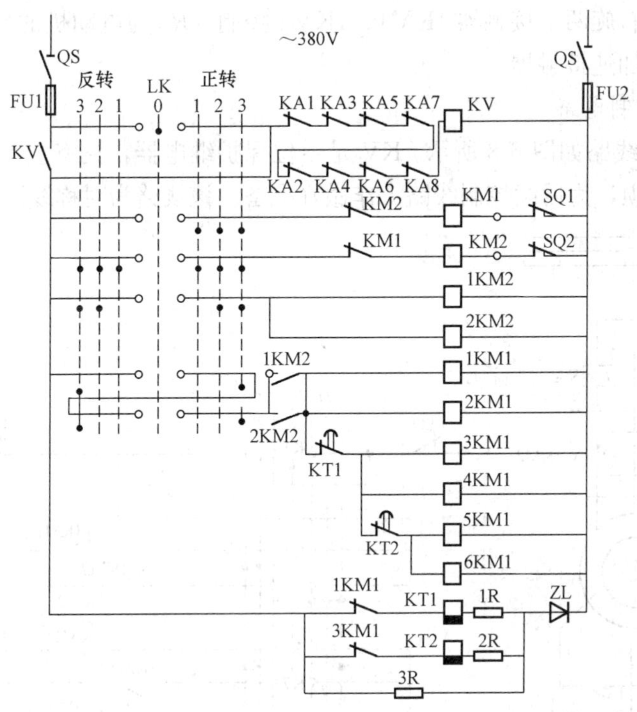

图 6-6 PQY4 平移控制站控制电路

自锁，接通后续控制电路的电源。KV 起零位、电压保护的作用。

在 KV 自锁同时，时间继电器 KT1 和 KT2 的线圈通过 1KM1 和 3KM1 加速接触器的动断触点得电，打开了串接在 3KM1～6KM1 加速接触器线圈线路中延时闭合的动断触点，使有关加速接触器在 KT1 和 KT2 失电后控制动作。

(2) 将手柄拨在正转第一挡时 KM1 得电，电动机串全部电阻慢速启动。

(3) 将 LK 手柄拨至正向第二挡，反接制动接触器 1KM2、2KM2 得电切除反接电阻。

(4) 主令控制器 LK 拨至最后一挡，第一级加速接触器 1KM1、2KM1 得电切除相应电阻，电动机加速运行。同时 1KM1 串接在 KT1 时间继电器电路里的动断触点分断了 KT1 线圈的电源，串接在 3KM1、4KM1 线圈回路中 KT1 延时闭合的动断触点在满足了整定时间后闭合，3KM1、4KM1 线圈得电，切除了第二级启动电阻，电动机进一步加速运行。同理在 3KM1 得电后有分断了 KT2 线圈得电源，继而切除最后一段电阻，完成全部启动过程。

最后两级启动电阻由时间继电器控制。KT1、KT2 的线圈用直流电，更增加其稳定性。

SQ1、SQ2 正反向限位开关做极限保护之用。

PQY 系列控制站时间继电器延时整定值，KT1、KT2 分别为 3.15s、1.5s。

三、旋转机构电气控制

旋转机构由一台或两台电动机，通过蜗轮杆和整套行星齿轮驱动，为了减少机械传动损耗，也有采用立式电动机以提高机械效率的。不论采用何种传动方式，电气控制原理都相同，现介绍 M10-25 型旋转机构电气线路。

1. 旋转机构主电路

主电路如图 6-7 所示。电源有闸刀开关 QS 引入，过电流继电器 KA 作过电流保护。旋

转电动机 M1 用左右旋两个接触器 1KM1、1KM2 控制。R_{qx} 为电动机的启动电阻，1KM3～1KM6 为各级启动加速接触器。

2. 旋转机构控制电路

旋转机构控制线路如图 6-8 所示。KV 是零位保护继电器，先将主令控制器 XK 拨向零位，KV 得电并自锁，为后续控制线路工作做好准备。该线路为对称线路，左右线路相同。

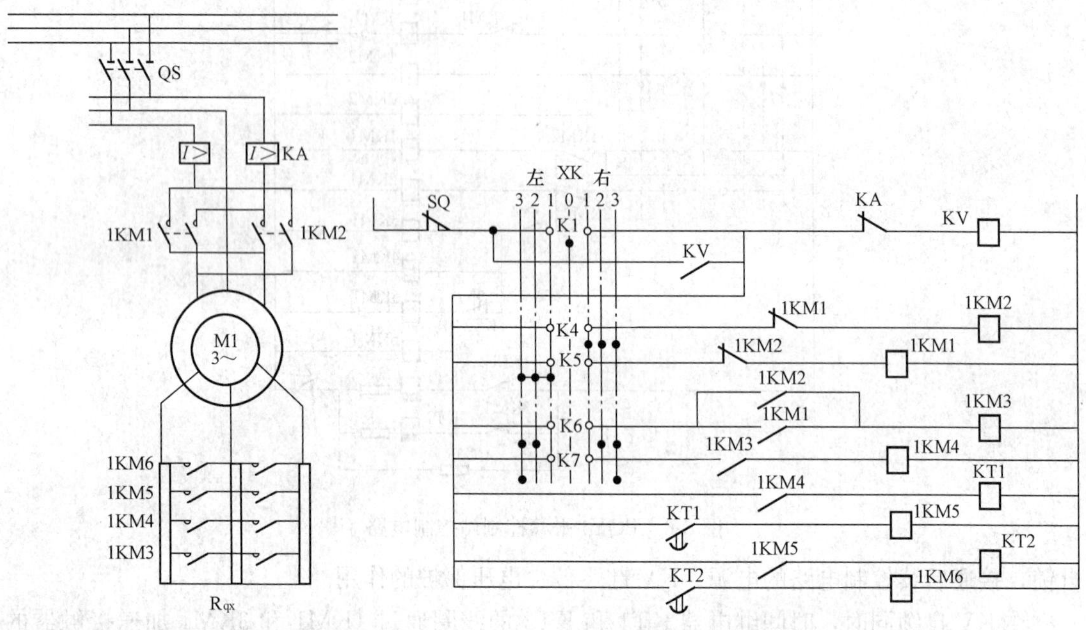

图 6-7 M10-25 型门座式起重机旋转机构主电路

图 6-8 M10-25 型门座式起重机旋转机构控制线路

（1）将手柄拨至右旋第一挡，1KM2 得电，电动机串全阻向右启动。1KM2 动合辅助触点闭合为切除第一段加速电阻做好准备。

（2）手柄拨至右旋第二挡，1KM3 得电，切除了第一段启动电阻，旋转的机房、臂架及负荷加速旋转。1KM3 辅助触点闭合，为下一级切阻做好准备。

（3）手柄拨至右旋第三挡，1KM4 得电，第二段启动电阻继之被切除，电动机再次加速运行，1KM4 动合辅助触点闭合，时间继电器 KT1 得电，经延时后，闭合了在 1KM5 线圈回路中延时闭合的动合触点。

1KM5 得电，电动机再次加速运行。与 1KM5 得电同理，在 KT2 的控制下，1KM6 最后得电将启动电阻全部切除，机房臂架等全速旋转。后两段切阻由时间继电器控制，防止操作时一摇到底的无阻启动。

也有些旋转机构采用双机拖动，由于两个电动机同步运行，主线路只增加一个电动机和启动电阻。切换相序接触器及各级加速接触器采用四个主触点的产品，其控制线路完全相同。

门座式起重机为 360°旋转。不需加装限位。旋转机构采用液压制动，SQ 限位开关在紧急制动时，切断控制电源，对电动机起保护作用。

四、变幅机构电气线路

变幅机构为起重机主要机构之一。臂架的长短标志着起重机性能，如 M10-25 型门座式起重机表示最大增幅时，可在25m内起重10t。起重机的臂架都比较长，为了避免制动时的机械冲击，对具有较大惯量的臂架及负荷系统，用液压控制或采用两级制动，现分别介绍如下：

1. 液压控制变幅机构的电气线路

M10-25型门座式起重机臂架用液压驱动，线路比较简单，通过对电磁阀的控制，即可操纵变幅机构的运行。

油泵电动机的主电路及控制电路，为单向运转标准线路，如图6-9所示。QS为油泵电动机电源的闸刀开关，热继电器FR作为过载保护，接触器KM控制油泵电动机单向运行。HL为油泵电动机工作指示灯。警铃JL在臂架超程时作报警用。

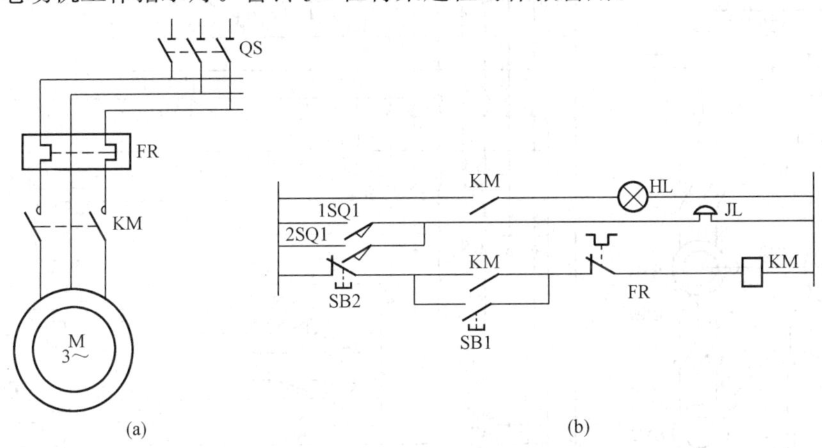

图6-9　M10-25型门座式起重机变幅机构油泵电动机电路

(a) 主电路；(b) 控制电路

电磁阀控制变幅机构控制原理电路如图6-10所示。

油泵电动机工作后，将控制变幅手柄拨正，随手柄联动控制臂架运行的两个限位开关1SQ2、2SQ2的动断触点闭合（代零位保护），变幅压力继电器KP得电，其动合触点KP闭合，为上升、下降两个液压电磁阀1YV、2YV得电做好准备。增幅时将2SQ2压下电磁阀线圈1YV得电，通过液压传动实现增幅，吊臂下降。反之，将手柄压向1SQ2接通2YV，使吊臂减幅上升。2SQ1、1SQ1为极限限位保护的限位开关。

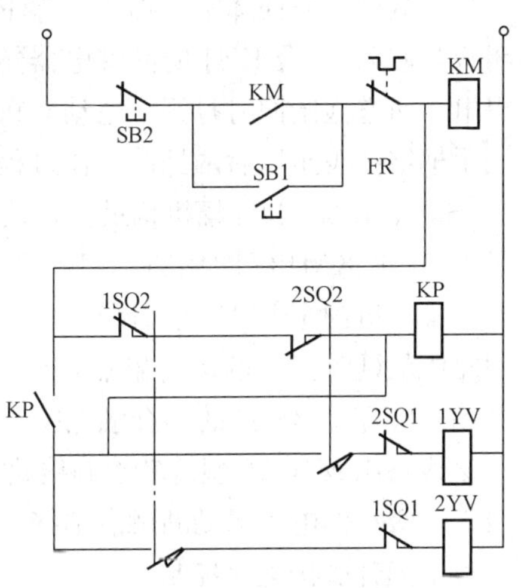

图6-10　M10-25型门座式起重机电磁阀变幅机构控制原理电路图

2. 两级制动变幅机构电气控制

有些门座式起重机变幅系统采用齿条传动，为了避免制动时的冲击，用两级制动配合运行，现以M10-30型门座式起重机为例说明。

(1) 变幅机构主电路。两级制动变幅机构主电路如图6-11所示。整个机构由变幅电动机M驱动，QS为电源闸刀开关，KA过电流继电器为过电流保护元件，接触器 KM1、KM2 控制臂架的运行，KM3～KM6 为各挡加速接触器，R_{qd} 为启动电阻，制动继电器 KA1、KA2 分别控制制动推杆电动机 BM1 和 BM2，启动时同时打开，制动时先后抱闸。

（2）变幅机构控制电路。为了有效地在门座式起重机操作的圆面积内自如地提放负荷，M10-30 型门座式起重机变幅与旋转机构必须联动。旋转主令控制器 XK 的零位保护动断触点，与变幅主令控制器 BK 的相应触点串接于电压继电器 KV 线圈回路中，使两者供电同步。其控制线路如图 6-12 所示。

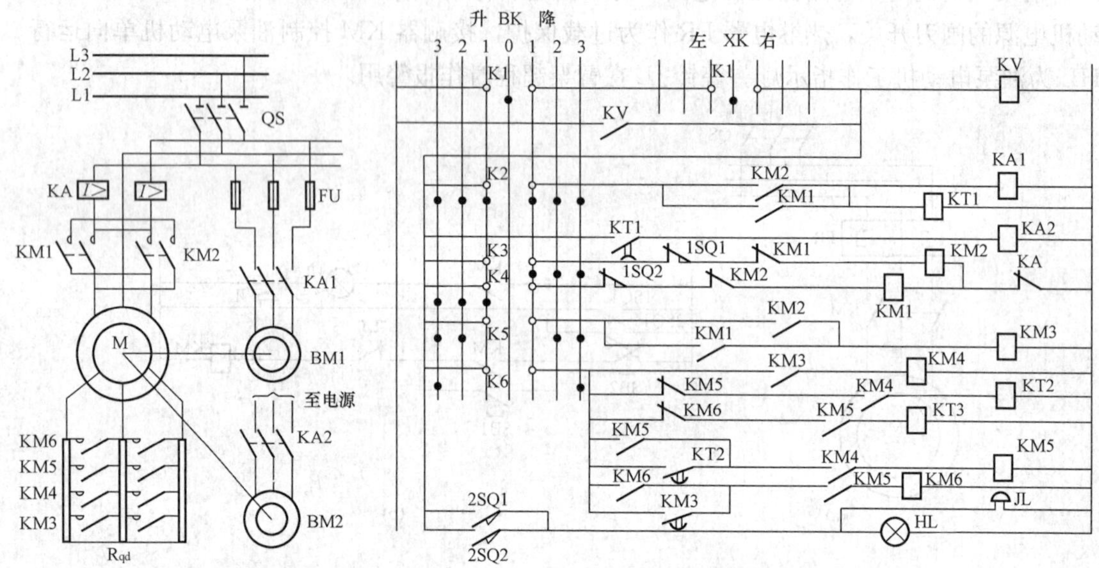

图 6-11　两级制动变幅机构主电路

图 6-12　两级制动变幅机构控制线路

将 BK、XK 拨在零位，KV 得电自锁，为变幅机构启动做好准备，该线路属对称线路，增幅、减幅控制原理相同。

当手柄拨至升或降第一挡时，除 KM1 或 KM2 任一得电外，由于接触器动合辅助触点的闭合，使 KA1 及 KT1 时间继电器同时得电，KT1 延时打开的动合触点闭合，KA2 也及时得电，两道抱闸同时打开，电动机在串全阻下启动。

手柄继续拨至以后两挡的动作过程与 M10-25 型旋转线路相似，不再赘述。

1SQ1、1SQ2 为变幅机构最大及最小幅度限位开关，当臂架超程时，撞开有关限位，分断了 KM2 或 KM1 线圈回路，切断电动机电源，由于 KM2、KM1 动合触点的分断，KA1 失电，第一道刹车 BM1 及时制动。KT1 也同时失电，经过一段延时后打开了串联 KA2 线圈回路中的延时打开的动合触点，KA2 失电，BM2 在 BM1 之后相继抱闸，实现了两级平稳制动。2SQ1、2SQ2 的动合触点闭合，接通 JL 及 HL 的回路，铃响、灯亮报警。

该线路比 M10-25 型旋转控制线路节约能量，为了使时间继电器不长期带电，用最后一级或下一级动作电器的动断触点串接于时间继电器的线圈回路中，用以断开电源。

五、起升机构电气控制

港口大中型起重机起升机构一般都是吊钩、抓斗两用。使用抓斗时，支持抓斗重量的支持绳和控制抓斗的闭合绳，由两台电动机分别驱动；使用吊钩时，由两台电动机联合拖动。

上海港机厂设计的10t M10-25型门座式起重机遍布于沿海、沿江各港。它采用能耗制动控制负荷慢速下降，性能较好。

（一）起升机构主电路

图6-13所示为M10-25型起升机构主电路，电路较为复杂，先逐一介绍主电路中电气元件的作用。

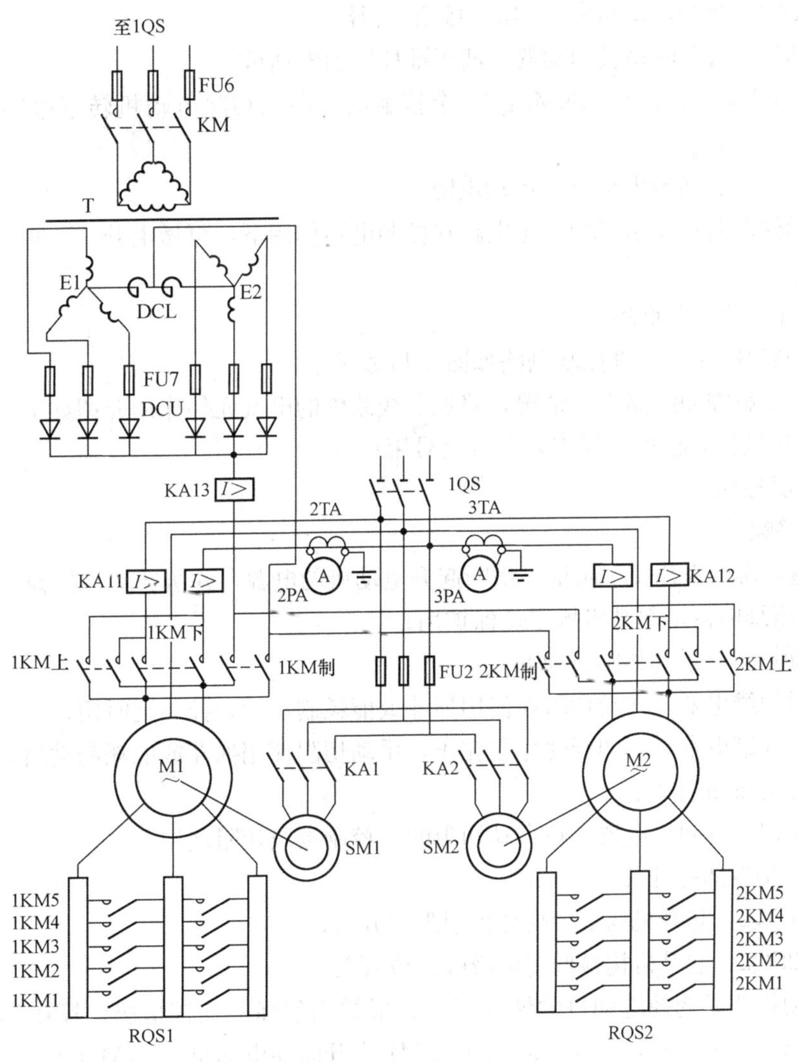

图6-13　M10-25型门座式起重机起升机构电路

1QS：电源闸刀开关；

KA11、KA12：过电流继电器，为过电流及短路保护元件；

2PA、3PA；电流表，与2TA、3TA电流互感器配套测量两个电动机的电流；

1KM上、2KM上：两个上升接触器，控制两台电动机按起升方向旋转；

1KM下、2KM下：两个下降接触器，控制两台电动机按下降方向旋转；

1KM 制、2KM 制：能耗制动接触器，进行能耗制动时，通断两台电动机的直流电源；

KM：交流接触器，控制整流器的交流电源；

DCU：硅整流器，由变压器 T、速熔熔丝 FU7 和 6 个二极管等组成，供给能耗制动的直流电源；

KA13：直流过电流继电器，用作直流保护；

M1、M2：起升电动机；

KA1、KA2：两台电动机制动器的中间继电器；

SM1、SM2：两台电动机制动器（液压推杆）的电动机；

1KM1～1KM5、2KM1～2KM5：10 个接触器，用来切除电动机转子电路中各段加速电阻；

RQS1、RQS2：两台电动机的启动电阻。

通过各元件性能的介绍可知，主电路在控制电路作用下，可做上升、下降、能耗制动及开闭斗等动作。

（二）起升机构控制电路

M10-25 型门座式起重机控制电路如图 6-14 所示。

为了便于了解控制线路工作情况，将控制线路中的电气元件作用介绍如下：

SB1：备用按钮，根据现场需要自接信号用；

SB2：喇叭按钮；

DD：报警喇叭；

SQ3：超负荷行程开关，超重时切断起升电动机的电源，并接通喇叭报警；

KV：电压继电器，起升机构零位保护用；

S1：自动切阻和手动切阻转换开关；

KT1：时间继电器，自动切阻在使用抓斗或能耗制动后，控制延时用；

KT2：时间继电器，它的延时作用在于，手动切阻使用抓斗或能耗制动后，必须将手柄拨回零位，方能重新启动；

KT3、KT4：时间继电器，在自动切阻时，控制逐段切阻之用；

S2：抓斗吊钩选择开关；

1SQ1、1SQ2：起升机构最大高度极限限位开关；

2SQ1、2SQ2：起升机构最低高度极限限位开关；

S3：使用抓斗时选择电动机的转换开关，根据钢丝绳的连接情况，拨在○→①，○→③位时（见图 6-14），1KM 上控制的电动机 M1 为开闭斗电动机，2KM 上控制的电动机 M2 为支持抓斗斗身的电动机。将 S3 拨向○→②，○→④位时，M2 为开闭斗电动机，M1 为支持斗身重量的电动机；

SQ4：制动开关，与踏板联动，切除交流电源，同时将直流电源引入电动机，进行能耗制动；

SQ5：第二挡制动开关，与制动中间继电器 2KA 配合，切除一段电阻，使获得较慢的制动速度；

SB5：控制开闭斗的脚踏开关。

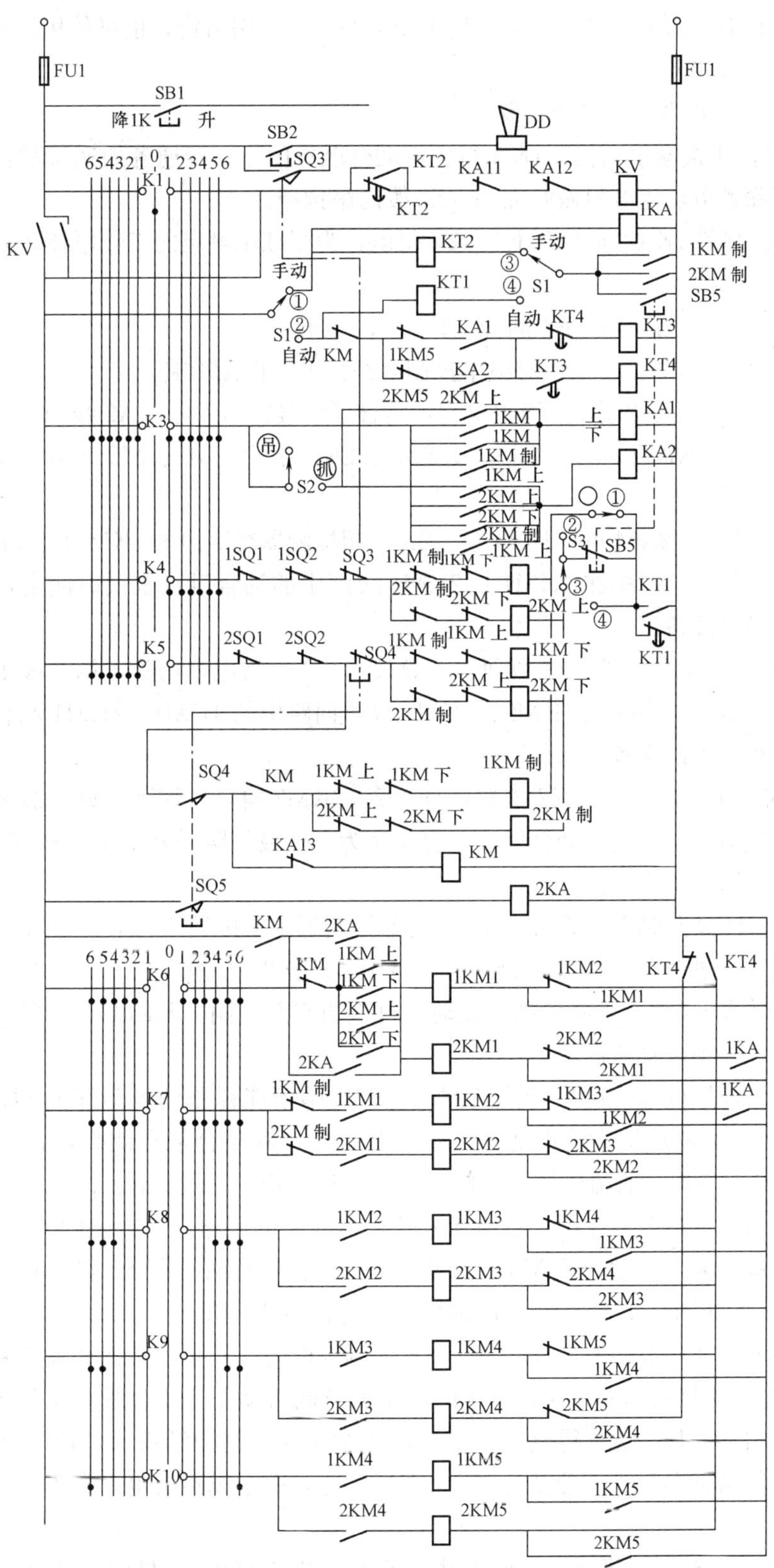

图 6-14　M10-25 型门座式起重机能耗制动控制下降的起升机构控制电路

控制电路是手动切阻和自动切阻并列操作电路，可使用吊钩，也可使用抓斗，现按各种不同情况逐一分析如下。

1. 手动切阻使用吊钩的工作过程

(1) 首先将 S1 拨向手动挡，1KA 得电，动合触点闭合，接通各加速接触器线圈供电控制回路，为切除各级加速电阻做好准备。S2 拨向吊钩挡。

(2) 主令控制器 1K 拨向“0”位，KV 得电，为了减小触点的工作电流，两对触点并联自锁。

(3) 1K 拨至上升第一挡，K1 断开，K3、K4 接通。

K1 断开，由于 KV 已自锁，对整个控制电路得电工作无影响。

K4 接通，1KM 上、2KM 上线圈得电，闭合了串接在 KA1、KA2 线圈回路中的辅助触点，同时 K3 接通，KA1、KA2 得电，使 SM1、SM2 松闸，M1、M2 两电动机在全阻串接下启动。

串接在 1KM 下、2KM 下、1KM 制、2KM 制接触器线圈中的 1KM 上、2KM 上动断触点打开，起互锁作用。串接在 1KM1 、2KM1 线圈中的动合触点也同时闭合，为第一级加速接触器得电做好准备。

(4) 1K 拨向上升第二挡，K6 接通，1KM1、2KM1 得电，切除了第一段加速电阻，电动机第一次加速运行。串接在 1KM2、2KM2 线圈回路中的 1KM1、2KM1 动合辅助触点闭合，为下一级得电做好准备。

(5) 1K 拨至上升第三挡，K7 接通，1KM2、2KM2 得电，切除了第二级加速电阻，电动机第二次加速运行。它们的动合触点闭合，又为下一级切阻做好准备，直到将 1K 拨至上升第 6 挡，将电阻切完为止。

(6) 当负荷已提升到需要高度时，将主令控制器 1K 拨回零位，K3～K10 全部分断，SM1、SM2 将电动机牢牢刹住，货物固悬于空中，电路恢复原状。

(7) 下放时将 1K 拨至下降各挡，其动作过程与起升相同，不同的是 1KM 下、2KM 下线圈得电，相序调换电动机反转。

(8) 要获得理想低速，可进行能耗制动。首先踏下能耗制动脚踏开关 SQ4，1KM 下、2KM 下失电切除了电动机交流电源。KM 同时得电，其动合触点闭合，直流制动接触器 1KM 制、2KM 制得电，直流电源引入电动机。同时，由于 1KM 制、2KM 制串接在 K7 触点回路中动断触点的打开，分断了各级加速接触器线圈的回路，使电阻回接于转子电路中，两台电动机在串全阻下制动。1KM 制、2KM 制的动合辅助触点闭合，继续供电给抱闸继电器 KA1、KA2 的线圈，使 SM1、SM2 继续松闸配合制动下降。

(9) 制动时，SQ4 被踏下，1KM 制、2KM 制得电同时，手动转换开关线路中的时间继电器 KT2 得电，串接在 KV 线圈回路中的两个触点同时动作，动合触点闭合快，延时闭合动断触点打开得慢，KV 继续得电，整个线路继续工作。制动结束后，KT2 失电，动合触点打开，延时闭合动断触点不能及时闭合，KV 失电，整个线路失电，在手动控制后，必须另行启动。

(10) 如需继续减慢下降速度，应再踏下 SQ5，2KA 得电，串接在 1KM1、2KM1 线圈回路中的动合触点闭合，1KM1、2KM1 得电，切除第一段电阻，加大制动力矩。

2. 自动切阻、使用吊钩的工作过程

(1) S1拨向自动挡，S2拨向吊钩挡。

S1拨向自动挡，为时间继电器KT1、KT3、KT4得电做好准备，KT2已被排除于线路之外。KV已不再受KT2控制。

(2) 1K拨至零位，KV得电自锁，为控制电路得电做好准备。

(3) 1K拨至上升第一挡，K3、K4接通。

K4接通1KM上、2KM上得电，同时KA1、KA2得电，SM1、SM2松闸，两电动机串接全阻向上升方向启动。KA1、KA2得电同时，由于他们串接在KT3、KT4线圈中的动合辅助触点闭合，使KT3、KT4两个时间继电器开始工作。

(4) 为了有条理地说明自动切阻过程再分以下几点：

1) KT3与KT4的相互作用。KT3与KT4两个时间继电器是自动逐段切阻的主要电器，它们的工作电路如图6-15所示。

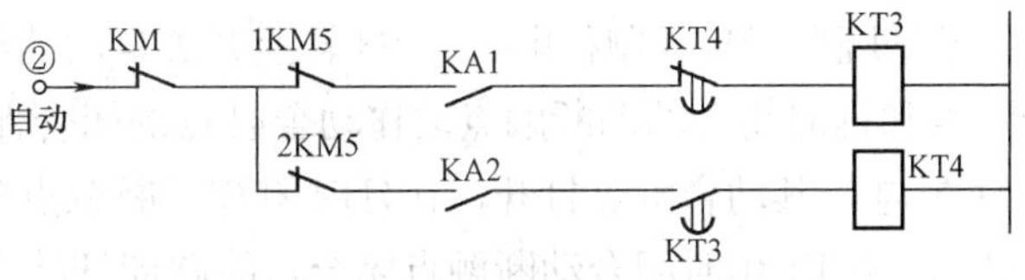

图6-15　M10-25型自动切阻控制电路

KT3线圈回路中串接了KT4的延时打开的动断触点，KT4线圈回路中串接了KT3的延时闭合的动合触点，就靠这两个触点的作用，最后使KT4得到周期性的接通与分断，自动逐段切阻。

在KA1、KA2中任一个得电时，KT3和KT4开始动作。KT4的延时打开动断触点串在KT3线圈回路中，在第一个整定值时间，KT3得电，KT4不得电。

第二个整定值开始时，KT3延时闭合的动合触点闭合。KT4得电，KT4串接在KT3线圈回路中延时打开的动断触点要经过一个整定时间才打开，在第二个整定时间内KT4得电，KT3也得电。

第三个整定时间，串接在KT3线圈回路中的KT4延时打开的动断触点满足了延时要求，在第三个整定值开始时即行断开，KT3随之失电。在KT3失电同时，及时打开了串接在KT4线圈中延时闭合的动合触点。KT4失电。在KT4失电同时又闭合串接在KT3线圈中延时打开的动合触点。以上一系列的联动都是在第三个整定时间开始的一瞬间进行的，所以第三个整定时间内KT3得电，KT4不得电。

第四个整定值开始瞬间，由于KT3在上个整定值中一直得电，满足了延时要求，闭合了串接在KT4线圈线路中延时闭合的动合触点，KT4随之得电，这样在第四个整定时间内KT3和KT4都得电。以后则循环地重复以上过程。

从上述动作过程可知，KT4时间继电器在各个连续地整定时间里，得电和失电交替进行，实现了整个自动切阻工作的要求。在切阻完成后，由最后一级加速接触器动断触点分断时间继电器电源。

2) KT4动合、动断触点切阻过程（设手柄已拨至上升第六挡）。由于S1拨向自动，1KΛ失电，分断了对整个加速接触器线圈的供电。在自动切阻过程中各加速接触器的动作由KT4的动合、动断触点控制。

在第一个整定时间内，KT4不得电，它串接在各级加速接触线圈供电回路中的触点通断如图6-14所示。动合触点以下的回路不得电，动断触点虽然闭合，由于控制电路中程序

控制的安排，在1KM1和2 KM1未得电时，由动断触点接通的第二级加速接触器线圈回路仍不能动作。

在第二个整定时间内，KT4得电，动断触点打开，动合触点闭合，1KM1、2KM1得电自锁，切除第一段加速电阻。它们得动合辅助触点闭合，为1KM2、2KM2得电做好准备。

在第三个整定时间内KT4失电，动合触点打开，动断触点闭合，1KM2、2KM2得电，切除了第二段加速电阻，同时又为下一级加速接触器得电做好准备，逐级将电阻全部切除，完成启动全过程。

(5) 主令控制1K的K6～K10为各挡切阻触点，在自动切阻过程中，起控制最后切到某挡的作用。例如，将手柄拨至第四挡，自动加速就到第四挡。

(6) 能耗制动时自动控制电路特点。制动下降时，踏下SQ4，则1KM下、2KM下失电，1KM制、2KM制得电，从S3转换开关自动挡线路可知，时间继电器KT1得电，其动合触点和延时闭合的动断触点动作动合触点的闭合保持电路原状。制动结束后，放开SQ4，KT1失电，其动合触点打开，在延时闭合动断触点延时间隙，使切阻控制线路失电。1s整定值后，KT1延时闭合动断触点闭合，线路即开始自动切阻启动。

根据以上分析可知自动切阻控制电路在能耗制动和使用抓斗后，无需将1K手柄拨回零位，经时间继电器整定值后，即可自行启动。

3. 使用抓斗时电路的工作情况

(1) 使用抓斗手动控制过程。将S1拨向手动挡，S2拨向抓斗挡。

抓斗的提升和下降都是双机拖动，因而控制过程与使用吊钩时相同，不再详述。仅就开闭斗及选用电动机的控制加以说明。使用抓斗时，根据抓斗钢丝绳的连接，支持抓斗重量的钢丝绳称支持绳，开闭斗口的钢丝绳称闭合绳。

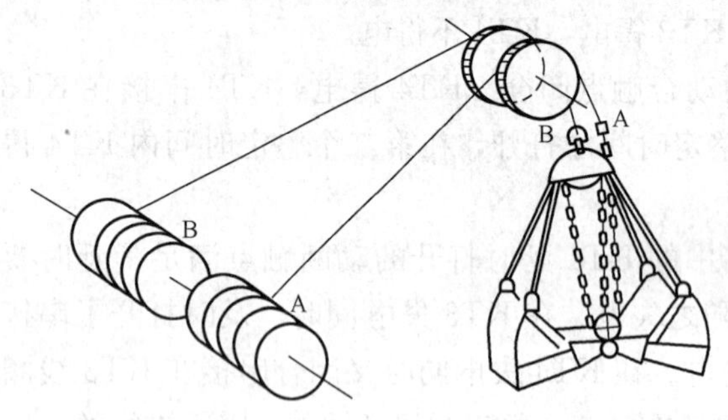

图6-16　抓斗开闭示意图

A—抓斗闭合绳；B—抓斗支持绳

如图6-16所示，B卷筒卷绕的绳称为支持绳，A卷筒卷绕的绳称为闭合绳。抓到摄取货物向上卷绕A绳同时斗身随之下沉才能抓得更满，这就必须同时将控制B绳的电动机松闸。在A绳下放，开口吐货的同时，B绳电动机非但不能松闸，而且要紧紧制动，将斗身固悬于空中，否则将会一起下落，造成事故。

以上动作由抓斗电路控制，原理如图6-17所示。在S2拨至抓斗挡时，两电动机松闸，继电器KA1、KA2线圈回路中都互相串接控制另一个起升接触器的动合触点，在任一电动机收口同时，另一电动机

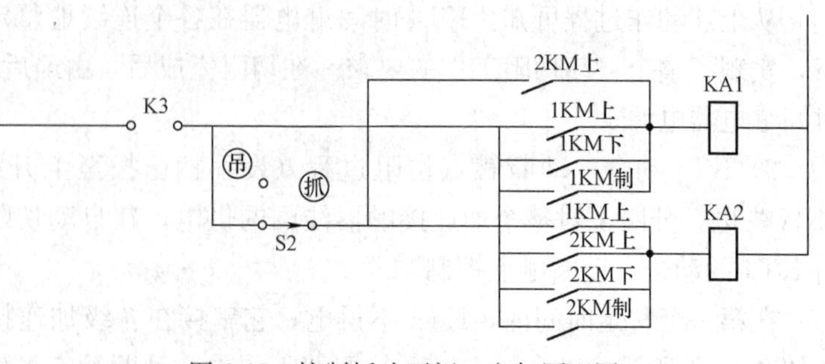

图6-17　控制抓斗开闭口电气原理图

抱闸也随之打开，配合下沉多取货物，提高了抓斗满载率。反之，在闭合绳下降开口吐货时，两个下降接触器1KM下、2KM下就无以上互接电路，因而当其中任一电动机松绳开口时，另一电动机被牢牢刹住固定斗身。如支持绳闭合绳反接，将S3拨向另一位置，可使两电动机控制作用切换，S3为电动机选择开关。

在手动控制中，抓斗每开闭一次，踏下SB5时，KT2就动作一次，必须再将主令控制器1K拨回零位重新启动。

(2) 使用抓斗自动控制过程。首先将S1拨向自动挡，S2拨向抓斗挡。起升、下降、斗口的开合和能耗制动等动作、都与手动过程相似，故不重述。所不同的是在使用抓斗或能耗制动后，由于KT1的作用，无需将手柄拨回零位重新启动。经整定值1s后，自动启动到手柄停留的相应的挡上，这与自动控制使用吊钩动作相同。

第二节　现代电气控制门座式起重机

一、概述

1. 机型概况

MQ25-33型门座式起重机具有工作幅度大、运行速度快、有效面积大、起升高度高等特点，其起升变幅、旋转可单独和联合动作，行走机构可单独动作。该机额定起重能力为25t。最大工作幅度为33m，在吊钩工况下，25m幅度内，可起吊40t重的货物。

该机采用先进的PLC控制系统，省去了大量的常规电器，可在恶劣环境中可靠地运行。PLC系统不但作为整机电气控制的核心，而且具有故障检测，联锁保护功能。能不断检测电气系统运行情况，并在PLC柜和联动台的显示屏上显示故障。在相关机构不具备作业条件或发生危及安全的故障时，该机构不能动作。

行走机构、变幅机构、旋转机构、起升机构的电气调速全部采用日本安川公司变频交流调速系统。除行走机构采用开环V/f控制方式外，其他机构全部采用带PG矢量控制方式。闭环控制的速度反馈采用增量式脉冲编码器。该变频器具有自学习功能，在输入电机铭牌参数后，可自动计算和读取电机实现矢量控制的有关技术参数，实现变频器与电机的最佳控制。

2. 主要技术参数

(1) 起升重量

1) 抓斗作业：25t。

2) 吊钩作业：工作幅度9.5～25m时，40t；工作幅度25～33m时，25t。

(2) 工作幅度：9.5～33m。

(3) 起升高度：轨面以上：28m；轨面以下：16.5m。

(4) 回转范围：360°。

(5) 大车运行长度：作业行走±70m；调车行走±160m。

(6) 起升速度：25t时，50m/min；40t时，25m/min。

(7) 平均变幅速度：45m/min。

(8) 回转速度：1.2r/min。

(9) 大车运行速度：25m/min。

(10) 门架净空高度：≥6m。

(11) 尾部旋转半径：≤8.5m。

(12) 整机最大高度：55.264m。

(13) 自身质量：399t。

(14) 装机容量：480kW。

(15) 电源：AC 380V，50Hz。

二、电气系统框图

MQ25-33 型门座式起重机的电气系统框图如图 6-18 所示。

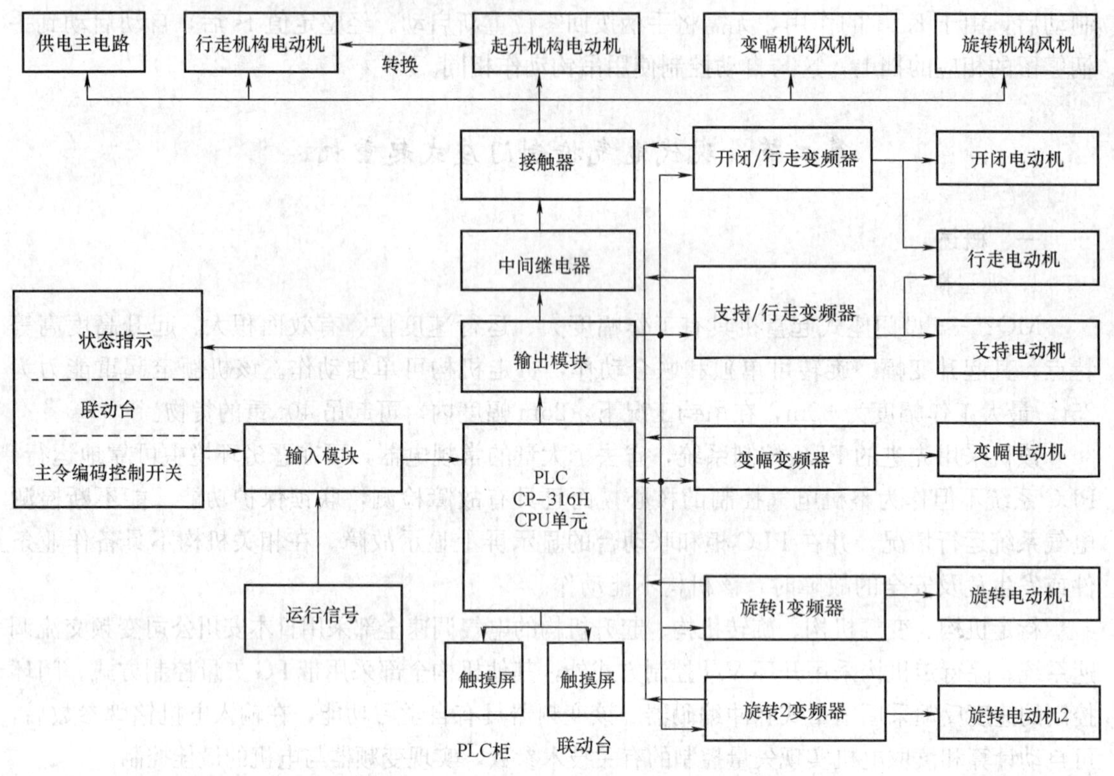

图 6-18　MQ25-33 型门座式起重机电气系统框图

联动台主令编码，控制开关等控制信号送入 PLC 输入模块，经 CPU 单元处理后，主令信号由 CN3 通信端口进入开闭/行走变频器、支持/行走变频器、变幅变频器、旋转变频器进行速度控制，同时变频器的运行信号经 CN3 通信端口反馈到 PLC 进行机构的运算控制。控制信号由输出模块经中间继电器、接触器分别控制供电电路的通断；行走机构电动机由开闭变频器控制或由支持变频器控制；起升机构电动机、制动器、风机、柜顶风机的通断；变幅机构制动器、风机、柜顶风机的通断；旋转机构电动机风机、柜顶风机的通断等。

外部设备的运行信号，各变频器的故障零速检测信号等经 PLC 输入模块进入 CPU 单元进行处理后由 8M 输出模块对变频器进行基极封锁和故障复位。安装在 PLC 柜和联动台的真彩触摸屏实行故障诊断显示和设备运行监控。部分信号经输出模块送至联动台由指示灯指示运行状态。

三、联动控制台

联动台是司机进行各种操作和门机各部分运行状态指示的电气设备。

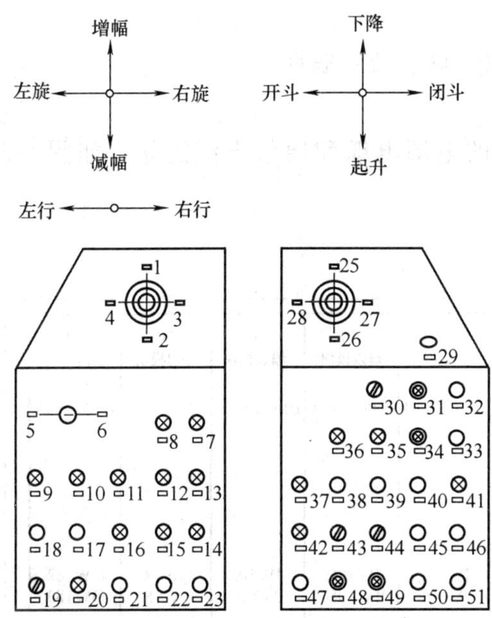

图 6-19　联动台面板布置图

1—增幅；2—减幅；3—右旋；4—左旋；5—左行；6—右行；7—变幅正常指示；8—旋转正常指示；9—夹轨指示；10—松轨指示；11—行走锚定指示；12—旋转锚定指示；13—主断路器闭合指示；14—主断路器断开指示；15—电缆终点指示；16—机房风机开指示；17—电笛按钮开关；18—试灯按钮开关；19—雨刷器通/断转换开关；20—喷水机通/断转换开关；21—副缆强收按钮开关；22—主缆强收按钮开关；23—备用；25—下降；26—起升；27—闭斗；28—开斗；29—急停按钮开关；30—支持单机，开闭单机，抓斗，吊钩，本地控制行走，地面控制行走转换开关；31—控制接触器通按钮开关（带灯）；32—控制接触器断按钮开关；33—主接触器断按钮开关；34—主接触器通按钮开关（带灯）；35—支持正常指示；36—开闭正常指示；37—起升超载指示；38—开闭绳力矩增加按钮开关；39—开闭绳力矩；40—备用；41—故障报警；42—故障指示；43—开闭/行走切换开关；44—支持/行走切换开关；45—故障复位按钮开关；46—消音按钮开关；47—终点限位旁路按钮开关；48—抓斗开设定按钮开关（带灯）；49—抓斗闭设定按钮开关（带灯）；50—备用；51—停止运行按钮开关

联动台两侧的操作手柄可以实现门机起升、变幅、旋转、行走的动作，联动台还设有操作显示屏及各种信号灯和操作开关。联动台前右下方的地板上，设有旋转脚踏制动开关，制动器附近另设有手轮式制动联锁开关。

联动台面板布置如图 6-19 所示。

四、PLC 控制系统

本机采用的是日本安川公司生产的 PLC 控制系统。

1. 基本工作原理

PLC 系统框图如图 6-20 所示。

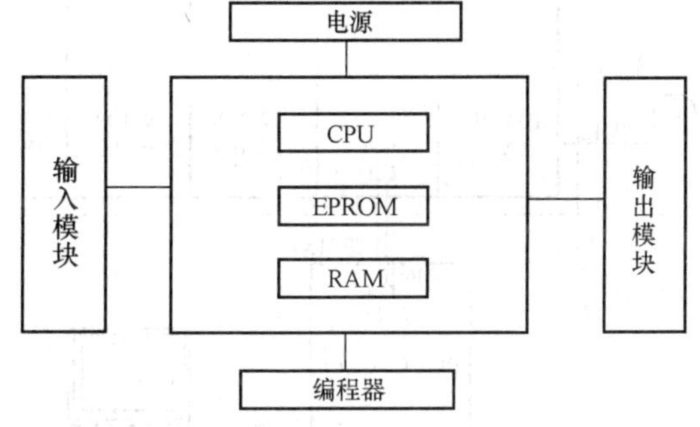

图 6-20　PLC 系统框图

PLC 由三部分组成，即 PLC 主机、I/O 模块。

PLC 主机中包括电源、CPU、存储器、I/O通道。主机中又包括 CPU 和控制电路，EPROM（存放扫描程序和 I/O 管理程序）、RAM（存放用户程序），小型 PLC 的主机内也包括电源。

简言之，PLC 的工作原理，就是在其系统软件的控制下，主机在进行必要的内部处理之后，按照用户编写的梯形图网络的顺序号，从 1 号网络开始，逐一解读，直到最后一个网络为止，然后又从 1 号网络重新开始解读，如此周而复始地工作，即为扫描。

扫描分以下三步进行：

（1）读入输入信号。即将控制按钮，限位开关，A/D 转换等输入信号读入状态存储器缓冲器内，该信号的状态一直保持到下一个扫描周期，再读入到新的信号时为止（即保持一个扫描周期）。

（2）解（运算）用户逻辑。根据输入状态、有关数据、线圈接点等解读用户程序。

（3）写出。把解读程序逻辑的结果，送入输出状态存储器缓冲区，再通过输出模块送给现场的设备。

主机的工作方式就是循环扫描，反复地进行读、解、写三步曲。

2. 本机的组成

本机由主机架和扩展机架组成，通过 I/O 的电源电缆和通信电缆连接，如图 6-21 所示。

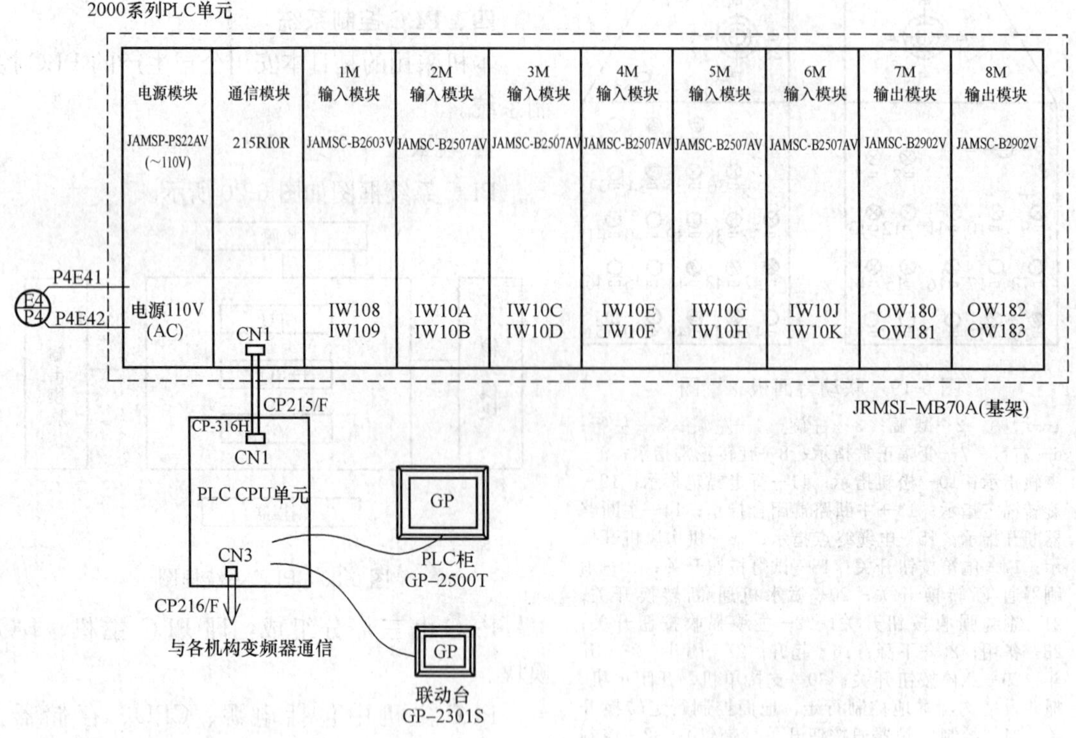

图 6-21　CP-316H 系列 PLC 单元

由下列部分组成：

（1）CPU 模块含电池及通信卡一块。型号：CP316H/216IF＋BATIERY＋RS－232C－TP。

（2）电源模块一块。型号：JAMSP-PS22AV。

（3）通信模块含触摸屏通信卡一块。型号：215R10R＋RS－232－TP。

（4）输入模块 6 块。型号：JAMSC-B2603V，32 点，一块；JAMSC-B2507AV，32 点，5 块。

（5）输出模块两块。型号：JAMSC-B2902V，32 点。

其故障检测、保护系统能不断检测电气系统运行的情况，并在 PLC 柜和联动台的触摸屏上显示故障。

故障复位按钮位于 PLC 柜门的中部和右联动台上。

五、供电线路

MQ25-33 型门座式起重机供电系统单线图如图 6-22 所示。

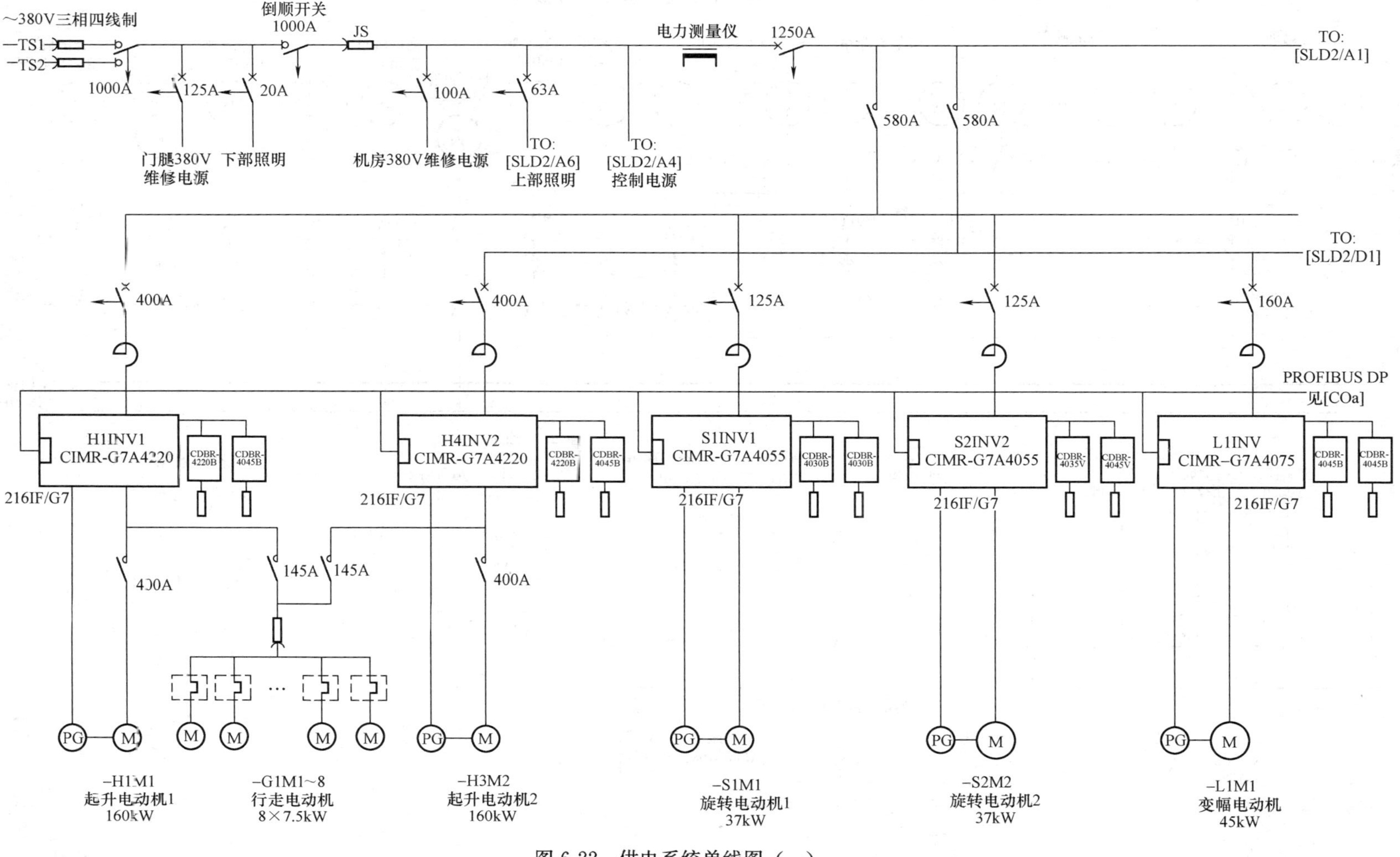

图 6-22　供电系统单线图（一）

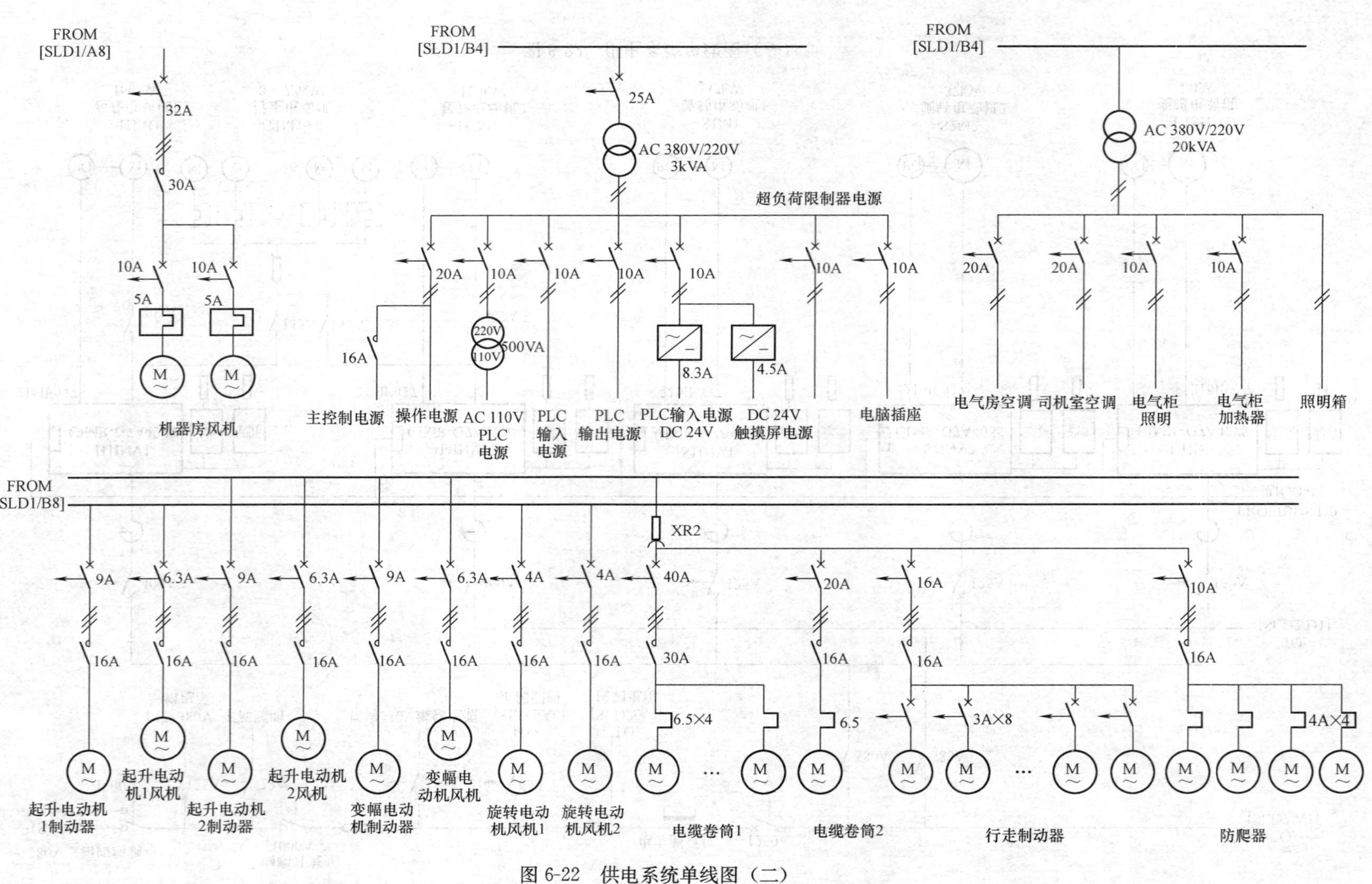

图 6-22 供电系统单线图（二）

该机采用电缆供电方式。码头电源经一根主电缆 YCW3×240+1×70 和一根副电缆 YCW3×35+1×16 通过两套磁滞式电缆卷筒 TS1、TS2 通过滑环向机上供电，电源为交流三相四线制 380V±10%，50Hz±1Hz。作业时由主电缆供电，主电缆长 75m，主电缆卷筒可行走距离为左右 70m。副电缆长 165m，用于门机长距离移机时供电，副电缆卷筒可行走距离为左右 160m。电缆卷筒的动作与大车行走机构联锁，大车行走机构运行它也运行，大车行走机构停止它也停止运行。当电缆卷筒上的电缆只剩下两圈保留圈时，限位开关将起作用，此时大车行走机构将停止运行。

主、副电缆供电方式由专用切换刀闸 QS1 切换。在主控程序中对主、副电缆进行电气互锁，在副电缆状态下，除行走以外的其他机构都不能操作，这就保证了副电缆不会因过负荷而烧毁。

主、副电缆在码头电源箱接电时，相序不一定正确，为方便门机更换电缆以后电源相序的调整，在机上设有三相电源控制继电器 PIKV 和相序倒顺开关 QS2。当相序正确时，倒顺开关箱门上的“相序正确”指示灯亮；当相序错误时，倒顺开关箱门上的“相序错误”指示灯亮。这时，司机可将相序倒顺开关 QS2 掷向另一端进行电源换相。另外，该三相电源控制继电器还对总电源回路是否缺相和对电压进行检测，当电源缺相或电压超出额定范围时，继电器动合触点闭合，将信号输入 PLC 输入模块 6M，经 CPU 处理后，由输出模块 7M 控制供电主回路接触器 P6KM1，和 P6KM2 断开电源，对整机电气设备进行保护。

在电气房电源柜设有容量为 1250A 的总断路器 P2Q，该断路器具有短路、过载等保护功能。在右联动台，海侧门腿及电气房 PLC 柜门上设有 ES1、ES2、ES4 三只急停按钮，在紧急情况下，可在以上任一地方按下这些急停按钮，使总断路器 P2Q1 脱扣分闸，切断动力电源。

控制电源、照明及维修电源不受总断路器控制。

下部照明及插座由断路器 P1Q1 控制，门腿维修电源箱由断路器 P1Q2 控制，三相电源控制继电器由断路器 P1Q3 控制，上部照明维修 220V 电源由断路器 P2Q2 控制。维修 380V 电源由断路器 P2Q3 控制，控制电源由断路器 P2Q4 控制，经由隔离变压器供电，承担操作电源、超负荷限制器电源、PLC 电源模块、PLC24V 输入电源、PLC 输入电源、PLC 输出电源、触摸屏 24V 电源、便携电脑插座等供电任务。控制电源的通断由电气房和联动台上的按钮开关 SB1、SB2、SB3、SB4 分别控制并有相应指示。

主接触器 P6KM1 和 P6KM2 的通断由联动台上的按钮将指令信号送到 PLC 输入模块 3M，经过处理后，由输出模块 7M 控制中间继电器 C14K5 实现。

机房风机的运转与停止是按钮 SB5、SB6 控制 P6KM5 实现的。两台风机都有热继电器作过载保护。

总电源部分设置了德国施耐德公司 PW500 型多功能组合仪表，可实现电压、电流、频率、功率因数、电能等各重要数据的计量与统计。

为平衡负载，支持机构和旋转机构三台驱动器作为一动力支路由主接触器 P6KM1 供电，开闭机构和变幅机构作为另一动力支路由主接触器 P6KM2 供电，行走机构电动机可根据需要接在任一动力支路上。

六、行走机构电气控制

行走电动机主电路如图 6-23 所示。

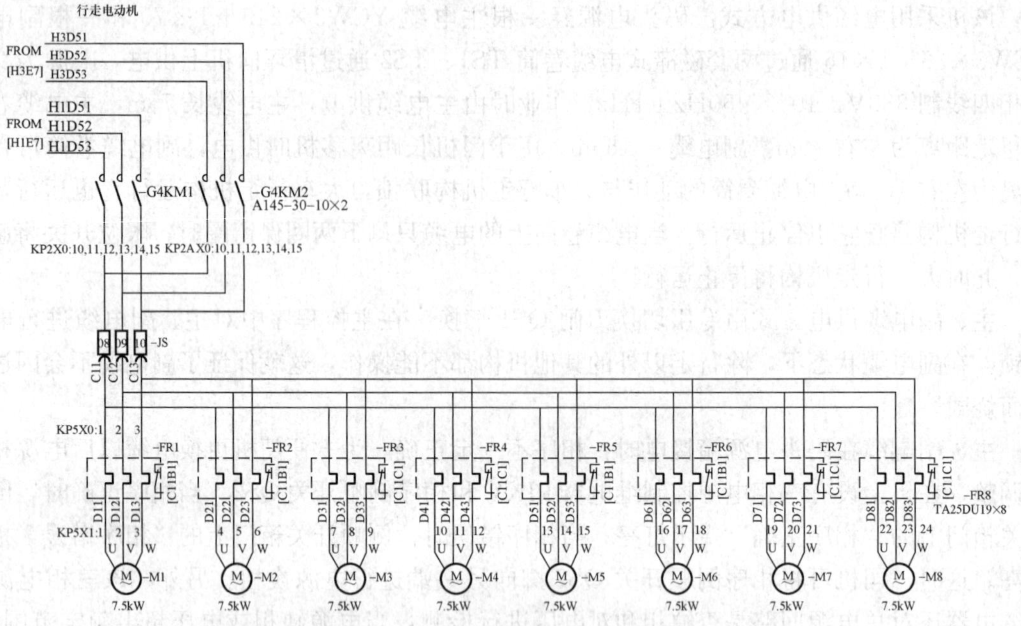

图 6-23　行走电动机主电路

行走机构电动机共 8 台，型号为 DV132M4，功率为 7.5kW。

起升机构两台变频器都分兼行走机构控制功能，通过司机室右联动台上的“支持/行走切换”和“开闭/行走切换”旋钮选择大车行走控制，当“支持/行走切换”旋钮打在行走侧时，大车行走由支持变频器驱动；当“开闭/行走切换”旋钮打在行走侧时，大车行走由开闭变频器驱动；大车行走可通过左联动台独立的大车主令手柄进行速度和方向控制，也可通过海侧门腿大车运行操作箱进行点动控制。由于行走控制选用开环 V/f 控制模式，起升控制采用带 PG 矢量控制方式，且两个机构电动机功率不同，因此，变频器内部设有两套不同的控制参数分别对应两个机构的控制，通过变频器输出接触器反馈自动调用所需的变频器参数，通过系统对机构进行精密控制。

行走机构在门腿设置了门腿操作箱，门腿操作箱只用于行走机构的操作，行走左、右行按钮是用来执行行走方向的，行走速度程序设定为全速的 10%，通过工况选择开关的“地面行走”挡位进行地面与司机室的行走切换。门腿操作箱的紧停按钮为整机的电源紧停按钮，一旦按下会造成整机失电，因此该按钮仅用于特殊情况下的紧停使用，不得作为门机的停电开关，该旋钮为机械自锁式，按下后必须顺时针旋转复位。

为防止大车行走时拉断供电电缆，在主、副电缆驱动部分设有电缆终点限位，终端放缆限位开关动作后，自动切断行走机构电源，使其停车。若需反方向运行，必须按住极限退出按钮并同时操作行走手柄方可控制行走。在门腿两侧顺轨道方向设有大车防撞限位和红外线防撞限位，检测临近门机与本机的安全距离，当防撞限位动作后，系统自动切断行走机构电源，使其停车。另外，在行走锚定器及防跑器操动机构增设动作反馈限位与大车行走进行联锁，锚定、防跑器提起前行走不能动作；8 台行走电动机制动器全部设有联锁限位，当行走制动器发生故障时，机构马上切断行走电源，停止大车行走。另外，行走机构还设有短路、过电流、失压、零位等多种可靠的电气保护。

电缆卷筒采用电机一磁滞耦合器驱动方式，很好地解决了行走过程中的力矩和速度要求，且使电缆随时处于涨紧状态，电缆卷筒与行走电动机同步启动，但当行走电动机停止时，电缆卷筒电动机延时后断电。为方便电缆更换或移车后多余电缆的卷绕，在司机室联动台上专门设计了主缆强收和副缆强收控制按钮，特殊情况下可对主、副电缆进行强收。

七、变幅机构电气控制

变幅机构主电路如图 6-24 所示，变频器接线如图 6-25 所示。

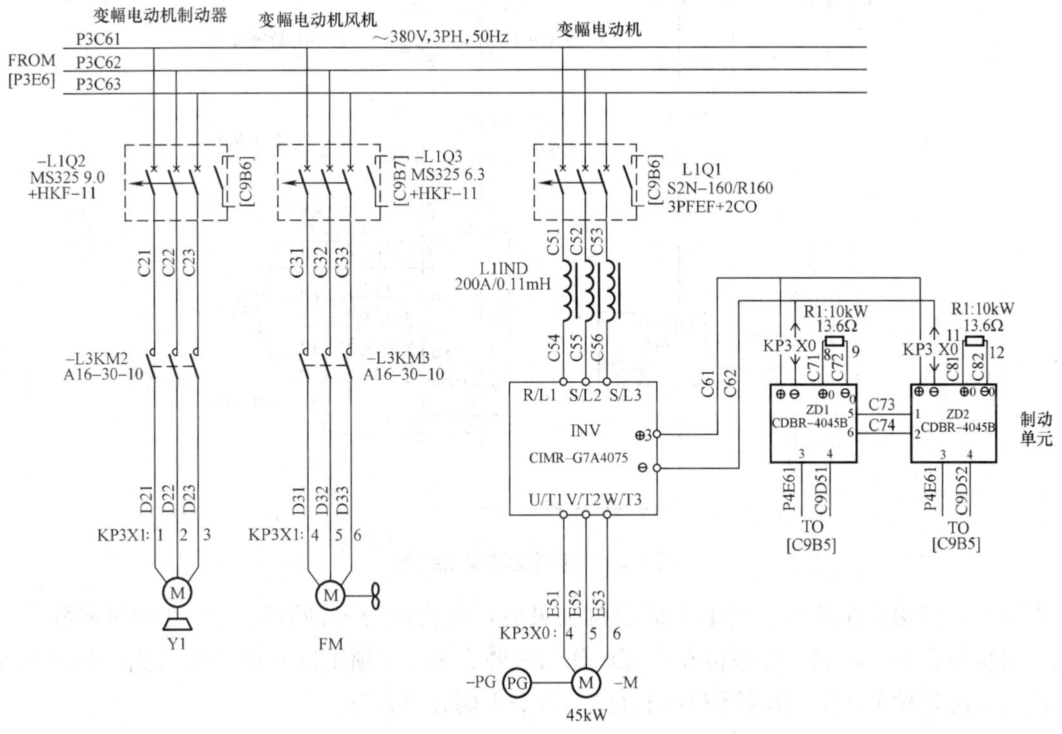

图 6-24 变幅机构主电路

操作手柄从零位推至所需挡位或由一个方向推至另一个方向，PLC 会控制变频器以设定的加、减速时间平稳加、减速至所需速度。主回路三相电源经 L1Q1 开关、L1IND 输入电抗器输入到变幅变频器 R、S、T 端作为变频器输入电源，变频器进行速度调整后，从 U、V、W 端输出到变幅电动机进行速度控制，电动机速度下降，变幅主令编码器 SA1 输出的速度信号经 1M 高速模块进入 PLC，经转换、计算等一系列控制后由 CN3 通信端口进入变频器进行速度控制，由变幅电动机同轴连接的增量型编码器 PG 将电动机速度信号反馈给变频器进行闭环控制，同时经 CN3 通信端口反馈到 PLC 进行机构的运算控制。

变幅机构制动器采用力矩控制和零速抱闸方式，减少抱闸闭合时的振动及抱闸磨损，确保机构起、停平稳。

变幅机构的电气保护有短路保护、过电流保护、过载保护、失压保护、缺相保护、零位保护、大风保护和超速等多种保护，当变频器出现故障时，必须通过左联动台上的故障复位按钮进行复位。

变幅机构设有三级限位保护开关，碰撞第一级限位后，机构自动进行减速，碰撞到第二

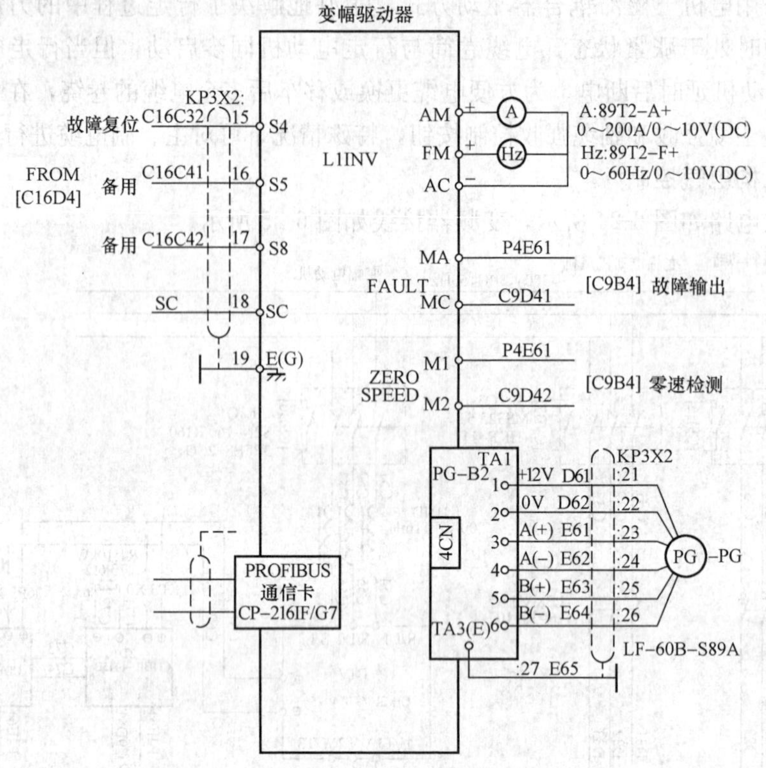

图 6-25 变幅变频器接线图

级限位后，机构停止运行；当第二极限位失灵后，机构运行碰撞到第三极变幅极限限位开关，机构停止运行，第三级限位动作程序作为故障自锁，变幅正反向操作被禁止，若操作变幅机构，必须按下极限退出按钮且同时操作主令手柄方可运行。

变幅机构各开关、接触器、联锁限位、保护限位、联锁触点等外部信号，经 5M 输入模块进入 PLC，经严格的逻辑控制后进行机构的可靠控制，当机构发生故障时，PLC 马上停止变频器运行，同时，制动器紧急制动，并通过安装于司机室和 PLC 柜的触摸屏进行故障显示，当故障排除后，司机按下故障复位按钮，PLC 输出复位信号经 8M 输出模块对变频器进行复位。

八、旋转机构电气控制

旋转机构由两套相同的驱动系统组成，以其中一套为例进行分析。主电路如图 6-26 所示，变频器接线如图 6-27 所示。

旋转机构采用双电机、双变频器驱动方式，变频器选用两台安川公司 CIMR-G7A4055 型变频器，配备两只 CDBR-4220B 制动单元，分别驱动两台 YP250M-6MV1 37kW 变频电动机，两套驱动器采用同一控制信号，控制方式均采用带 PG 矢量控制模式，保证两套驱动机构的动作协调，机构闭环控制的速度反馈采用增量式脉冲编码器。

主回路三相电源经 S1Q1 开关、S1IND 输入电抗器输入到旋转变频器 R、S、T 端作为变频器输入电源，变频器进行速度调整后，从 U、V、W 端输出到各自的电动机进行速度控制，电动机转速下降、停止时反馈到直流母线上，能量由 ZD1、ZD2 制动单元经过制动电阻

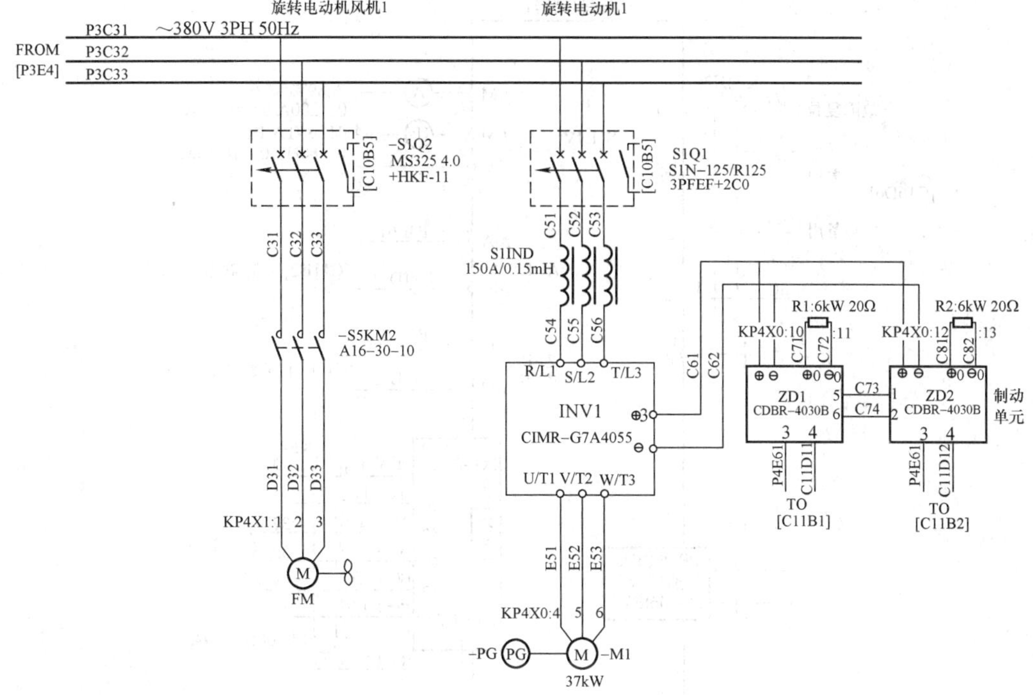

图 6-26　旋转机构主电路图

按要求进行能量释放。

旋转主令编码器 SA2 输出的速度信号经 1M 高速模块进入 PLC，经转换、计算等一系列控制后由 CN3 通信端口进入变频器进行速度控制，由旋转电动机同轴连接的增量型编码器 PG 将电动机速度信号反馈给变频器进行闭环控制，同时经 CN3 通信端口反馈到 PLC 进行机构的运算控制。

操作手柄从零位推至所需挡位或由一个方向推至另一个方向 PLC 会控制变频器以设定的加、减速时间平稳加、减速至所需速度。

旋转制动采用脚踏液压制动器和变频器内部电气制动两种方式，当旋转手柄回零后，变频器自动进行减速制动，制动时间为 6s，脚踏液压制动器为汽车制动泵驱动机械摩擦片方式，制动力矩完全由人工控制，为防止在旋转制动器司机作业中误踩脚踏制动器或运行中紧急制动造成变频器过流，在脚踏制动杆处设有电气联锁限位，当脚踏制动杆踩下时，该联锁限位马上动作，程序会快速切断旋转驱动回路，自动将旋转制动时间调整为 3.5s，使机构快速切换到安全运行方式。

旋转机构的电气保护有短路保护、过电流保护、过载保护、失压保护、缺相保护及零位保护，当变频器出现故障时，必须通过左联动台上的故障复位按钮进行复位。

旋转机构除在制动器设有脚踏制动器联锁限位和液压制动器联锁限位外，还设有旋转锚定联锁限位保护。液压制动器联锁限位和旋转锚定限位在联动台有明确信号指示，旋转锚定限位打开后，即锚定销插入锚定孔后，程序切断旋转机构控制，禁止旋转运行。

旋转机构各开关、接触器、联锁限位、保护限位、联锁触点等外部信号，经 5M、6M 输入模块进入 PLC，经严格的逻辑控制后进行机构的可靠控制，当机构发生故障时，PLC

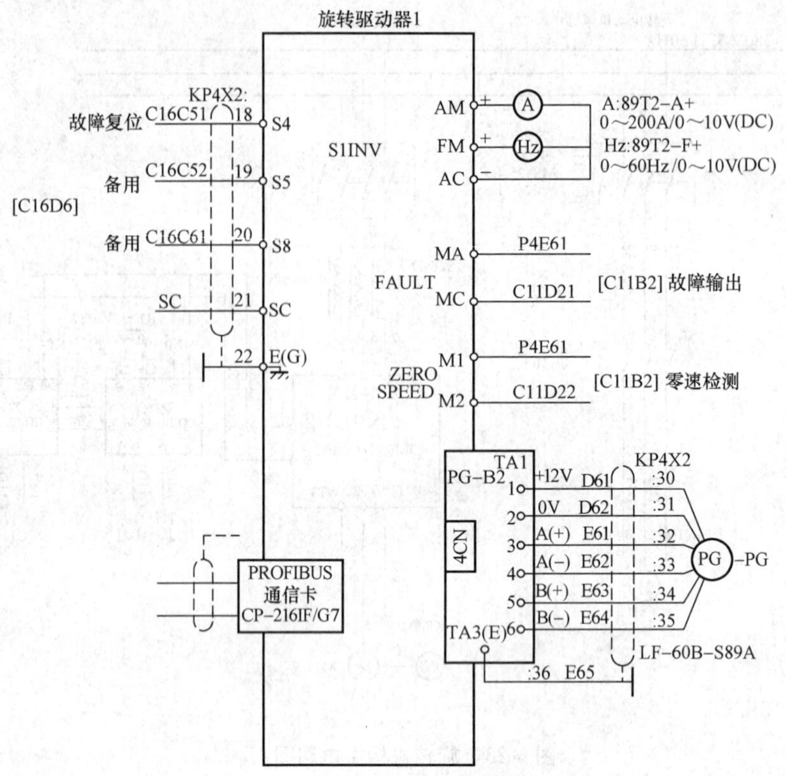

图 6-27　旋转机构变频器接线图

马上停止变频器运行，并通过安装于司机室和 PLC 柜的触摸屏进行故障显示，当故障排除后，司机按下故障复位按钮，PLC 输出复位信号经 8M 输出模块对变频器进行复位。

九、起升机构电气控制

起升机构由支持机构和开闭机构组成。支持机构和开闭机构在外围线路方面几乎相同，对起升机构的线路分析仅以支持机构 1NV1 为例。

支持机构主电路如图 6-28 所示，变频器接线如图 6-29 所示。

起升机构由开闭机构和支持机构两个机构组成，采用两台大连伯顿公司 YZP355M1-8M 160kW 变频电动机驱动，变频器选用两台安川公司 CIMR-G7A4220 型变频器，采用带 PG 矢量控制方式。在 25t 抓斗工况下，变频器运行频率为 70Hz；在 40t 吊钩工况下，变频器运行频率为 35Hz。PLC 实时读取变频器的参数，并通过输入给 PLC 的主令控制器信号控制变频器的频率及电动机的转速。

操作手柄从零位推至所需挡位，或由一个方向推至另一个方向，PLC 会控制变频器以设定的加、减速时间平稳加、减速至所需速度。

抓斗工况为门机的主要工况，抓斗的升降、开闭完全由起升机构的支持机构和开闭机构协调实现，由于抓斗动作是机械合成，必须保证支持、开闭 4 根钢丝绳的协调运行，该门机在抓斗闭合时，驱动系统工作在负载平衡方式、速度平衡方式和位置平衡方式。在吊钩工况下，驱动系统工作在负载平衡方式和位置平衡方式。门机抓取物料时，程序专门设有“挖掘”方式，挖掘动作时，闭合驱动处于手柄全速控制，支持驱动则在一较低预置给

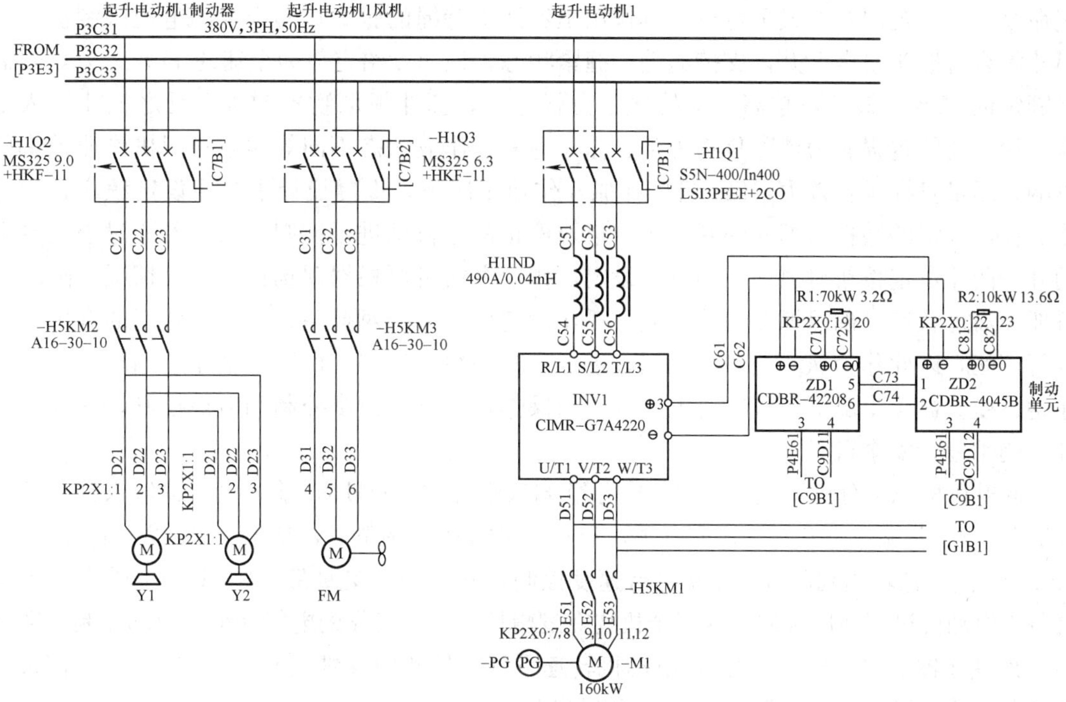

图 6-28　支持机构主电路图

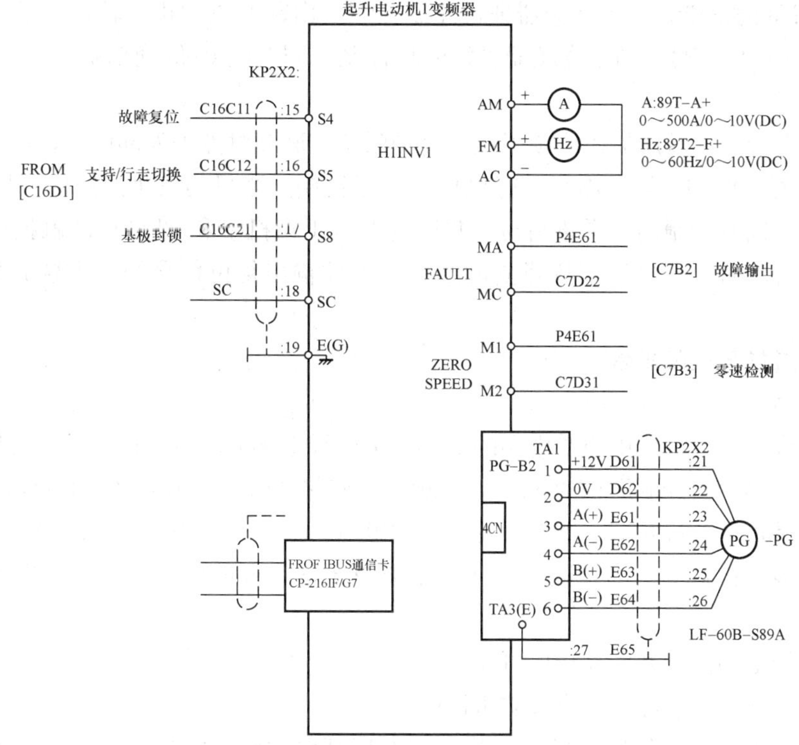

图 6-29　支持机构变频器接线图

定命令和小力矩限制方式下运行，其作用是保证支持绳的张力达到设定的电流限制值，当抓斗闭合时抓斗略微上升，支持绳趋于绷紧状态，该速度给定值为全速的11%，力矩限制在额定的12%，该力矩越高，支持绳张力就越大，抓斗抓取物料越少，反之抓斗沉入更深，深挖功能越强。为消除货物种类、抓斗绳索、作业状态不同等因素对门机作业效率的影响，尽量发挥设备效力，25t门机在抓斗作业工况下，专门设计了抓斗设定程序，程序依据抓斗设定的数据对抓斗的开、闭减速及停止操作自动进行控制。司机可通过联动台上的开、闭斗设定按钮对抓斗斗型进行设定，作业中司机可根据现场作业实际情况，随时调整抓斗设定状态，确保抓斗满载作业。抓斗设定后，系统对抓斗开、闭斗状态的有关参数进行记忆，以此作为抓斗控制的依据，进行实时调整、控制，保证每个作业循环中的抓斗斗型不变。抓斗工况下，程序对抓斗的开闭操作自动进行速度控制和力矩控制，确保抓斗开、闭平稳，安全可靠。

起升机构电路分析：主回路三相电源经H1Q1开关、H1IND输入电抗器输入到支持变频器R、S、T端作为变频器输入电源，变频器进行速度调整后，从U、V、W端输出，经H5KM1接触器输出到起升电动机进行速度控制，同时经分支回路G4KM1接触器输出到8台行走电动机进行速度控制，这两个机构在逻辑控制上有可靠的电气互锁，内部控制参数由PLC经变频器S5端子进行切换，电动机转速下降、停止时反馈到直流母线上能量由ZD1、ZD2制动单元经过制动电阻按要求进行能量释放。

起升主令编码器SA3输出的速度信号经1M高速模块进入PLC，经转换、计算等一系列控制后由CN3通信端口进入变频器进行速度控制，由起升电动机同轴连接的增量型编码器PG将电动机速度信号反馈给变频器进行闭环控制，同时经CN3通信端口反馈到PLC进行机构的运算控制。

起升机构各开关、接触器、联锁限位、保护限位、联锁触点等外部信号，经4M输入模块进入PLC，经严格的逻辑控制后进行机构的可靠控制，当机构发生故障时，PLC马上停止变频器运行，同时，制动器紧急制动，并通过安装于司机室和PLC柜的触摸屏进行故障显示，当故障排除后，司机按下故障复位按钮，PLC输出复位信号经8M输出模块对变频器进行复位。

十、日常维护与故障排除

1. 日常维护

（1）电缆卷筒集电环，中心受电器的滑环和碳刷导电部分均应保持清洁，滑环与碳刷之间的接触面积不得少于碳刷面积的85%，碳刷弹簧应保持碳刷与滑环之间有足够的压力。

（2）应经常检查各接触器，继电器的主、副触点，遇烧毛现象应用细组锉仔细磨平，烧毛严重时应调换。接触器的衔铁接合面防锈油要擦干净，以防吸合不牢，发出噪声或严重事故。

（3）继电器上的微动开关动作应可靠，否则应予校正。

（4）室外电气元件应经常检查其防水性能。

（5）注意检查电阻片的发热情况，若局部发现高温发红，应将该电阻片夹紧，螺钉旋紧，以减少片间接触电阻。

（6）所有电气元件的接线螺栓应紧固连接可靠。

(7) 应保证所有的电气元件的清洁。

(8) 应经常检查 PLC 及变频器的运行情况。

(9) 电缆卷筒驱动电动机工作时所产生的卷绕力应以两人合力能拉下电缆为度，否则应增减动力头或调整磁间隙。

(10) 为了保持超负荷限制器的准确可靠，应经常清洁传感器及放大器上的油污和锈斑，并定期校对超载限制器的准确性能。

2. 故障排除

MQ2533 型门座起重机常见外围故障及排除方法如表 6-1 所示。

表 6-1　　MQ2533 型门座起重机常见外围故障及排除方法

故障现象	显示故障内容	对　策	备　注
起升不动作	相序和缺相检测	电源电压超出允许范围（342～418V）或电源缺相，解决电源质量问题，若为电源波动冲击，则观察电压表当指示的电压值在正常范围内时，分断一次主开关即可	出现该情况时整机不动
	大风报警 ＞25m/s	风力过大，超出安全设定值 25m/s，停止作业	出现该情况时整机不动作，特殊情况下，可按极限退出按钮强制动作
	零位检测故障	有手柄不在零位，检查起升、闭合、变幅、选择、行走机构主令	出现该情况时整机不动
	I/O 电源未合	检查输入、输出电源是否合上	
	电动机 1 接触器检测故障	检查主接触器是否正常吸合，检查其辅助触点是否误动作	
	电动机 1 制动器检测故障	检查制动器推杆动作情况，检查制动器限位调整情况	
	电缆卷筒 2 投入	转换开关在副缆位置，切换到主缆	
	大车选择	转换开关选择错误	
	起升变频器故障	根据变频器的故障显示排查故障	
	电动机 1 互锁故障	检查转换开关和变频器零速信号	
闭合不动作	电动机 2 互锁故障	检查转换开关和变频器零速信号	
	电动机 1 接触器检测故障	检查主接触器是否正常吸合，检查其辅助触点是否误动作	
	电动机 2 制动器检测故障	检查制动器推杆动作情况，检查制动器限位调整情况	
	闭合变频器故障	根据变频器的故障显示排查故障	
	大车选择	转换开关选择错误	
	电缆卷筒 2 投入	转换开关在副缆位置，切换到主缆	

续表

故障现象	显示故障内容	对　策	备　注
变幅不动作	变幅互锁检测	检查变频器零速信号和变幅柜主低压断路器	
	变幅零位故障	手柄不在零位，检查变幅手柄	
	变幅接触器检测故障	检查主接触器是否正常吸合，检查其辅助触点是否误动作	
	变幅制动器检测故障	检查制动器推杆动作情况，检查制动器限位调整情况	
	闭合变频器故障	根据变频器的故障显示排查故障	
	增幅极限	拨杆底增幅极限限位动作	按极限退出收幅
	减幅极限	拨杆底减幅极限限位动作	按极限退出增幅
	电缆卷筒 2 投入	转换开关在副缆位置，切换到主缆	
旋转不动作	旋转互锁检测	检查控制接触器的反馈信号和旋转 1、2 的主低压断路器	
	旋转接触器检测故障	检查主接触器是否正常吸合，检查其辅助触点是否误动作	
	旋转风机空开未合	检查相对应的低压断路器	
	旋转变频器故障	根据变频器的故障显示排查故障	
	旋转锚定限位	检查旋转锚定是否打开，检查旋转刹车是否到位，检查限位是否误动作	
	电缆卷筒 2 投入	转换开关在副缆位置，切换到主缆	

VARISPEEDG7 变频器常见故障、原因及排除方法如表 6-2 所示。

表 6-2　VARISPEEDG7 变频器常见故障、原因及排除方法

故障显示	故障内容	故障原因	对　策
OC (Over current)	过电流［变频器的输出电流超过电流检出值（约为额定电流的 200%）］	变频器输出侧短路、接地； 负载过大，加减速时间过短； 使用特殊电机或最大容许容量以上的电动机	原因调查，实施对策后进行复位
GF (Ground fault)	接地（在变频器输出侧的接地电流超过变频器额定输出电流的 50%）	在变频器输出侧发生接地（由电机的烧损、绝缘劣化、电缆破损引起的接地等）	原因调查，实施对策后进行复位
PUF (Main IGBT fuse blown)	熔丝熔断（装在主回路的熔丝被熔断）	因变频器输出侧的短路、接地、输出晶闸管损坏	原因调查，更换变频器
OV (DC bus fuse open)	主回路过电压（主回路直流电压超过过电压检出值，400V 级约为 820V）	减速时间太短；电源电压过高	延长减速时间或连接制动电阻器； 在规格范围内降低电压
UV1 (DC bus undervolt)	主回路低电压（主回路直流电压降到允许值 400V 级约为 380V）	输入电源缺相	原因调查，实施对策后进行复位

续表

故障显示	故障内容	故障原因	对　策
UV2 （CTL PS undervolt）	控制电源电压太低		连续发生故障时更换变频器
PF （Input pha loss）	主回路电压故障（主回路直流电压发生故障）	输入电源发生缺相； 发生瞬时停电； 输入电源电压波动过大； 三相电压不平衡	原因调查，实施对策后进行复位
LF （Output pha loss）	变频器输出侧缺相	输出电线断线； 电动机绕组断路； 输出端子故障	
RH （Dynbrk transistr）	制动电阻过热	减速时间过短； 频繁正反转操作	减小负载，延长减速时间，降低速度，规范操作，更换制动器电阻单元
OL1 （Motor overloaded）	电动机过载	负载太大，加减速时间、周期太短	调整负载大小，延长加减速时间、周期
OL2 （Inv overloaded）	变频器过负载	负载太大，加减速时间、周期太短变频器容量小	调整负载大小，延长加减速时间、周期，更换大容量变频器
OS （Overspeed DET）	电动机超速	速度太高	

思　考　题

1. 简述门机的供电方式。
2. 门机主要有哪几大机构？哪个机构不能和其他机构同时运行？
3. 门机抓斗开闭时，两台起升电动机怎样动作？
4. M10-25 门机变幅机构怎样实现两级制动？
5. 分析 M10-25 门机旋转机构的电气控制原理。
6. 简述 MQ25-33 现代电气控制门机中联动台、PLC 与变频器之间的关系。
7. MQ25-33 现代电气控制门机四大机构各采取什么样的变频控制模式？

第七章 斗轮堆取料机的电气设备与控制

第一节 工作机构和运动形式

在散货堆场，为配合胶带机把散货堆至堆场存放或将堆场的散货供给出场的胶带机，通常采用散货堆场专用机械设备。按用途可分为堆料机、取料机和堆取料机，可见在连续运输机械系统中堆取料机担当着重要角色。图 7-1 所示为斗轮堆取料机的结构图。

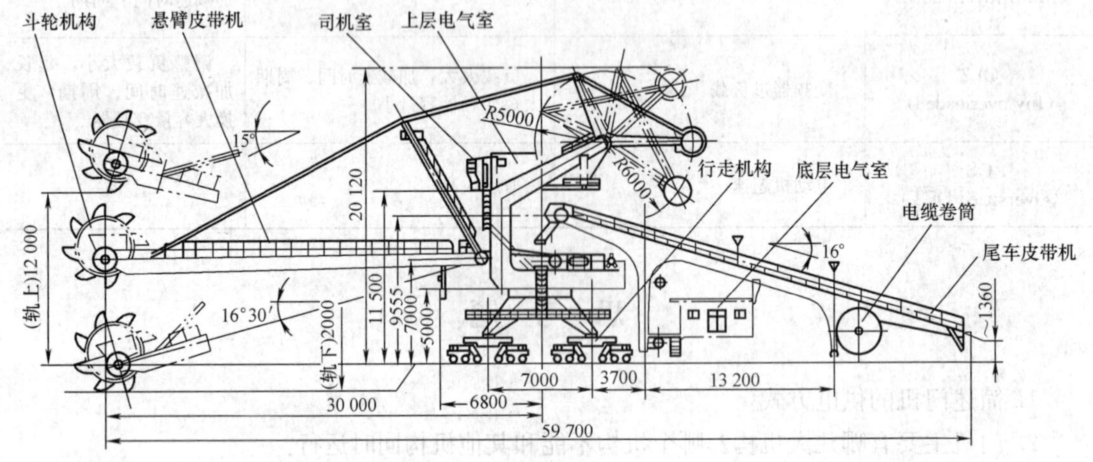

图 7-1 KDQ6025 型斗轮堆取料机

斗轮堆取料机是兼有堆料和取料两种性能的大型高效率连续运输机械，堆、取料在单机中不能同时进行。它主要由斗轮取料机构、悬臂胶带机、行走机构、回转机构、变幅机构，尾车架和尾车皮带机等部分组成。

一、行走机构

斗轮机行走机构有履带式和轨道式两种，在码头上多采用轨道式。斗轮机跨在水平固定胶带机上，并可在轨道上沿固定胶带机移动，斗轮机的小尾车实际上就是固定胶带机的卸料车。斗轮机在轨道上行驶时，考虑到其用电负荷较大，而且轨道较长，远离变电站，一般都采用 6kV、50Hz 三相三线制方式供电。考虑到其控制上与中控室的信息传递，因此一般情况下在斗轮机两侧分别装有动力电缆卷筒和控制电缆卷筒，地面电缆通过卷筒圆心接在滑环上，机上电缆接在电刷上。

电缆卷筒一般由力矩电动机拖动，力矩电动机的定子绕组一般由电阻较大的黄铜制成，转子为笼型。力矩电动机可较长时间工作在堵转状态和电磁制动状态，因而其发热较为严重，为了便于其热量的散发，减少温升，在力矩电动机工作时为其设专门的通风风机，而且其防护等级较低，一般为IP22。

地面电缆由变电站经电缆沟、机旁电缆桥架至斗轮机轨道中点的地面接头箱，然后再由地面接头箱接至电缆卷筒。当斗轮机由轨道中点向两端运行时，斗轮机为放电缆行走；当由两端向轨道中点运行时，斗轮机为收缆行走。当斗轮机每次经过轨道中点时，斗轮机都要进行收、放电缆的切换。当放电缆时，力矩电动机的电磁转矩为阻力矩，电动机工作在制动状态，正是力矩电动机的阻力矩才能使电缆处于绷紧状态，使电缆直线状分布在轨道旁，不致被行走轮压坏，斗轮机大车的行驶力量使电缆拖动电缆卷筒运行。当斗轮机由轨道两端向轨道中点运行时，力矩电动机的电磁转矩为拖动力矩，电动机工作在电动机状态。

当斗轮机行走时，电缆的收放线速度要与大车行驶的线速度基本上保持一致，这样电缆才能在一定的张力下呈直线状收放而不至于拉断或压断。

斗轮机的行驶速度一般有两个，一个是工作速度较慢，在7m/min左右；另一个是空载调车速度较快，在30m/min左右。为了减少空载调车时机械振动，要求斗轮机悬壁皮带中心线与地面轨道中心线相平行。有的斗轮机在行走调速上采用交流变频调速。

由于采用变频调速，以便最大幅度地减少斗轮机调速或起动时的机械振动。当斗轮机设防爬器或锚固器或夹轨钳时，行走电路与它们均有起始闭锁关系，电缆卷筒控制电路与行走电路有着互锁关系，同时行走电路设电缆防拉断限位保护。

二、斗轮机构

取料机构通常采用开式斗轮。料斗的卸载有离心式和重力式两种。离心式卸载适用于干燥、流动性好的物料和只用其取料而不能堆料的取料机中；重力卸载的物料自斗口装入并随斗轮向上旋转到上部卸料位置后依靠物料重力从斗背处卸料，经溜料板滑入悬臂输送机中。重力式卸载时，斗轮转速较低，但是卸料时间长，卸料干净，斗轮通常布置在悬臂输送机的侧面。

斗轮堆取料机可采用液压传动和机械传动两种方式。液压传动能较好地适应外界负荷的变化和进行无级调速，结构紧凑，重量轻，但制造工艺要求高，易泄漏，维修困难，当料场既有煤炭又有矿砂时，采用液压传动有其优越性。对于大型堆取料机和取小粒度物料时，采用机械传动可靠性高，维修技术简单。

在取料时，当悬臂皮带机出现故障时，斗轮应停止取料，当斗轮驱动电路出现故障斗轮停止取料时，回转电路应立即停止工作。对于每小时作业量在1000t以上的大中型斗轮堆取料机，其斗轮驱动电动机一般都在75kW以上，因此考虑到启动力矩的大小，电动机的启动一般都采用自耦变压器降压启动方式。在取料作业时斗轮机构是最后一台启动设备，因而在主令开关的操作位置上，当主令开关处在最高挡时，方才启动斗轮驱动电动机。

三、胶带机

斗轮堆取料机一般有两台胶带机，即悬臂皮带机和尾车皮带机。悬臂皮带机因堆取料需要可正反向运行，尾车皮带机一般采用单向运行方式。有的斗轮机在考虑车、船直取作业方式，采用双尾车结构。在堆料作业时大、小尾车伸缩机构工作使小尾车前移，物料可落到大尾车尾部的装载装置上，悬臂皮带与大尾车相连处设挡板，使物料落入悬臂皮带中，由悬臂皮带机将物料按顺序抛至料场中。当物料需直通装船时，尾车伸缩机构将小尾车向后推开，使物料由小尾车落入地面皮带机装载装置中，这样物料就不上尾车而由斗轮机底部地面皮带

机中通过，小尾车的支架、托辊、装载装置等是斗轮机的一部分，而胶带则属于地面皮带机，小尾车可随同斗轮机一起行走。

在斗轮机取料作业时，尾车不需要参与工作，物料由斗轮机构挖起落至悬臂皮带机中，由中心溜料管落入地面皮带机中。

堆取料机皮带机的长短是斗轮堆取机的一个重要参数，取决于堆取料能力、回转半径、堆取高度和轮压等因素。通常情况下，斗轮机的轨距是回转半径的 1/4～1/5，假如斗轮机的轨距为 6m，则其回转半径不超过 30m，悬臂皮带机长 30m 左右。大尾车的长度一般主要由堆料高度决定，虽然斗轮机上皮带机的长度一般都不超过 50m，但是由于作业时悬臂皮带机的仰角变化较大，因此其驱动电动机功率的选取一般都比较大。由于液力耦合器的使用使得电动机的启动过程大为缩短，在电网允许情况下，中小型斗轮机多采用直接启动方式，当电网不允许时，多采用自耦变压器降压启动方式，以获得较大的启动转矩。斗轮堆取料机的皮带机多采用 Y 系列的笼型三相异步电动机，维护量小，使用寿命长。

四、回转机构

随着科学技术不断发展，尤其是电力电子技术和微型计算机技术的高速发展，在电机调速系统中，交流调速越来越起着重要作用。由于物料的堆比重的不同，以及料场边缘部分物料少，为了保证作业量的连续，对于斗轮机的回转速度，需经常调节。由于直流电动机维护量大，因此目前国内在斗轮机回转调速上，多采用交流变频调速方式。

改变斗轮机取料作业量的大小，可通过调节斗轮转速，改变斗轮行走吃料量，以及改变回转速度来实现取料量的变化。在液压传动方式下改变斗轮转速较为方便，且可实现无级调速，但在机械传动方式下，斗轮机实现无级调速难，一般不采用此方式。改变斗轮的吃料量是通过控制行走时间来实现的，随机性较大易造成取料过多或过少现象；而回转电动机较斗轮驱动电动机来讲，功率相对小得多且易于控制，因此在斗轮机取料量的控制上，多采用回转调速方式。

在取料作业时，悬臂皮带机启动完毕后，可启动斗轮机构，然后由料场边缘向料场纵深回转取料。在料场边缘取料时，要求回转速度快些；在料场中间取料时，由于每斗取料都满载，要求回转速度慢些；当取到料场纵深一侧边缘时，斗轮机前行吃料，再由料场纵深向轨道侧回转取料，这样循环进行。当取完上层物料时，斗轮机将由近轨道向后行走找到下层取料起始点，再循环地将新的一层物料取走。

堆料时，先将悬臂放低些堆料，当堆到一定高度时，再逐步抬起悬臂，当堆到一定极限时，再向远轨道料场纵深回转小距离堆料，这样逐步向纵深回转堆料，当堆到一定量时，斗轮机将向后退再堆料，然后再向轨道侧逐步回转堆料，不断循环。

由上述分析可见，在取料时，斗轮机由后向前，里外循环，逐层取料；堆料时，是里外循环由前向后。因此斗轮机作业时，比较有规则，易于实现自动及半自动控制。由于 PLC 在我国机电产品中的使用越来越广泛，越来越多的斗轮堆取料机都采用 PLC 控制，而且都设有自动或半自动操作，以便最大限度地减轻工人的劳动强度，延长电气元件的使用寿命。

五、变幅机构及其他系统

斗轮机在作业时，需要根据料场情况经常改变悬臂的仰角，变幅的驱动方式一般有机械传动和液压传动两种方式。液压传动时，工作更加平稳，控制更加方便，机械传动一般由电动机驱动滚筒，通过钢丝绳索来实现。机械传动结构简单，维护方便。两种方式的电气控制均较简单，功率消耗亦相差不大，但是液压传动优点更明显些。在变幅机构控制上，要设上、下幅度限位控制，由于悬臂在改变幅度时，机构惯量较大，为防止机体与料场的碰撞，保护金属结构免受较大冲击，限位开关是安全运行的一个重要元件。

斗轮机除上述介绍的几种工作机构以外，还有喷洒系统等。

第二节 供 电 系 统

每小时作业量在1000t以下的堆取料机属于小型机，每小时作业量在1000～3000t的称为中型机器，3000t以上的称为大型机器。对于小型堆取料机由于作业料场小、供电距离短、装机容量小，一般都采用低压供电方式，电源为380V、50Hz三相四线制；对于大中型机器多采用三相三线制6kV、50Hz电源，其供电系统如图7-2所示。

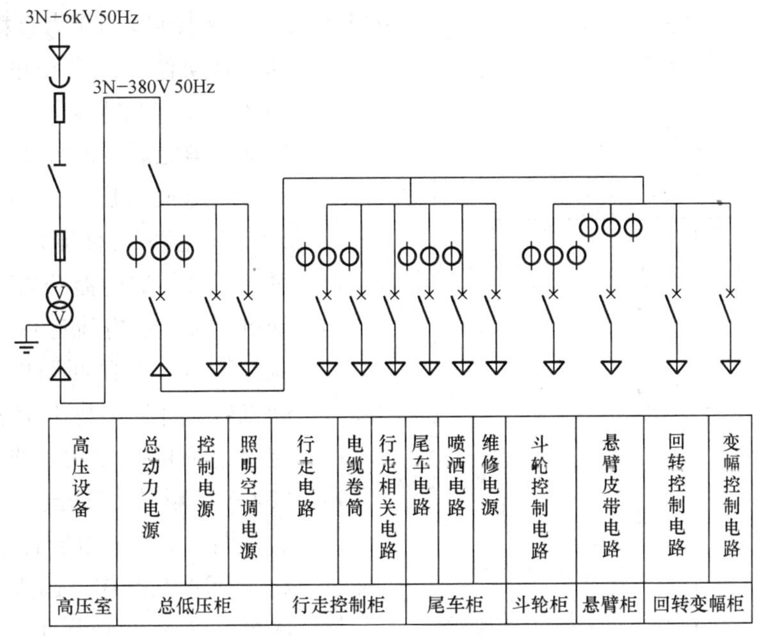

图7-2 斗轮堆取料机供电系统图

一、高压设备

6kV、50Hz电源由地面经电缆卷筒接至高压室高压开关柜中。在高压室内主要有高压开关柜、干式变压器等设备。有的堆取料机在高压室内设两台干式变压器，一台作动力用，一台作照明、空调负荷用。一般在中小型堆取料机中，只设一台动力变压器，而在该变压器的二次侧再设照明空调用变压器。在高压开关柜中设负荷开关和高压熔断器，也有的堆取料机使用高压真空断路器。在日常运行中，高压室内无任何操作，司机等工作人员很少入内，只有在设备保养过程中，电气工作人员例行检修工作，因此在平时，高压室是关闭上锁的。

二、低压设备

底层电气室内一般设总电源受电柜，行走控制尾车控制馈电柜。总电源受电柜主要是解决整机低压用电问题，主要设备有低压刀开关、断路器、自动开关、照明变压器、控制隔离变压器、计量仪表、互感器等。

刀开关的作用主要是在设备停电检修时，有一个明确的断点，充分保证工作人员的安全，一般选用 HD 型刀开关。断路器一般为 DW 型框架式低压断路器，如 Dw15、Dw17 型等，由于上层设备如悬臂皮带机、变幅机构、斗轮机构、回转机构等，均处在回转平台上，而且由底层电气室到上层电气室的控制电缆非常多，落料溜管正处在斗轮机回转中心，因此斗轮机不可能同门座式起重机那样，采用中心滑环方式同上层电气室之间进行供电和信号联系，而是在回转中心处通过中心导管将许多动力电缆和控制、通信电缆送到上层电气室和司机室内。

第三节　悬臂皮带机电气控制

图 7-3 所示为某堆取料机悬臂皮带机的主电路图，图中 QF32 为低压断路器，主要对悬臂皮带机主回路起短路保护作用，21KM、22KM 实现正反转控制，T5 为自耦变压器，起降压启动作用。启动过程中，24KM 和 25KM 同时吸合，23KM 不吸合，启动完毕之后，23KM 吸合，24KM、25KM 释放，启动过程结束。TA6、TA7 为电流互感器，对工作电流计量，同时热继电器和电流继电器对电动机过载、过电流起保护作用。在电流互感器二次侧回路中，20KA 在电动机启动过程中将电流表短接，对电流表起到保护作用，当启动结束后，20KA 动断触点断开。

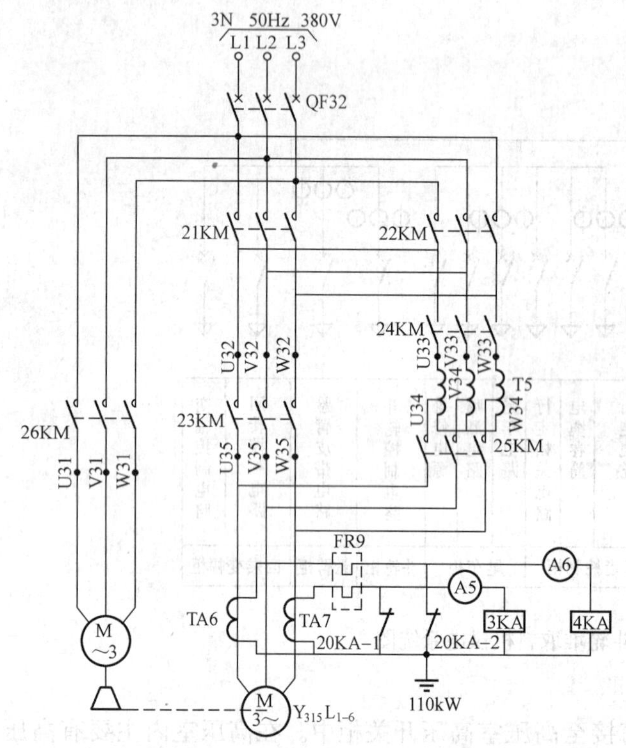

图 7-3　悬臂皮带机主电路电气原理图

图 7-4 所示为悬臂皮带机二次回路，5KA 在操作上选择半自动操作时吸合，5KM 为选择手动操作时吸合。在堆料作业时，悬臂皮带机在整个作业流路中第一个启动，因此它不受其他设备闭锁，而在取料作业时悬臂皮带机是最后一台启动的输送机，因此它受地面输送机的闭锁，只有在地面系统启动完毕后，起始闭锁才解除。当悬臂皮带机起动时，24KM、25KM 接触器同时吸合，T5 自耦变压器与电动机串接，电动机降压启动。26KM 闭合启动电液推杆制动器电动机，刹车打开。经过启动延时后 20KA 得电吸合，24KM、25KM 释放，同时 23KM 吸合，自耦变压器被切除，降压启动结束。7SQ 为打滑开关的微动开关动断触点，当皮带机不工作时，7SQ 是闭合的，当皮带机正常启动起来时，7SQ 打开。失速打滑时，7SQ 接通，使 23KA 动作，悬臂皮带机停止工作。8SQ~11SQ 为跑偏开关微动开关。16KA 为故障复位继

电器，设在操作台上由司机通过故障复位按钮来操作。出现故障时，即使故障解除，23KA仍然吸合，只有当按下故障复位按钮时，16KA得电吸合方使23KA失电。

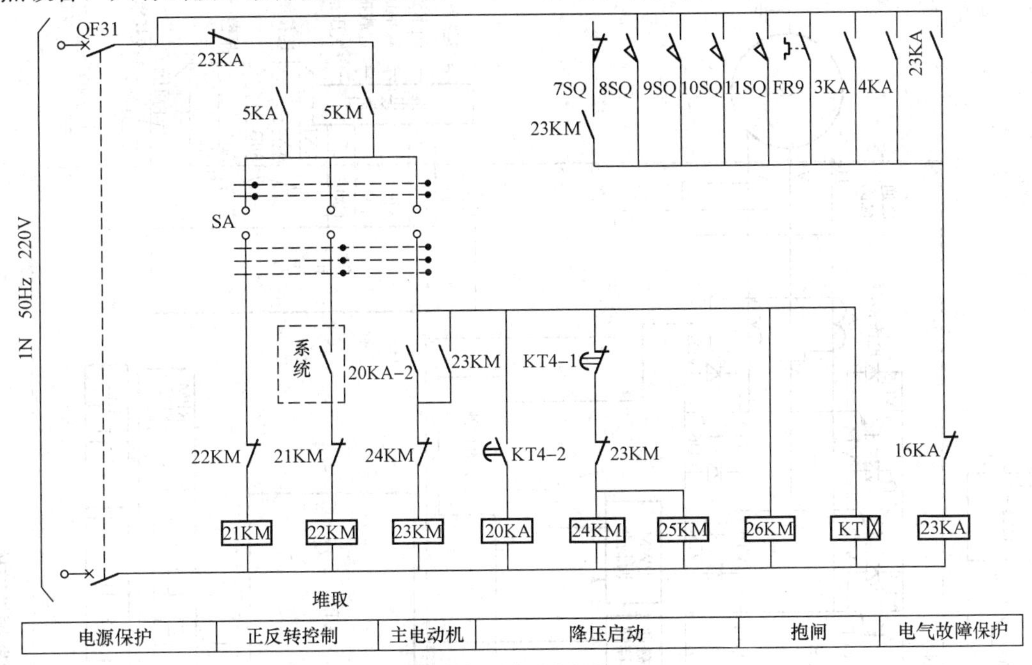

图7-4　斗轮堆取料机悬臂皮带机电气控制原理图

第四节　回转机构电气控制

一、变频器

进入20世纪90年代以后，我国各重型机械厂生产的斗轮堆取料机，在回转控制上普遍采用交流变频调速控制器，而且运用已十分成熟。虽然目前在我国市场上进口变频调速器仍占主导地位，但是国产变频器已日趋完善。

首先介绍一下日本富士公司FRN045G7-5型变频调速器的硬件结构，如图7-5所示，该变频器属于交—直—交电压型PWM脉宽调制变频器。

三相交流电源经过电阻电容组成的浪涌电压吸收器（也有用压敏电阻组成浪涌吸收器）后，由6只半导体二极管组成的三相桥式全波整流电路，而变成直流电源，其电压基本恒定不变。端子P1、P接平波电抗器。SA为浪涌吸收器，对变频器起过压保护作用。平波电抗器对电流的突变起抑制作用。电容器C不仅起滤波作用，而且还具有电压检测的取样功能。VT1～VT6为大功率二极管起逆变作用，VD1～VD6不仅起反相电压保护作用，而且在电动机制动过程中，将电动机回馈的再生电流整流后对电容器C进行反向充电，当电压检测回路检测到电容C两端电压高到一定程度后，使得DB单元的三极管导通，DB电阻吸收电动机的同馈能量，因此也有资料称DB单元及DB电阻为制动单元和制动电阻。电流互感器CT对逆变电流（负载电流）起到检测作用。磁通检测单元对输出的逆变电压进行监测，L1、L2、L3为电源端子，U、V、W为负载端子，FU为快速熔断器，对逆变电路起短路保护作用。

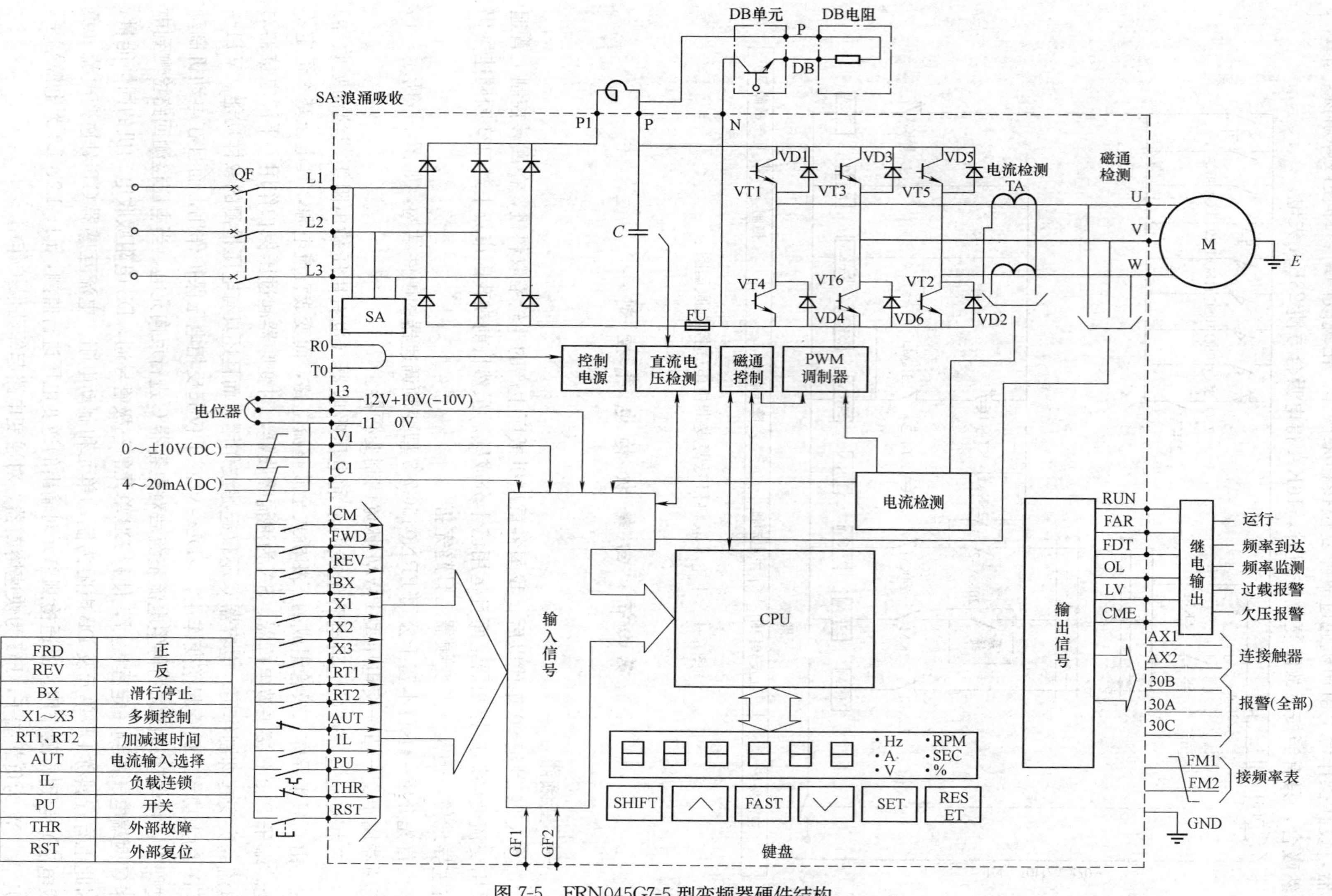

图 7-5 FRN045G7-5 型变频器硬件结构

变频器的内部输入信号大部分通过输入接口电路的耦合隔离而接入中央处理器 CPU 中，同样外部输入信号也通过输入通道的隔离后进入 CPU，其中：

CM：输入回路公共端。

FwD：正转/停止命令。

REV：反转/停止命令。

X1、x2、X3：多级频率设定。

RT1、RT2：选择加速时间。

AUT：电流输入选择。AUT=1，选择电流输入；AUT=0，选择电压输入和频率设定输入。

IL：IL=1，中断逆变器运行；IL=0，逆变器运行继续。

BX：BX=1，部分停止逆变器输出，但无报警。

PU：PU=1，实现逆变器运行准备，一定时间后再使 PU=0，逆变器开始运行。

THR：外部报警输入，THR=0，逆变器停止工作，并自保。

RST：故障复位，RST=1，解除故障自保。

11、12、13：频率设定端。

V1：电压输入辅助端子，用于改变输出频率。

C1：电流输入辅助端子，用于改变输出频率。

输出信号如下：

FM1、FM2：接频率表，显示工作频率，工作频率也可用键盘在屏幕上显示。

RUN：运行指示，RUN=1，指示工作或直流制动。

FAR：指示到达设定频率。

FDT：FDT=1，输出频率大于设定频率。

OL：OL=1，输出电流大于设定值。

LV：欠压停止，LV=1，表示欠电压。

AX1、AX2：用于电源侧接触器开关命令。

30A、30B、30C：变频器保护功能作用时，输出信号并使逆变器停止工作。

FRN045G7-5 型逆变器有着丰富的软件功能，以供用户开发应用，在此不作介绍。

二、堆取料机的回转调速

斗轮机在回转取料时需经常调节回转速度，在料场边缘时，需快速取料；在料场中间时，需慢速取料。对于不同物料其回转速度要求也不一样。图 7-6 所示为我国沿海某港口斗轮堆取料机的回转控制原理图。

回转机构有两种操作方式，一种是“手动”操作方式，由主令控制器 SA 来实现；另一种为“半自动”操作方式，通过司机对参数进行设定后，由 PLC 根据设计好的程序自动运行。斗轮机在回转工作时，其回转角度因大尾车的限制不可能同门座式起重机那样 360°回转，最大回转角度一般在 100°左右，因此工艺上设左右回转限位开关保护，如图 7-6 中的 28SQ 和 29SQ。FR24 为过载保护热继电器，其动合辅助触点同变频器内部保护接点 30A、30C 并联相接。

44KA 为电气保护回路继电器，16KA 为故障复位继电器，该保护电路具有故障闭锁功

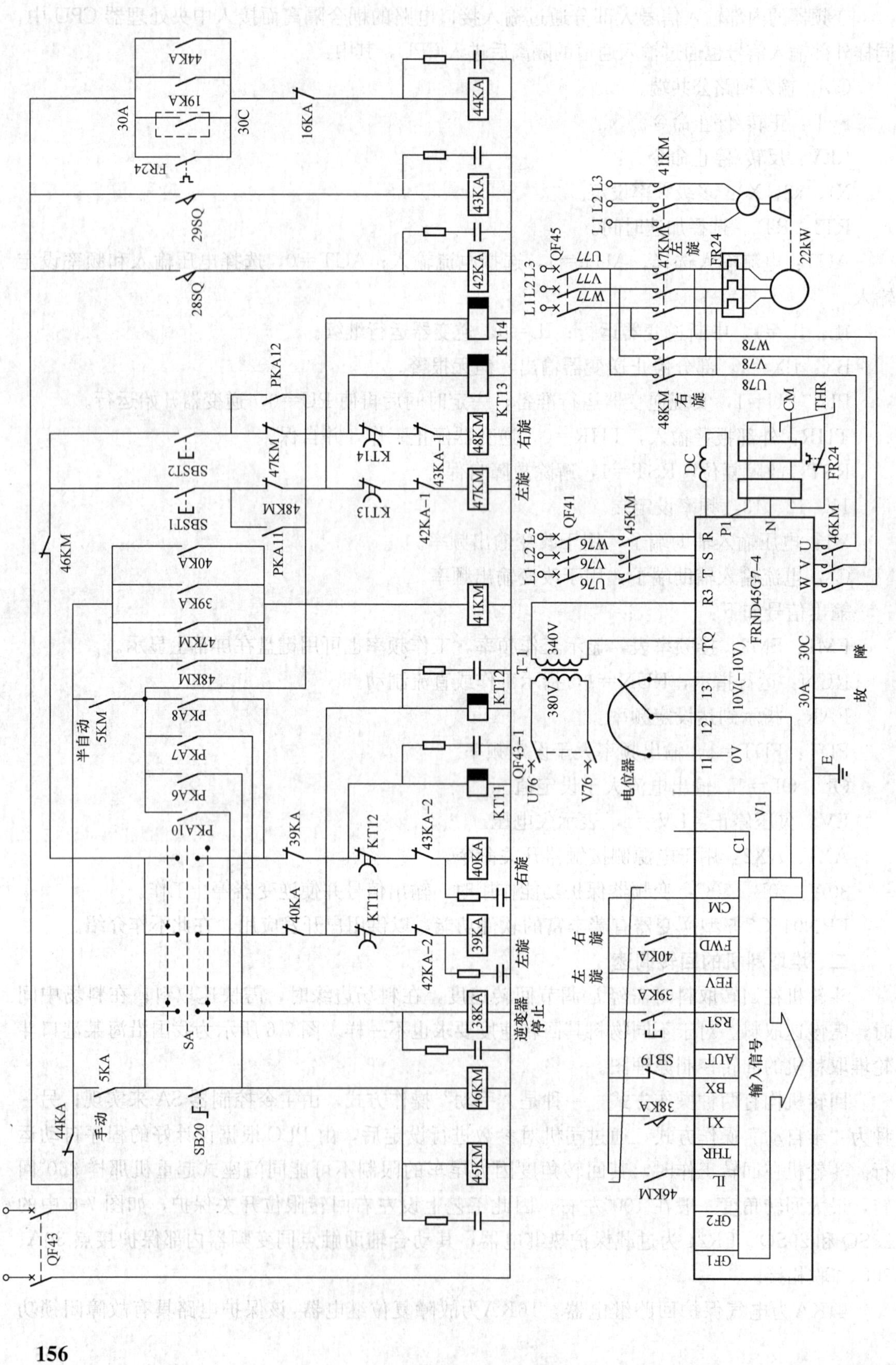

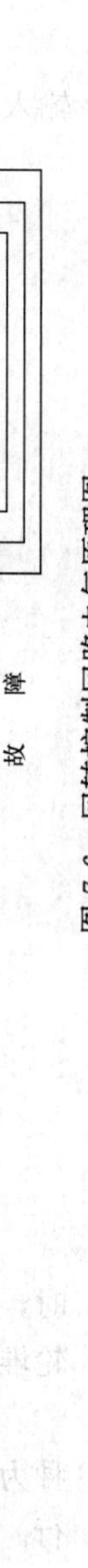

图 7-6　回转控制回路电气原理图

能，只有在故障解除并使 16KA 断开情况下，44KA 才能复位。

47KM、48KM 是为在应急情况下回转悬臂而设计的，同时在堆料作业时，由于对回转速度无要求，而且回转工作时间也短，因此堆料工作尽量用工频来实现。KT13、KT14 与 KT12、KT11 的功能均是为了使回转速度的正反切换过渡过程长些。防止由于斗轮机悬臂皮带机的惯量较大，过频繁地回转正反转而引起较大的机械振动。41KM 为电液推杆刹车电动机用接触器。

SB20＝1 时，使变频器接入交流电源及负载，在无回转操作情况下，负荷侧无电流输出。SA 为变频手动操作主令开关，在半自动操作情况下，无需 SA 操作，因此在半自动操作时，5KM＝1、6KA＝0。其中，PKA10、PKA6、PKA7、PKA8 为半自动取料时中间继电器，由 PLC 输出口接收命令；PKA11、PKA12 为半自动堆料时中间继电器，由 PLC 输出口接受命令。在电气回转中要严禁 48KM 或 47KM 与 46KM 同时吸合而烧毁变频器。

当 SB20＝1，则 45KM 与 46KM 吸合，38KA＝1，使变频器 BX＝0。当 39KA 或 40KA＝1 时，变频器有电流输出，可回转工作，当达到料场边缘时，图 7-6 所示的料场边缘回转限位开关闭合。X1＝1，回转频率增高，回转速度加快。

第五节　使用、维修与保养

一、使用

堆取料机是机电一体化（包括液压）综合技术应用很广泛的大型现代化散货输送设备。在使用时，一定要熟读并掌握该机的使用说明书，通过有关部门的操作培训且取得操作证书，方可上岗。

通常在登机操作时首先要检查设备的地面设施和行走机构的状态。如高压电缆出线端至电缆卷筒处有无异常，包括电缆本身有无破损，电缆沟槽有无异常、异物。行走锚定开关是否抬起打开，轨道上无异物。各种安全保护装置是否处于正常状态。登机后应确认高、低压电源指示正确，各电源开关、主令开关、选择开关位置准确。送电后，各指示灯、仪表及显示器指示良好。方可在中央控制室人员或现场管理人员的指挥下作业。

作业中若发现异常现象或故障报警,应停机检查维修，处理不了可通知专业维修人员解决。

作业后应接操作规程的要求，将各机构停放在安全位置，关闭控制电源和主电源。在检查各机构的安全装置都处于正常位置后，方可离机。

二、维修与保养

对于设备的中、高压部分（包括中、高压电机），应定期请专业部门和人员进行检测、检修和保养。

对于设备的低压部分，应根据设备的作业环境、设备的作业时间并参照有关维修保养规范，定期和不定期地对设备进行清除灰尘、紧固螺栓和对各种机件进行常规维修保养。具体技术规范如下：

（1）交流电动机出现下列情况之一时，应修复或更换。

1）电动机绕组绝缘电阻不得小于 0.5MΩ。

2）转子轴向窜动量应小于 5mm。

3）电动机电枢绕组与励磁绕组气隙小于 3mm 时，气隙误差不超过 10%；气隙大于或等于 3mm 时，气隙误差不超过 5%。

4）整流子与绕组的焊接应良好，无假焊、漏焊、夹渣、烧穿、熔瘤、甩锡及过热变形等现象；整流子表面应清洁无污，无机械损伤和火花灼痕。

5）电动机绝缘件龟裂、软化、损伤、焦化、脱落。

6）电动机通风系统出现故障，风扇不能正常转动。

7）电动机额定负荷状态下各部位的温升在环境温度为 40℃时，超过规定数据。

8）电动机额定负荷状态下，声响异常。

（2）低压断路器出现下列情况之一时，应修复或更换。

1）外壳有缺损。

2）灭弧罩、灭弧栅破碎、损坏或烧蚀。

3）触头接触面积小于 80%或三相触点不同时接触距离差大于 0.50mm；触头的超额行程和触头的开距不符合设计要求；自动脱扣保护失效或不符合设计要求。

（3）接触器出现下列情况之一时，应修复或更换。

1）铁芯振动且噪声大，导电触点接触不良。

2）主触点不能同时接触，其先后距离差大于 0.50mm，接触后相对错位大于 1mm，断电后主触点不能同时离开；主触点烧损严重，其凹度深达触点厚度 1/2。

3）触点超程，开距不符合技术要求；触点烧损严重，其凹度深达触点厚度 1/4。

4）灭弧罩、灭弧栅烧损、灭弧效果甚差。

（4）主令开关出现下列情况之一时，应修复或更换。

1）零位或复位不准、漏挡。

2）操作时卡绊。

3）操作次数超过该厂品设计规定。

4）橡胶护套破损。

（5）PLC 可编程序控制器。

1）PLC 基本单元的 I/O、CPU、ROM、RAM、编程器（液晶显示器、键盘）、输入（光电隔离、滤波器、缓冲器等）输出（锁存器、驱动器）口、通信接口、锂电池等出现故障时，应更换不良单元并检查更换的新单元，不得有异常现象。对不良单元返送修理时，应将详细记录其异常现象的资料附在该修理单元上，以利于专业人员检查修理。

2）基本单元和扩展单元的输入继电器与输出继电器出现故障时，应更换修理。

3）PLC 内部逻辑元件的通用辅助继电器、掉电保护辅助继电器、位移寄存器、特殊用途辅助继电器出现故障时，应更换修理。

4）PLC 检修时间以 6～12 个月一次为宜，具体内容参见表 7-1 的规定。

5）PLC 的环境温度应控制在设计规定的范围内。在堆取料机停机期间，PLC 的环境温度仍应保持在设计规定的范围内。

（6）变频器在系统正常工作的状态下，请确认如下项目：

1）电动机是否有异常声音及振动。

2）变频器是否有异常发热。

3）变频器周围温度是否过高。

4）输出电流监视表示是否与正常值相差很大。

5）变频器下部安装的冷却风扇是否正常运转。

6）整流管、逆变管或供电装置，各调节控制反馈单元，触发单元装置，通信卡等出现故障时应更换修理。

7）如果是更换了变频器的主控制卡，还应重新设定参数。

8）变频器检修时间应根据其作业环境确定，通常以 6～12 个月一次为宜，具体内容参见表 7-2 的规定。

检查时，一定要切断电源并待 LED 表面的全部熄灯后，经过 1min（30kW 以上的变频器 3min 以上）后再进行。防止触电。

表 7-1　　PLC 检修项目、内容及标准

序号	检修项目	检修内容	判断标准	备注
1	供电电源	在电源端子处测电压变化是否在标准内	电压变化范围： 上限不超过 110%额定供电电压， 下限不低于 85%额定供电电压	万用表
2	外部环境	环境温度（盘内）	0～55℃	温度计
		环境湿度（盘内）	35%～85%RH 不结露	温度计
		积尘情况	不积尘	目视
3	输入/输出电源	在输入/输出端子处测电压变化是否在标准内	以输入/输出单元规格为准	万用表
4	安装状态	各单元是否可靠固定	无松动	
		电缆连接器完全插入旋紧否	无松动	
		外部配线的螺钉是否松动	外观无异常	
		接点输出断电器	电气寿命：阻性负载 30 万次， 感性负载 10 万次 机械寿命：5000 万次	
5	寿命元件	后备电池	5 年（25℃）	

表 7-2　　变频器检修项目、内容及对策

序号	检修项目	检修内容	异常时的对策
1	安装外部端子，单元的螺丝钉接插件	螺丝是否松动	拧紧
		连接器是否松动	拧紧，重装
2	散热片	垃圾及灰尘是否堆积	用 4～6kg/cm^2 压力的干燥压缩空气吹掉
3	印刷基板	是否有导电灰尘及油腻吸附	用 4～6kg/cm^2 压力的干燥压缩空气吹掉
4	冷却风扇	是否有异常声音，异常振动，累计运行时间切勿超过 2 万小时	更换冷却风扇
5	功率元件	是否有灰尘及垃圾吸附	用 4～6kg/cm^2 压力的干燥压缩空气吹掉
6	滤波电解电容	有无异常，如：变色，异臭	如果不能去除，应更换印刷基板

思 考 题

1. 斗轮堆、取料机主要由哪几部分组成？各部分的作用是什么？
2. 简述斗轮堆取料机堆、取料作业时的工况。
3. 试分析回转机构的电气控制原理。
4. 斗轮堆、取料机应做哪些日常维护与保养？

第八章

带式输送机的电气设备与控制

带式输送机是连续运动的无端输送带输送货物的连续运输机械。用胶带作为输送带的称为胶带输送机，简称胶带机，俗称皮带机。输送带既是承载货物的构件，又是传送牵引力的牵引构件。工作时，电动机通过减速机使驱动滚筒转动，依靠驱动滚筒与输送带之间的摩擦力使输送带运动。一台完整的皮带机通常由输送带、支撑托辊、驱动装置、制动装置、张紧装置、改向装置、装载装置、卸载装置、清扫装置、工艺保护装置等组成。

皮带机的启动一般根据供电容量的大小，采用直接启动或自耦变压器降压启动方式。电气保护设短路保护和过流保护两种形式。工艺保护设紧停、轻重跑偏、打滑、漏斗堵塞、纵向撕裂等形式。

第一节　胶带机的驱动装置

通用固定式和功率较小的胶带机，都采用单滚筒驱动，即电动机通过减速器和联轴器带动一个驱动滚筒运转。一般采用封闭式笼型电动机，Y 系列笼型电动机具有体积小、重量轻、性能先进、过载能力强，以及维修方便等特点，它的启动转矩大，启动电流小，对胶带机满载启动工况比较适应。当电动机功率较大时，比如 75kW 以上时，可配以液力耦合器，再通过减速机带动驱动滚筒工作。液力耦合器的使用，大大地改善了电动机的启动性能，对电动机起到了良好的保护作用，同时它的使用可以节约大量的能源消耗，因而在连续运输机械系统中正得到了越来越广泛的应用。

对于长距离胶带机，可采用多点驱动的方式带动多个驱动滚筒工作。所谓多点驱动就是指一台皮带机由多台电动机在不同地点进行驱动。例如，由两台电动机驱动的就称之为两点驱动。电动机一般采用绕线型异步电动机，它便于调速，使长距离带式输送机更加平稳启动。一般情况下，为了避免多台电动机同时启动给电网带来的冲击，多采用逐台启动电动机的方式来启动胶带机，当启动结束，胶带机平稳运行时，又可根据实际负荷的大小将其中某些电动机从电网中切除以节约电能。

电动滚筒是把电动机和传动装置放在驱动滚筒内，因而具有结构紧凑、重量轻、便于布置的特点，适用于环境潮湿，有腐蚀性的工况。但是它又具有电动机散热条件不好，检修不方便等缺点，因而电动滚筒的功率一般都不大，大都在 55kW 以下，多用于小型移动式胶带机中。

第二节 胶带机的保护装置

胶带机在运行过程中，其工艺保护很重要，因为胶带机的跑偏、打滑、撕裂均能带来生产上的巨大损失，影响作业流程的正常工作。尤其对于长距离的胶带输送机，跑偏、打滑、胶带撕裂是经常出现的故障，应该加以积极地防护。

1. 防跑偏保护

输送带在运转时偏向一边是带式输送机运转中常见的故障。引起输送带跑偏的原因有很多，主要有以下几方面：

(1) 支撑托辊或滚筒安装不正；

(2) 机架两侧高低不平；

(3) 输送带连接不正，输送带边与输送机中心线不平行；

(4) 滚筒表面粘有物料，使滚筒直径发生了不规则的变化；

(5) 部分托辊转动不灵活造成两边阻力不等；

(6) 装载不当，物料过于集中一边。

从上述分析来看，胶带机在工作过程中发生跑偏是不可避免的，问题在于跑偏的程度是否在正常工作的允许范围内，为此在胶带机跑偏工艺保护中，一般采用轻跑偏和重跑偏两种检测形式。首先跑偏开关检测到轻跑偏信号，轻度跑偏只作为报警信号，胶带机可继续工作，工作人员可根据现场具体情况，采取一定的手段，克服胶带的轻跑偏。其次是重跑偏，胶带机发生重跑偏事故是比较严重的，若不及时停车，就有可能造成物料的洒落和胶带的撕裂，因此当跑偏开关检测到重度跑偏信号后，对于胶带机应该立即停车。

由于跑偏开关在使用过程中，一般都要求既能检测到轻度跑偏信号又能检测到重度跑偏信号，因此该类跑偏开关称之为两级跑偏开关。从国内外跑偏开关的形式和结构来看，都差不多，都是通过一定的机械结构作用于微动开关来发信号。

2. 防撕裂保护

当输送带因跑偏其边缘与机架摩擦，或者由于大的金属物与胶带堵卡时均能造成输送带的磨损或扯坏。小范围的撕裂比较容易补救，可以通过硫化或修补方式恢复，影响生产的时间，不会太长，经济损失也不会太大。但是如果对于小范围的撕裂不能及时发现而将造成大范围的撕裂，那么对于生产上来讲其经济损失将会是巨大的。因此，作为防撕裂保护的最基本要求就是在发现小范围的胶带撕裂时就能及时检测到并能通过控制电路，对胶带机施行紧停保护使经济损失降低到最小限度。

由此可见，最佳的防撕裂保护装置应该是在胶带还未发生撕裂的情况下，就能够提前报警、停机，但是如何才能够正确及时地检测胶带的张力呢？由于检测元件可靠性、造价、安装条件等诸多因素的限制，因此国内外大多数生产厂家普遍生产的防撕裂保护开关还是以机械形式的开关为主。在胶带机支架上垂直于胶带机中心轴线的方向横拉着钢丝绳，当撕裂的胶带撞击到钢丝绳上时，将使钢丝绳带动的微动开关动作以检测胶带撕裂信号。该方式的撕裂保护装置结构简单，动作可靠，应用较为广泛。

3. 防打滑保护

胶带机在工作过程中，如果驱动滚筒与输送带间摩擦力不足以克服运行阻力，则输送带在驱动滚筒上就会出现打滑现象。当出现打滑现象时，将造成胶带上物料的积压，使作业流程中断，事故处理后的胶带清扫量很大，影响再工作的时间。因此，当发现胶带打滑现象时，作业流程应及时响应，立即停车，避免胶带上物料的积压。造成胶带的打滑故障的主要原因有以下几方面：

(1) 输送带初张力不够；

(2) 驱动滚筒表面雨水，油污较多造成输送带与驱动滚筒间摩擦力不够；

(3) 输送带绕过驱动滚筒的包角太小；

(4) 输送机驱动装置润滑保养不够，造成运行阻力较大；

(5) 液力耦合器油量不足。

打滑检测开关有两种形式：一种是电子式，另一种是机械传动式。电子式打滑检测器通常装于非驱动滚筒附近，检测滚筒的转速。它是非直接接触式，因而不存在机械磨损问题，通过光码检测来实现胶带机的转速检测，它具有测量准确、可靠性高、易于安装等优点，但是其造价较高，其应用将越来越广泛。

4. 防料斗堵塞保护

由于连续运输机械流程作业系统在工作时，其生产工艺要求各设备之间根据实际需要相互联锁，其中也包括料斗的堵塞。当料斗因草包、木棒或者存在冰冻物料结块等杂物使漏斗堵塞时，势必造成物料在料斗中的大量积压，使得物料输送中断，给恢复生产带来很大量的清扫工作。因此当料斗中物料的堆积达到一定程度时，物料位置检测开关就要向中控系统发出“料斗堵塞”信号，在料斗中物料还未溢出之前，提前将上游设备紧停。生产调度员可以根据中控系统提供的信号派工作人员前去清理现场，恢复生产。

为防料斗堵塞物料溢出，可采用料位检测开关（如倾斜开关）。当物料到达一定位置，使倾斜开关由竖直方向倾斜到一定角度时，开关内部相应触点被接通，信号发出。

5. 拉线开关

在胶带机运行过程中，当发现胶带机有撕裂、料斗堵塞或其他危及设备人身安全等严重大事故发生时，通过拉动拉线开关可以立即使胶带机停下来，以防止恶性事故的发生或扩大。拉线开关的形式有多种，目前国内外普遍使用的拉线开关多为机械结构作用于微动开关的形式，有自动复位和需人工手动复位两种方式。

由于胶带机大多工作在露天或者粉尘较大的工作环境中，因此它同上述其他开关一样要求防护等级较高。

第三节　胶带机的电气控制

1. 主电路及其控制电路

根据胶带机的驱动功率的大小以及供电距离的长短等因素来考虑胶带机的供电电压等级，根据胶带机供电变压器的容量大小，来确定胶带机的启动方式，一般多采用直接启动方式和自耦变压器降压启动方式。

胶带机主电路，一般设在变电站高低压开关柜内。对于低压开关柜，主电路一般有刀开关、低压断路器和低压接触器等元器件组成。对于高压开关柜，主电路有高压断路器或者高压熔断器与高压接触器配合组成。在低压开关柜中，低压断路器常采用塑料壳式断路器如DZX10 型等。当电动机容量较大时，可采用框架式低压断路器如 DW15 型等，在高压开关柜中，断路器多采用真空断路器，工作电源为直流 220V。真空断路器具有结构紧凑、维修量小等特点，因而对于启动不频繁的胶带机的控制是适合的。

但是，真空断路器在分断小电流电路时，有截流现象，将会产生过高压，对设备的电气绝缘带来不利影响，而且其操作机构具有断电保持功能，为保证安全生产，还应设计断电分闸电路。真空断路器在合分过程中机械振动较大，因此从发展角度来看采用 SF_6 接触器来代替真空断路器是胶带机高压主回路的发展方向，图 8-1 所示为某煤码头胶带机 6kV 电动机主回路电路。

在 JYN2 型高压开关柜手车中，装有 SF_6 接触器、高压熔断器、合分闸试验按钮及指示灯等元器件。

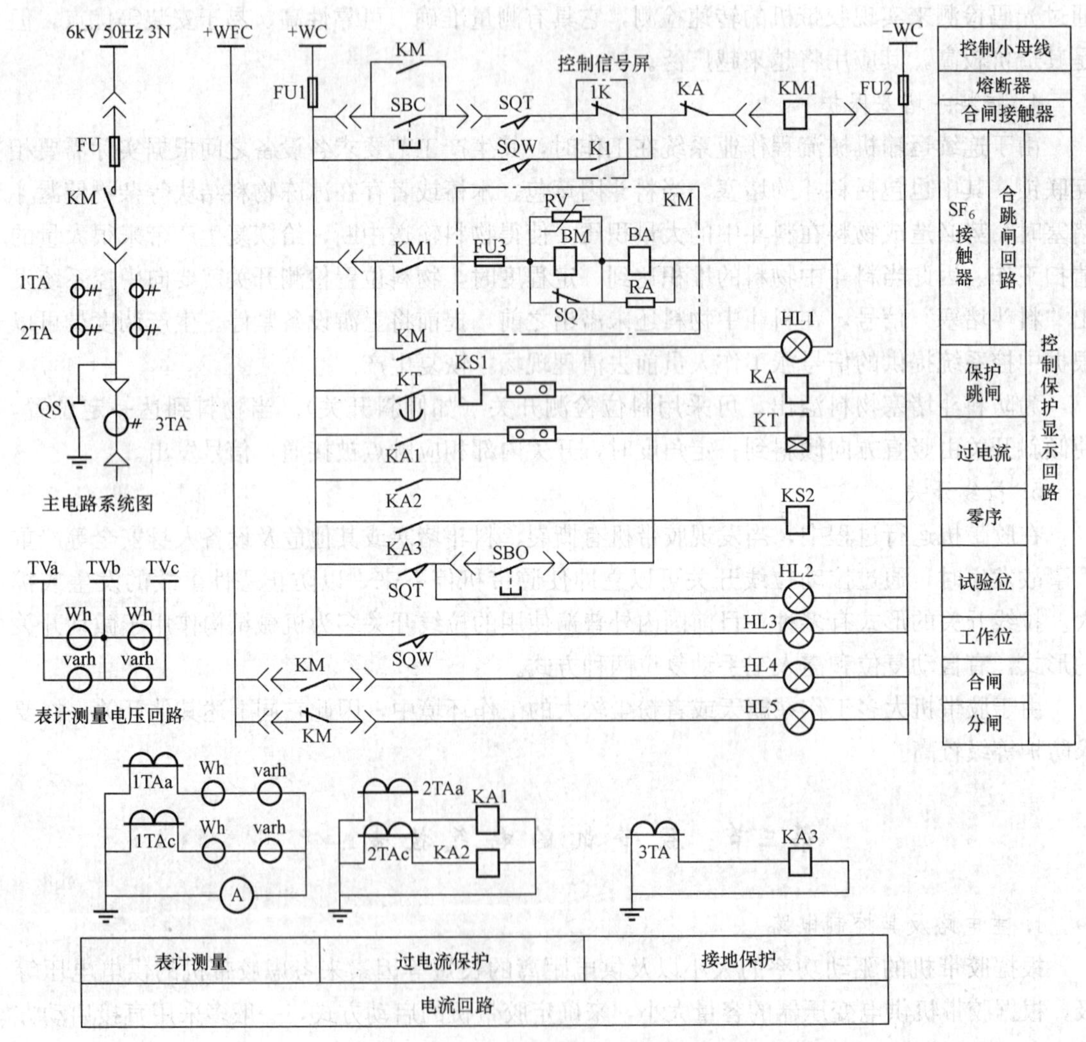

图 8-1 6kV 电动机电气控制回路

中间继电器、时间继电器、信号继电器、电流继电器、计量仪表等装在仪表室内或仪表盘上。电流互感器装在开关柜背后互感器室内。

图中 1K、K1 为中控室控制继电器，KM1 为合闸接触器，KM 为 SF_6 接触器，SBC 为手车试验位合闸试车按钮，SQT 为手车试验位限位开关，（手车在试验位时，主回路触点不接通）KS1 为过流跳闸指示信号继电器，KAM 为中间继电器，KT 为时间继电器，KS2 为零序保护信号继电器，SQW 为手车工作位限位开关，SBO 为手车试验位分闸按钮，SQ 为 SF_6 接触器合闸联动限位开关（合上时，SQ 分断），BM 为阻尼线圈，BA 为合闸线圈，RV 为压敏电阻。

当开关柜接到中控室合闸命令的瞬间，K1 闭合，1K 动断触点打开，禁止屏上操作 KM1 吸合，KM1 起到信号放大作用，阻尼线圈 BM 被短接，合闸线圈在大电流作用下使 SF_6 接触器电磁机械迅速动作。当合上闸后，SQ 动断触点断开，阻压线圈 BM 串入电路使流过接触器线圈的电流大大减少，以维持 SF_6 接触器吸合。

当开关柜接到中控分闸命令时，K1 打开，1K 动断触点仍然打开，KM1 失电，SF_6 接触器失电，阻尼线圈由于匝数多，将产生高电压，此时由压敏电阻来吸收过高压，合闸线圈 BA 由于匝数相对较少，其感生电流由 RA 电阻吸收。

电磁式电流继电器 KA1、KA2 起到电流保护作用，当检测到过电流信号时，经时间继电器 KT 延时，使得中间继电器 KA 动作，同时，信号继电器 KS1 掉牌指示，KA 动断触点打开，使得 SF_6 接触器分断。

HL5 指示灯颜色规定为绿色，HL4、HL1 为红色，HL3、HL2 为白色。

3TA 为单相对地保护检测互感器，即零序互感器，KA3 信号继电器作报警指示，在该三相三线供电方式中，零序保护信号只作为报警信号不作为跳闸信号，TVa、TVb、TVc 来自避雷压变柜的电压互感器的二次侧，作为有功、无功电度表的电压信号。对于电流互感器，每只互感器铁芯中有两只线圈，其中一组线圈用于电气保护，另一组用于计量回路。

2. 控制电路

图 8-2 所示为带式输送机双点驱动控制电气原理图。在通常情况下，控制回路电气元件放在开关柜中，由于开关柜中主回路元件已占用较多空间，将带式输送机的控制回路元件单独集中地放在信号屏中，这样在信号屏中，既有来自中控室的信号，又有来自开关柜和输送机现场的控制信号。

在现场机房，如转运站内，设机旁操作箱，输送机现场工艺保护信号由机旁接入机旁操作箱内，同时在箱内设开、停机按钮和工艺保护动作复位按钮，以及操作转换开关。当转换开关置“机旁操作”挡位时，变电站、中控室操作无效；当转换开关置“屏上操作”挡位时，变电所信号屏操作有效。设“机旁操作箱”的目的是为了输送机现场试车方便，同时又将工艺保护信号集中后送入变电站信号屏。

在变电站控制信号屏上设一套开停机按钮、故障复位按钮、启动警铃预告按钮及操作转换开关等。当转换开关置“屏上操作”时中控室操作被闭锁，当转换开关置“中控操作”时，中控室操作方为有效。设该转换开关的目的是为了方便变电站设备调试。如图 8-2 所示，5KM、6KM、7KM 由中控室中间继电器控制，中控室负责皮带机启停、紧停的中间继电器又被中控室 PLC 和集中操作按钮所控制，正常情况下，当输送机启动时，5KM＝1、

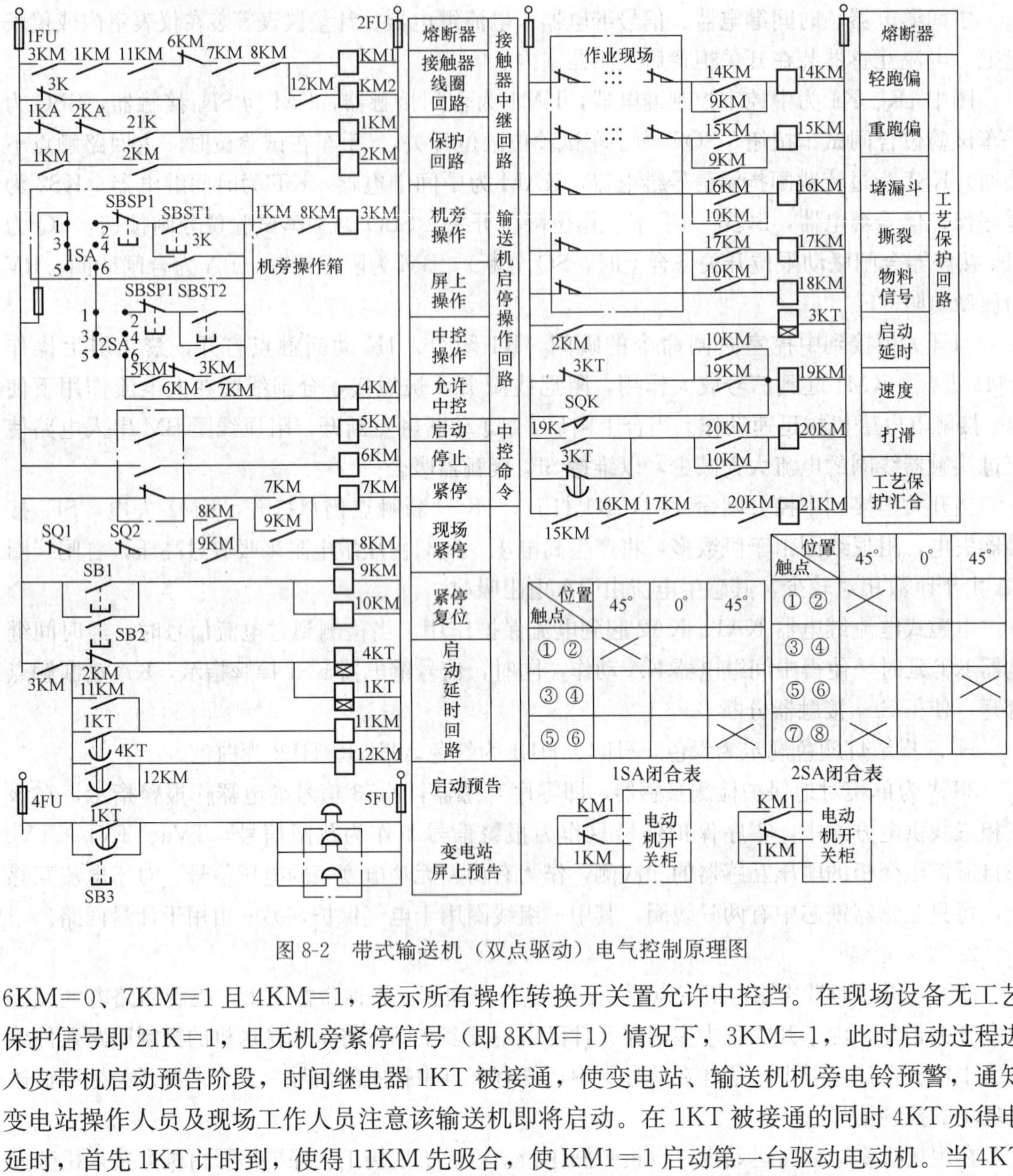

1SA闭合表

位置 触点	45°	0°	45°
① ②	×		
③ ④			
⑤ ⑥			×

2SA闭合表

位置 触点	45°	0°	45°
① ②	×		
③ ④			
⑤ ⑥			×
⑦ ⑧	×		

图 8-2　带式输送机（双点驱动）电气控制原理图

6KM＝0、7KM＝1 且 4KM＝1，表示所有操作转换开关置允许中控挡。在现场设备无工艺保护信号即 21K＝1，且无机旁紧停信号（即 8KM＝1）情况下，3KM＝1，此时启动过程进入皮带机启动预告阶段，时间继电器 1KT 被接通，使变电站、输送机机旁电铃预警，通知变电站操作人员及现场工作人员注意该输送机即将启动。在 1KT 被接通的同时 4KT 亦得电延时，首先 1KT 计时到，使得 11KM 先吸合，使 KM1＝1 启动第一台驱动电动机。当 4KT＝1，计时到时，12KM＝1，使 KM2＝1 启动第二台驱动电动机。当两台电动机均启动成功时，2KM＝1，切断 1KT、4KT，使电铃停止预警。此时，启动过程进入电动机启动阶段。在启动阶段，电动机拖动胶带缓慢运动，打滑保护开关的触点 SQK 是断开的，19KM＝0，但是 3KT＝1，其得电延时动合触点闭合使得 20KM＝1 而吸合。随着启动过程的继续，胶带机带速的不断提高，打滑开关的触点 SQK＝1 而闭合，19KM＝1 从而保证 20KM＝1，使打滑开关在胶带机启动过程中，躲过启动阶段而不误发“打滑”信号。

在时间继电器的时间整定上，1KT 取 10s，3KT 取 5s，4KT 整定时间一般大于 1KT、3～4s。

对于信号屏上的胶带机工艺保护信号，该控制电路具有记录功能，只有在该故障解除，再按“故障复位按钮”时，屏上记录工艺保护信号指示灯才能熄灭，这样使值班人员能够迅速查找故障而指挥生产。“机旁紧停”信号严格来讲不属于设备故障，同样信号屏对于该信号具有记忆功能。对于保护信号，在变电站信号屏上、中控室操作台上、模拟屏上，以及管理上位机 CRT 上均有故障显示记录。

对于胶带机故障，紧停信号中控室管理用上位机均通过 PLC 采样后能够对上述信号进行实时打印。

思　考　题

1. 胶带机通常由哪些装置组成?
2. 胶带机有哪些保护装置?
3. 试分析双点驱动带式输送机的电气控制原理

第九章

集装箱轨道吊的电气设备与控制

第一节　集装箱轨道吊简介

一、概述

轨道式集装箱门式起重机简称RMG，是集装箱码头堆场的专用机械。

青岛港前湾集装箱码头有限公司四期工程设计制造的40.5t轨道式集装箱门式起重机，配有伸缩式液压集装箱吊具，能装卸20ft、40ft集装箱，吊具下起重量40.5t，如图9-1所示。

图9-1　40.5t轨道式集装箱门式起重机

该系统电气部分配备了日本安川的CP系列PLC控制系统、CMS状态监视和管理系统。供电系统使用10kV，50Hz三相交流电源。采用电缆卷盘形式供电，驱动系统为交流变频控制。该机型相对于以前的传统的轮胎吊而言，是一种节能、环保、高效的堆场集装箱起重机械。轨道吊结构图如图9-2所示。

RMG电气设备的主要组成部分有：供电系统、操作系统、PLC控制系统、驱动系统（起升机构、大车机构、小车机构）、吊具系统、状态监视和管理系统等。

19 519
2300
2775
15 600
15 540
17 200
24 600
6300
29 500
26 628
21 000
4800
5000
56300
37000
37 000
4500
2440×12+400×11=33680
1060

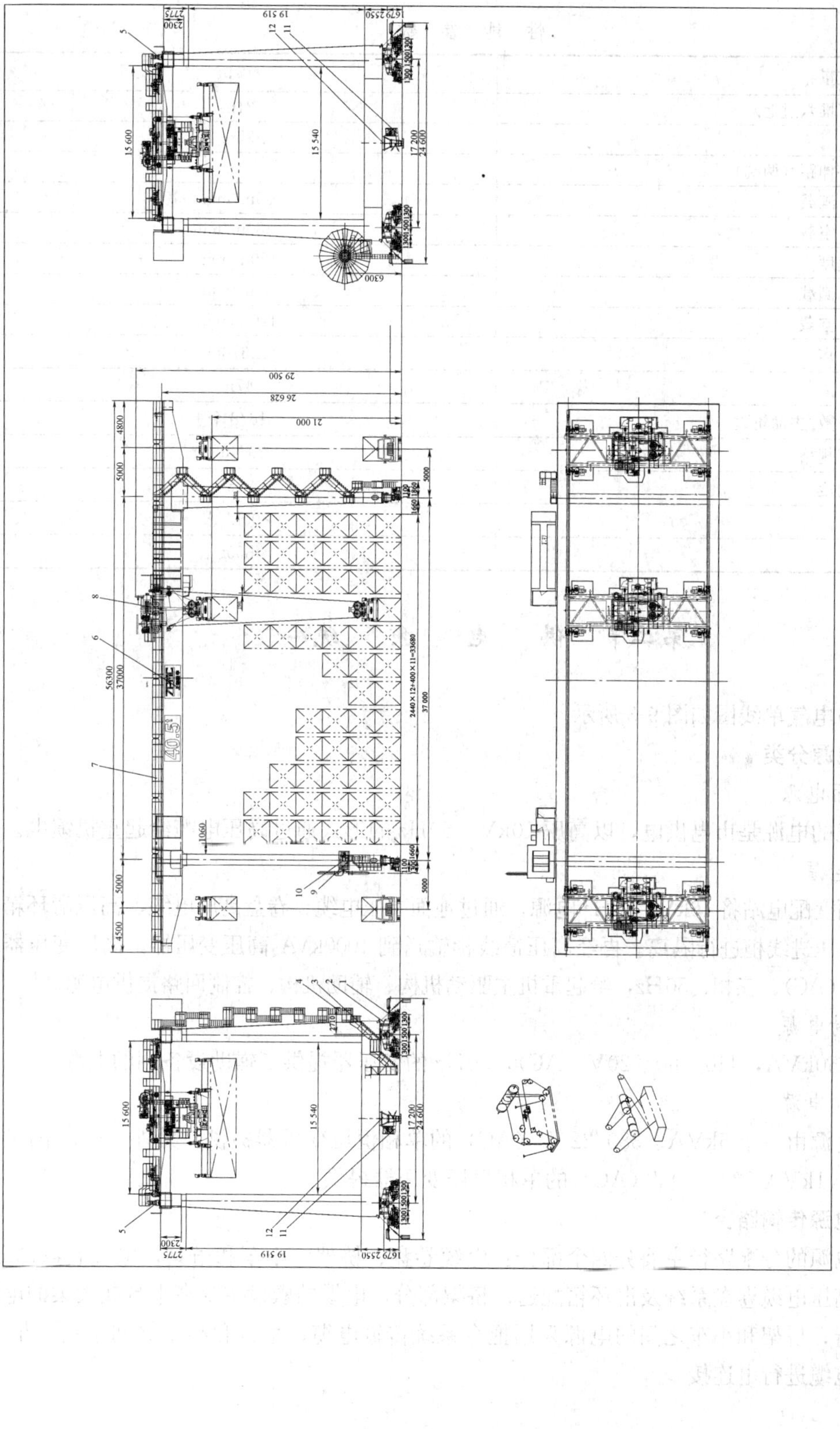

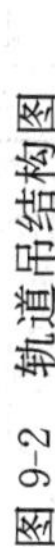

图 9-2　轨道吊结构图

二、主要技术性能参数

主要技术性能参数如表 9-1 所示。

表 9-1　性能参数

<table>
<tr><td colspan="2">吊具下起重量</td><td>40.5t</td></tr>
<tr><td colspan="2">起升高度（堆六过七）</td><td>21m</td></tr>
<tr><td colspan="2">轨距</td><td>37m</td></tr>
<tr><td colspan="2">有效工作外伸距（两端）</td><td>5m</td></tr>
<tr><td rowspan="2">起升速度</td><td>满载</td><td>36m/min</td></tr>
<tr><td>空载</td><td>80m/min</td></tr>
<tr><td colspan="2">小车运行速度</td><td>120m/min</td></tr>
<tr><td rowspan="2">大车运行速度</td><td>满载</td><td>35m/min</td></tr>
<tr><td>空载</td><td>120m/min</td></tr>
<tr><td colspan="2">大车移动距离</td><td>±370m</td></tr>
<tr><td colspan="2">小车移动距离</td><td>47m</td></tr>
<tr><td colspan="2">大车车轮总数/主动轮数</td><td>16/8 个</td></tr>
<tr><td colspan="2">集装箱吊具规格</td><td>20/40ft</td></tr>
<tr><td colspan="2">吊具回转角度</td><td>±5°</td></tr>
<tr><td colspan="2">装机容量</td><td>800kVA</td></tr>
<tr><td colspan="2">自重</td><td>355t</td></tr>
</table>

第二节　供　电　系　统

轨道吊电气单线图如图 9-3 所示。

一、电源分类

1. 地面电源

起重机的电源是市电供电，以高压 10kV，50Hz 的形式通过高压电缆给起重机馈电。

2. 主电源

由地面变配电站将 10kV，50Hz 电源，通过地面高压电缆、卷盘高压电缆、高压滑环箱输送到机上高压进线柜进行隔离。再经高压馈线柜输送到 1000kVA 高压变压器，高压变压器降压至 440V（AC）、三相、50Hz，给起重机主驱动机构、辅助机构、控制回路提供电源。

3. 辅助电源

一个 150kVA，440/380/220V（AC），50Hz 的变压器提供了辅助设备用的电源。

4. 控制电源

控制电源由一个 5kVA、380/220V（AC）的单相恒压变压器提供。另外，PLC 的供电单独由一个 1kVA 220/110V（AC）的单相恒压变压器提供。

二、电源传输路径

机上电源的分配路径主要分四个部分：电缆卷盘、桥架、小车和吊具；电缆卷盘部分，主要通过高压电缆卷盘系统及滑环箱配送；桥架部分，电缆的敷设主要在平台或大梁的电缆托架中进行；桥架和小车之间的电源采用拖令系统传输电缆；吊具和小车之间采用一根 36 芯的吊具电缆进行电连接。

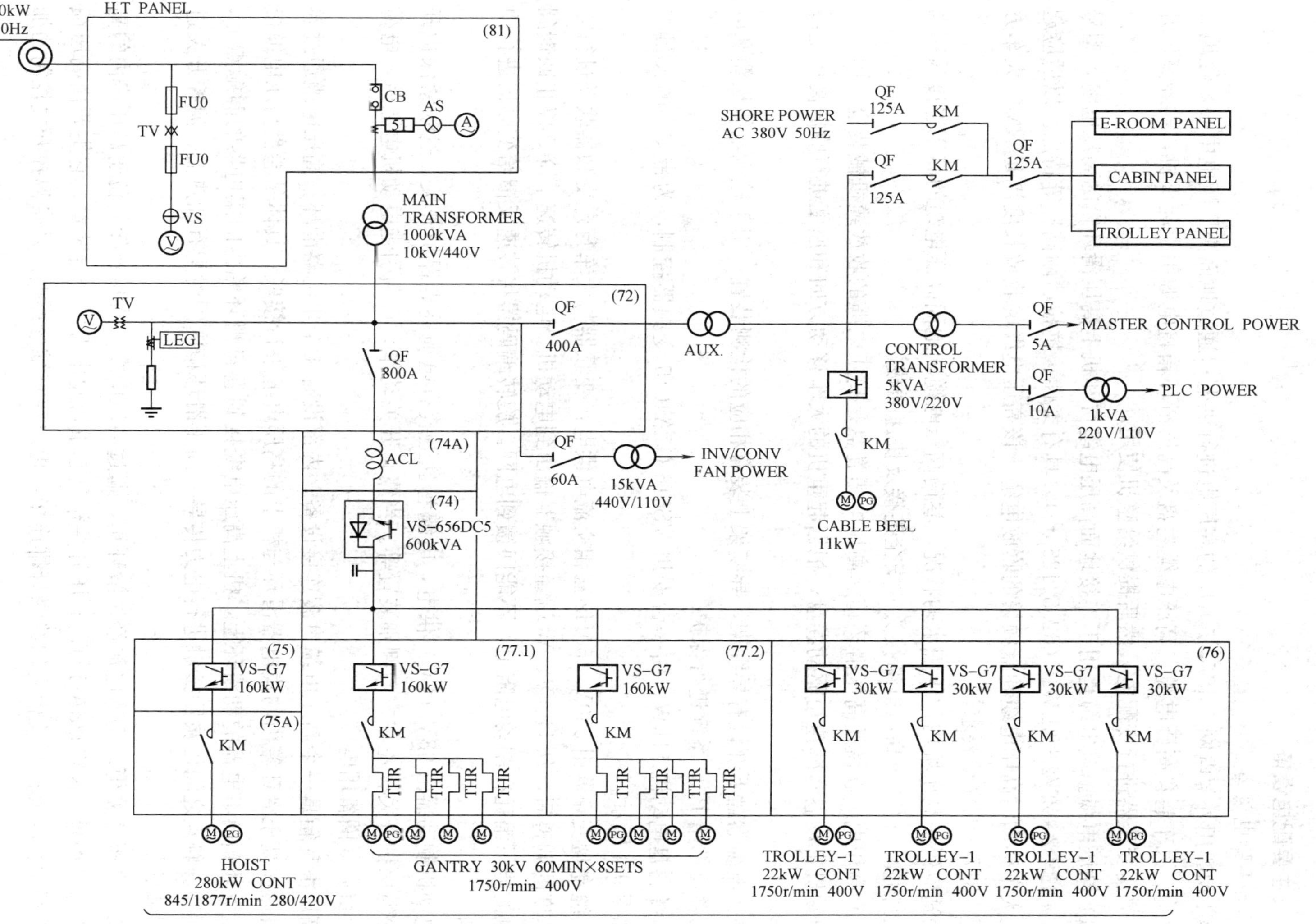

图 9-3　轨道吊电气单线图

三、主要配电设备

1. 高压配电设备

该RMG用外部电网10kV，50Hz的高压电进行供电；通过地面高压配电中心，经地面高压电缆、大车卷盘高压电缆、高压电缆卷盘及高压滑环箱将电源引上起重机；再经高压开关柜及高压变压器进行变配电，然后提供给整机使用。

（1）高压电缆。该电缆是用于连接地面高压电缆坑和机上高压滑环箱的高压电缆，型号采用3＊35＋2＊25/2＋6LWL（62.5/125μm），具有柔性、抗拉、耐高压等特点。以适应起重机在大车移动时高压电缆卷盘频繁的收放电缆；该高压电缆的收放长度满足RMG大车方向全程±317m的移动要求。

为适应码头高压坑内常年积水的状况，卷筒高压电缆和地面高压电缆的高压连接采用高压插头/插座，以适应高压电缆接头的安全连接及快速插拔。

（2）高压电缆卷盘及高压滑环箱。高压电缆卷盘是高压电缆的收放缆机械装置，由一个变频电动机带动卷盘减速箱驱动卷盘，根据起重机的大车移动方向和速度进行收放高压电缆的工作。

高压电缆卷盘下部设有导缆架，导缆架上装有相应的检测装置，用于检测电缆松缆和电缆过紧并反馈给PLC系统进行保护。

电缆卷盘电动机11kW，由一台安川VS616-G7A4015变频器控制，为带PG的矢量控制，如图9-4所示。

电缆卷盘变频器由380V，50Hz三相交流电供电，变频器与大车行走变频器联动进行方向和速度的调整后，从U、V、W端经接触器输出到电动机。电动机转速下降、停止回馈到直流侧的能量消耗在制动电阻上，不能回馈到电网。旋转编码器将转速反馈给变频器进行闭环控制。

电动机制动器由98V（DC）供电，电缆卷盘上装有电缆终点保护开关、过张紧保护开关、松缆保护开关、左右方向判别装置等。当终止开关动作，切断引走电动机电源后，电缆卷盘上留有3圈备用电缆。

高压滑环箱是一个高压电缆过渡连接设备；内部设有4个集电器滑环；高压电缆通过卷盘上机后在高压滑环箱内的集电器滑环与机上的高压电缆进行接驳；具体是卷盘高压电缆接到卷盘滑环箱内集电器的动滑环上，机上高压电缆接到卷盘滑环箱内的集电器的静触点上，动滑环和静触点之间用炭刷接触进行电力传导；高压滑环箱内同时配有加热器、温控开关进行除湿和保护。

（3）高压开关柜。高压电源经过滑环箱，通过高压电缆，直接连接到位于高压房内的高压开关柜（型号：KYN28A-12）；高压开关柜是起重机总电源的分合装置，它主要由高压馈线综合开关柜组成；开关柜间用绝缘母排连接，柜内装有维修照明灯及带温控开关控制的加热器。

该柜体主要有高压进线接入端、隔离开关、避雷器、电流互感器、手车电压互感器组成，进线电源：AC 10kV（±10％），50Hz，3PH＋GND；以及馈线及隔离装置，负责将高压电输出到高压变压器及电源的分合隔离；该装置内主要有真空断路器、接地开关、电流互感器、断路器弹簧储能操动机构、馈线接入端等装置，打开柜门时高压断路器接触器自动断

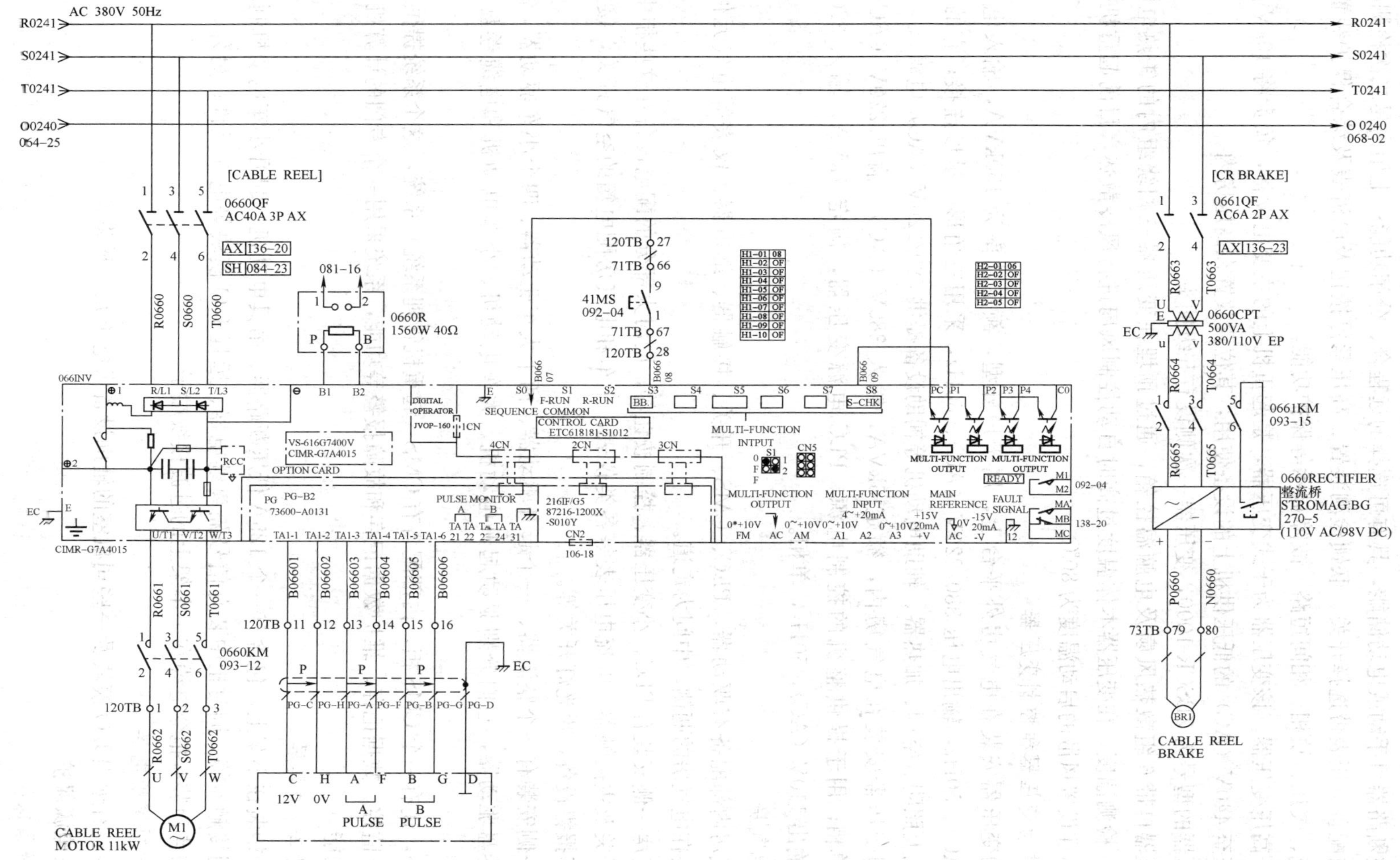

图 9-4 电缆卷盘变频器电路

开；真空断路器可手动或电动储能，具有可选择的远程合、分闸功能；上柜内是二次检测回路，柜内配置电压表带选择开关、联锁检测装置、高压紧停按钮及电流表及综合保护装置，提供过流、欠压、缺相、相间短路、故障显示等保护功能。

(4) 高压变压器。该变压器为干式变压器，是起重机上的主变电设备，负责将10kV的高压降压至440V（AC）的低压供机上的设备使用，其位置放置在高压房内。

变压器的型号为ZBSCR-1000，变压器一次侧设有5级抽头。

变压器自带6组散热风扇及电脑温控箱，通过预埋在变压器三相绕组内的铂热电阻（PT100）检测温度，在变压器本体温度过高时自动控制风扇进行风冷散热，目前起重机上温控箱标准设置风散的启动温度为80℃。

2. 辅助变压器和控制变压器

辅助变压器安装在电气房外平台上，属于户外型，额定功率为150kVA，输入电压440V（AC）、50Hz，输出电压380/220V（AC）、50Hz，采用三角形—星形连接；它的作用是给机上照明、空调、加热器、辅助电动机等辅助设备提供380/220V（AC）电源。

控制变压器安装在电气房内，额定5kVA，输入380V（AC），输出220V（AC），50Hz，单相；用于提供整机的控制电源。PLC电源变压器，额定1kVA，输入220V（AC），输出110V（AC），50Hz，单相。

3. 电气房

电气房内部配备有驱动器、PLC、CMS、开关、接触器、继电器、仪表等电气元件，分别安装在电气房的两侧，中间为走道。

电气房一侧安装有PLC、小变压器、控制按钮等；同时大部分的配电设备在这些柜中，包括主开关及主接触器，电流电压表等各类仪表，小车和电气房配电箱的空气开关，接触器，大车报警设备，投光灯开关等。

另一侧安装有一个整流器、一个起升驱动器、两个大车驱动器、四个小车驱动器，一个电缆卷盘驱动器，它们分别驱动起升电动机、大车电动机、小车电动机和电缆卷盘电动机。

另外，还有一个CMS柜，内部配备有CMS（起重机管理系统）系统，这个系统提供起重机生产监控、数据记存、维护数据记存和故障报警等功能，系统采用一个专门的计算机处理上述功能。

4. 小车/吊具屏

这个柜装在小车上，包含有一个125A低压断路器、吊具电动机、起升小车电动机制动器的控制接触器等；同时柜中装有信号隔离继电器、远程I/O模块等电气元件；另外，在该柜体的背面装有拖令电缆在小车架上的过渡接线端子。

5. 司机室配电屏

该屏装有远程I/O模块及一些司机室的辅助设备供电单元、开关等。

四、电源保护

1. 避雷保护

高压开关柜内装有避雷器，可引雷电直接入地；所有电气设备可靠接地；440V主电源三相串联交流电抗器，抑制瞬间大电流；相间并联LC的电路，吸收瞬间过电压，以保证电气设备不被雷电损坏。

2. 高压综合保护

高压开关柜内装有综合保护装置，提供过流、欠压、缺相、相间短路、故障显示等保护功能。

3. 接地保护

主变压器和辅助变压器的中点都通过 200Ω 电阻接地，该电阻上电流大于 500mA 并持续 0.2s 以上，接地保护装置 LEG-130L 内部动合触点闭合，将信号送到电气房远程输入模块 5M，由 PLC 控制断开控制电源，从而切断所有电路。

4. 主电源电压保护

电源检测装置 UM45C-E5R 通过电压互感器监视 440V 主电源。当主电源过电压和欠电压时，该装置将故障信号送到电气房远程输入模块 2M，由 PLC 控制断开控制电源，从而切断所有电路。

第三节　操　作　系　统

操作系统由联动台和地面操作站组成。

一、联动台

司机室内的左、右联动台上设有各种操作手柄、开关、按钮、指示灯，起重机的动作都可以在这里操作和控制；同时右联动台上设有一个故障显示屏，可提供操作人员进行起重机状态的实时监控和故障检索；此外，联动台后侧有一个故障报警蜂鸣器，提供故障的音频报警。

在左、右联动台上有许多操作开关，正常操作中司机需要操作这些开关。以下列出了这些开关及它们的功能。

1. 左联动台

(1)“小车运行”主令手柄。向前：控制小车前行；向后：控制小车后退。

(2)“故障显示器”。可提供故障指示、起重机各机构常规状态监控。

(3)“控制合”绿色带灯按钮。按下此按钮指示灯亮。

(4)“复位”红色带灯按钮。按下此按钮，故障清除，指示灯亮。

(5)“吊具回零”带灯按钮。按下此按钮指示灯闪，吊具回转推杆自动伸缩到吊具零位，到位后指示灯亮。

(6)“吊具泵停止”黑色按钮。按下此按钮吊具泵停止。

(7)“限位旁路”两位自复位钥匙开关。旋转此按钮限位旁路。

(8)“控制关”黑色按钮。按下此按钮关断起重机控制回路。

(9)“吊具左右旋”3 位自复中位手柄。左旋此按钮吊具逆时针回转；右旋此按钮吊具顺时针回转。

(10)“吊具泵启动”绿色带灯按钮。按下此按钮吊具泵打开，指示灯亮。

(11)“吊具旁路”两位自复位钥匙开关。左旋此按钮吊具旁路。

(12)“紧急停止”自锁蘑菇头按钮。按下此按钮起重机动作紧急停止。

（13）“吊具旁路”两位自复位钥匙开关。左旋此按钮吊具限位旁路。

（14）“布道灯”黑色按钮。按下此按钮灯开；再按下此按钮灯关。

（15）“大梁投光灯”黑色按钮。按下此按钮灯开；再按下此按钮灯关。

（16）“大车投光灯”黑色按钮。按下此按钮灯开；再按下此按钮灯关。

（17）“小车架投光灯”黑色按钮。按下此按钮灯开；再按下此按钮灯关。

（18）“整机电源指示灯”。

（19）两个“备用”按钮。

2. 右联动台

（1）“起升/大车运行”主令手柄。向前：起升下降；向后：起升上升；向左：大车向左；向右：大车向右。

（2）“吊具20ft”橘色带灯按钮。按下此按钮指示灯闪，吊具自动缩到20ft位置，到位后指示灯亮。

（3）“吊具40ft”橘色带灯按钮。按下此按钮指示灯闪，吊具自动伸到40ft位置，到位后指示灯亮。

（4）“小车锚定释放”绿色指示灯。小车锚定释放到位，指示灯亮。

（5）“大车锚定释放”绿色指示灯。大车锚定释放到位，指示灯亮。

（6）“蜂鸣器”。故障音频报警。

（7）“大风报警”绿色指示灯。风速超过起重机额定抗风能力后，指示灯亮。

（8）“大车夹轮”橙色带灯按钮。按下此按钮大车夹轮器夹轮，指示灯亮。

（9）“大车松轮”橙色带灯按钮。按下此按钮大车夹轮器松轮，指示灯亮。

（10）“试灯”黑色按钮。按下此按钮联动台指示灯亮。

（11）“吊具旋锁”3位自复中位开关。左旋此按钮吊具闭锁；右旋此按钮吊具开锁。

（12）“起升过载”红色指示灯。指示吊具下负载超重。

（13）“报警消音”黑色按钮。按下此按钮报警蜂鸣器消音。

（14）“高压房火灾”指示灯。

（15）两个“备用”按钮。

3. 吊具状态指示盒元件介绍

（1）“吊具着箱”指示灯。吊具着箱到位后，指示灯亮。

（2）“吊具开锁”指示灯。吊具开锁到位后，指示灯亮。

（3）“吊具闭锁”指示灯。吊具闭锁到位后，指示灯亮。

（4）“松绳”指示灯。吊具松绳时，指示灯亮。

二、地面操作站

电气房侧鞍梁下设有一个地面操作站，内部设有起升、大车等机构的操作按钮及投光灯等辅助设备的控制开关，提供给地面维修人员维修时使用。

（1）“故障复位”按钮。按下此按钮系统故障复位。

（2）“控制开”按钮。按下此按钮系统控制合。

（3）“控制关”按钮。按下此按钮关断起重机控制回路。

（4）“步道灯”黑色按钮。按下此按钮步道灯亮。

(5)“小车架投光灯”按钮。按下此按钮小车架投光灯打开；再按下此按钮小车架投光灯关闭。

(6)“着箱旁路”两位钥匙开关。

(7)“大车应急模式”两位钥匙选择开关。

(8)“大车电机制动器手动释放”两位钥匙选择开关。左旋此按钮大车电机制动器手动关闭；右旋此按钮大车电机制动器手动打开。

(9)“备用”按钮。

(10)“起升上升”按钮。按下此按钮起升慢速上升。

(11)“起升下降”按钮。按下此按钮起升慢速下降。

(12)“大车投光灯”按钮。按下此按钮大车行走侧投光灯打开；再按下此按钮投光灯关闭。

(13)“大梁投光灯”按钮。按下此按钮大梁投光灯打开；再按下此按钮大梁投光灯关闭。

(14)“大车右行”按钮。按下此按钮大车慢速右行。

(15)“大车右行”按钮。按下此按钮大车慢速左行。

(16)“夹规器应急打开”两位钥匙选择开关。

第四节 能量回馈系统

变流器有两种工作状态：整流状态和逆变状态。来自高压主变压器的440V、50Hz三相交流电经过变流器内的整流装置输出直流电，然后以公共直流母排的形式，分别提供给起升、大车和小车驱动器作为动力源，各驱动器再通过各自独立的逆变装置驱动对应的变频电动机；同样，由电动机反馈回来的再生能量，也通过驱动器整定返回直流母排，再通过变流器将能量逆变成与电网同频率、同相位的交流电回馈电网；驱动器采用通信方式与PLC进行数据交换和控制。变流器采用日本安川VS-656DC5，如图9-5所示。

第五节 PLC控制系统

控制系统是一个基于安川PLC为基本框架（CPU CP316H），通过MEMOBUS通信，连接远距离扩展输入、输出模块控制站及智能模块，这些设备主要设置在电气房内、小车屏、司机室屏内。

系统框图如图9-6所示，各模块组成如下：

1. 主PLC

主PLC由CP-316H/215 CPU模块组成。

2. CMS PLC

CMS PLC由CP-316/218 CPU模块组成。

3. 电气室PLC柜

JRMSI-120XBPO1200，12槽机架两个；

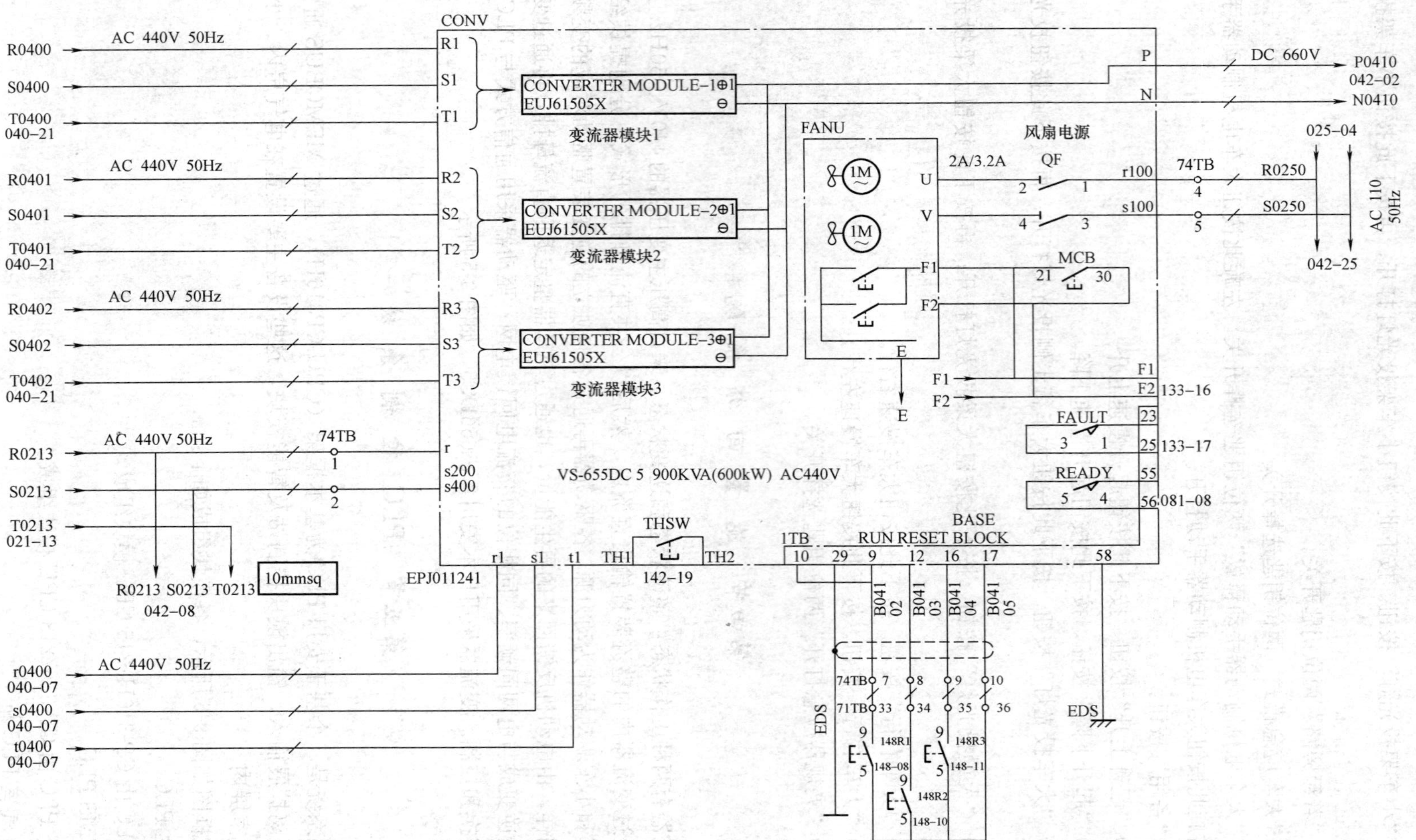

R0400
S0400
T0400
040–21
AC 440V 50Hz
R0401
S0401
T0401
040–21
AC 440V 50Hz
R0402
S0402
T0402
040–21
AC 440V 50Hz
R0213
S0213
T0213
021–13
AC 440V 50Hz
74TB
10mmsq
R0213 S0213 T0213
042–08
r0400
040–07
s0400
040–07
t0400
040–07
AC 440V 50Hz
CONV
R1
S1
T1
R2
S2
T2
R3
S3
T3
r
s200
s400
EPJ011241
r1
s1
t1
CONVERTER MODULE–1
EUJ61505X
变流器模块1
CONVERTER MODULE–2
EUJ61505X
变流器模块2
CONVERTER MODULE–3
EUJ61505X
变流器模块3
VS-655DC 5 900KVA(600kW) AC440V
THSW
TH1
TH2
142–19
FANU
1M
2A/3.2A
风扇电源
QF
MCB
U
V
F1
F2
E
FAULT
READY
BASE
RUN RESET BLOCK
1TB
B041
EDS
74TB
71TB
148R1
148R2
148R3
148–08
148–10
148–11
P
N
r100
s100
DC 660V
P0410
042–02
N0410
R0250
S0250
025–04
042–25
AC 110
50Hz
133–16
133–17
081–08

图 9-5　变流器

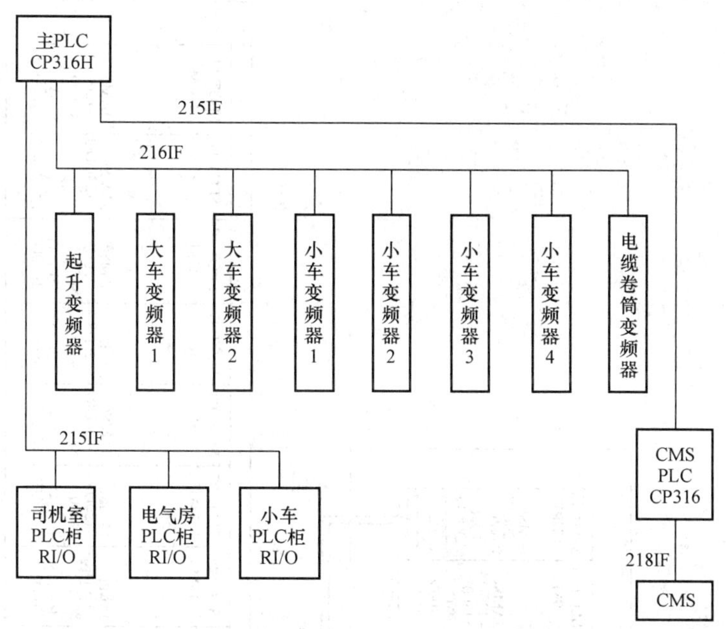

图 9-6 PLC 系统框图

JRMSP-120CPS11100，电源模块两块；

JAMSC-120CRR11200，通信模块 1 块；

JAMSC-120DA154300，16 点交流 100V 输入模块 12 块；

JAMSC-120DRA84300，16 点继电器输出模块 5 块；

JAMSC-120DOO34310，16 点支流 24V 输出模块 1 块；

JAMSC-120CBE3700，扩展模块两块；

JAMSC-120ACL02000，模拟量输出模块 1 块。

主盘远程 I/O 模块如图 9-7 所示。

4. 小车 PCL 柜

JRMSL-120XBP01200，12 槽机架 1 个；

JRMSP-120CPS11100，电源模块 6 块；

JAMSC-120CRR11200，通信模块 1 块；

JAMC-120DAL54300，16 点交流 100V 输入模块 7 块；

JAMC-120DRA84300，16 点继电器输出模块两块；

JAMC-120ACR02000，模拟量输出模块 1 块。

小车 PLC 柜如图 9-8 所示。

5. 司机室 PLC 柜

JRMSL-120CPS11100，电源模块 1 块；

JAMC-120CRR11200，通信模块 1 块；

JAMC-120DDI35400，32 点直流 24V 输出模块 3 块；

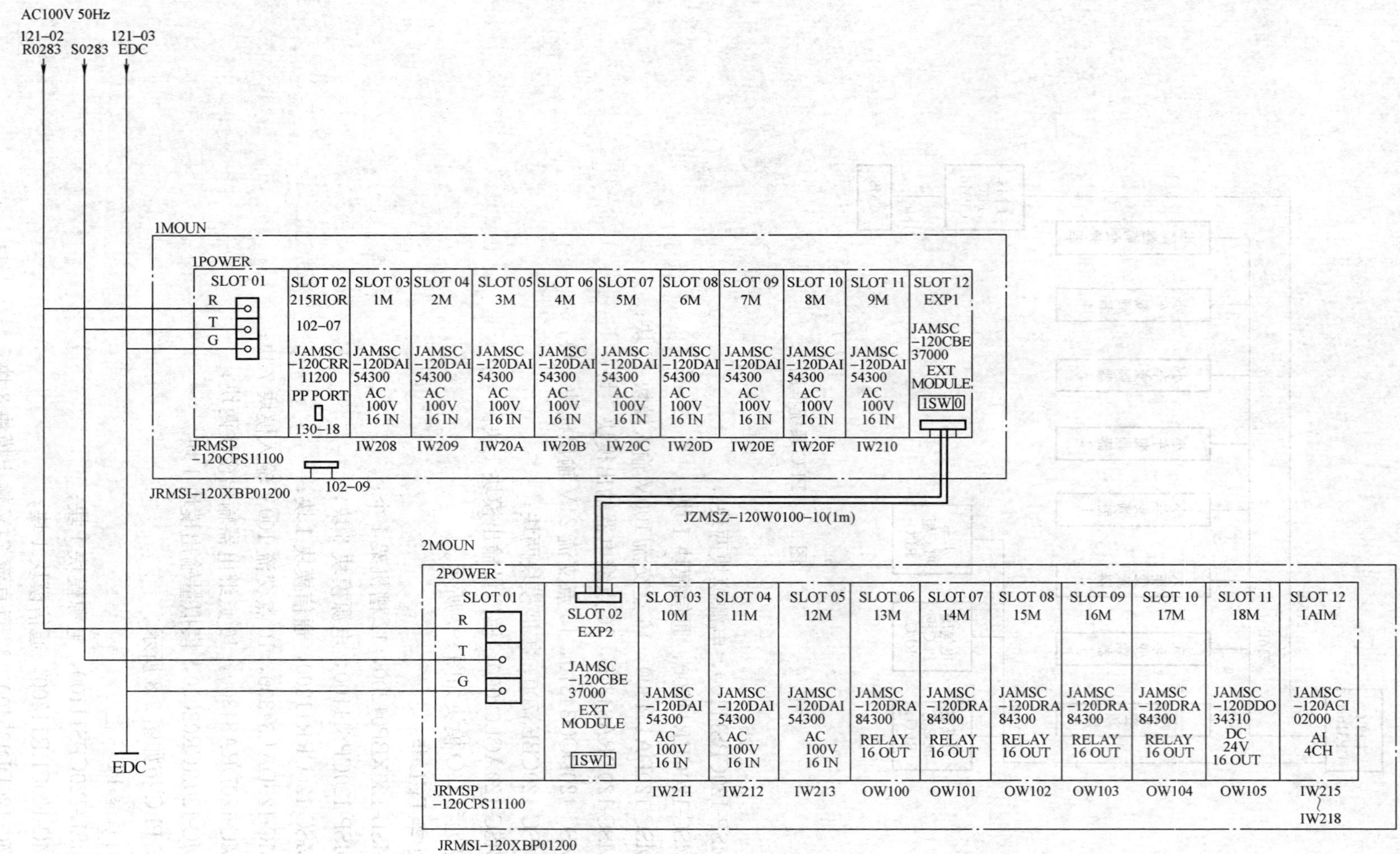

图 9-7　主盘远程 I/O 模块

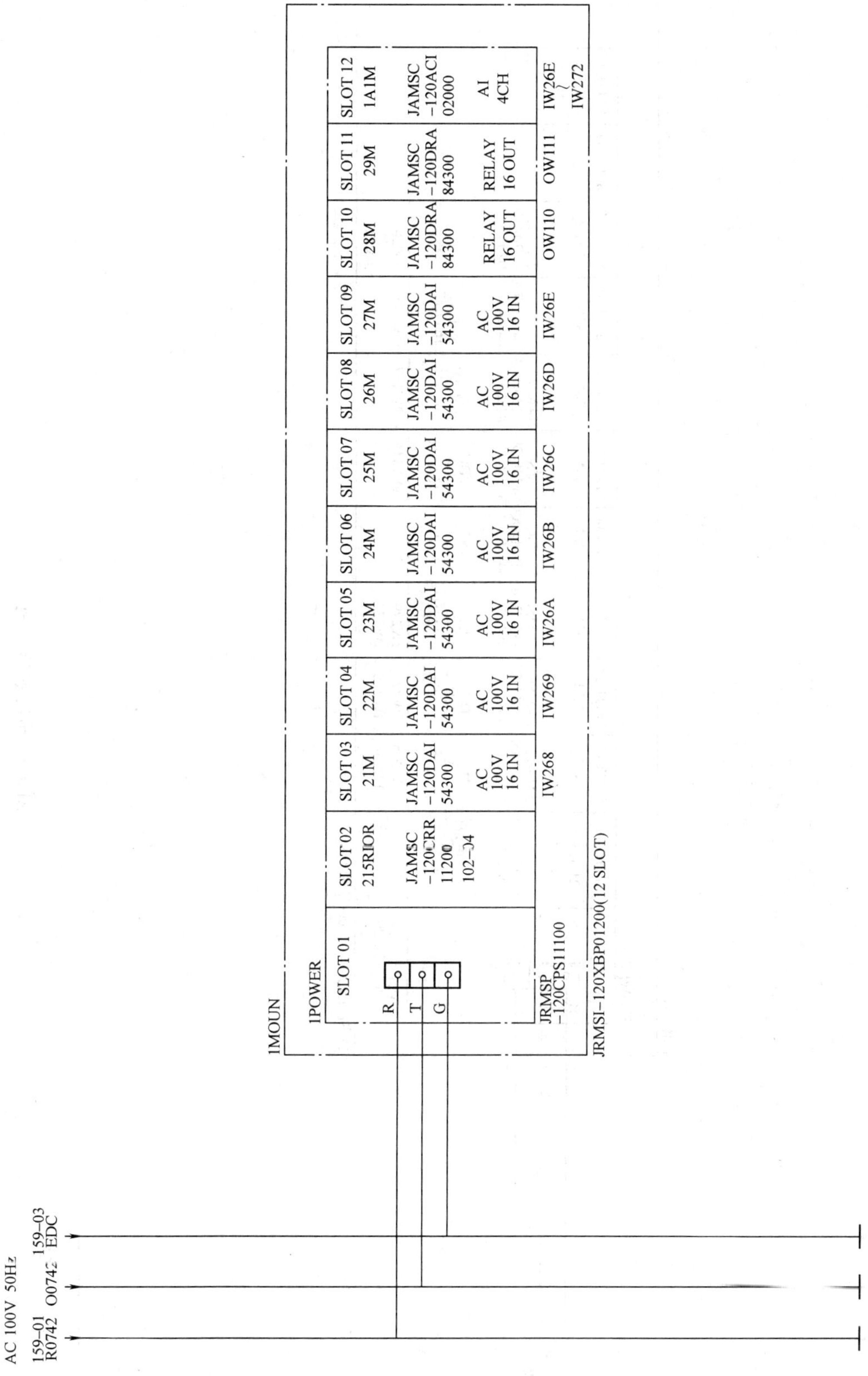

1MOUN

JRMSI–120XBP01200(12 SLOT)

SLOT 01	SLOT 02	SLOT 03	SLOT 04	SLOT 05	SLOT 06	SLOT 07	SLOT 08	SLOT 09	SLOT 10	SLOT 11	SLOT 12
1POWER	215RIOR	21M	22M	23M	24M	25M	26M	27M	28M	29M	1A1M
R T G	JAMSC –120CRR 11200 102–04	JAMSC –120DAI 54300	JAMSC –120DAI 54300	JAMSC –120DAI 54300	JAMSC –120DAI 54300	JAMSC –120DAI 54300	JAMSC –120DAI 54300	JAMSC –120DAI 54300	JAMSC –120DRA 84300	JAMSC –120DRA 84300	JAMSC –120ACI 02000
		AC 100V 16 IN	AC 100V 16 IN	AC 100V 16 IN	AC 100V 16 IN	AC 100V 16 IN	AC 100V 16 IN	AC 100V 16 IN	RELAY 16 OUT	RELAY 16 OUT	AI 4CH
JRMSP –120CPS11100		IW268	IW269	IW26A	IW26B	IW26C	IW26D	IW26E	OW110	OW111	IW26E ~ IW272

AC 100V 50Hz

159–01 R0742

O0742

159–03 EDC

图 9-8 小车 PLC 柜

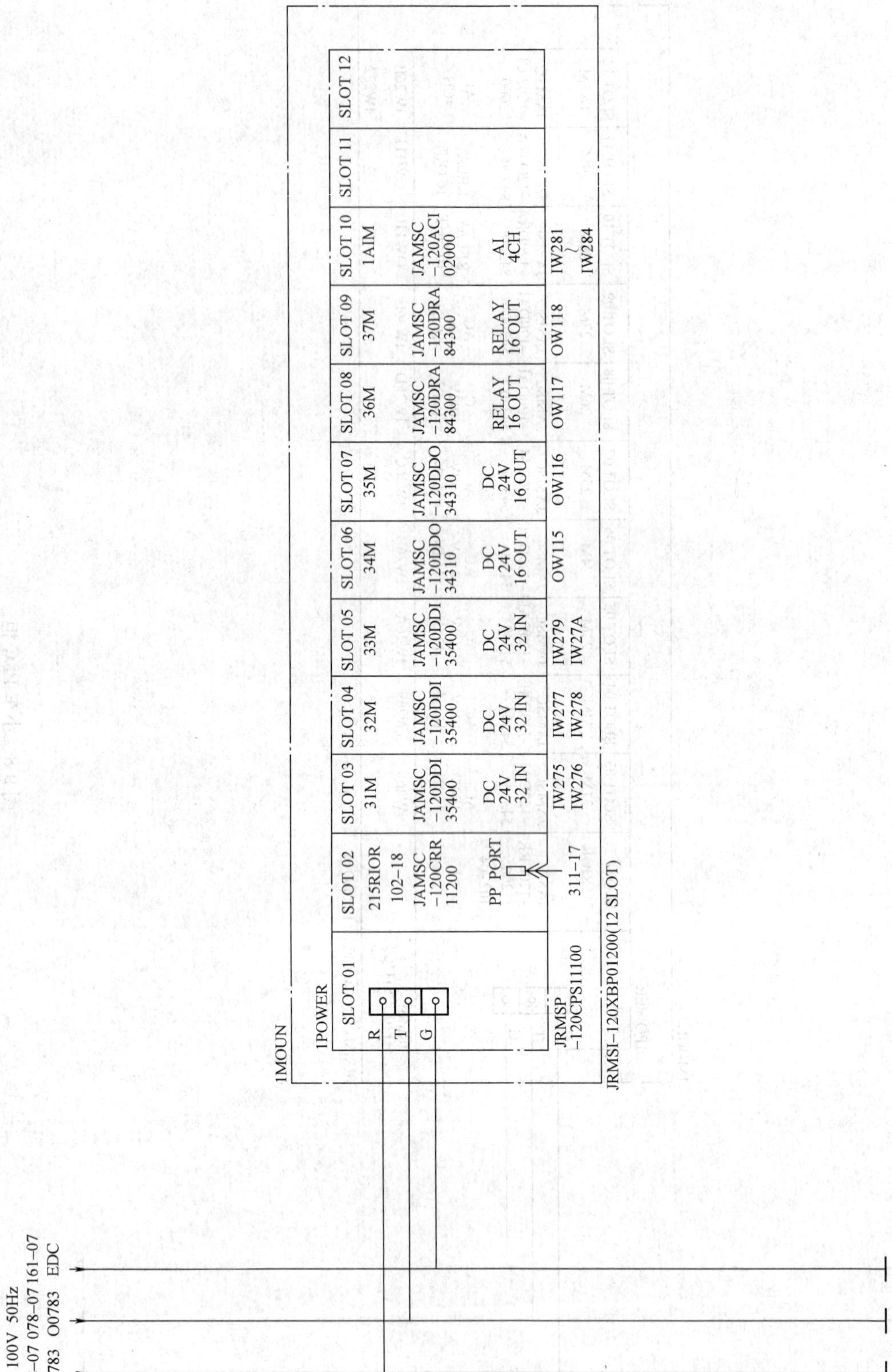

AC 100V 50Hz
078–07 078–07 161–07
R0783 O0783 EDC

1MOUN

1POWER

SLOT 01	SLOT 02	SLOT 03	SLOT 04	SLOT 05	SLOT 06	SLOT 07	SLOT 08	SLOT 09	SLOT 10	SLOT 11	SLOT 12
R T G	215RIOR 102–18	31M	32M	33M	34M	35M	36M	37M	1AIM		
	JAMSC –120CRR 11200	JAMSC –120DDI 35400	JAMSC –120DDI 35400	JAMSC –120DDI 35400	JAMSC –120DDO 34310	JAMSC –120DDO 34310	JAMSC –120DRA 84300	JAMSC –120DRA 84300	JAMSC –120ACI 02000		
	PP PORT	DC 24V 32 IN	DC 24V 32 IN	DC 24V 32 IN	DC 24V 16 OUT	DC 24V 16 OUT	RELAY 16 OUT	RELAY 16 OUT	AI 4CH		
JRMSP –120CPS11100	311–17	IW275 IW276	IW277 IW278	IW279 IW27A	OW115	OW116	OW117	OW118	IW281 ~ IW284		

JRMSI–120XBP01200(12 SLOT)

图 9-9 司机室 PCL 柜

JAMC-120DDO34310，16 点继电器输出模块两块；

JAMC-120DRA84300，16 点继电器输出模块两块；

JAMC-120ACR02000，模拟量输出模块一块。

司机室 PLC 柜如图 9-9 所示。

6. 通信

主 PLC CP316H 通过 CP215 通信接口与电气室、司机室和小车上的 PLC 柜中的通信模块相连，构成远程 I/O 系统。

主 CPU CP316H 通过 CP216 通信接口与起升、大车、小车和电缆卷筒变频器通信，构成全数字交流变频驱动控制系统。

主 PLC CP316H 通过 CP215 通信接口与 CMS PLC CP316H 相连，作为 PLC 与工控机上安装的状态监视和管理系统 CMS 软件系统通信，构成轨道吊的状态监视和管理系统。

第六节　状态监视和管理系统

一、简介

起重机控制监视系统（Crane Monitoring System，CMS）是安装在工控机上的设备管理监视软件。该系统将大型起重机设备的监视和管理功能结合在一起，从而构成了一个具有设备监视、维护、保养、预防和管理为一体的管理平台，将大型起重设备的实时运行状态，各个机构的状态，联锁状态、故障、保养、作业信息等实时数据采集到 CMS 电脑中，并将采集、处理、储存后的数据通过一些仿真动画界面，来反映设备的实时工作状态。

CMS 系统可分为本地 CMS 和远程 CMS。

二、系统功能

1. 状态检测

（1）实时监控。

1）整机的工作状态、高压装置工况、低压电源工况、三大机构工况、吊具状态、负载、故障状态等。

2）三大机构的工作状态、位置、负载、速度、电压、电流、频率、运行方向、风机、制动器、故障状态、驱动工作状况、软硬件安全联锁、主要接触器，检测元件如限位开关状态等。

3）辅助机构的工作状态：检测元件如限位开关状态，故障状态、接触器、继电器、执行元件工况等。

4）吊具的工作状态：伸缩尺寸、旋转角度、油泵、电磁阀、限位开关状态等。

5）通信及其他。

（2）状态回放。选择需要回放的时间段的回放文件后，所有实时监视画面的状态信息可自动切换到所选择时间段的状态信息。

2. 故障诊断分析

（1）故障分析。

1）CMS能显示故障内容、时间、具体位置、引起后果、解决方法并显示相应帮助文档等。

2）CMS能在同一画面显示7个参数以上的波形图用作分析。

3）控制线路、驱动器、PLC部分的故障能显示到具体的故障点。

4）CMS设有故障断点保护功能，可存储故障发生前8s，后2s的所有状态、I/O信息，数据存储的间隔时间为20ms，以作故障排除现象归纳的依据。

5）CMS能对历史故障进行分析，建立相关数据库，发生的故障可直接调用历史故障进行比较、排除。

（2）故障履历。保存所有故障发生、复位的信息，包括设备名称、故障编号、故障名称等信息，同时可以查看与故障相关的故障跟踪文件，PLC控制程序及原理，同时具有重复故障统计功能。

3. 业务统计

CMS能统计和查询指定时间、日、周、月、年的生产作业数据，包括箱量、重量、开闭锁次数、各机构的运行时间，并将统计结果输出到电子表格（Excel）文档中。

第七节 紧停按钮和限位、传感器

一、紧停按钮

为在紧急情况下停止起重机运行，机上一共有9个自锁型紧停按钮，分别布置在以下位置：电气房内、司机室联动台上、高压房内、电气房侧登机平台入口处、小车架、海侧地面操作面板、陆侧地面操作面板、卷盘平台和电抗房内。

只要按下任何一个紧停按钮，控制继电器1s就立即断电，从而切断控制电源，使RMG停止所有动作。同时将紧急信号输送到远程输入模块2M，由CPU模块控制CMS显示故障，复位时需顺时针旋转按钮。

二、限位、传感器

1. 起升机构

（1）起升制动器释放限位。状态：常开，数量：2个。分别安装在两个起升制动器上，当制动器动作时，限位动作。

（2）起升超速开关。状态：常闭，数量：1个。安装在起升卷筒尾部，当电机速度超过额定转速的15%时，限位动作，起升停止。

（3）起升凸轮限位。数量：1个。内设六副触点，分别检测起升上升停止、上升减速、下降减速、下降停止，带箱岸梁保护、不带箱岸梁保护。安装在起升卷筒尾部，通过卷筒旋转带动凸轮限位中凸轮片的旋转，触发限位动作。

2. 小车机构

（1）小车制动器限位。状态：常开，数量：4个。安装在小车制动器上，当制动器动作时，限位动作。

（2）小车向前减速限位。状态：常闭，数量：1个。安装在小车架上，当限位动作，小车向前减速。

(3) 小车向前停止限位。状态：常闭，数量：1个。安装在小车架上，当限位动作，小车向前停止。

(4) 小车向前极限限位。状态：常闭，数量：1个。安装在小车架上，当限位动作，小车向前停止，使用旁路开关将小车退出极限区域。

(5) 小车向后减速限位。状态：常闭，数量：1个。安装在小车架上，当限位动作，小车向后减速。

(6) 小车向后停止限位。状态：常闭，数量：1个。安装在小车架上，当限位动作，小车向后停止。

(7) 小车向后极限限位。状态：常闭，数量：1个。安装在小车架上，当限位动作，小车向后停止，使用旁路开关将小车退出极限区域。

(8) 小车前后过梁保护限位。状态：常闭，数量：1个。安装在小车架上，当限位动作，说明小车进入岸梁区。

3. 大车机构

(1) 大车制动器限位。状态：常开，数量：8个。分别安装在8个大车制动器上，当制动器动作时，限位动作。

(2) 大车防撞限位。状态：常闭，数量：4个。安装在大车防撞缓冲器上，当限位动作，大车停止，使用旁路开关将大车退出极限区域。

(3) 大车激光防撞传感器。数量：2套。左右大梁各安装一个传感器，通过激光检测相邻起重机距离，控制大车减速、停止。

4. 吊具机构

(1) 吊具开锁限位。状态：常开，数量：2个。安装吊具端梁内，检测吊具是否开锁。

(2) 吊具闭锁限位。状态：常开，数量：2个。安装吊具端梁内，检测吊具是否闭锁。

(3) 吊具着箱限位。状态：常开，数量：4个。安装吊具端梁内，检测吊具是否着箱。

(4) 吊具20尺限位。状态：常开，数量：1个。安装吊具伸缩梁侧，检测吊具20尺伸缩是否到位。

(5) 吊具40尺限位。状态：常开，数量：1个。安装吊具伸缩梁侧，检测吊具40尺伸缩是否到位。

(6) 吊具连接限位。状态：常开，数量：2个。安装在吊具上架上，检测吊具和上架是否连接。

(7) 重量传感器。在吊具上架上装有4个重量传感器，用来监视箱子是否过载，每个传感器在PLC中被校准，4个加起来决定总的质量。如果总数超过PLC中过载极限，不允许起升，只允许低速下降，故障由CMS显示。

第八节 起升机构电气设备与控制

起升机构安装在小车上，由交流电动机、联轴节、制动器、减速器、减速箱、卷筒等组成。

一、电气设备

起升机构由一台280kW、420V三相交流永磁式变频电动机驱动，起升电动机由一台安川VS676-H 5400kW变频器控制，为带PG的矢量控制。起升变频器电路如图9-10所示。

起升电动机由风机冷却，内部装有加热器防潮，由两台电动机带动液力推杆的盘式制动器制动。在主电动机后端装有凸轮限位开关，钢丝绳卷筒一侧装有凸轮限位开关，用以控制上升减速、上升终点、下降减速、下降终点，并装有重锤式极限高度限位开关。

二、起升控制

主电路由变流器输出的660V公共直流母排供电，变频器进行速度调整后，从U、V、W端经1M接触器输出到起升电动机。电动机转速下降，停止时反馈到公共直流母排上的能量，再通过变流器逆变成440V、50Hz的三相交流电回馈电网。

起升由司机室联动台上的手柄手动操作，由于起升电动机与大车电动机共用一台变频器，所以采取先到先服务的控制方式，手柄的方向触点触发方向命令。

手柄动作时，编码器发送一个格雷码至远程输入模块。输入模块将此信号处理后送到PLC的CPU模块，通过软件运算，被校准为手柄零位为0、手柄最大为20 000的数。此数值范围为－20 000～＋20 000，与手柄下降和上升操作每一个位置相对应。

这个校准信号作为信号给定送到起升变频器，变频器以设定的加减速时间平稳加减速至所需速度，控制起升电动机运行。

起升电动机通过旋转编码器LE-60B-S89600P/R将转速通过速度控制卡PG-B_2反馈给变频器，形成闭环控制。同时将转速、电流、转矩等信号经CN3通信端口反馈到PLC进行机构的运算控制。再反过来控制电动机，以达到更好的效果。

当控制复位，起升电动机风机、起升变频器风机启动。只要控制电源保持通电，风机就一直运行。如果5min后一直没有手柄指令信号，起升电动机风机将自动停止。如果在PLC中，起升电动机和起升变频器风机命令与风机接触器辅助触点输入不一致达1.5s，风机接触器将失电，起升运行条件不满足，起升动作被禁止直至此状态被改正。

三、保护

1. 变频器故障保护

当发现起升过电流、接地、过电压、欠电压、缺相、电动机过载、变频器过热等故障时，变频器从MA、MC端子输出故障信号，动作停止继电器1MS失电，断开起升电动机接触器1M；同时送到PLC远程输入模块3M，由CPU模块处理后与CMS通信显示故障。

2. 超速保护

主电机后端装有离心式超速开关，当起升、下降转速超过额定转速15%时，超速信号被送远程输入模块2M，切断动作停止继电器1MS电路，断开起升电动机接触器1M，使变频器停止工作，并将故障信号送到PLC远程输入模块3M，由CMS显示故障。

3. 超重保护

在吊具上装有四个重量传感器，每个传感器被校准，四个加起来决定总重量。司机室的液晶显示屏上可显示起升重量。超重10%以下，PLC控制联动台上的超重指示灯亮，并且蜂鸣器报警，但能慢速上升；起重10%以上时，延时1.5s停止上升，超重指示灯亮，同时蜂鸣器报警，只能下降，不能上升，小车也不能工作，由CMS显示故障。

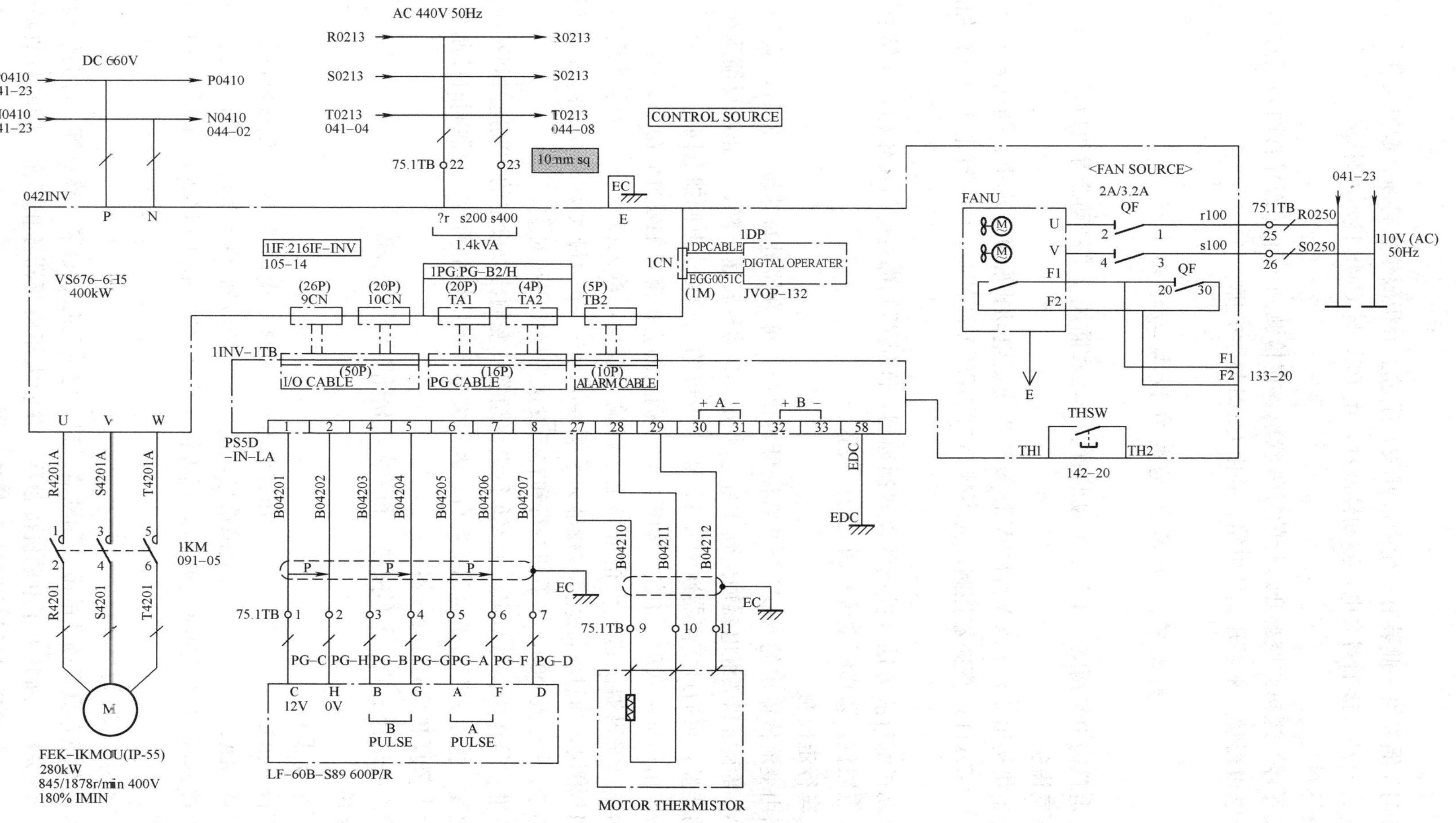

图 9-10　起升变频器电路

4. 超程保护

在起升钢丝绳卷筒一侧装有凸轮限位开关，超过上升极限位置将断开起升动作停止继电器 1MS，起升电动机接触器失电，制动器制动，由 PLC 经 CMS 显示故障。

5. 软件保护

PLC 动作停止逻辑监控起升运行的异常状态。在检测到工作状态异常时，通过打开起升动作停止继电器触点来断开相关电路，并由 CMS 显示故障。

第九节　大车机构电气设备与控制

大车行走机构由平衡梁、车架、驱动装置、车轮和防风车轮制动器等组成。

一、电气设备

大车行走机构由 8 台 30kW、440V 四极三相交流电动机驱动，海侧、陆侧各 4 台。分别有两台 VS-G7A4160 变频器控制，为不带 PG 的开环 V/f 控制。大车行走变频电路如图 9-11 所示。

每台电动机都有液力推杆控制的盘式制动器，海陆两侧都有防风夹轮器，油箱有加热器，还有终点限位，防撞杆限位和激光防撞装置。

二、大车行走控制

主电路由变流器输出的 660V 公共直流母排供电，变频器进行速度调整后，从 U、V、W 端经 21M 接触器和热继电器输出到 4 台电动机。电动机转速下降、停止时反馈到公共直流母排上的能量，再通过变流器逆变成 440V、50Hz 的三相交流电回馈电网。

大车行走由司机室联动台上的手柄操作，手柄上的方向触点触发方向命令。

手柄动作时编码器发送一个格雷码至远程输入模块，输入模块将此信号处理后送到 PLC 的 CPU 模块，通过软件运算被校准为手柄零位为 0、手柄最大为 20 000 的数。此数值范围为－20 000～＋20 000，与手柄左行和右行发送的格雷码相对应。

这个校准信号作为信号给定送到大车行走变频器，变频器以设定的加减速时间平稳加减速至所需速度，控制大车行走电动机运行。因为大车行走机构由两台变频器同时控制大车动作，所有命令都复制给两台变频器。

夹轮器由联动台上的“大车夹轮”和“大车松轮”按钮来控制。

三、保护

1. 变频故障保护

当大车行走出现过流、接地、过电压、欠电压、缺相、电动机过载、变频器过热等故障时，变频器从 MA、MC 端子输入故障信号，动作停止继电器 2MS 失电，停止变频器工作，断开电动机接触器 21M；同时送到 PLC 远程输入模块 3M，由 CPU 模块处理后与 CMS 通信显示故障。

2. 电缆卷盘故障保护

如果出现电缆卷盘变频器故障，制动器过热、电缆过松、过紧、终点等、都会使动作停止继电器 2MS 失电，断开大车电动机接触器，并使大车变频器停止工作。同时将故障信号送到远程输入模块 3M，由 PLC 的 CPU 模块处理。

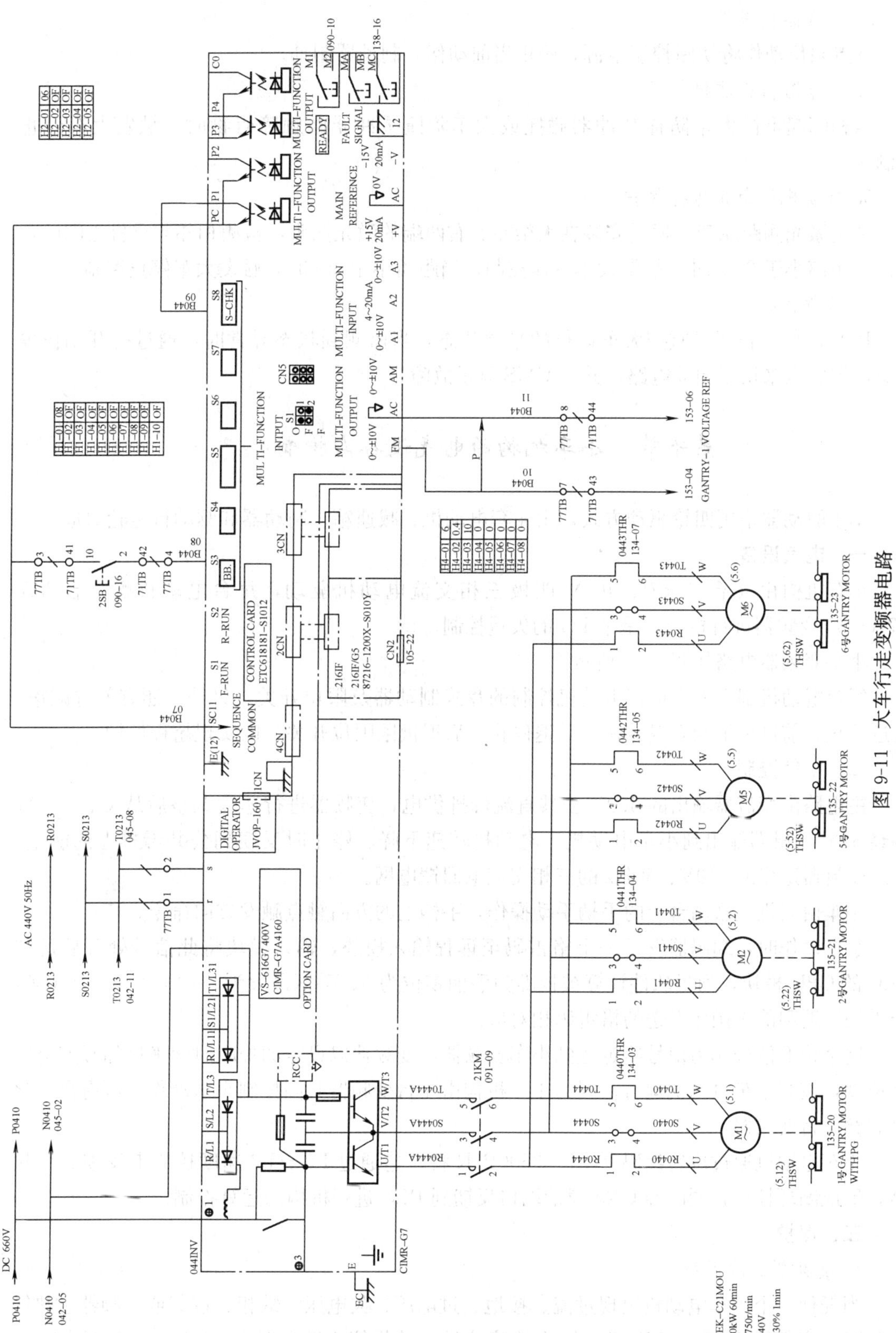

图 9-11　大车行走变频器电路

3. 行程终点保护

终点限位动作将切断控制电源，停止当前动作，制动器制动。

4. 大车防撞杆防撞保护

当相邻起重机大车防撞缓冲器碰撞或大车防撞缓冲器碰触障碍物时，触发大车停止控制。

5. 起动机间激光防撞保护

利用激光测距原理，通过安装在大梁左、右两端的激光探头，检测相邻起重机之间的距离。当距离小于25m时，触发大车减速控制；当距离小于5m时，触发大车停止控制。

6. 软件保护

PLC动作停止逻辑监控大车运行的平常状态，当监测到状态异常时，通过打开动作停止继电器触点来切断相关电路，并由CMS显示故障。

第十节 小车机构的电气设备与控制

小车驱动器采用四轮驱动方式，由4套电动机、减速箱、制动器和驱动行走轮组成。

一、电气设备

小车机构由4台22kW、400V四极三相交流电动机驱动，每台电动机配一台VS-G7A4030变频器进行控制，是带PG的矢量控制。

小车变频器电路如图9-12所示。

每台电动机都有液力推杆电动机控制的盘式制动器及限位开关。另外，还有前进减速、前进停止、前进极限和后退减速、后退停止、后退极限限位开关，以实现超程保护。

二、电气控制

主电路由变流器输出的660V公共直流母排供电，变频器进行速度调整后从U、V、W端经31M接触器输出到小车电动机。电动机转速下降、停止时反馈到公共母排上的能量，再经变流器逆变成440V、50Hz的三相交流电回馈电网。

小车由司机室联动台上的手柄手动操作，手柄上的方向触点触发方向命令。

手柄动作时，编码器发送一个格雷码至远程输入模块，输入模块将此信号处理后送到PLC的CPU模块，通过软件计算被校准为手柄零位为0。手柄最大为－20 000～＋20 000，与手柄后退和前进操作发送的格雷码相对应。

这个校准信号作为信号给定送到小车变频器，变频器以设定的加减时间平稳加减速至所需速度，控制小车电动机运行。因为小车机构由4台变频器共同控制小车动作，所有命令都复制给4台变频器。

小车电动机通过旋转编码器LF-60600P/R将转速通过PG－B2速度控制卡反馈给变频器，形成闭环控制，同时经CN3通信端口反馈到PLC进行机构的运算控制。

三、保护

1. 变频器故障保护

当任何一个小车电动机出现过流、接地、过电压、欠电压、缺相、过载或变频器过热等故障时，变频器从MA、MC端子输出故障信号，动作停止继电器3MS失电，断开小车电

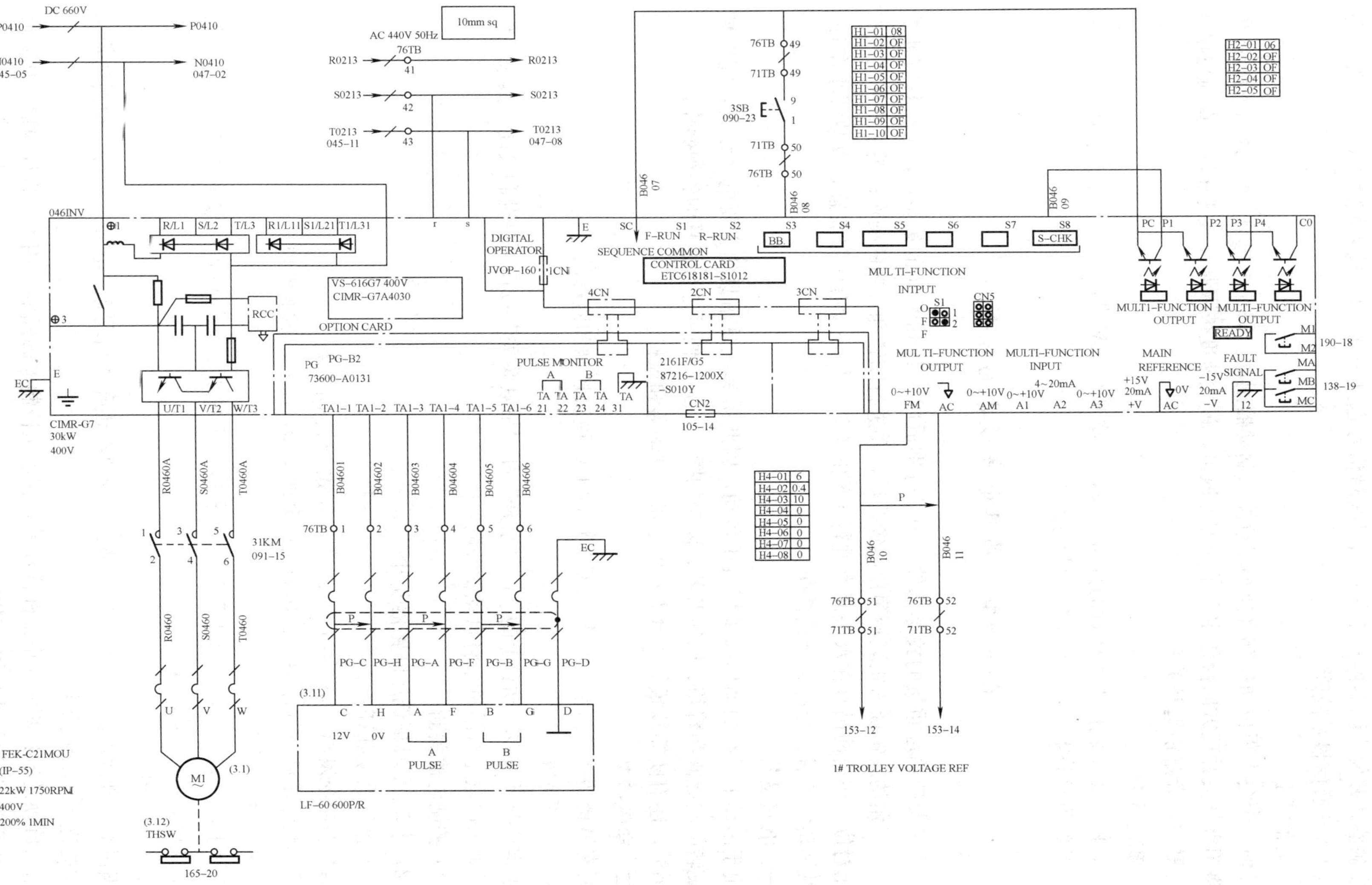

图 9-12　小车变频器电路

动机接触器，并使变频器停止工作；同时故障信号送到 PLC 远程输入模块 3M，由 CPU 处理后与 CMS 通信显示故障。

2. 超程保护

任何一个终点限位动作都将使小车急停，制动器制动。需通过扭动左联动台上的极限限位旁路钥匙开关并反方向操作主令手柄方可退出，最大速度被限制在减速速度，直到超程终点限位复位，旁路钥匙开关复位。

3. 软件保护

PLC 停止逻辑监控小车运行的异常状态，当监测状态异常时，通过打开动作停止继电器触点来关断相关电路，并由 CMS 显示故障。

第十一节　吊具电气设备与控制

吊具是集装箱起重机的关键部件。为了分别适用 20ft 和 40ft 的集装箱，吊具具有伸缩功能；当四角的旋锁插入集装箱顶角的锁孔后，要进行闭锁和开锁的操作；为了方便吊具与集装箱对位，还要使吊具在水平面内进行±5°的旋转；另外设有防摇装置，以减缓小车加、减速及制动停车后引起的集装箱摇摆。

一、电气设备

由于吊具上所有的动作都采用液压传动，因此吊具泵是吊具的主要电气设备，配以伸缩、旋转的电磁阀和着箱、回转及开、闭锁的限位开关，便可进行吊具的各种操作。

另外，还有防摇装置的 4 台力矩电动机、制动器和风机。

二、电气控制

所有吊具功能是由装在小车 PLC 柜中的 I/O 模块控制和监视的。

1. 吊具泵控制

正常情况下按右联动台上的“吊具泵开”和“吊具泵关”按钮可打开和关闭吊具泵。但是当下列条件发生时吊具泵将自动被关断：

(1) 控制电源关断；

(2) 小车/吊具框低压断路器断开；

(3) 吊具电缆断开；

(4) 在命令发出 1.5s 内吊具泵接触器辅助触点不闭合。

吊具泵停止后所有控制吊具功能的输出被关断，所有电磁阀断电。

2. 吊具伸缩控制

按下右联动台上“吊具 20ft”按钮，吊具自动缩到 20ft 的位置；按下“吊具 40ft”按钮，吊具自动伸到 40ft 位置。

3. 旋锁控制

当吊具正确放在集装箱上，四个锁头正确放在锁孔中后着箱限位发出信号。检测到着箱信号才能进行开闭锁操作。

吊具旋锁是吊具两侧的小推杆推动的，在液压控制电磁阀的作用下，推杆伸缩，从而使旋锁旋转 90°，到达开锁和闭锁位置。

旋锁的操作是由司机通过右联动台上的“吊具旋锁”3 位自复中位开关进行的。左旋吊具闭锁，右旋吊具开锁联动台，前方有开锁和闭锁指示灯供司机监视。

4. 吊具回转控制

司机通过左联动台上的“吊具左右旋”3 位自复中位手柄操作吊具旋转。左旋吊具逆时针旋转，直到司机松开手柄或左旋终点限位动作；右旋吊具顺时针旋转，直到司机松开手柄或右旋终点限位动作。按下“吊具回零”按钮，指示灯闪，吊具回转推杆自动伸缩到吊具零位，到位后指示灯亮。

第十二节　日常维护与故障排除

一、日常维护

日常维护主要包括以下内容：

(1) 定期检查电缆卷盘的滑环与碳刷。保持清洁，滑环与碳刷之间的接触面积不能少于碳刷面积的 85%，碳刷弹簧应保持碳刷与滑环之间有足够的压力。

(2) 定期紧固低压断路器、接触器、变频器端子等压线螺栓。

(3) 经常检查接触器、继电器的触点。

(4) 紧固各位置开关使之不能移动，并检查其电气性能。

(5) 经常检查各电动机运行时的温度和振动等级量是否有异常声音，定期测绝缘。

(6) 经常检查 PLC 和变频器的运行情况。

二、故障排除

1. 高压电缆故障

常见的高压电缆故障主要是高压电缆绝缘护套受外力侵害，导致保护层破损，发生对地短路及放电现象；当发生此类情况时，高压电缆已经受损，不能继续使用；需要重新更换高压电缆及做头，然后对更换的高压电缆重新进行高压测试，当所有情况正常时，才能恢复供电。

2. 吊具垂缆故障

常见的吊具垂缆故障主要有长期使用垂缆内部断芯或垂缆外护套破损；如果发生垂缆内部断芯，可用吊具中的备用芯进行替换；如果垂缆外护套破损，则需更换吊具电缆。

3. 全车突然停电故障

全车突然断电故障，需检查如下几点情况：

(1) 地面变配电站是否突然停止向机上供电。

(2) 高压开关柜有无跳闸或人为分闸。

(3) 高压电缆有无受损短路。(确认高压断电情况下检查)

(4) 高压滑环箱、高压接头有无异常。(确认高压断电情况下检查)

(5) 高压变压器有无异常。(确认高压断电情况下检查)

(6) 电气房内的各级供电断路器是否在合闸位置。

当确认是上述情况中的某点导致断电原因后，再根据具体原因进行针对性恢复。

4. 变频器故障

变频器常见故障应用及排除方法见表 6-2。

5. CMS 故障

CMS 具有故障诊断功能。发生故障后先查明 CMS 显示的故障点及原因，再进行具体排除。

思 考 题

1. 集装箱轨道吊主要有哪几大机构？各起什么作用？
2. 试分析轨道吊供电单线图。
3. 试分析轨道吊 PLC 控制系统的组成及与各机构变频器的通信。
4. 轨道吊的驱动系统是怎样实现能量回馈的？
5. 试述起升机构的电气控制原理。
6. CMS 系统有哪些作用？

第十章 集装箱装卸桥的电气设备与控制

第一节 集装箱装卸桥简介

一、概述

集装箱装卸桥是集装箱装卸船的专用起重机，布置于集装箱码头前沿，所以又称岸桥。

集装箱装卸桥如图 10-1 所示，整体结构如图 10-2 所示。主要包括起升机构、大车机构、小车机构和俯仰机构，并配有专用集装箱吊具和减摇装置。

图 10-1 集装箱装卸桥

供电系统使用 10kV、50Hz 三相三线交流电源，电缆卷盘形式供电；驱动系统为能进行能量回馈的交流变频调速装置；控制和通信系统采用 PLC，并且安装了状态监视和管理系统，技术先进，节能环保。

国内外集装箱码头使用的岸桥结构都是相同的，只是根据集装箱运输船的大小而外形尺寸有所不同。现以为巴拿马集装箱作业的需要而设计的集装箱装卸桥为例进行说明。

二、主要技术性能参数

1. 主要技术参数

(1) 外伸距：39m。小车带载向海侧运行到前终点位置时，吊具中心线离码头海侧轨道

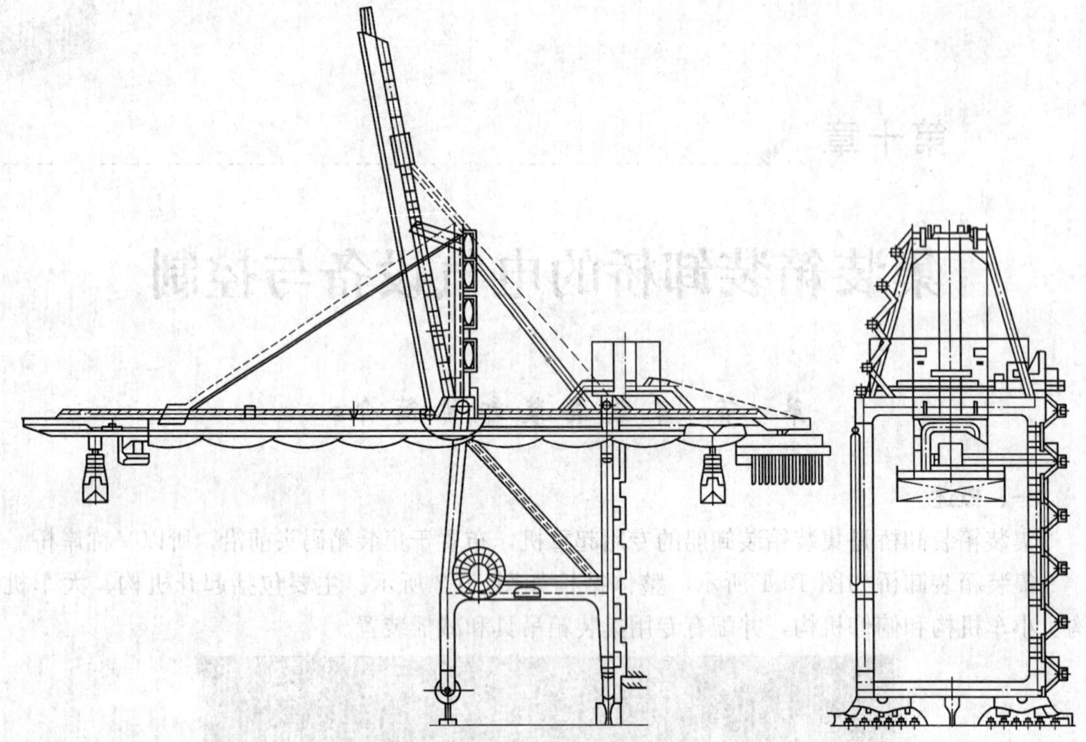

图 10-2 集装箱装卸桥整体结构图

中心线之间的水平距离。

（2）后伸距：12m。小车带载向陆侧运行到后终点位置时，吊具中心线离码头陆侧轨道中心线之间的水平距离。

（3）轨距：22m。码头上海侧与陆侧两轨道中心线之间的水平距离。

（4）起升高度：轨面以上，27m；轨面以下，15m。轨上起升高度是指吊具被提升到最高工作终点位置时，吊具转锁箱下平面离海侧轨顶面的垂直距离；轨下起升高度是指吊具被下降到正常终点位置时，吊具转锁箱下平面离海侧轨顶面的垂直距离。

（5）联系横梁下的净空高度：13m。海陆侧门框联系横梁下平面与码头面的距离称为联系横梁下的净空高度。

（6）门框的净空宽度：16m。海陆侧左右门框内侧之间的水平距离称为门框之间的净宽。

（7）基距：17.7m。门框下横梁与左右两侧大车行走机构大平衡梁支点之间的中心距离。

（8）总宽：26.5m。总宽是指同一侧行走轨道上的左右两组行走台车外侧缓冲端部之间在自由状态下的距离。

（9）门框下横梁上表面离地高度：3.82m。是指海侧轨面到门框下横梁上表面的垂直距离。

（10）总高：78m。是指岸桥在非工作状态下前大梁处于仰起挂钩位置，前大梁的最高端点到海侧轨道顶面的垂直距离。

2. 主要运行参数

(1) 额定起重量：40t。

(2) 起升速度：空吊具起升速度，120m/min；满载起升速度，50m/min。

(3) 小车速度：满载运行速度，150m/min；空吊具运行速度，150m/min。

(4) 大车行走速度：30m/min。

(5) 前臂架俯仰单程时间：6min。

(6) 吊具倾转角度：前后倾，±5°；左右倾，±3°；平面回转，±5°。

3. 吊具规格

吊具规格为 20ft 和 40ft。

4. 装机容量

第二节 供 电 系 统

系统主回路单线图如图 10-3 所示。

一、电压等级和类别

(1) 主电源：岸电，10kV，交流，50Hz，三相三线。

(2) 备用电源：岸电，380V 交流，50Hz，三相四线。

(3) 主动力电源：440V，交流，50Hz，三相。

(4) 辅助动力电源：380/220V，交流，50Hz，三相。

(5) 控制电源：220/110V，交流，50Hz，单相。

(6) 维修照明电源：380/220V，交流，50Hz，三相。

二、供电方式

(1) 本机的上机电源为三相三线，10kV±10%，50Hz±1Hz。供电方式为将设在码头海侧地面供电坑中的高压电源，通过安装在海侧门框上的电缆及电缆卷筒和滑环箱接至机房内的高压进线柜，并由变压器配电柜给高压变压器供电。

(2) 应急岸电电源（380V、50Hz），通过海侧门腿上的应急电源箱接到电气房内低压柜，供辅助机构和 PLC、照明、维修用电。

(3) 装卸桥的起升、俯仰、大车运行、小车运行等机构的控制与通信，以及小车运行机构和吊具上的电源是由连接司机室与机房之间的电缆小车即电缆拖令系统悬挂的电缆来供电的。吊具与小车之间采用一根 48 芯的吊具电缆进行电气连接。

三、主要配电设备

1. 高压电缆

该电缆用于连接地面高压电缆坑和机上高压滑环箱。

2. 高压电缆卷筒及高压滑环箱

高压电缆卷筒是高压电缆的收放缆机械装置，由一台电缆卷筒牵引电动机和 4 台电缆卷筒储缆电动机控制，都是 380V、1.5kW。

附设导缆架，导缆架装有相应的检测装置，用于检测电缆过松或过紧并反馈给 PLC 进行调整。

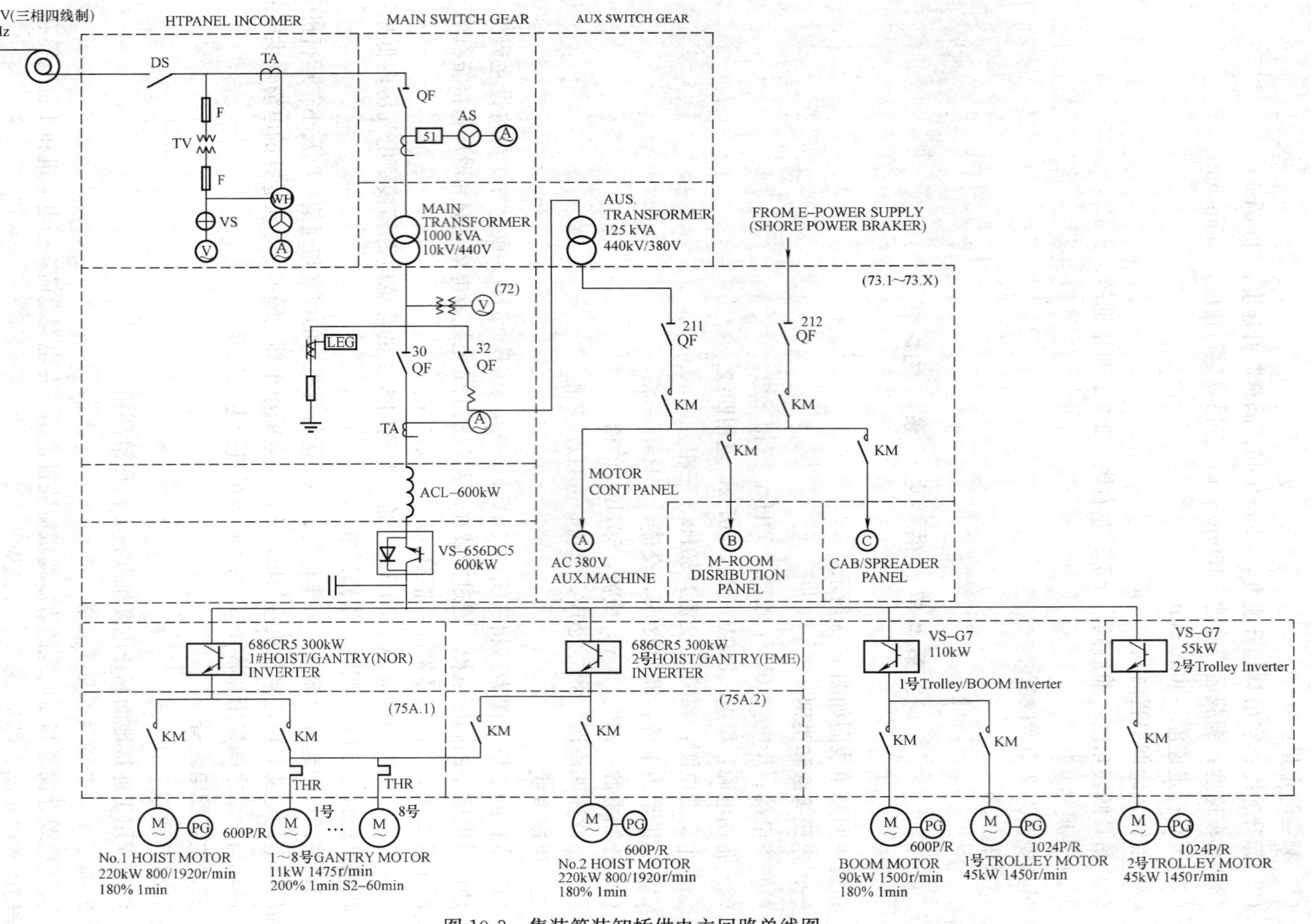

图 10-3　集装箱装卸桥供电主回路单线图

电缆卷筒上装有左右方向判别装置和终点保护开关。

高压滑环箱是一个高压电缆过渡连接设备，高压电缆通过电缆卷筒上机后接到滑环箱内集电器的动滑环上，机上高压电缆接到集电器的静触点上，动滑环与静触点之间用碳刷进行电力传导。高压滑环箱内配有加热器、温控开关进行除湿和保护。

3. 高压开关柜

高压电缆经过滑环箱后连接到高压开关柜。高压开关柜是机上总电源的分合装置。

4. 主变压器

该变压器为干式变压器，采用△—Y 连接，是机上的主变电设备，容量为 1000kVA，负责将 10kV 高压降至 440V 的低压供机上设备使用。

5. 辅助变压器和控制变压器

辅助变压器△—Y 连接，125kVA，负责将 440V 的交流电压变为 380/220V，给机上照明、空调、加热器、辅助电动机等辅助设备供电。两台控制变压器额定容量分别为 3kVA 和 2kVA，两相 380V 输入，单相 220V 输出，用于提供征集的控制电源。

还有一台控制变压器，额定功率 3kVA，两相 440V 输入，单相 110V 输出，为盘柜冷却风扇提供电源。

PLC 电源变压器，额定 1kVA，220V/110V，单相。

6. 低压进线柜

柜内装有 AC 440V 驱动器进线总开关、辅助变压器进出线低压断路器、辅助电源开关、接触器、岸电开关、接触器等。正常工作时，岸电开关断开，只有当高压断电时才将岸电开关合闸。高压恢复供电前，要将岸电开关断开。

四、电源保护

1. 高压综合保护

高压开关柜内装有综合保护装置,提供过流、欠压、缺相、相间短路、故障显示等保护功能。

2. 接地保护

主变压器二次侧的中点通过 200 电阻接地，该电阻电流大于 500mA 并持续 0.2s 以上，接地保护装置 LEC-130L 内部动合触点闭合，将信号送 PLC7M 输出模块，由 PLC 控制断开控制电源，从而切断所有电路。

3. 主电源过流保护

440V 交流电源上装有 1000/5 的电流互感器检测主电源电流，当电流超过允许值时，通过 PLC 切断电源。

第三节　操　作　系　统

一、联动台（见图 10-4）

1. 左联动台

左联动台面板设置有小车/俯仰主令控制器，吊具左右倾、前后倾开关，吊具左旋/右旋开关，吊具归零带灯按钮，陆侧/海侧制动器液压站停/起开关，陆侧/海侧导板抬起、放下操作开关，导板全起、全落操作开关，小车/俯仰选择开关，小车张紧电机停/起开关，电源

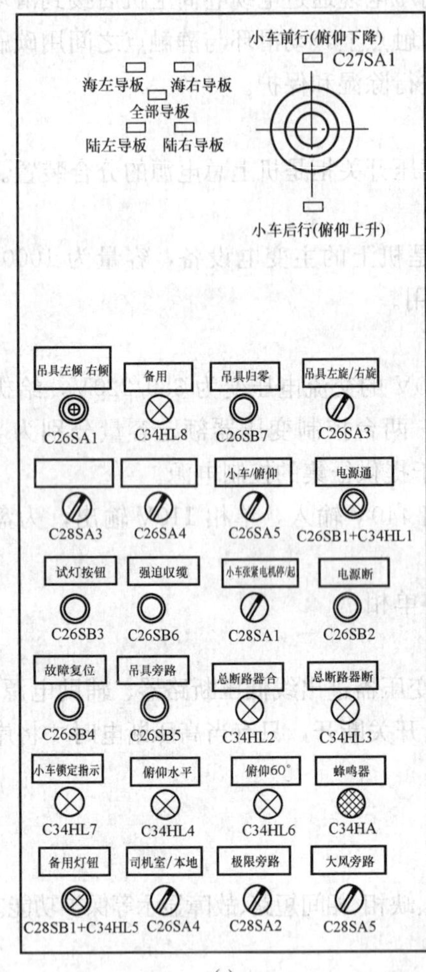

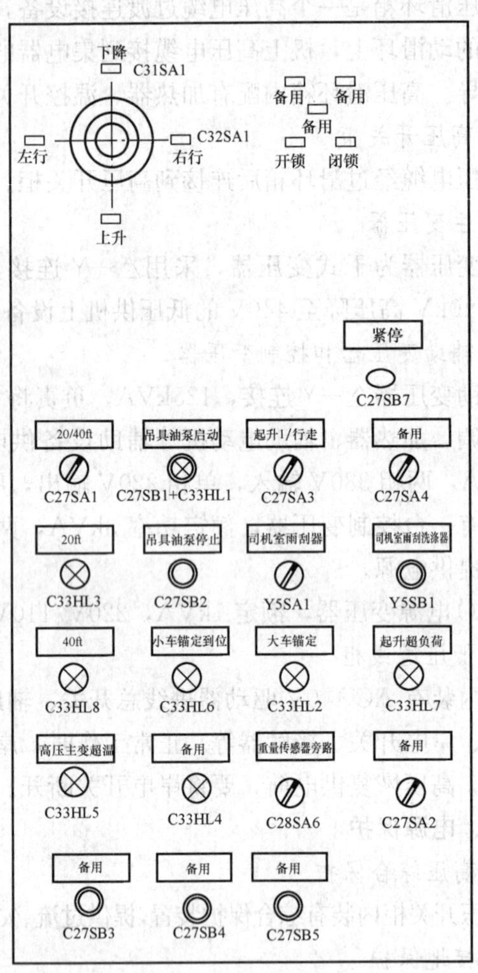

图 10-4　联动台面板布置图

(a) 左联动台；(b) 右联动台

通带灯按钮，电源断、故障复位、试灯、强迫收缆、吊具旁路按钮，司机室/本地、极限旁路、大风旁路开关，总断路器通、总断路器断、小车锚定、俯仰水平、俯仰 60°指示灯和故障报警蜂鸣器。

2. *右联动台*

右联动台面板设置有起升/大车主令控制器，吊具 20/40ft、起升/行走选择开关，司机室雨刮器开关，重量传感器旁路开关，吊具油泵启动、停止按钮，司机室雨刮洗涤器按钮，吊具 20ft、40ft 位置、小车锚定到位、大车锚定、起升超负荷、高压主变超温指示灯，吊具开锁、闭锁以及紧停按钮。

二、俯仰操作箱

面板设置有俯仰快速/慢速、手动/自动选择开关，控制合、控制断、俯仰上升、俯仰下降、俯仰停止和紧停按钮，挂钩、脱钩带灯按钮，就地操作、俯仰水平、俯仰正常、俯仰60°和故障指示灯。

三、大车操作箱

面板设置有大车右行、大车左行、大车右行点动、大车左行点动、控制关断、指示灯测试、总旁路、走道灯控制、紧停和故障复位按钮，大车制动器、电缆卷筒旁路和电缆卷筒限位旁路选择开关，控制合、顶轨/夹轮、松轨/松轮、各投光灯控制带灯按钮以及故障指示灯。

四、机房操作箱

面板设置有起升/俯仰/小车、正常/应急俯仰选择开关，单机构正转、单机构反转、停止、紧停按钮和单机构操作正常指示灯。

第四节　PLC 控制系统

集装箱装卸桥采用独立数字式的 PLC 控制系统，功能如下：

（1）具有远程能力的 PLC 系统，它能同全数字驱动器有通信和连接功能，且有足够的存储容量，可用于将来扩展，提供 I/O 接口，留有 10%的备用点。

（2）机上 PLC 控制器具有故障及状态监测功能。允许显示不少于 300 个监测信号。

（3）具有一个故障显示器（电气室），故障及状态情况由 PLC 监视。如果同时产生多个故障，只能有一个故障能够显示，如果第一个故障仍然存在，那么这个故障会继续显示。第一个故障排除完，显示第二个故障，排除完显示第三个故障，如此顺延，直至排除所有故障为止。同时能把故障存储下来。

（4）故障信息用中文/英文打印，同时有参考编码，以便对照相应的中文。

（5）PLC 具有联网及远距离通信能力，留有接口，以便将来能与港口计算机联网。

（6）PLC 能通过模块插入公共支座进行扩展。

（7）PLC 所有元件坚固，并适用于高温、粉尘、振动、潮湿、电气噪声等工业环境中。

（8）对于起升机构，设置的重量监测器纳入 PLC 控制，并在司机室用数字显示其负荷重量。

（9）电气室中配置便携式编程器一台及相连接的激光打印机一台。

（10）提供一套经认可的电路监视系统，该装置作为控制设备的一个完整组成部分，对线路及设备中的故障进行监测，并在显示屏上显示出故障及位置，便于快速准确地排除故障。

（11）监测并显示电气设备的故障如下：过载、短路、过流、过电压、失压、过热、缺相、超速、主回路故障、线路、驱动器、欠压、PLC 运行状态。

（12）交流变频系统回路及控制回路设监测和试验点，以便查找故障，在监测点附近设有正常波形和相应数据的永久性标牌。

（13）多发性故障点用蜂鸣声和指示灯报警，由 CMS 指示故障发生部位。

PLC 采用日本安川的 CP-317 系统，如图 10-5 所示。

主 PLCCP-317 通过 CP-215IF1 与司机室、陆侧、海侧 PLC 中的通信模块相连，构成远

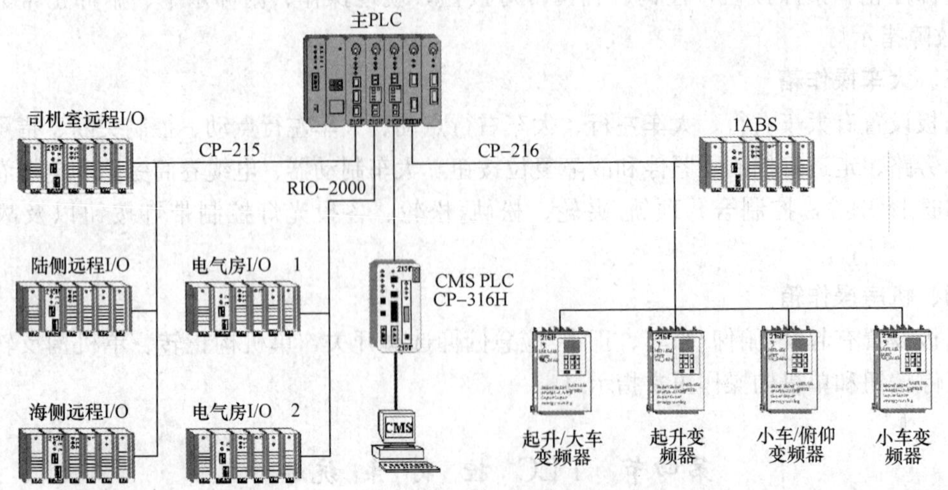

图 10-5 PLC 控制系统单线图

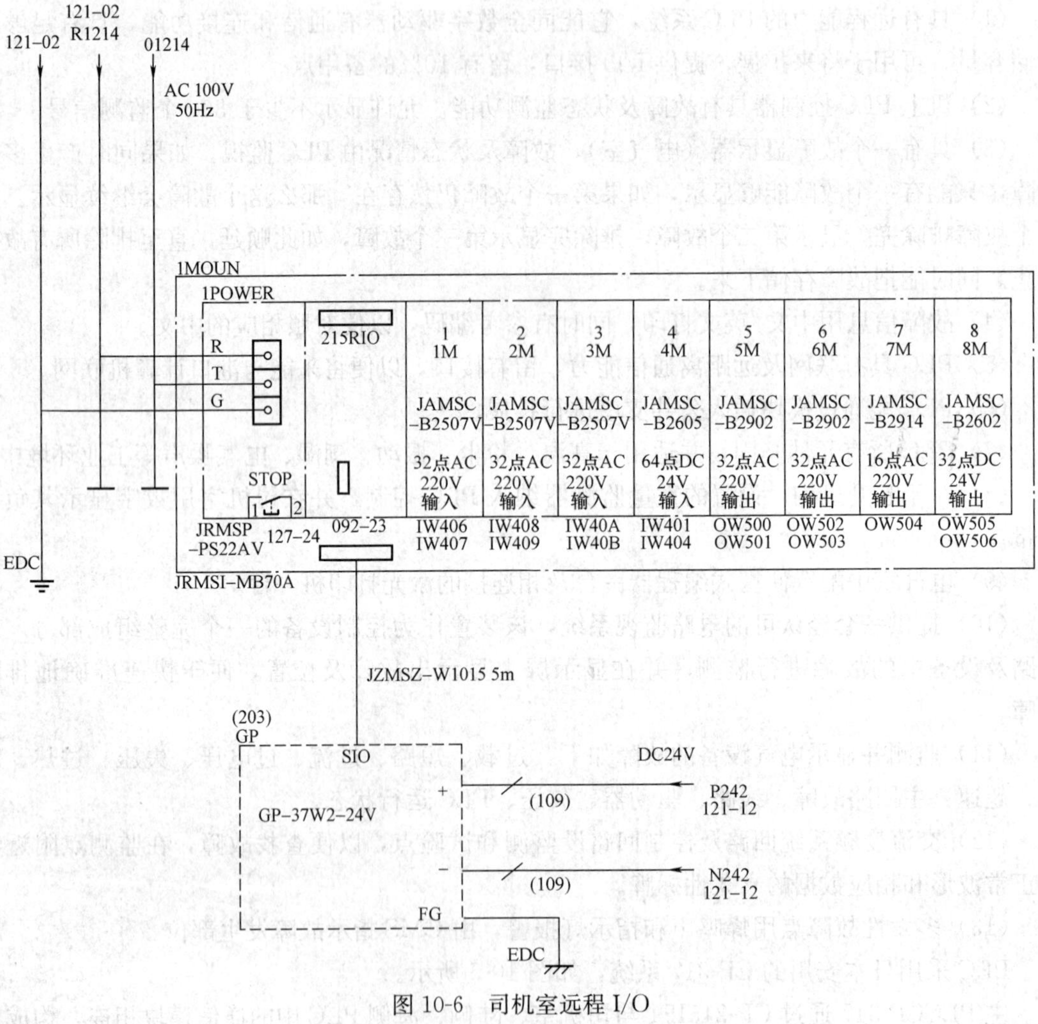

121–02
121–02
R1214
01214
AC 100V
50Hz
1MOUN
1POWER
R
T
G
STOP
JRMSP
–PS22AV
127–24
215RIO
092–23
JRMSI–MB70A
EDC

1	2	3	4	5	6	7	8
1M	2M	3M	4M	5M	6M	7M	8M
JAMSC –B2507V	JAMSC –B2507V	JAMSC –B2507V	JAMSC –B2605	JAMSC –B2902	JAMSC –B2902	JAMSC –B2914	JAMSC –B2602
32点AC 220V 输入	32点AC 220V 输入	32点AC 220V 输入	64点DC 24V 输入	32点AC 220V 输出	32点AC 220V 输出	16点AC 220V 输出	32点DC 24V 输出
IW406 IW407	IW408 IW409	IW40A IW40B	IW401 IW404	OW500 OW501	OW502 OW503	OW504	OW505 OW506

JZMSZ–W1015 5m
(203)
GP
SIO
GP–37W2–24V
DC24V
+
(109)
P242
121–12
–
(109)
N242
121–12
FG
EDC

图 10-6 司机室远程 I/O

程 I/O 系统。

主 PLCCP-317 通过 CP-215IF2 与 CMCPLCCP-316H 相连，构成集装箱装卸桥的状态和管理系统。

主 PLCCP-317 通过 CP-2000IF 与机房 PLC 中的通信模块相连，构成本地 I/O 系统。

主 PLCCP-317 通过 CP-216IF 与 1ABS 的 CP-216 通信，通过绝对值编码器检测起升和俯仰位置，与起升、大车、小车、俯仰变频器通信，构成全数字交流变频驱动控制系统。

1. 司机室 PLC 柜

司机室 PLC 柜如图 10-6 所示，其中包括以下模块：

JRMSP-PS22AV，电源模块 1 块；

JAMSC-120CRR11200，通信模块 1 块；

JAMSC-B2507V，32 点 AC 220V 输入模块 3 块；

JAMSC-B2605，64 点 DC 24V 输入模块 1 块；

JAMSC-B2902，32 点 AC 220V 输出模块 2 块；

JAMSC-B2914，16 点 AC 220V 输出模块 1 块；

JAMSC-B2602，32 点 DC 24V 输出模块 1 块。

2. 海侧/陆侧 PLC 柜

海侧/陆侧 PLC 柜如图 10-7 所示，其中包括以下模块：

JRMSP-120CPS11100，电源模块 1 块；

JAMSC-120CRR11200，通信模块 1 块；

JAMSC-120DAI，16 点 AC 220V 输入模块 2 块；

JAMSC-120DAO，16 点 AC 220V 输出模块 1 块。

3. 机房 PLC 柜

机房 PLC I/O 有两个机架，如图 10-8 所示。

1 机架包括以下模块：

JRMSP-PS22AV，电源

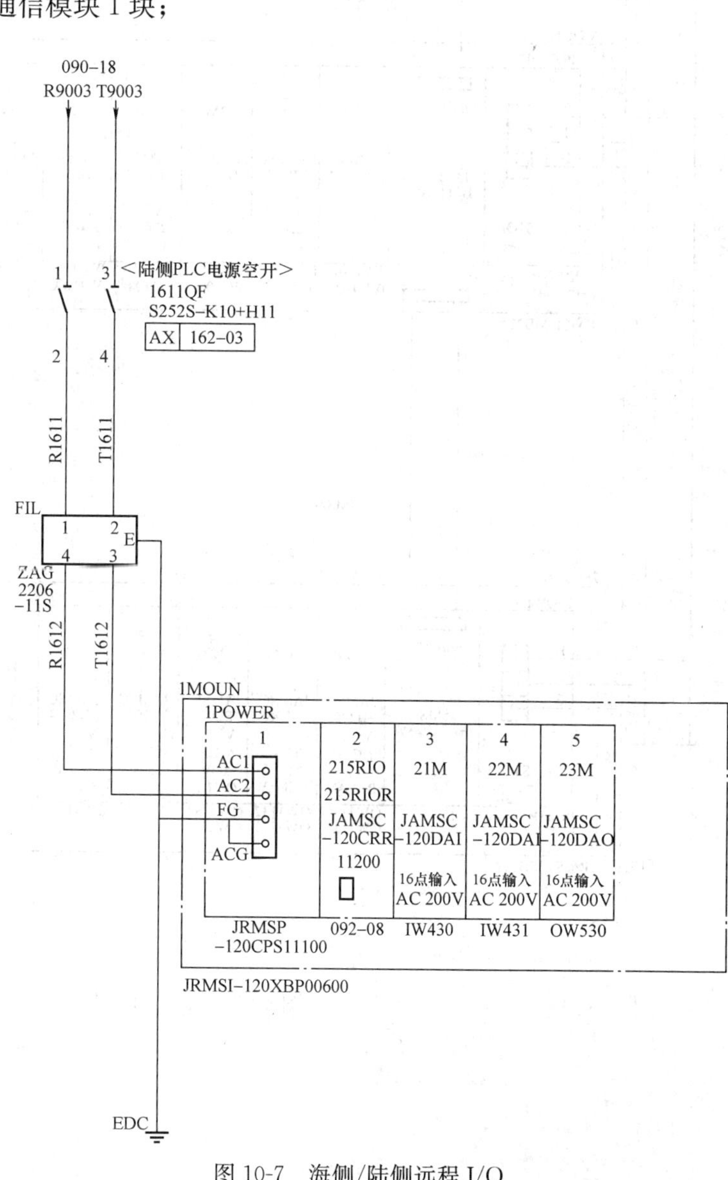

图 10-7　海侧/陆侧远程 I/O

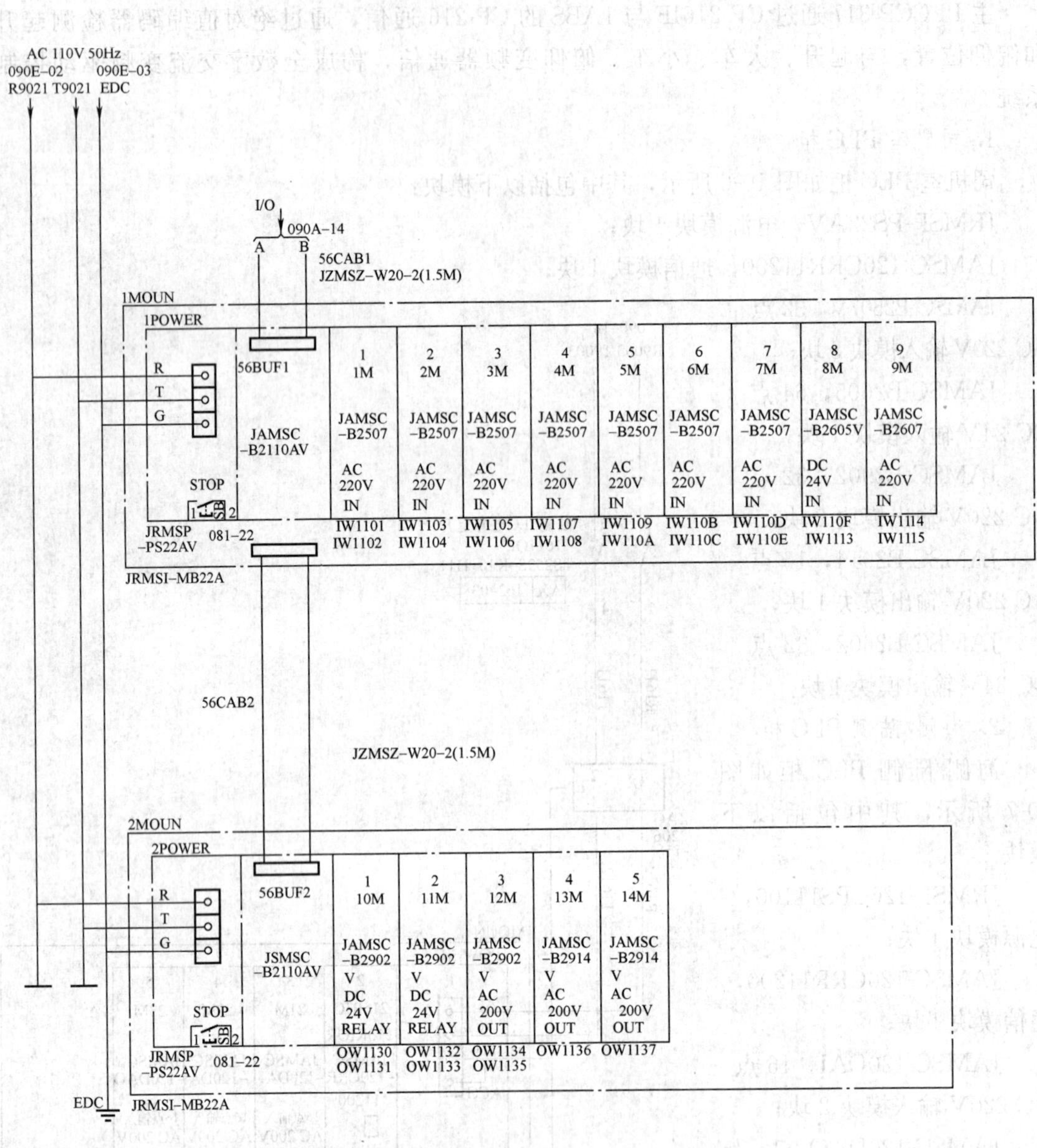

图 10-8　机房 PLC I/O

模块 1 块；

JAMSC-B2507V，32 点 AC 220V 输入模块 8 块；

JAMSC-B2605V，64 点 DC 24V 输入模块 1 块；

JAMSC-B2110AV，通信模块 1 块。

2 机架包括以下模块：

JRMSP-PS22AV，电源模块 1 块；

JAMSC-B2110AV，通信模块 1 块；

JAMSC-B2902V，32 点 AC 220V 继电器输出模块 3 块；

JAMSC-B2914V，16 点 DC 24V 继电器输出模块 2 块。

第五节　能量回馈系统

在通用变频器、异步电动机和机械负载所组成的变频调速系统中，当电动机减速或所拖动的位能负载下放时，电动机的转速将大于当时的同步转速，电动机将处于再生发电制动状态。传动系统中所储存的机械能经异步电动机转换成电能。逆变器的 6 个回馈二极管将这种电能回馈到直流侧。此时的逆变器处于整流状态。如果在标准型的变频器中不采取另外的措施，这部分能量将导致直流侧储电电容器的电压上升。如果电动机的制动并不太快，电容器电压升高的值并不十分明显，一旦电动机恢复到电动状态，这部分能量又被负载所重新利用。但当制动器制动过快或位能负载下放过快时，直流侧电压就会升得过高，不采取措施就会损坏变频器或使制动过程变长。

在通用变频器中，常用的方法是在直流侧安装制动电阻，当电容器电压升到一定数值时，控制制动电阻支路上的开关元件导通，从电动机回馈到直流侧的能量消耗在制动电阻上，避免直流侧电压进一步上升。

如果这部分能量不是被消耗掉而是回馈电网，特别是电动机功率特别大时可以大量节约能源。

这就需要把网侧整流器换成变流器。变流器有两种工作状态：整流状态和逆变状态。在电网向电动机提供能量时，变流器工作于整流状态；在电动机回馈制动时，变流器工作于逆变状态，把升高的直流电压逆变成与电网同频率、同相位的交流电回馈电网。

本机采用日本安川 656DC5 变流器，如图 10-9 所示。

变流器主要由三块 EUJ651505X 变流器模块组成，并有降温风扇。如果发生故障，则故障信号输入到电气房 PLC 柜本地 I/O 7M 模块，由 PLC 控制停止运行。

来自主变压器的 440V、50Hz 三相交流电经过变流器内的整流装置输出 600V 直流电，然后以公共直流母排的形式，分别给起升/大车、小车/俯仰变频器作为动力源，各变频器再通过各自的逆变装置变成频率和电压可调的交流电驱动对应的变频电动机；同样，由电动机反馈回来的再生能量，也通过变频器整流返回直流母排，再通过 656DC5 变流器将能量回馈电网。

DC 660V
AC110V 50Hz
AC 110V 50Hz
FAN SOURCE
2.4A/3.6A
FANU
CONV
变流模块-1 EUJ61505X
变流模块-2 EUJ61505X
变流模块-3 EUJ61505X
VS-656 DCS 440V 600kW
AC 440V 50Hz
FAULT
READY
BASE BLOCK
RUN
RESET
EDS
LG

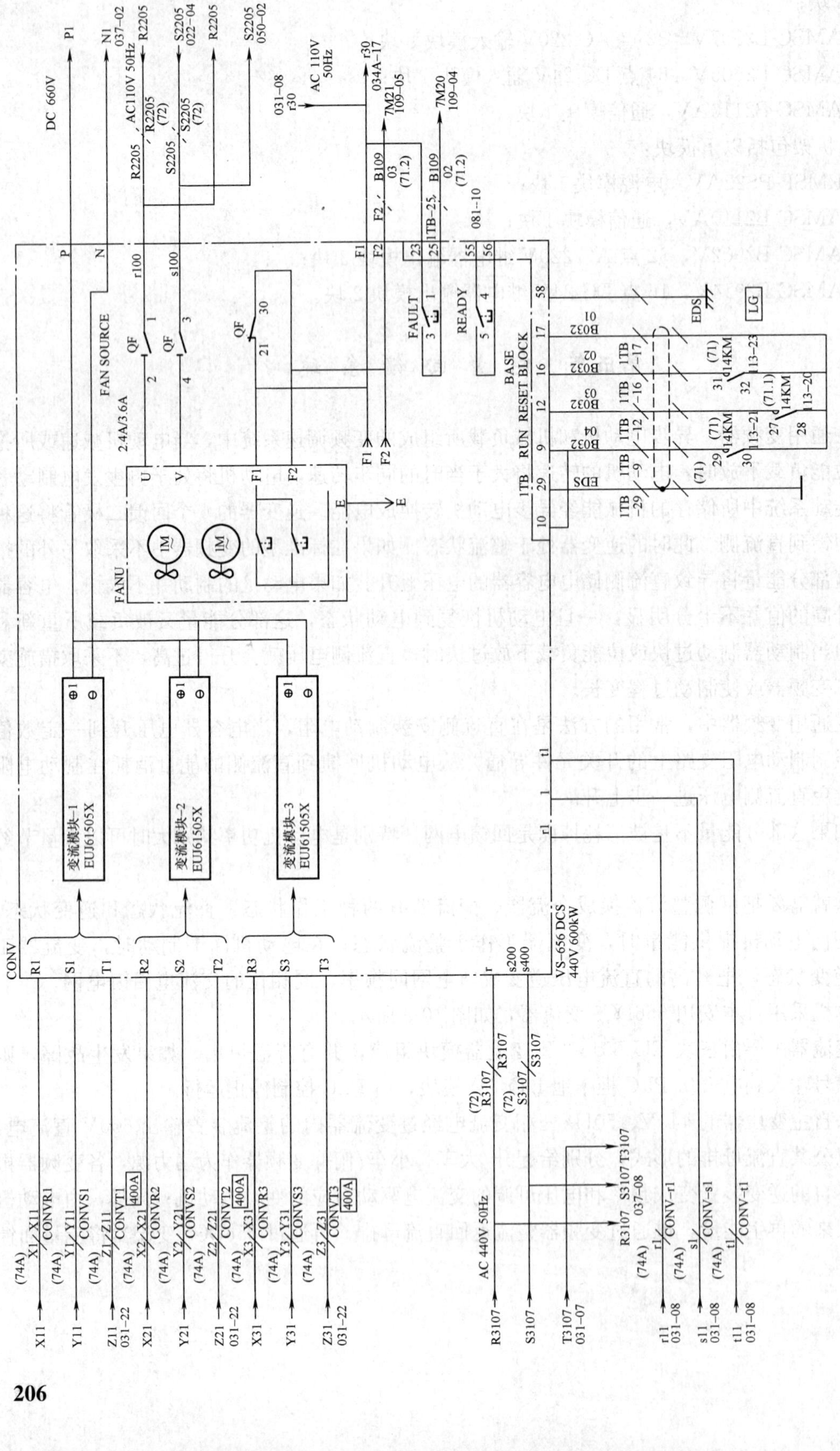

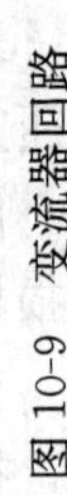

图 10-9　变流器回路

第六节 变频调速驱动系统

一、起升机构

1. 电气设备

起升机构由两台 220kW、420V 变频电动机驱动，起升电机由两台安川 VS686CR5 300kW 变频器控制，为带 PG 的矢量控制。起升变频器电路如图 10-10 所示。

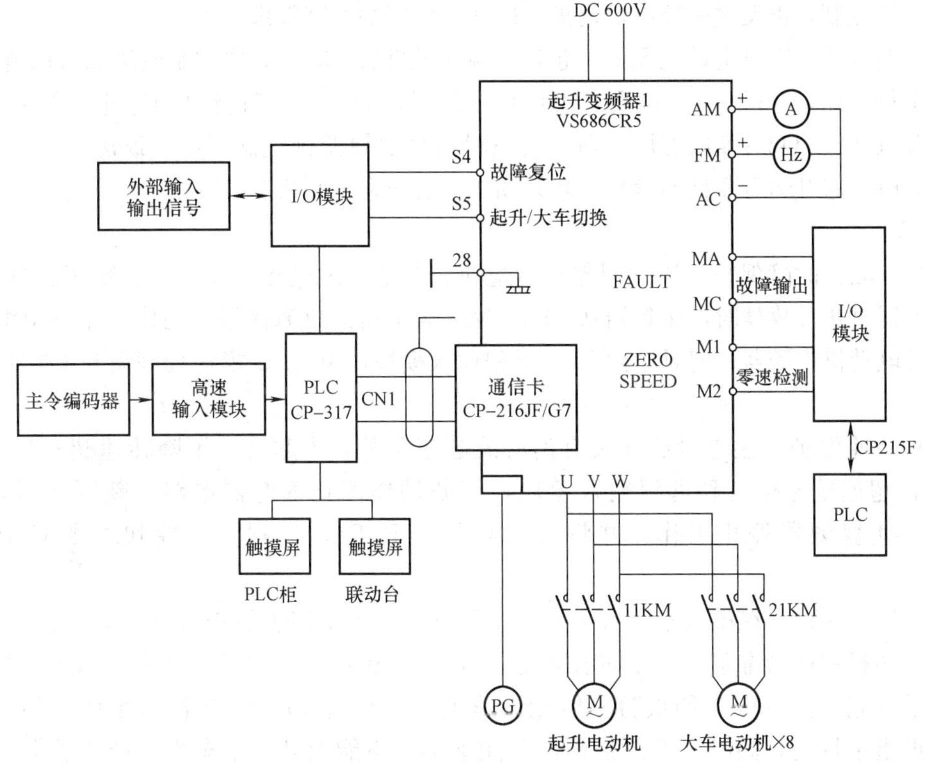

图 10-10 起升/大车变频器电路

起升电动机由 3kW 风机冷却，内部装有 300W 加热器防潮，由两台 0.45kW 电动机带动液力推杆的盘式制动器制动。安装有凸轮式限位开关作上升终点，上升终点前减速，下降海侧终点，下降海侧终点前减速，下降陆侧终点前减速。下降陆侧终点由编码器控制。

起升制动器释放限位安装在两个起升制动器上，当制动器释放时，限位动作。

起升卷筒尾部安装超速开关，用作起升超速保护。

2. 起升控制

主电路由变流器输出的 600V 公共直流母排供电，变频器进行速度调整后，从 U、V、W 端经 11M 接触器输出到起升电动机。电动机转速下降，停止时反馈到公共直流母排上的能量，再通过变流器逆变成 440V、50Hz 的三相交流电回馈电网。

起升由司机室联动台上的手柄手动操作，由于起升电机 1 与大车电动机共用一台变频器，所以采用先到先服务的控制方式。手柄的方向触点触发方向命令。

手柄动作时，编码器发送一个格雷码至远程输入模块。输入模块将此信号处理后送到PLC的CPU模块，通过软件运算，被校准为手柄零位为0、手柄最大为10 000的数。此数值范围为−10 000～+10 000，与手柄下降和上升操作每一个位置相对应。

这个校准信号作为信号给定送到起升变频器，变频器以设定的加减速时间平稳加减速至所需速度，控制起升电动机运行。

起升电动机通过旋转编码器LE-60B-S89600P/R将转速通过速度控制卡PG-B2反馈给变频器，形成闭环控制。同时将转速、电流、转矩等信号经CN2通信端口反馈到PLC进行机构的运算控制，再反过来控制电动机，以达到更好的控制效果。

当控制复位，起升电动机风机、起升变频器风机启动时，只要控制电源保持通电，风机就一直运行。如果5min后一直没有手柄指令信号，起升电动机将自动停止。如果在PLC中，起升电动机和起升变频器风机命令与风机接触器辅助触点输入不一致达1.5s，风机接触器将失电，起升运行条件不满足，起升动作被禁止直至此状态被改正。

3. 保护

(1) 变频器故障保护。当发现起升过电流、接地、过电压、欠电压、缺相、电动机过载、变频器过热等故障时，变频器从MA、MC端子输出故障信号，动作停止继电器失电，断开起升电动机接触器；同时送到PLC远程输入模块，由CPU模块处理后与CMS通信显示故障。

(2) 超速保护。主电机后端装有离心式超速开关，当起升、下降转速超过额定转速15%时，超速信号被送到远程输入模块，切断动作停止继电器电路，断开起升电动机接触器，使变频器停止工作，并将故障信号送到PLC远程输入模块，由CMS显示故障。

(3) 超重保护。在吊具上装有4个重量传感器，每个传感器被校准，4个加起来决定总重量。司机室的液晶显示屏上可显示起升重量。超重10%以下，PLC控制联动台上的超重指示灯亮，并且蜂鸣器报警，但能慢速上升；起重10%以上时，延时1.5s停止上升，超重指示灯亮，同时蜂鸣器报警，只能下降，不能上升，小车也不能工作，由CMS显示故障。

(4) 超程保护。编码器、超速开关、凸轮限位开关安装在里侧轴承座卷筒出轴上。通过上述元器件的检测可使起升机构得到下列保护：

1) 起升上终点。

2) 起升上终点前减速。

3) 小车在横梁位置时下降终点。

4) 小车在码头面时下降终点。

5) 小车在码头面时下降终点前减速。

6) 小车在海侧时下降终点。

7) 小车在海侧时下降终点前减速。

8) 起升超速紧急停止。

(5) 偏载保护。当任何一个重量传感器检测到重量超过允许偏载重量的10%，只能允许下降，不能上升。

(6) 制动器释放检查。起升制动器安装限位开关，制动器打开，限位开关内部触点闭合。如果 PLC 在 1.5s 内没有检测到这个信号，则不允许起升电动机启动。

(7) 机构联锁保护。前大梁未在水平位置时，起升不允许运行；大车运行时，起升不允许运行。

(8) 软件保护。PLC 动作停止逻辑监控起升运行的异常状态。在检测到工作状态异常时，通过打开起升动作停止继电器触点来判断相关电路，并由 CMS 显示故障。

二、大车机构

1. 电气设备

大车行走机构由 8 台 11kW 带制动器交流笼型异步电动机驱动，海侧、陆侧各 4 台，与起升电机合用变频器，为不带 PG 的开环 V/f 控制。

每台电动机都有液力推杆制动的盘式制动器和制动器限位开关，海陆两侧都有防风夹轮器和夹轮器松限位开关，还有终点限位、防撞杆限位和激光防撞装置。

2. 大车行走控制

大车行走可以在两个地方操作：司机室和地面操作箱。在司机室右联动台上用大车行走主令手柄操作，由于大车电动机与起升电动机 1 共用一台变频器，所以采用先到先服务的控制方式，两机构在变频器中各有一套独立的控制参数。手柄的方向触点出发方向命令。

手柄动作时，绝对值编码器发送格雷码至远程输入模块。输入模块将此信号处理后送到 PLC 的 CPU 模块，通过软件运算，被校准为手柄零位为 0、手柄最大为 10 000 的数。此数值范围－10 000～＋10 000，与手柄左行和右行的每一位置相对应。

这个校准信号作为信号给定送到起升/大车变频器，变频器以设定的加、减速时间平稳加、减速至所需速度，控制大车行走电动机运行。

在门腿地面操作箱操作，按下“大车左行”、“大车右行”按钮时，大车以 20%额定速度行走。根据需要还可以实行点动操作。

大车夹轮器控制如下：

(1) 当司机室大车控制手柄离开零位或按下开闸按钮或大车地面操作站按下开闸按钮时，油泵电动机启动，电磁阀得电，开始释放夹轮器，至行程开关动作，操作台面板上的“开闸指示”灯亮，允许大车行走。当压力继电器的高压触点断开后，油泵电动机停止，系统进入自动保压状态，当压力继电器低压触点闭合后，油泵电机再次启动。

(2) 当司机室大车控制手柄回零位保持 5min 或按合闸按钮或大车地面操作站按合闸按钮后，电磁阀失电，油泵电动机停止，压力下降，至限位断开，操作台上的“合闸指示”灯亮，大车不允许运行。

3. 保护

(1) 变频故障保护。当大车行走出现过流、接地、过电压、欠电压、缺相、电动机过载、变频器过热等故障时，变频器从 MA、MC 端子输出故障信号，动作停止继电器失电，停止变频器工作，断开电动机接触器；同时送到 PLC 远程输入模块，由 CPU 模块处理后与 CMS 通信显示故障。

(2) 电缆卷盘故障保护。如果出现电缆过松、过紧、终点等，都会使动作停止继电器失

电，断开大车电动机接触器，并使起升/大车变频器停止工作。同时将故障信号送到远程输入模块，由 PLC 的 CPU 模块处理。

(3) 行程终点保护。终点限位动作将切断控制电源，停止当前动作，制动器制动。

(4) 大车防撞杆防撞保护。当相邻起重机大车防撞缓冲器碰撞或大车防撞缓冲器碰触障碍物时，触发大车停止控制。

(5) 启动机间激光防撞保护。利用激光测距原理，通过安装在大梁左右两端的激光探头，检测相邻起重机之间的距离。当距离小于 25m 时，触发大车减速控制；当距离小于 5m 时，触发大车停止控制。

(6) 制动器释放检查。PLC 送出释放制动器命令，同时检测制动器是否真正打开，若在 1.5s 内送出的命令与收到的检测结果不一致，立即切断控制电源，停止大车运行。

(7) 大风保护。当风速大于 20m/s 时，大车不允许运行。

(8) 软件保护。PLC 动作停止逻辑监控大车运行的平常状态，当监测到状态异常时，通过打开动作停止继电器触点来切断相关电路，并由 CMS 显示故障。

三、小车机构

1. 电气设备

小车机构由两台 45kW 交流变频电动机驱动，用两台 VS-G7 变频器进行控制，是带 PG 的矢量控制，其中一台变频器与俯仰电动机共用，功率 110kW，采用先到先行原则；另一台小车电动机自用，功率 55kW。

小车变频器电路如图 10-11 所示。

每台小车电动机都有 0.21kW 液力推杆电动机控制的盘式制动及释放限位开关，并由

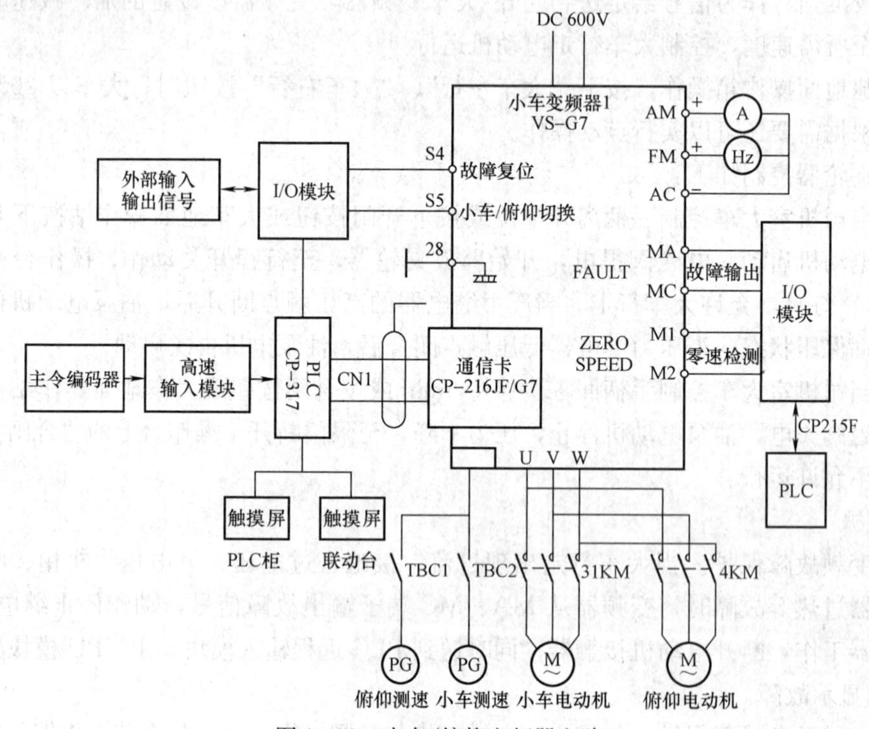

图 10-11　小车/俯仰变频器电路

0.18kW 风机冷却，内部有 300W 加热器防潮。在大梁上安装有小车终点限位开关、小车终点极限停止限位开关、小车减速接近限位开关、小车运行海陆侧鉴别限位开关、小车运行横梁保护限位开关和小车停车接近限位开关。

2. 电气控制

主电路由变流器输出的 600V 公共直流母排供电，变频器进行速度调整后从 U、V、W 端经 31M 接触器输出到小车电动机。电动机转速下降、停止时反馈到公共母排上的能量，再经变流器逆变成 440V、50Hz 的三相交流电回馈电网。

小车由司机室联动台上的手柄手动操作，手柄上的方向触点触发方向命令。

手柄动作时，编码器发送一个格雷码至远程输入模块，输入模块将此信号处理后送到 PLC 的 CPU 模块，通过软件计算被校准为手柄零位为 0、手柄最大为－10 000～＋10 000，与手柄后退和前进操作手柄的位置相对应。

这个校准信号作为信号给定送到小车变频器，变频器以设定的加减时间平稳加减速至所需速度，控制小车电动机运行。因为小车机构由两台变频器共同控制小车动作，所有命令都复制给两台变频器。

小车电动机通过旋转编码器 LF-60600P/R 将转速通过 PG-B2 速度控制卡反馈给变频器，形成闭环控制。同时经 CN2 通信端口反馈到 PLC 进行机构的运算控制。

3. 保护

(1) 变频器故障保护。当任何一个小车电动机出现过流、接地、过电压、欠电压、缺相、过载或变频器过热等故障时，变频器从 MA、MC 端子输出故障信号，动作停止继电器失电，断开小车电动机接触器，并使变频器停止工作。同时故障信号送到 PLC 远程输入模块，由 CPU 处理后与 CMS 通信显示故障。

(2) 超程保护。任何一个终点限位动作都将使小车急停，制动器制动。需通过扭动左联动台上的极限限位旁路钥匙开关并反方向操作主令手柄方可退出，最大速度被限制在减速速度，直到超程终点限位复位，旁路钥匙开关复位。

(3) 海、陆侧终点保护。海、陆侧极限位置之前分别装有机械摆杆限位，作为小车海陆侧终点停止用。

(4) 终点前减速保护。由编码器检测出减速位置，当小车以全速通过此位置立即减速至 20%额定转速。在海陆侧终点前分别装有磁性接紧限位开关，做减速检测，通过该点后达不到减速要求，小车停止运行。

(5) 小车过海、陆侧门框下横梁保护。该保护用于当吊具下带着集装箱或空吊具时不会撞击海、陆侧门框下横梁。逻辑控制根据小车和起升的位置反馈信号决定停止起升或小车运行。当在保护区域外时，机构的动作不受任何影响。吊具下是否带集装箱是根据是否锁销来判断，如果未锁销则认为是空吊具；如果已锁销，则认为吊具下有一个集装箱，相应起升高度根据上述进行调整。由于海、陆侧门框保护需要起升和小车的位置正确，因此当位置信号未归零校准时，起升和小车速度限制在 20%的额定速度以下。

(6) 驱动器过热及冷却风机保护。驱动器冷却风机运行后才允许小车机构运行，当驱动器温度超过允许值时，停止小车机构运行。

(7) 制动器释放检查。驱动器送出释放制动命令，同时检测制动器是否真正打开，若在

1.5s 时间内送出的命令（制动器限位动作）与收到的检测信号不一致，切断控制电源，停止小车机构运行。

（8）软件保护。PLC 停止逻辑监控小车运行的异常状态，当监测状态异常时，通过打开动作停止继电器触点来关断相关电路，并由 CMS 显示故障。

四、俯仰机构

1. 电气设备

俯仰机构由一台 90kW 变频电动机驱动，与小车电动机 1 共用一台 VS-G7110kW 变频器控制，采用先到先服务原则，为带 PG 的矢量控制。电动机由 0.75kW 风机冷却，内部有 300W 加热器防潮。俯仰机构采用两级制动，高速制动器和低速制动器分别是由 0.37kW 和 4kW 电动机控制的盘式制动器。俯仰机构设有安全钩，在岸桥停止作业时，前大梁上抬至某一角度后，安全钩会将俯仰机构挂住，可使钢丝绳放松，两个俯仰安全钩分别由 0.45kW 挂钩电动机控制，并设有检测限位开关。

在俯仰机构卷筒轴承座外侧安装有凸轮限位，梯形架上装有机械摆杆限位，共有：大梁收起减速限位、大梁收起终点限位、大梁收起 60°限位、大梁放下减速限位、大梁放下终点限位和大梁收放超速限位。

2. 俯仰控制

俯仰机构可以在两个地方操作：在司机室可以拉起大梁向上仰起 60°和下放到水平位置；在俯仰操作箱可以在全范围内操作俯仰直到大梁进安全钩。

（1）司机室控制。当俯仰控制逻辑允许时，可以通过联动台上的俯仰手柄操作俯仰机构。手柄动作时，手柄的方向触点触发运行方向命令，同时，俯仰主令手柄通过绝对值光电编码器发送一个字节的俯仰速度指令（格雷码数据）至 PLC 高速输入模块。此信号通过 PLC 软件运算，被校准为对应手柄零挡为 0、手柄最大挡为正负 10 000 的数，此数值范围为－10 000～＋10 000，与俯仰主令手柄的每一个位置相对应，经过匀加减速运算（加减速时间在程序中设定）后送到俯仰变频器。

俯仰电动机通过旋转编码器将电动机转速反馈给俯仰变频器，而将转速、电流、转矩等信号发送至 PLC，在 PLC 中进行运算，再反过来控制电动机，以达到更好的控制效果。

俯仰机构采用两级制动，启动时，两级制动器同时释放。正常制动时，高速制动器首先制动，延迟 0.5～1s 后，低速制动器才能制动。紧急情况下，如俯仰超速或按下紧停按钮时，两级制动器同时制动，确保安全。

（2）俯仰操作箱控制。

1）联动台上将工况选择开关置于现场俯仰位置。在俯仰操作箱上看到面板上“俯仰正常”指示灯常亮后，选择相应的快速/慢速（快速为 100%额定速度，慢速为 20%额定速度）。

2）选择自动/手动。当选择自动时，按俯仰上升按钮，下面动作自动进行：①大梁慢速上升；②上升加速；③上升减速；④上升进钩，至上终点停止；⑤慢速下降，挂钩，停止。

按俯仰下降按钮，下面动作自动进行：①大梁慢速上升，至上终点停止；②安全钩抬起；③大梁慢速下降，离开钩区；④加速下降，安全钩落下；⑤下降减速；⑥下降至下降终点停止。

当选择手动时，需俯仰上升机构则按上升按钮，大梁上升至停止限位，上限指示灯亮，选择安全钩抬钩开关“安全钩抬起”，钩抬起，抬钩指示灯亮时，按俯仰下降按钮，大梁下降，当大梁离开钩区后，选择“安全钩放下”，安全钩放下，抬钩指示灯灭，大梁继续下降至水平位置，水平位置灯亮，俯仰自动停止。

3. 保护

（1）变频器故障保护。当发现俯仰过流、接地、过电压、欠电压、缺相、电动机过载、变频器过热等故障时，变频器输出故障信号至 PLC 远程输入模块，由 CPU 处理后使俯仰电机停止工作，并与 CMS 通信显示故障。

（2）行程限位保护，如图 10-12 所示，大梁在水平位置时为零度。

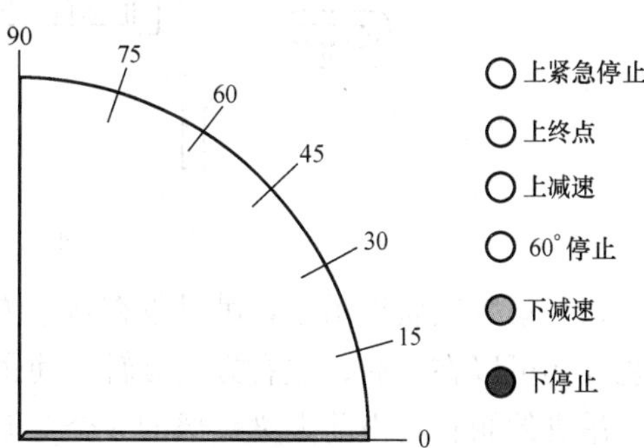

图 10-12 俯仰机构形行程保护

1）主要有上极限（即上紧急停止），安装在梯型架上。限位的动断触点控制一个中间继电器，继电器的触点被串入安全停车回路。触发限位会引起系统的安全停车。利用电气房控制柜上的“极限旁路”钥匙开关，可以让俯仰往下退出极限位置。

2）上终点限位，大梁升到大约 80°时动作，前大梁角度在大约 80°以下时，限位触点闭合，而前大梁角度达到大约 80°时，限位触点断开。在手动操作俯仰情况下，控制系统得到此信号后正常停车。

3）上减速限位，凸轮限位的一对动断触点，在检查点以下时闭合。前大梁在上升至大约 78°时，触点打开。控制系统得到此信号后，限制俯仰的上升速度为 10％。

4）60°停止，在司机室操作俯仰时，前大梁的上升停止限位，为凸轮限位的一对动断触点，在检查点以下时闭合。前大梁在上升至大约 60°时，触点打开。控制系统得到司机室操作俯仰的信号和该限位动作信号时，正常停止前人梁的上升动作。

5）下减速限位，凸轮限位的一对动断触点，在检查点以上时闭合。在前大梁下降至约 2°时，触点打开。控制系统得到此信号后，限制俯仰的下降速度为 10％。

6）下终点限位，凸轮限位的一对动断触点，前大梁在水平位置以上时闭合。前大梁在下降中得到该限位触点闭合信号后，正常停车。

（3）制动器检查。驱动器发出制动命令，同时检测制动器是否真正打开，若在 1.5s 时间内发出的命令与收到的检测信号不一致，立即切断控制电源，停止俯仰运行。

（4）软件保护。PLC 停止逻辑监控俯仰运行的异常状态，当检测到状态异常时，停止俯仰机构运行，并由 CMS 显示故障。

第七节 吊 具 系 统

吊具系统如图 10-13 所示。

集装箱装卸桥吊具系统的电气设备、控制与保护与第九章中轨道吊基本相同，不同之处主要有：

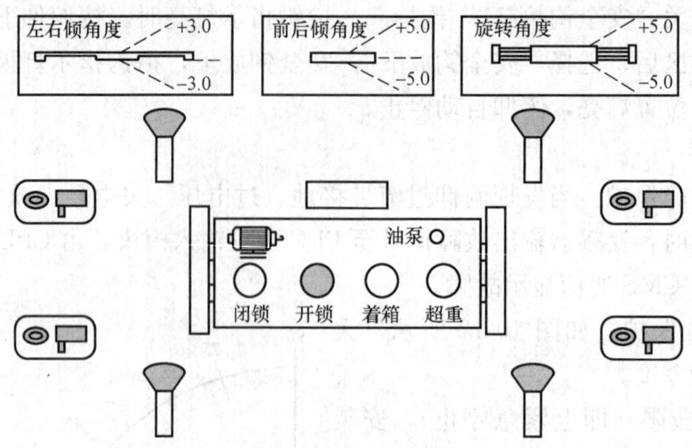

图 10-13 吊具系统

(1) 集装箱轨道吊中，吊具仅在水平方向可以±5°回转，而集装箱装卸桥吊具除水平方向之外还可以在前后、左右方向倾转，使吊具与集装箱的对位更加灵活。

吊具的倾转是由前大梁头部的 3 个 7.5kW 的倾转电动机来完成的，三个倾转电动机驱动螺杆同向转动时为左右倾。2 号、3 号电动机驱动螺杆反向转动时，为前后倾。1 号与 2 号、3 号电动机驱动螺杆反向转动时为左右转。3 个驱动螺杆设有终点限位，当终点限位开关动作断开时，所对应的电动机动作停止。由 3 个编码器检测位置，控制机构运行，当按下“吊具零位”按钮时，3 个电动机驱动螺杆向零位回归，至零位，电动机停止，联动台上吊具零位指示灯亮。

(2) 集装箱装卸桥吊具四角都有导板，用来使吊具准确对位。吊具导板可以有如下两种工况选择，即单个导板抬起、放下和全部导板抬起、放下。

第八节 CMS 状态监视和管理系统

CMS 系统是以具有国际先进控制理念为蓝本、结合国内行业特点而开发的大型设备管理监视软件。该系统采用最前沿的软件开发、网络通信、虚拟现实仿真技术，率先将大型起重机设备的监视与管理功能结合在一起，突破了传统的监视或管理软件的应用局限，实现了设备监视与管理的一体化，系统中还融进了先进的 HMI 技术和强大的数据管理功能，从而构成了一个具有设备监视、维护、保养、预防、管理为一体的管理平台，真正实现大型起重设备的监视管理的信息要求，是协助企业实现设备高效使用预防保养和信息化管理的重要手段。

1. 实时状态监控

(1) 对设备功能有重要影响的电气系统、子系统，以及所有基本元件的状态都实时受到监测，并以直观的状态及图表显示。

(2) 整机的工作状态。软硬件安全联锁、高压装置工况、低压电源工况、吊具状态、负载、故障状态、外部工作环境如温度、湿度、风速等信息实时显示在 CMS 软件中。

小车系统的实时状态画面如图 10-14 所示。

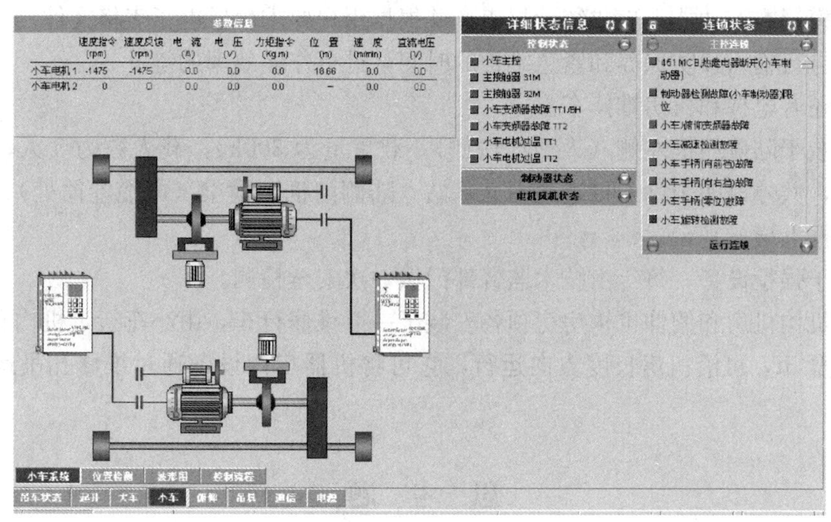

图 10-14　小车系统的实时状态

该画面以实时动作仿真显示设备工作运行状态的同步操作状态信息，主要有：

(1) 动态实时显示起重机小车系统的运行状态，小车电动机、变频器、制动器的实时工作状态。

(2) 小车系统模拟量信息，电动机速度指令、速度反馈、电流、电压、力矩指令、位置、速度及直流电压。

(3) 小车信息详细状态信息，小车控制状态信息、电动机制动器状态、电动机风机状态。

(4) 联锁信息，主控联锁、运行联锁。

2. 故障的收集、诊断和分析

(1) 故障的收集功能。系统能显示故障内容、发生及复位时间、所属机构、相应帮助文档等，能在同一画面显示 7 个参数以上的波形图用作分析；控制电路、变频器、PLC 的故障能显示到具体的故障点。以上实时监视状态的信息均可通过回放文件查看过去某一时段的状态。

(2) 故障跳转功能。系统可以从故障处直接打开查看对应的 PLC 程序段。

(3) 故障原理图功能。系统可以从故障处直接打开关联原理图进行查看。

(4) 故障管理功能。系统能以故障所属机构、内容、发生复位时间、类型（轻/重）、发生频率等条件组合查询故障的各种信息，并能将重复发生故障的信息生成报表。

3. 故障跟踪功能

(1) 故障的跟踪功能。系统设有故障断点保护功能，可存储故障发生前后数秒钟内的开关量和模拟量，并以波形图的形式表示出来，以作故障分析、排除、现象归纳的依据。

(2) 任意跟踪设定。用户可自行设定跟踪条件，采集所需要收集的状态信息，为故障的分析判断提供帮助。

4. 业务统计

(1) 可根据班次、时间范围（天、周、月、年）、装入（卸出）、箱类型（20、40ft）等

条件，实现模糊查询功能，生成统计报表，并根据用户要求生成电子表格文件。

(2) 可自行输入预防保养和紧急维护的时间，进行作业效率的统计。

此外，还有电梯和机房维修车。

电梯安装于陆侧门框左侧（人面向海侧），载重量为 300kg，载人数为 3 人，采用钢丝绳牵引驱动，共停靠四个站：接近地面处基站、陆侧门框下横梁（电缆卷筒处）、司机室平台和陆侧门框上横梁平台。

电梯属于强检设备，每年由技术监督部门做一次安全检测。

在起升机构机房和俯仰机构房房顶各安装了一部维修行车，由小车行走机构和电动葫芦组成，起重量 5t，可沿机房长度方向运行，它可将机器房内设备通过维修孔吊运到码头地面进行修理。

思　考　题

1. 集装箱装卸桥由哪几大机构组成？各起什么作用？
2. 简述供电系统的组成。
3. 操作系统由哪几部分组成？分别可以进行哪些操作？
4. PLC 系统由哪几部分组成？
5. 起升机构是怎样进行电气控制的？都有哪些保护？

第四篇 实 训

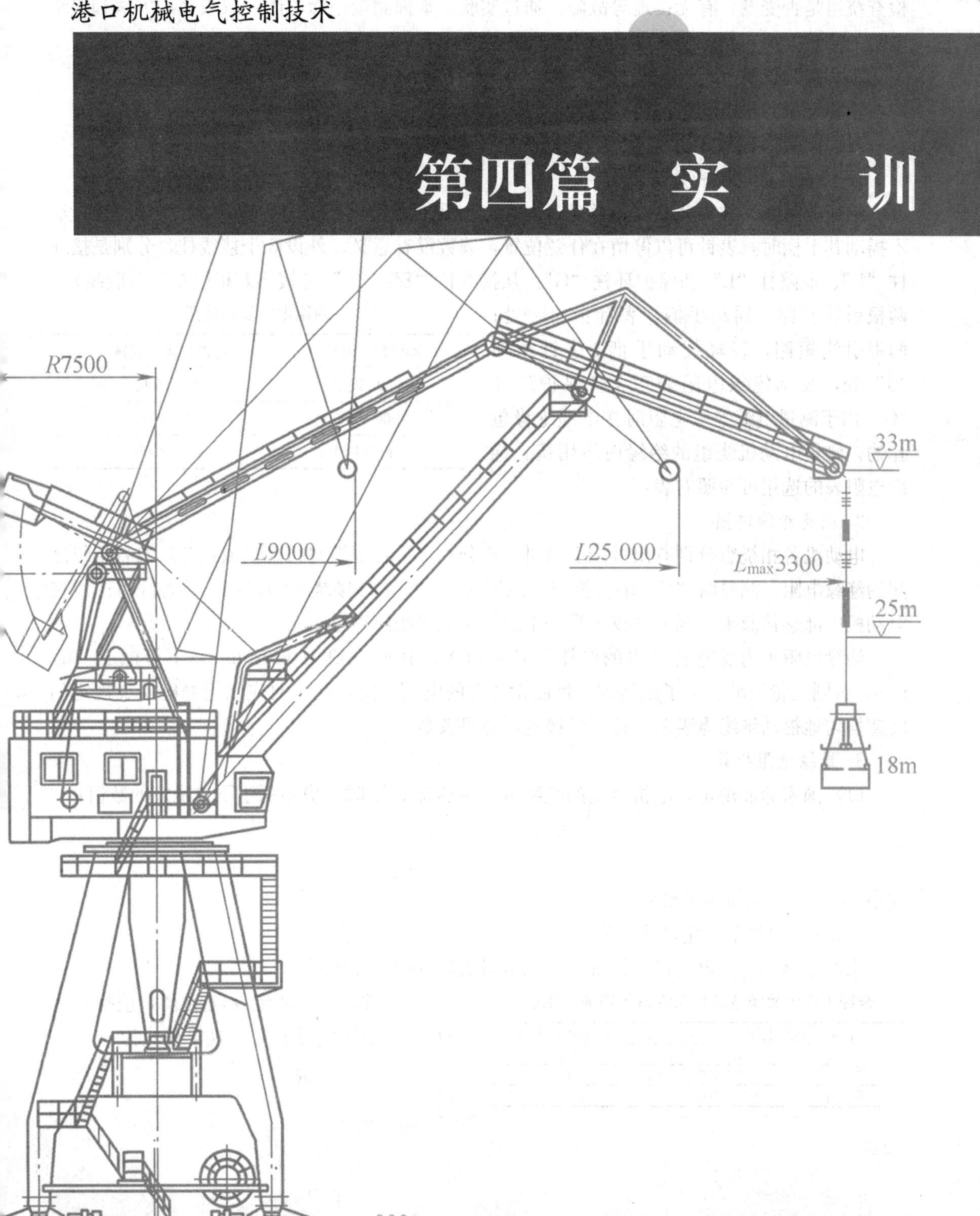

项目一 交流电动机绝缘电阻的测定

一、实验目的

绝缘电阻反映电动机绕组对机壳和各相绕组之间的绝缘程度。通过绝缘电阻的测定可以检查绕组是否受潮，有无接地等故障。通过实验，掌握测量绝缘电阻的仪表使用方法和绝缘电阻的测量方法，熟悉交流电动机绕组的绝缘电阻要求。

二、实验仪表

三相笼型异步电动机一台，绝缘电阻表一块。

三、实验内容和方法

1. 检查绝缘电阻表是否正常

绝缘电阻表又称为兆欧表、摇表，内有一个手摇发动机作为表内电源。表内设有游丝，不摇动其手柄时，表针可以停留在任意位置，读数没有意义。外设 3 个接线柱，分别是接地柱“E”、电路柱“L”和保护环柱“G”。从接线柱“E”、“L”处接出两根引线（单股线）。两根引线开路，摇动手柄，表针指向∞处；两根引线短路，轻轻摇动手柄，表针指向“0”处，表示绝缘电阻表正常。保护环柱“G”用于测量电缆绝缘电阻时接电缆绝缘包扎物，测量电动机绕组的绝缘时不用接。绝缘电阻表的选用可参照右表。

绝缘电阻表的选用

电动机额定电压（V）	绝缘电阻表规格（V）
500 以下	500
500～3000	1000
3000 以上	2500

2. 测量绝缘电阻

电动机各相绕组分别有出线端引出时，应分别测量各绕组对机壳（或铁芯）及各绕组之间的绝缘电阻，测量时“E”端接机壳（或铁芯），“L”端接绕组测量端。若各绕组已经在电动机内部连接起来，则允许仅测量一个绕组对机壳的绝缘电阻。

绝缘电阻表内发电机发出的电压与转速有关。转速一般为 120r/min，不可低于 80r/min，否则测量不准。为了维持加在被测设备上的电压一定，测量时应以绝缘电阻表规定的转速均匀地摇动绝缘电阻表，待指针稳定后方可读数。

3. 绝缘电阻折算

（1）国家标准规定，电机绕组的绝缘电阻在热态 75℃时，应不低于下式确定的数值：

$$R_{75℃}=\frac{U}{1000+\frac{P_N}{100}}$$

式中 U——电机绕组的额定电压，V；

P_N——电机的额定功率，W。

未经干燥的检修电动机允许最低绝缘电阻值数据如下表所示：

未经干燥的检修电动机允许最低绝缘电阻值

电动机额定电压（kV）		绝缘电阻（MΩ）
定 子	0.5 以下	0.5
	3～6	1
转 子	3～6	0

（2）常温下所测绝缘电阻 R_t，应换算到 75℃时的绝缘电阻 $R_{75℃}$，换算公式为

$$R_{75℃}=\frac{R_t}{2^{\frac{75-t}{10}}}$$

4. 注意事项

（1）500V 以下的低压电动机，热态时其绝缘电阻应不低于 0.5MΩ，如果低于这个数值，应分析原因，采取相应措施，以提高绝缘电阻。否则，强行投入运行可能会造成人身和设备事故。

（2）测量中若表针指向零位，则应停止摇动手柄，否则可能损坏绝缘电阻表。

（3）禁止不切断电源测量电动机的高绝缘电阻。

四、实验报告

实验报告应包括实验目的、实验设备、实验线路、实验过程及记录，并作出结论。

项目二　三相异步电动机的点动、自锁、正、反转控制

一、实验目的

1. 熟悉三相异步电动机的点动、自锁、正、反转控制线路及接线方法。
2. 懂得电气联锁的原理和方法。

二、主要实验设备

1. 继电器—接触器控制实验台。
2. 万用表。
3. 导线若干。

三、预习要求

1. 熟悉三相异步电动机的点动、自锁、正、反转控制线路。
2. 如何改变三相异步电动机的旋转方向？分析正、反转控制线路的工作原理。
3. 如果正向接触器 KM1 与反向接触器 KM2 同时吸合，后果如何？
4. 设计主电路和控制电路的接线方案。

四、实验线路

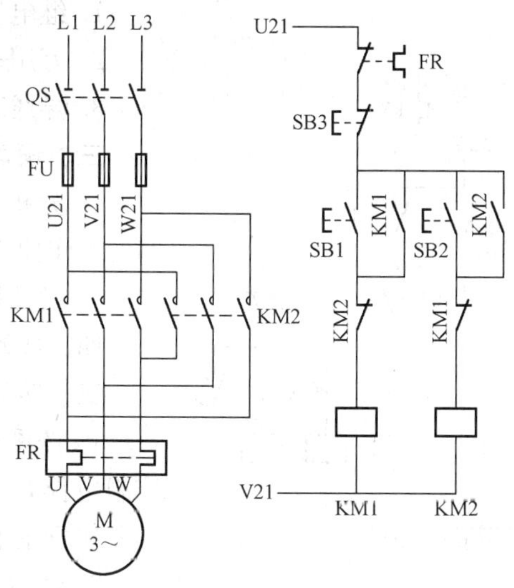

接触器联锁正、反转控制线路

五、实验方法及步骤

1. 点动控制

(1) 将图先接成单相点动控制电路。先接主电路，后接控制电路，接线顺序从上到下。

(2) 检查无误后，合上电源开关，分别按下和放开按钮 SB1，观察电动机的运转情况。

2. 自锁控制

(1) 在点动控制的基础上进行自锁。

(2) 检查无误后，合上电源开关，分别按下启动按钮 SB1 和停止按钮 SB3，观察电动机的运转情况。

3. 正、反转控制

(1) 在以上基础上接反转主电路和控制电路。

(2) 经检查无误后，合上电源开关，反复按下按钮 SB1、SB2 和 SB3，观察控制电路动作情况及电动机运转情况。

六、实验报告

1. 实验报告要求与项目一相同。

2. 思考题。

怎样用万用表的电阻挡检查实验图控制电路的接线是否正确？如果不按动启动按钮即指示线圈电阻，在接线上可能有什么错误？

项目三 星形—三角形降压启动控制

一、实验目的

1. 掌握星形—三角形降压启动的条件。

2. 熟悉星形—三角形降压启动控制线路与接线。

二、主要实验设备

1. 继电器—接触器控制实验台。

2. 万用表。

3. 导线若干。

三、预习要求

1. 分析图 Y—△降压启动控制线路的工作原理。

2. 设计接线方案。

四、实验线路

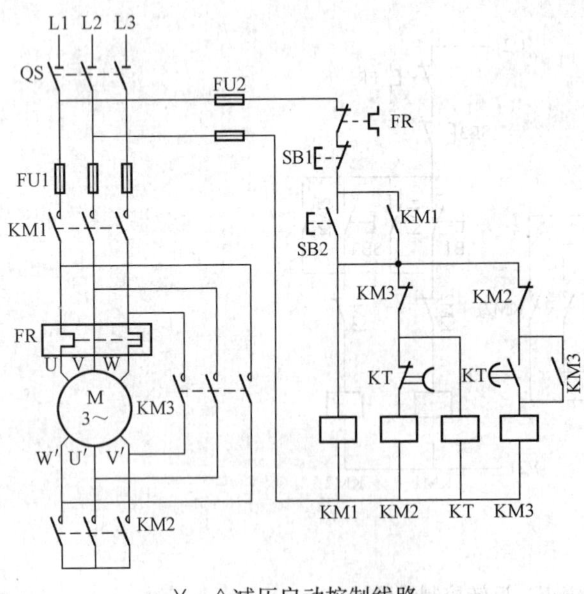

Y—△减压启动控制线路

五、实验方法及步骤

1. 按图接线。先接主电路，后接控制电路，自上而下，从左到右。尤其要注意主电路△接法。

2. 经检验无误后，合上电源开关，按下启动按钮，观察控制电器的动作情况和电动机启动情况，再使电动机停转。

3. 调节时间继电器延时时间，尽可能地减少启动时间，记录下启动的时间值。

六、实验报告

1. 实验报告要求与项目一相同。

2. 思考题。

(1) 作三角形接法的三相笼型异步电动机，如果必须采用降压启动来减小启动电流，问最好采用哪一种启动方式？为什么？

(2) 如果星形接法启动后不能转换成三角形接法运行，可能是什么原因？

项目四 常规电气控制门座式起重机上机参观与观摩操作

一、实训目的

1. 体验常规电气控制门座式起重机的电气设备。

2. 了解常规电气控制门座式起重机的操作方法。

二、实训设备

16t 常规电气控制门座式起重机一台。

三、实训内容

1. 参观地面操作箱、行走机构电动机及锚定装置，并操作门机左右行走。

2. 参观上机电缆、电缆卷筒、滑环箱、中心滑环和低压配电柜等供电设施。

3. 参观电气室起升、旋转、变幅和行走配电柜。

4. 参观旋转、变幅、起升机构及制动装置。

5. 参观司机室联动台及脚踏开关等电气设备。

6. 由司机操作门机进行旋转、变幅和行走并讲解。

7. 由司机进行吊钩起升、下降工况并讲解。

8. 由司机进行抓斗工况闭斗、起升、下降、制动和开斗等操作并讲解。

9. 下机并分组讨论。

项目五 现代电气控制门座式起重机模拟操作训练

一、实训目的

1. 了解现代电气控制门座式起重机的电气设备及各部分的作用。

2. 熟悉现代电气控制门座式起重机的操作方法及四大机构的动作情况。

二、实训设备

（一）门机操控联动台

1. 左联动台

(1) 增幅/减幅主令手柄：手柄下有绝对值式光电编码器，通过该手柄可以速度平滑地控制变幅机构向增幅/减幅。

(2) 左旋/右旋主令手柄：手柄下有绝对值式光电编码器，通过该手柄可以速度平滑地

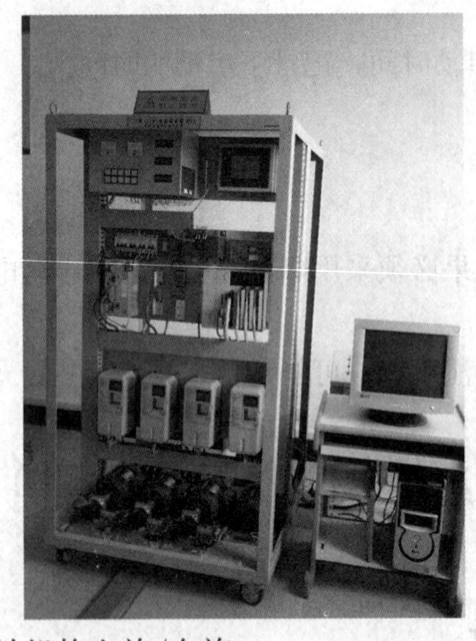

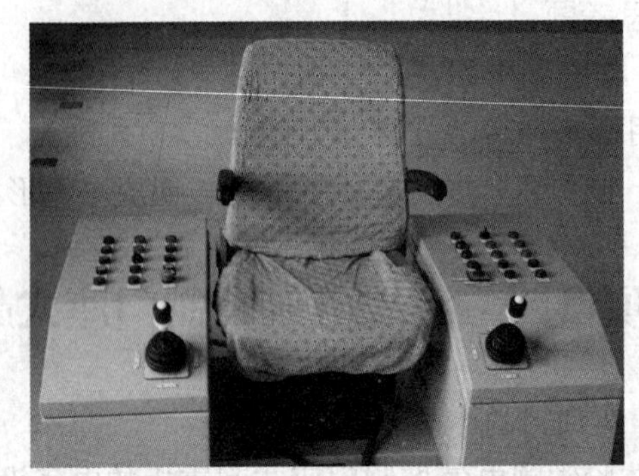

控制旋转机构左旋/右旋。

(3) 工作方式选择开关（四个挡位）。

1）支持单机：手柄给定后只允许支持电动机单独运行，开闭电动机不动作，主要用来调整支持钢丝绳。

2）开闭单机：手柄给定后只允许开闭电动机单独运行，支持电动机不动作，主要用来调整开闭钢丝绳。

3）抓斗：取物装置为抓斗，此时两台起升电动机一台为支持电动机，另一台为开闭电动机。

4）吊钩：取物装置为吊钩，此时两台起升电动机都作为支持电动机，两者同步运行。

(4) 控制合带灯按钮：按下此按钮控制接触器吸合，提供控制电。

(5) 控制断按钮：按下此按钮控制接触器断开，将控制电断开。

（注：有的门机是主接触器通按钮和主接触器断按钮，其功能和控制合、断按钮一样）

(6) 支持/行走切换开关：此开关进行支持与行走机构切换。

(7) 开闭/行走切换开关：此开关进行开闭与行走机构切换。

(8) 极限旁路按钮：当变幅机构碰到增幅/减幅极限限位时，变幅机构停止运行，按下旁路按钮同时反向打手柄就可退出极限位置。

(9) 防爬器松按钮：按下此按钮将防爬器抬起，检测到防爬器限位到位后，大车可以行走。

(10) 防爬器紧按钮：按下此按钮将防爬器放下，不允许大车机构动作。

2. 右联动台

(1) 上升/下降主令手柄：手柄下有绝对值式光电编码器，通过该手柄可以速度平滑地控制起升机构上升/下降。

(2) 开斗/闭斗主令手柄：手柄下有绝对值式光电编码器，通过该手柄可以速度平滑地控制起升机构开斗/闭斗。

(3) 紧停按钮（红色蘑菇头形状）：拍下此按钮，通过主低压断路器的脱扣线圈使主低压断路器跳闸。

(4) 终点旁路按钮：电缆卷筒将要放空时，电缆终点限位动作，行走机构停止运行，按下此按钮同时反向动行走就可退出终点位置。

(5) 故障复位按钮：出现故障时按下此按钮可以将故障复位掉。

(6) 试灯按钮：测试联动台各指示灯的好坏。

(7) 抓斗开设定按钮：自动设定抓斗开斗的停止位置，需先设定闭斗才可设定开斗，设定好之后，以后闭斗时将按照设定好的位置自动加减速。

(8) 抓斗闭没定按钮：自动设定抓斗闭斗的停止位置。

(9) 压轨指示灯：防爬器完全落下时，该指示灯点亮。

(10) 松轨指示灯：防爬器完全抬起时，该指示灯点亮。

(11) 行走锚定指示灯：行走机构的手动锚定器锚定到位时，锚定指示灯亮。

(12) 旋转锚定指示灯：旋转机构的锚定到位时，锚定指示灯亮。

(二) 门机电控模拟器（变幅、旋转和起升）

1. PLC

(1) CPU 模块：CP-316H。

(2) 输入模块：JAMSC-B2605，64 点 DC 24V，一块；JAMSC-2507，32 点 AC 220V，一块。

(3) 通信模块：215R10R，一块。

(4) 电源模块：JRMSC-PS22AV，一块。

(5) 输出模块：JRMSC-B2602A，32 点 DC 24V，一块；JRMSC-B2914，16 点 AC 220V，一块。

2. 变频器：CIMR-G7A41P51C，400V，1.5kW，四台。

3. 电动机：0.75kW，四台。

三、实训内容

1. 认识设备

观察联动台，熟悉各主令手柄、按钮、转换开关及指示灯，了解它们的作用。

观察门机电控模拟器，熟悉各部分的组成和用途。

2. 送电并检查设备是否正常

合上低压断路器，查看设备各部分是否有异常情况，如无异常，即可按下“控制合”带灯按钮，进行操作。

3. 变幅机构的操作

操作增幅/减幅主令手柄，观察变频器输出频率随手柄位置变化情况和电动机运转情况。

4. 旋转机构的操作

操作左旋/右旋主令手柄，观察变频器输出频率随手柄位置变化情况和电动机运转情况。

5. 起升机构的操作

将“工作方式选择开”打向“吊钩”，将“支持/行走”“开闭/行走”转换开关打向“支持”和“开闭”。

操作上升/下降主令手柄，观察变频器输出频率随手柄位置变化情况和电动机运转情况。

将“工作方式开关”打向“抓斗”，按“闭斗”→“上升”→“下降”→“开斗”顺序

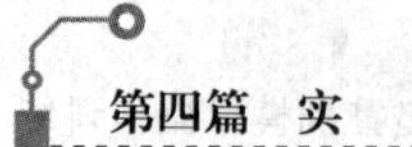

操作主令手柄，观察电动机的运转情况。

6. 按下“控制断”按钮，断开控制电

7. 断开低压断路器，切断总电源

项目六 集装箱轮胎吊模拟操作训练

一、实训目的

1. 了解轮胎吊电控部分的组成。

2. 熟悉轮胎吊的操作方法。

二、实训设备

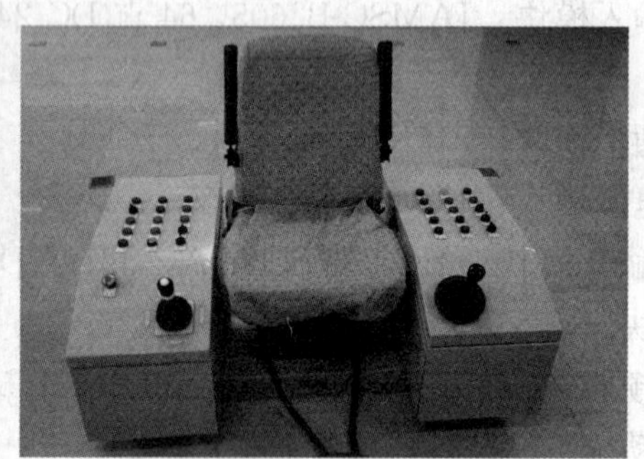

1. 联动台

(1) 左联动台。起升/大车主令控制器，紧停按钮，吊具 20、40ft，选择开关及指示灯，闭锁/开锁选择开关，车轮转 0°、16°、90°转换开关，大车车轮转向泵起动/停止带灯按钮，试灯按钮，消音按钮，辅柴油机启动/停止选择开关，吊具泵启动/停止带灯按钮，进销、退销、超载、系统故障指示灯，吊具左旋/右旋手柄，报警蜂鸣器。

(2) 右联动台。小车主令控制器，控制电源关按钮，柴油机故障报警蜂鸣器，控制电源合带灯按钮，联锁、吊具旁路开关，雨刮器及喷水器开关，柴油机故障灯，工作照明灯开关，柴油机低油压灯，柴油机高水温灯，柴油机启动/停止开关，柴油机司机室/就地开关，全速/怠速开关，柴油机消音按钮，大车纠偏手柄，吊具回转手柄及回零按钮，故障显示器。

2. 电控模拟器（仅起升/大车）

(1) PLC：由 CPU 模拟输入模块、输入模块、通信模块和电源模块组成。

CPU 模块：CP-316H，一块。

输入模块：JAMSC-B2601，16 点 DC 24V，一块；

JAMSC-B2507，32 点 AC 220V，一块。

输出模块：JAMSC-B2602，32 点 DC 24V，一块。

通信模块：215RI0R，一块。

电源模块：JRMSPC-PS22AV，一块。

（2）变频器：CIMR-G742P21C，一台。

（3）电动机：三相 380V、1.5kW，两台。

三、实训线路

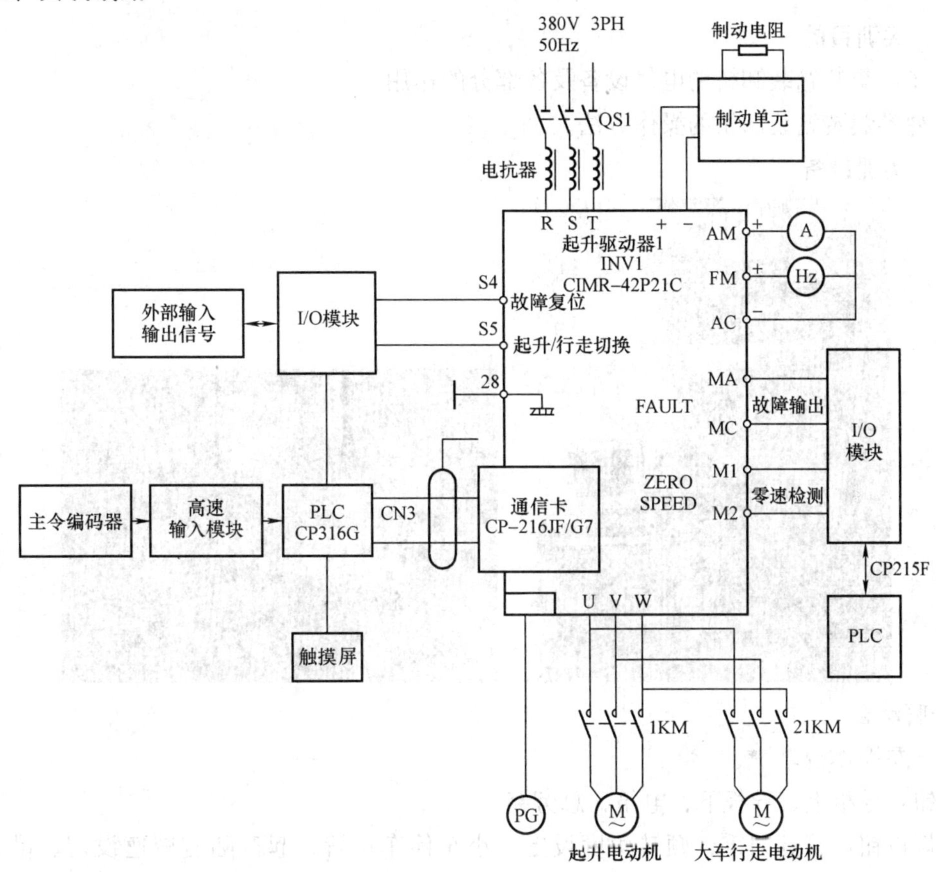

四、实训内容

1. 认识设备

观察联动台，熟悉各主令手柄、按钮、转换开关和指示灯，了解它们的作用。

观察电控模拟器，熟悉各部分的组成和用途。

2. 通电并检查设备

合上低压断路器，察看设备各部分是否有异常情况，如无异常，按下左联动台上的“控制合”按钮，指示灯亮，表示系统正常。

3. 起升机构的操作

用左联动台上的手柄操作起升动作，向前为起升下降，向后为起升上升。观察变频器输出频率随手柄位置的变化情况和电动机的运转情况。

4. 大车行走机构的操作

操作大车向左/向右主令手柄，观察变频器输出频率随手柄位置变化情况和电动机运转情况

5. 按下“控制断”按钮，断开控制电

6. 断开低压断路器，切断总电源

项目七　集装箱装卸桥模拟操作训练

一、实训目的

1. 了解集装箱装卸桥的电气设备及各部分的作用。

2. 熟悉集装箱装卸桥的操作方法。

二、实训设备

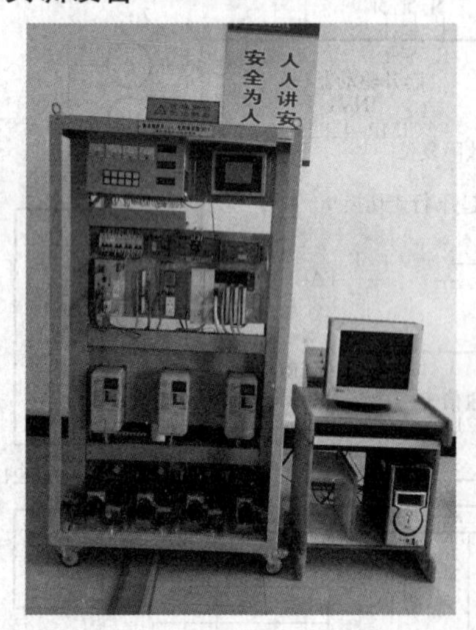

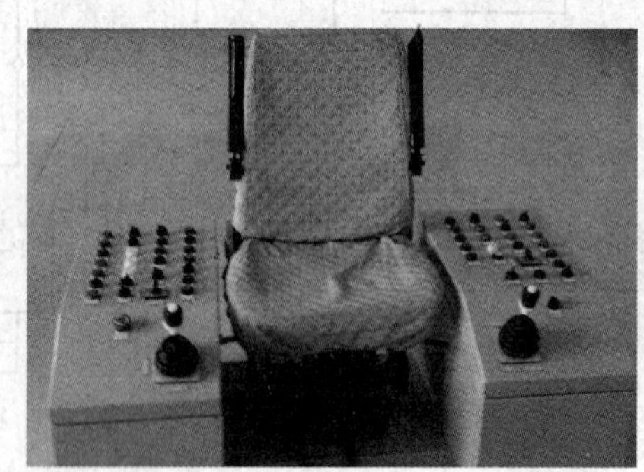

1. 联动台

(1) 左操作台。

按钮：导板上、导板下、电笛、总旁路。

带灯按钮：吊具归零、倾转角度设定、小车停车位置、起升陆侧减速设定、吊具20/40/45ft选择、中锁上升、中锁下降、中锁位置记忆等。

操作杆：可动作的导板选择，倾转动作。

选择开关：吊具回旋。

操作手柄：小车主令操作手柄。

(2) 右操作台。

按钮：紧停、控制关断、故障复位、开锁、闭锁、起升浮点控制。

带灯按钮：控制合、顶轨/夹轮、松轮/松轮。

选择开关：喷淋/雨刮器开关、电子防摇、电子防摇校正、中锁伸缩。

操作杆：大车点动。

指示灯：大车锚定。

操作手柄：起升/大车主令操作手柄。

2. 电控模拟器

(1) PLC。

CPU模块：CP-316H，一块。CP-317，一块。

输入模块：JAMSC-B2605V，64 点 DC 24V，一块；JAMSC-B2507AV，32 点 AC 220V，一块。

输出模块：JAMSC-B2602V，32 点 DC 24V，一块；JAMSC-B2914V，16 点 AC 220V，一块。

通信模块：JAMSC-B2110AV，一块。

电源模块：JARSP-PS22AV，一块。

（2）变频器：CIMR-G7A41P51C，3 台。

（3）电动机：三相 380V，0.75kW，4 台。

三、实训内容

1. 认识设备

观察联动台，熟悉各主令手柄、按钮、转换开关和指示灯，了解它们的作用。

观察装卸桥电控模拟器，熟悉各部分的组成和用途。

2. 送电并检查设备

合上低压断路器，察看设备各部分是否有异常情况，如无异常，按下“控制合”带灯按钮进行操作。

3. 起升机构的操作

操作右联动台上的起升向上/向下主令手柄，观察变频器输出频率随手柄位置的变化情况和电动机的运转情况。

4. 小车机构的操作

将左联动台上的“小车/俯仰”选择开关转向“小车”位置，用左联动台上的主令手柄进行操作，向前为小车前进，向后为小车后退。观察变频器输出频率随手柄位置的变化情况和电动机的运转情况。

5. 俯仰机构的操作

将“小车/俯仰选择”开关转向“俯仰”位置，操作左联动台上的俯仰向上/向下主令手柄，向上最高为60°，向下最低为水平位置。观察变频器输出频率随手柄位置的变化情况和电动机的运转情况。

6. 按下“控制断”按钮，断开控制电

7. 断开低压断路器，切断总电源

参 考 文 献

[1] 冉文. 电机与电气控制. 西安：西安电子科技大学出版社，2006.
[2] 蒋晓波. 装卸机械电气设备与维修. 大连：大连海事大学出版社，2005.
[3] 葛建民. 港口电气与控制. 南京：南京大学出版社，2009.